Die richtige
Bach-Blüte
für jedes
Mondzeichen

Anna Haebler/Anna Elisabeth Röcker

Die richtige
Bach-Blüte
für jedes
Mondzeichen

LUDWIG

INHALT

- **6** **VORWORT**

- **8** **ASTROLOGIE UND BACH-BLÜTEN**
- 8 Das Geburtshoroskop
- 10 Die Bedeutung des Mondes im Geburtshoroskop
- 11 Die Persönlichkeit Edward Bach
- 13 Wie Bach-Blüten wirken
- 14 Bach-Blüten für die Entfaltung der Persönlichkeit
- 15 Wie Sie mit diesem Buch umgehen

- **16** **MONDZEICHEN**
- 16 Widder-Mond
- 22 Stier-Mond
- 28 Zwillinge-Mond
- 34 Krebs-Mond
- 40 Löwe-Mond
- 46 Jungfrau-Mond
- 52 Waage-Mond
- 58 Skorpion-Mond
- 64 Schütze-Mond
- 70 Steinbock-Mond
- 76 Wassermann-Mond
- 82 Fische-Mond

- **88** **BACH-BLÜTEN**
- 88 Agrimony/Odermennig
- 90 Aspen/Espe
- 92 Beech/Rotbuche
- 94 Centaury/Tausendgüldenkraut
- 96 Cerato/Bleiwurz
- 98 Cherry Plum/Kirschpflaume
- 100 Chestnut Bud/Kastanienknospe
- 102 Chicory/Wegwarte
- 104 Clematis/Gemeine Waldrebe
- 106 Crab Apple/Holzapfel
- 108 Elm/Ulme

Inhalt

110	Gentian/Enzian
112	Gorse/Stechginster
114	Heather/Schottisches Heidekraut
116	Holly/Stechpalme
118	Honeysuckle/Geißblatt
120	Hornbeam/Hainbuche
122	Impatiens/Drüsentragendes Springkraut
124	Larch/Lärche
126	Mimulus/Gefleckte Gauklerblume
128	Mustard/Wilder Senf
130	Oak/Eiche
132	Olive/Olive
134	Pine/Schottische Kiefer
136	Red Chestnut/Rote Kastanie
138	Rock Rose/Gelbes Sonnenröschen
140	Rock Water/Quellwasser
142	Scleranthus/Einjähriger Knäuel
144	Star of Bethlehem/Doldiger Milchstern
146	Sweet Chestnut/Edelkastanie
148	Vervain/Eisenkraut
150	Vine/Wein
152	Walnut/Walnuss
154	Water Violet/Sumpfwasserfeder
156	White Chestnut/Weiße Kastanie
158	Wild Oat/Waldtrespe
160	Wild Rose/Heckenrose
162	Willow/Weide
164	**Mit Bach-Blüten arbeiten**
165	Einnahme und Anwendungsdauer
166	Notfalltropfen und Notfallsalbe
166	Behandlung von Kindern und Jugendlichen
167	So finden Sie Ihr Mondzeichen
168	**Mondtabellen für die Jahre 1933 bis 2001**
237	Literaturverzeichnis
238	Über dieses Buch
239	Register

VORWORT

»*Das Wichtigste im Leben ist das Entwickeln der eigenen Persönlichkeit, die Erkenntnis, das Wissen um den Weg, den man in diesem Leben zu gehen hat. Alles, was uns davon abhält – sei es übermäßiges Fixiertsein auf andere, sei es, daß wir zu schwach sind, nein zu sagen, oder sei es, daß wir zu stark von Außeneinflüssen abhängig sind – wirkt letztendlich krankmachend.*«

Dieses Zitat von Edward Bach soll Sie in das Buch hineinführen. In seinem Werk geht es ihm immer wieder darum, uns darauf hinzuweisen, dass ein geglücktes Leben ein Leben in Harmonie mit unserer inneren Wegweisung ist. Vertrauen wir dieser inneren Stimme, werden wir unseren Platz im Leben finden und können so auch anderen Menschen helfen, ihren Weg zu gehen.

Leben wir in Harmonie mit uns selbst und unserer Umwelt, können wir zu unserer wahren Bestimmung im Leben finden. Äußerlichkeiten oder Beschäftigungen, die uns von unserem Selbst ablenken, werden unwichtig.

Selbstentfaltung ist also nicht nur eine Sache des Einzelnen, sondern muss im Einklang stehen mit allem, was unsere Welt ausmacht. Besonders wichtig war für Bach das Verständnis, dass wir alle »Teil der großen göttlichen Sonne« sind und uns unserer kosmischen Verantwortung nicht entziehen können.

Je weniger wir uns gemäß unserem inneren Wesen entwickeln und je mehr wir – dadurch bedingt – den Weisungen anderer Menschen folgen, uns anpassen oder uns unterdrücken lassen, umso mehr kommt es zum Widerstreit zwischen unserer eigentlichen inneren Anlage und dem äußeren Weg, auf dem wir durchs Leben gehen.

HILFEN AUS DER PFLANZENWELT

Mit seinen 38 Blütenessenzen hatte Edward Bach Hilfen aus der Pflanzenwelt entdeckt, die den Menschen bei der Entfaltung seiner Persönlichkeit unterstützen. Die Blüten lösen zum einen Blockaden unserer Gefühlswelt, die den Zugang zu unserer inneren Stimme behindern, zum anderen helfen sie uns, latente Kräfte und Möglichkeiten des Unterbewussten ins Bewusstsein zu heben.

Solche gefühlsmäßigen Blockaden entstehen aus bestimmten anerzogenen Glaubenssätzen (z. B. man hat nett, hilfsbereit, zuvorkommend zu sein etc.), die auf den Widerstand unserer inneren Persönlichkeit stoßen. Eine solche Blockade kann auch aufgrund von Denkmustern entstehen, die wir übernehmen.

Weitere Blockaden entstehen durch unsere negativen Gefühle, die wir meist durch andere verursacht glauben, obwohl wir selbst dafür verantwortlich sind. Ein anderer Mensch hat zwar möglicherweise eine negative Gemütsverfassung ausgelöst, die Ursache dafür liegt aber immer in uns selbst.

DIE PERSÖNLICHKEIT ENTWICKELN

Das Erwecken des Seelenpotentials, das Entfalten der eigenen Persönlichkeit, die in Harmonie mit der kosmischen Ordnung lebt, das ist das wirklich große Anliegen Bachs. Hierzu können wir die Kräfte des Unterbewussten nutzen. Es gilt, die im Verborgenen liegenden Energiereserven zu nutzen.

Als Hilfe zur Selbsterkenntnis der meist unbewussten Quelle der Lebenskraft, die in unserem Inneren schlummert, weist Bach auf die Astrologie – und hier speziell auf die Stellung des Mondes – hin. Schwierigkeiten im Leben und selbst körperliche Erkrankungen resultieren, so Bach, in erster Linie aus unserem Gefühlsbereich. Da aber gerade verletzte Gefühle sehr tief liegen, ist es nicht einfach, diese Blockaden freizulegen und zu dem Potenzial zu finden, das in jedem Menschen angelegt ist. Wichtig ist hier die Beschäftigung mit dem Mondzeichen, denn der Mond repräsentiert die Gefühlsebene eines Menschen.

In den folgenden Kapiteln werden die Mondstellungen in den Tierkreiszeichen beschrieben. Unter welchem Mondzeichen Sie geboren wurden, können Sie in den Tabellen ab Seite 168 nachschlagen. Jedes Zeichen hat unterschiedliche Bedürfnisse, und Konflikte äußern sich in anderen Bereichen. Je nach den individuellen Stärken und Schwächen empfehlen wir für jedes Mondzeichen die passenden Bach-Blüten, die Probleme zu lösen helfen. Es werden jeweils eine Grundblüte sowie drei weitere Blüten für spezielle Persönlichkeitsaspekte zugeordnet.

> Mit Hilfe der Bach-Blüten können wir herausfinden, was das Unterbewusste zu entwickeln versucht. Hinweise darauf erhalten wir auch aus unseren Träumen oder durch intuitive Eingebungen.

ASTROLOGIE UND BACH-BLÜTEN

Astronomisch gesehen ist das Horoskop eine schematische Darstellung der Sternenkonstellation zu einem bestimmten Zeitpunkt vom Blickpunkt des Planeten Erde aus. Es enthält die Darstellung der zehn Planeten und den Stand des Himmels vom Ort des Geschehens aus betrachtet.

DAS GEBURTSHOROSKOP

Für einen Astrologen ist ein Geburtshoroskop (oder Kosmogramm) ein symbolisches Bild der individuellen Psyche des Menschen. Er kann aus dem Horoskop wertvolle Hinweise über die potenziellen Anlagen, Fähigkeiten und die verschiedenen Wesensseiten des Einzelnen erhalten.

Die Fülle von Einzelfaktoren, die aus dem Horoskop ersichtlich ist, verdeutlicht, wie vielschichtig und kompliziert jedes Individuum ist. Es zeigt uns, wie viele verschiedene – zum Teil sogar gegensätzliche – Anteile in jedem Menschen stecken. Erst durch eine sinnvolle Zusammenschau lässt sich daraus ein Ganzes erkennen. So können wir mit Hilfe des Horoskops z. B. Rückschlüsse ziehen auf:

- das Temperament eines Menschen
- sein Lebensgefühl und seine Art, zu handeln
- seine Gefühle und Bedürfnisse
- seine intellektuellen Möglichkeiten
- seine Vorstellungen von Liebe und Sexualität
- sein Harmoniebedürfnis
- seine Antriebs- und Durchsetzungskraft
- seine Ideale und sein moralisches Bewusstsein
- seine Grenzen und Hemmungen
- sein Unabhängigkeits- und Freiheitsbedürfnis
- seinen Bezug zum Übersinnlichen (Transzendenten)
- seine Fähigkeit zu tiefen Wandlungen (Transformation).

Die Astrologie zwängt uns nicht in ein starres Schema, sondern sie kann uns wertvolle Hinweise darauf geben, welche individuellen Anlagen und Potenziale sich in jedem von uns entfalten können.

DIE VERSCHIEDENEN SEITEN DER PERSÖNLICHKEIT

Im Geburtshoroskop repräsentiert die Sonne das bewusste Verhalten und der Mond die gefühlsmäßige Seite eines Menschen. Es ist durchaus möglich, dass das Verhalten, das eine Person nach außen hin zeigt, sich wesentlich von ihren Gefühlen und inneren Bedürfnissen unterscheidet. Die Person kann beispielsweise eine intellektuelle Entwicklung anstreben, sich analytisch, kritisch und distanziert nach außen zeigen. In ihrem Herzen dagegen kann sie weich, gefühlsbetont und anlehnungsbedürftig sein, sich nach Nähe, Bemutterung und gefühlsmäßigem Austausch sehnen. Ihr Handeln steht in diesem Fall also im krassen Widerspruch zu ihren Gefühlen und Bedürfnissen – aber beide Seiten ihrer Persönlichkeit wollen gelebt und befriedigt werden.

Sobald wir versuchen, nur die eine Seite unseres Wesens auszuleben (meist die angenehme, unproblematische), geraten wir ganz schnell in Konflikte, die sich auf vielfältige Weise äußern können. Wenn viele verschiedene Wesensanteile miteinander im Widerstreit stehen, werden zwangsläufig einige Seiten verdrängt und auf den Partner, die Mitmenschen oder auf die Umwelt projiziert.

Um einigermaßen harmonisch mit sich und der äußeren Welt zurechtzukommen, ist es daher nicht nur äußerst hilfreich, sondern sogar unerlässlich, sich der verschiedenen Seiten und Widersprüche des eigenen Wesens bewusst zu werden. Erst dann haben wir auch die Möglichkeit, sie anzuerkennen und konstruktiv mit ihnen umzugehen.

Hat man einen Einblick in die verschiedenen Gefühle, Bedürfnisse und Fähigkeiten von sich und anderen, ist man auch in der Lage, sich und andere besser zu verstehen. Aus einem Geburtshoroskop können wir für das Zusammenleben – in der Partnerschaft, in der Beziehung zu Kindern und im Berufsleben – wertvolle Impulse erhalten. Es ist uns dadurch auch möglich, Entscheidungen bewusster zu treffen und das eigene Leben zufriedener und glücklicher zu gestalten.

> In jedem von uns liegen verschiedene Stärken und Schwächen verborgen. Je mehr wir in unserer Umwelt auf Verständnis für unsere Individualität treffen, umso besser können wir uns zu ausdrucksstarken, runden Persönlichkeiten entwickeln.

Das Zeichen, in dem sich der Mond im Moment der Geburt befindet, weist darauf hin, welche Grundbedürfnisse der Einzelne hat, damit er sich innerlich sicher, geborgen und angenommen fühlt.

Was jedoch der Einzelne aus seinem Potenzial, seinen Anlagen und Fähigkeiten macht, lässt sich aus dem Horoskop nicht erkennen. Dies hängt nicht nur von der Persönlichkeit ab, sondern ist auch von seinem sozialen Umfeld sowie dem religiösen und politischen Hintergrund aus zu beurteilen.

DIE BEDEUTUNG DES MONDES IM GEBURTSHOROSKOP

Sonne und Mond bilden im Horoskop ein wichtiges Paar: Im Allgemeinen ist die Sonne das Symbol für die bewusste Seite und der Mond das Symbol für die unbewusste Seite des Menschen.

Die Sonne – als Symbol des Ichs und des männlichen Prinzips – steht für das Bewusstsein, für Rationalität, Wille, Aktivität und für die Lebenskraft. Vor allem aber symbolisiert sie den Weg und das Ziel eines Menschen: das, was er wirklich ist und zum Ausdruck bringen will, sowie sein Verlangen, sich zu einem eigenständigen Wesen zu entwickeln.

DER MOND – SYMBOL FÜR DAS UNBEWUSSTE

Im Gegensatz dazu symbolisiert der Mond das mütterlich-weibliche Prinzip. Er steht für das Unbewusste, Irrationale, Passive, für die Instinkte und Triebe eines Menschen.
Der Mond ist auch ein Symbol für die persönliche Mutter. Er spiegelt die Kindheitserfahrungen, die Erwartungen und Einstellungen zu Weiblichkeit und Mütterlichkeit. Ferner steht der Mond für das Bedürfnis nach Beziehungen, Nähe, emotionaler Sicherheit und Geborgenheit, für die Welt der Gefühle, das Zuhause, die Herkunft und die Familie.

Obgleich der Tierkreis mit seinen Zeichen, Planeten, Häusern und Aspekten das ganze Spektrum der menschlichen Psyche symbolisiert, haben wir uns in diesem Buch auf einen ganz wesentlichen Bereich beschränkt – den Gefühlsbereich. Die folgenden Beschreibungen der einzelnen Mondzeichen sind somit jeweils als – sehr wichtiger – Teil der Persönlichkeit zu verstehen.

WERDEN SIE SICH IHRER EIGENEN GEFÜHLE BEWUSST!

Unserer Auffassung nach ist gerade in unserer rationalen, materialistischen Welt den meisten von uns der Zugang zum Unbewussten, zu den tiefen Inhalten der Seele verloren gegangen. Unsere Intentionen gehen zum großen Teil nach außen, und alles, was wir tun, muss vernünftig begründet sein. Obwohl das Unbewusste immer gegenwärtig ist, haben wir zu Gunsten unserer intellektuellen, rationalen Sichtweise unsere emotionalen Bedürfnisse und Gefühle immer mehr verdrängt.

Aus dieser Missachtung eines so wesentlichen Teils unserer Persönlichkeit können seelische und körperliche Erkrankungen resultieren. Krankheit ist ein Hinweis darauf, dass uns der Kontakt zu einem Teil unseres Wesens, zu unseren Gefühlen und Empfindungen, verloren gegangen ist. Wir haben vergessen, dass diese die Quelle unserer Vitalität sind. Deshalb ist es von so großer Wichtigkeit, uns diesen Teil unseres Wesens wieder bewusst zu machen und ihn anzunehmen.

Wir sollten uns darauf besinnen, dass sich die männlichen und weiblichen Kräfte unserer Psyche gegenseitig bedingen und unsere Persönlichkeit auf ein harmonisches Zusammenspiel dieser Gegensätze angewiesen ist.

DIE PERSÖNLICHKEIT EDWARD BACH

Edward Bach wurde am 24. September 1886 als ältestes von drei Kindern in gutbürgerlichen Verhältnissen in der Nähe von Birmingham geboren. Sein großer Wunsch, den Arztberuf ergreifen zu können, konnte nach einem kurzen Zwischenspiel – er arbeitete einige Jahre in der Erzgießerei seines Vaters – erfüllt werden. Im Jahr 1906 nahm er in Cambridge sein Studium auf und absolvierte mit unglaublicher Energie und äußerster Disziplin mehrere Spezialausbildungen, u. a. in der Chirurgie. Schon bald wandte er sich der Immunologie und der Bakteriologie zu, wo er Pionierarbeit leistete. Er erkannte u. a. die Bedeutung des Darms für das menschliche Immunsystem. Längst war er auf die Lehre von Samuel Hahnemann gestoßen und hatte sich intensiv damit beschäftigt.

Während des Ersten Weltkriegs erlitt Edward Bach einen totalen körperlichen Zusammenbruch. Obwohl ihm damals nur noch wenige Lebensmonate prognostiziert worden waren, lebte er noch 19 Jahre. Er selbst sah als Ursache dafür seinen Lebenswillen und die Tatsache, dass er eine Aufgabe zu erfüllen hatte, die ihm Lebensmut und -kraft wiedergab.

Nach seiner Genesung eröffnete Bach in London eine eigene Praxis. Sein unermüdlicher Forschergeist ließ ihn jedoch nicht auf diesem Platz ausruhen. Er war inzwischen längst davon überzeugt, dass er eine weitergehende Aufgabe hatte, als die Ideen anderer nur nachzuvollziehen. Er wollte über die Homöopathie hinausgehen, obwohl er lebenslang in guter Verbindung mit ihr und ihren Vertretern blieb.

Bereits vor der Entdeckung der 38 Blüten, die heute als Bach-Blüten bekannt sind, hatte Edward Bach die Bedeutung des Darms für die Gesundheit des Menschen erkannt.

Zeit seines Lebens hatte Bach eine besondere Liebe zu den Pflanzen. Der Aufenthalt in der Großstadt London wurde ihm zunehmend unerträglicher, und so verkaufte er im Jahr 1930 seine Praxis und machte sich auf den Weg in das Land seiner Urväter, nach Wales.

Hier fand er seine eigentliche Aufgabe. Auf ausgedehnten Wanderungen studierte er Menschen und Natur, wobei sein Interesse vor allem den Pflanzen galt. Er belebte uraltes Heil- und Pflanzenwissen und verknüpfte es mit Erkenntnissen aus seinen wissenschaftlichen Studien. Zunehmend ließ er sich von seiner inneren Stimme, seiner Intuition führen. Er entdeckte dabei, dass jede Pflanze eine Schwingung hat, die sich auf den Menschen übertragen lässt. Diese Schwingung kann helfen, negative Seelenzustände aufzulösen und ein inneres Gleichgewicht zu schaffen.

In all den vorhergehenden Jahren hatte Bach seine eigenen Studien über die verschiedenen Menschentypen und ihre Krankheitsdispositionen gemacht. Jetzt entdeckte er, dass verschiedene Pflanzen – und hier speziell die Blüte – eine Beziehung zu den einzelnen Menschentypen bzw. zu den bei ihnen vorherrschenden negativen Gemütszuständen haben. Bach selbst wurde immer feinfühliger, er konnte schon, wenn er den Tau einer Blüte auf der Zunge hatte, ihre Energie spüren. Nach und nach entdeckte er auf diese Weise die 38 Blütenessenzen, die uns als Bach-Blüten bekannt sind.

1931 veröffentlichte er seine Erkenntnisse unter dem Titel »Heile dich selbst«. Seine Ärztekollegen nahmen seine Erkenntnisse nicht ernst. Diese Haltung hat ihn sicher gekränkt, doch ließ er sich nicht von seiner neuen Arbeit – seiner Berufung – abbringen. 1936 starb er erst 50-jährig in der Zuversicht, dass die Zeit seiner feinstofflichen Bach-Blüten-Therapie noch kommen werde.

In Sotwell, einem kleinen Ort in der Nähe von Oxford, wo Bach seine letzten Jahre verbrachte, befindet sich heute noch das Bach-Blüten-Zentrum. Hier werden die 38 Blüten gesammelt, in der von Bach genau beschriebenen Weise zu original »stock bottles« verarbeitet und in alle Welt versandt.

Erst wenn Harmonie eingekehrt ist, kann die wirkliche Persönlichkeit zum Vorschein kommen; erst dann kann das hinter allem wirkende Prinzip durch uns tönen (»personare«). Jeder Mensch kann so zu der einzigartigen Persönlichkeit werden, als die er angelegt ist.

WIE BACH-BLÜTEN WIRKEN

Bach-Blüten wirken auf der Ebene der Schwingung. Alles Dasein ist Schwingung, jedes Teilchen unserer Materie schwingt – langsam oder schnell –, ist in Bewegung. Krankheiten und Verstimmungen werden von disharmonischer Schwingung ausgelöst und begleitet. Der gesunde Mensch dagegen steht in Verbindung mit der kosmischen Schwingung.

Edward Bach fand heraus, dass die Eigenschwingung einer Pflanze auf den Menschen übertragen werden kann; sie überflutet ihn gleichsam mit ihrer heilsamen Kraft. Die Blüte kann uns also helfen, indem sie ihre Schwingung auf uns überträgt. Krankheit, negative Gemütszustände, depressive Verstimmungen oder Blockaden im seelischen Erleben werden mit der »gegenteiligen Tugend« überflutet, so dass das Leid und die Krankheit schmelzen – beinahe wie Schnee in der Sonne.

Die 38 von Bach entdeckten Blüten wirken auf 38 genau beschriebene negative Gemütszustände; sie harmonisieren uns und öffnen uns innerlich für die Stimme unserer Seele und damit für die innere Weisung. Idealerweise ist jeder Mensch nach einer gewissen Zeit selbst in der Lage, sich auch ohne die Kraft der Blüten mit den harmonischen Schwingungen des Kosmos zu verbinden und diese Harmonie auch weiterzugeben.

BACH-BLÜTEN FÜR DIE ENTFALTUNG DER PERSÖNLICHKEIT

»Unsere Persönlichkeit erkennen wir aus der Stellung des Mondes bei unserer Geburt. Die Bach-Blüten können uns dabei helfen, diese wahre Persönlichkeit zu entwickeln.«
Edward Bach

Den beruhigenden Einfluss der Pflanzen, der Natur an sich können wir beispielsweise während eines längeren Spaziergangs in der Natur spüren. Die Stille harmonisiert oft stärkste Unruhezustände, die natürlichen Farben wirken beruhigend auf unser Nervensystem.

Tief sitzende Blockaden, die sich meist auch im körperlichen Unwohlsein manifestieren, sind oft bereits in der frühen Kindheit entstanden, beispielsweise durch eine Erziehung, bei der es nicht um die Entwicklung der inneren Persönlichkeit ging. Nicht selten möchten Eltern ein Kind nach ihren Vorstellungen und Wünschen »gestalten«.

Blockaden gegen die Führung unseres höheren Selbst baut jeder Mensch auch selbst in sich auf. Sind wir – so Bach – nicht in Kontakt mit unserer Seele, »dieser leisen Stimme in unserem Inneren«, sind wir abgeschlossen von der inneren Quelle, die uns nährt, und werden wir immer stärker nach äußeren Ersatzbefriedigungen streben. So ist beispielsweise die Ungeduld, hinter der meist die Gier des Habenwollens oder der Wunsch nach schneller Befriedigung all unserer Bedürfnisse steckt, in unserer Gesellschaft weit verbreitet. Wir haben uns gut organisierte Werbeimperien geschaffen, die uns ständig suggerieren, was man/frau braucht, um glücklich zu sein. Immer liegt die Betonung auf der schnellen Machbarkeit aller Dinge. Der Mensch ist in dieser Hektik oft kaum in der Lage herauszufinden, was seine wirklichen Wünsche sind.

DIE WIRKLICHEN BEDÜRFNISSE ERSPÜREN

Mit Hilfe der Bach-Blüten können diese Blockaden beseitigt werden. Mit ihrer Hilfe wird es uns gelingen, wieder mit unseren wirklichen inneren Bedürfnissen in Kontakt zu kommen. Bach-Blüten wirken also auf zweifache Weise: Zum einen unterstützen sie uns bei der Auflösung von Blockaden, die durch negative Gemütszustände verursacht worden sind. Zum anderen helfen sie uns darüber hinaus bei der Entwicklung unseres eigentlichen Seelenpotenzials, unserer inneren Anlagen.

DIE BEDÜRFNISSE DER SEELE

Die Tiefenpsychologie spricht von »Seelenerweckung«, wenn es um das Aktivieren der latenten Kräfte geht, die bei jedem Menschen im Unterbewussten schlummern. Werden diese Kräfte nicht zum Leben erweckt, können sie sich gegen uns richten und manifestieren sich oft in körperlichem Leiden. Sieht man Krankheit aus diesem Verständnis heraus, wird man Edward Bach sicher zustimmen, der der Ansicht war, dass »Krankheit an sich hilfreich ist, weil sie uns zeigt, daß wir vom Weg der Seele abgekommen sind.«

Spüren Sie in sich hinein, um empfinden zu können, welche Bach-Blüte Ihnen helfen kann, Ihr persönliches Gefühlspotenzial voll zu entfalten.

WIE SIE MIT DIESEM BUCH UMGEHEN

Das Buch möchte Ihnen Hilfen geben, wie Sie sich durch die Beschäftigung mit Ihrem Mondzeichen besser kennen lernen können. Es möchte Ihnen helfen, Ihre tief verwurzelten Reaktionsmuster zu erkennen und diese mit Hilfe der passenden Bach-Blüte zu verändern.

Schlagen Sie in den Tabellen ab Seite 168 nach, in welchem Tierkreiszeichen der Mond zum Zeitpunkt Ihrer Geburt stand. Haben Sie auf diese Weise Ihr Mondzeichen ermittelt, lesen Sie im entsprechenden Kapitel (ab Seite 16) nach, was das für Sie bedeutet. Sie erfahren dort, welchen Einfluss der Mond auf Ihre Grundstimmung hat, welche Grundbedürfnisse Ihnen zugeschrieben werden und wo vermutlich Ihre Konfliktbereiche liegen. Es werden Wege aufgezeigt, wie Sie Probleme lösen können, und wir empfehlen Ihnen die für Sie geeigneten Bach-Blüten. Lesen Sie die Blütenbeschreibungen genau durch. Eine der Blüten haben wir als Grundblüte bezeichnet, die anderen als weitere hilfreiche Blüten. Sie entsprechen entweder in Teilaspekten der entsprechenden Mondstellung oder ergänzen die Grundblüte. Versuchen Sie, sich mit Ihrer Intuition, mit Ihrer inneren Stimme zu verbinden, um herauszufinden, welche Blüte die richtige für Sie ganz persönlich ist. Außerdem finden Sie zu jeder Blüte eine Affirmation (d. h. positive Selbstbestätigung), die die Wirkung der Blüte unterstützen soll.
Wie Sie die Bach-Blüten anwenden, hängt von der Situation und Ihrem Empfinden ab. Auf Seite 165 finden Sie genaue Informationen.

WIDDER-MOND

GRUNDSTIMMUNG
Impulsive, spontane, starke Gefühle

Menschen mit dem Mond im Zeichen Widder sind lebendig, voller Leben, heiter, übermütig und unkompliziert. Instinktiv und sehr gewandt gelingt es ihnen, für ihre eigenen Wünsche und Bedürfnisse einzustehen und diese auch durchzusetzen. Unbefangen wie sie sind, gehen sie offen und spontan auf andere Menschen zu und haben keine Scheu, ihre Gefühle ehrlich und direkt zu äußern – selbst auf die Gefahr hin, sich dadurch unbeliebt zu machen.

Wie den beiden anderen Feuerzeichen Löwe und Schütze fällt es auch den Widder-Mond-Geborenen schwer, die kleinen, alltäglichen Anforderungen und die Routine des Alltags zu akzeptieren. Viel lieber beschäftigen sie sich mit dem, was sein könnte, statt mit dem, was wirklich ist.

Widder-Monde leben in einer Welt der Phantasie, der Visionen und der Vorfreude. Sie sind leicht entflammbar, stürzen sich immer wieder mit Begeisterung auf Neues, ohne vorher die realistischen Konsequenzen ihrer Vorhaben zu bedenken.

Frauen, die unter dem Widder-Mond geboren wurden, entsprechen nicht den traditionellen Vorstellungen des weiblichen Prinzips einer umsorgenden, anpassungsfähigen, hingebungsvollen Mutter, Frau oder Gefährtin. Widder-Mond-Frauen haben vielmehr einen natürlichen Zugang zur männlichen Energie in sich und bringen sich damit in Widerspruch zu den Vorstellungen unserer Gesellschaft, die Weiblichkeit mit passivem Dulden und dem Fehlen von Aggression definiert. Könnte sich diese so genannte männliche Seite sowohl bei Frauen als auch bei Männern gesund und unverletzt entwickeln, gelänge es beiden Geschlechtern viel müheloser, eigene Bedürfnisse kreativ und tatkräftig umzusetzen.

Sich einer schöpferischen Arbeit zuzuwenden kann diesem Mondzeichen in schweren Konfliktsituationen helfen, zumindest eine vorläufige Lösung eines Problems zu finden.

TIEFE GEFÜHLE

GRUNDBEDÜRFNISSE
Bedürfnis, eigene Impulse durchzusetzen; Bedürfnis nach Inspiration und Aktivität, nach emotionaler Freiheit

Widder-Monde sind immer auf der Suche nach neuen Erfahrungen. Sie brauchen das Gefühl, genügend Spielraum und Bewegungsfreiheit zu haben, um ihre schöpferische Energie, ihre Spontaneität und Dynamik sowie ihren Idealismus uneingeschränkt ausleben zu können. Selbst im alltäglichen Leben muss ihre lebhafte Phantasie ihren Ausdruck finden können.

Der unter dem Mondzeichen Widder Geborene hat das große Bedürfnis, seine Umgebung in irgendeiner Weise zu motivieren. Sein großes Verlangen nach Veränderung, nach neuen Ideen sowie nach emotionalen und geistigen Herausforderungen gibt ihm die Kraft, Entwicklungen nicht nur für ihn selbst anzustoßen, sondern auch auf andere befruchtend zu wirken.

KONFLIKTBEREICHE
Zwiespalt zwischen Autonomie und emotionaler Geborgenheit; Rücksichtslosigkeit und innere Gereiztheit

Widder-Monde haben oft Probleme mit ihrer Umwelt, da ihre seelische Unruhe, ihre Impulsivität und ihre Selbstbezogenheit sie oft rücksichtslos und sehr unsensibel machen. Das dahinter stehende Dilemma ist der Konflikt zwischen dem Wunsch, die eigenen Bedürfnisse durchzusetzen, frei und unabhängig zu sein – und der natürlichen Sehnsucht nach Geborgenheit und Liebe, dem Verlangen, sich mit den anderen verbunden zu fühlen, angenommen zu sein, sich anzupassen, zu gefallen und sich versöhnlich zu zeigen. Aus diesem Zwiespalt können starke Aggressionen entstehen, die sich in gereizter und aggressiver Stimmung, unbeherrschten emotionalen Ausbrüchen oder Affekthandlungen gegen sich oder andere äußern.

Dadurch entstehen zwangsläufig heftige Auseinandersetzungen mit der Umwelt, denen sich die Widder-Monde mitunter hilflos ausgeliefert sehen. Dies kann zur Folge haben, dass sich ihre schöpferische Energie, ihr Enthusiasmus und ihre un-

Widder-Monde sind starke, offene Persönlichkeiten, die nicht im Jetzt und in dem, was sie bereits erlangt haben, stehen bleiben möchten. Mit ihrer Impulsivität und Schöpferkraft möchten sie etwas bewegen, zu neuen Ufern aufbrechen.

bekümmerte Zuversicht in das Gegenteil verkehren: Widder-Monde stellen dann sich selbst und ihre Fähigkeiten ständig in Frage, sie trauen ihrer eigenen Intuition nicht mehr. Aufkommende Impulse werden blockiert und durch immer neue Ausreden nicht in die Tat umgesetzt.

Unterstützung von außen lehnen Widder-Monde in dieser Situation ab, es fehlt ihnen der Mut, Hilfe anzunehmen. Mit der Zeit sind sie schließlich nicht mehr fähig und willig, sich auf neue Situationen einzustellen. Im schlimmsten Fall sind Schlafprobleme, Müdigkeit, Depressionen oder Migräne die Folge.

AGGRESSIONEN

Der Widder-Mond ist von einem grundsätzlichen Konflikt geprägt: Er hat Schwierigkeiten, seinen Unabhängigkeitsdrang mit seinem Bedürfnis nach Geborgenheit in Einklang zu bringen. Aus diesem Zwiespalt können sich Aggressionen und Depressionen entwickeln.

Widder-Monde sind schnell und leicht erregbar. Konflikte werden auf der Stelle, spontan und unreflektiert ausgetragen.

DEPRESSIONEN

Sie entstehen, wenn der persönlichen Freiheit der Widder-Monde Grenzen gesetzt werden, wenn sie ihre eigenen Vorstellungen nicht verwirklichen können, wenn ein Status quo entsteht.

LÖSUNGSMÖGLICHKEITEN
Bereitschaft, sich auf andere einzustimmen, Geduld und Rücksicht zu entwickeln

Eine Lösung der Konflikte des Widder-Mondes ist möglich durch Kompromissbereitschaft: Eigenes Verlangen und persönliche Überzeugungen müssen mit den Wünschen anderer abgestimmt werden. Es ist wichtig, deren Bedürfnisse und Eigenarten zu akzeptieren statt sie ungeduldig und autoritär bestimmen oder bevormunden zu wollen. Widder-Monde sollten sich bemühen, Wege zu finden, um die eigene Wut und andere emotionale Reaktionen beherrschen zu lernen, statt sie unkontrolliert aus sich herausbrechen zu lassen.

Es ist für dieses Mondzeichen wichtig, Verständnis, Rücksichtnahme und Sensitivität für seine Mitmenschen zu entfalten, selbst wenn das seinen eigenen Bedürfnissen nicht immer ent-

KOMPROMISSBEREITSCHAFT ENTWICKELN

gegenkommt. Auf der anderen Seite sollten Widder-Monde auch ihre eigene gefühlvolle Seite anerkennen und keinesfalls als Schwäche interpretieren.

WEIBLICH UND MÄNNLICH

PARTNERSCHAFT

Unter diesem Zeichen geborene Frauen und Männer haben den Anspruch, ihr persönliches Leben nach ihrem Geschmack zu gestalten und das Verlangen nach Selbstständigkeit und Unabhängigkeit zu stillen. Sie sind durchaus in der Lage, dauerhafte Verbindungen einzugehen, solange sie dies aus freien Stücken tun. Leben sie in einer Beziehung, verstehen sie es, diese mit sehr viel Lebendigkeit, Schwung und Abwechslung zu beleben.

Sowohl weibliche als auch männliche Widder-Monde brauchen Freiheit in einer Beziehung. Sie wollen sich nicht eingeengt fühlen, sondern müssen immer das Gefühl haben, dass ihnen die Partnerschaft eine Möglichkeit zur Selbstentfaltung bietet.

Die Gefühle von Widder-Monden können warm und herzlich sein; sie sind fähig, für andere eine spontane Nähe, Intimität und Wärme zu empfinden. Im Hintergrund steht für sie jedoch immer die Frage, was sich aus der Beziehung entwickeln könnte, welche Pläne und Ideen daraus erwachsen könnten.
Bietet ihnen der Partner oder die Beziehung keine Herausforderung zur Weiterentwicklung, dann ist es durchaus möglich, dass die Gefühle und das Interesse des Widder-Mondes sehr schnell abkühlen – sie sind gelangweilt und wenden sich einer neuen Herausforderung zu.

ALS ELTERN

Als Mutter oder Vater geben Widder-Monde ihr Bestes; sie gehen sehr pflichtbewusst an ihre Aufgaben – jedoch nur so lange, wie sie nicht auf Dauer in alltägliche, langweilige Routinearbeiten gezwungen werden.

Ihre Kinder als verlängerten Arm ihres Egos zu betrachten und sie ein Leben lang an sich zu binden, kommt ihnen nicht in den Sinn. Für sie ist es vielmehr wichtig, dass ihre Sprösslinge Durchsetzungsvermögen entwickeln und möglichst schnell unabhängig werden. Als Eltern von sensibleren und anhänglicheren Kindern entwickeln Widder-Monde jedoch mitunter wenig

Verständnis und Toleranz. Sie laufen leicht Gefahr, die empfindsamen Seiten ihrer Kinder nicht wahrzunehmen, diese zu »überfahren« und wenig Verständnis für ihre Anhänglichkeit aufzubringen.

KINDER UND JUGENDLICHE

Ein Kind mit einem Widder-Mond muss die Erfahrung machen können, dass es trotz seiner Wutausbrüche, heftigsten Trotzreaktionen und Aggressionen geliebt wird. Werden seiner kindlichen Spontaneität ständig Grenzen gesetzt, werden immer Disziplin und Anpassung gefordert oder wird gar ihr kindlicher Trotz gebrochen, können Widder-Mond-Kinder sich nicht selbstverwirklichen.

Jugendliche Widder-Monde sind sehr spontan und gefühlsintensiv. Eltern dürfen diesen Gefühlsausbrüchen nicht mit Kälte und Unverständnis begegnen, sondern sollten ihren Kindern das Gefühl geben, dass sie sie auch trotz dieser heftigen, wechselhaften Emotionen lieben.

Eine äußerst schmerzhafte und demütigende Erfahrung für diese Kinder wäre es, wenn ihnen von ihren Bezugspersonen bewusst oder unbewusst vermittelt würde, dass die Aggressionen, die sie zeigen, bösartig und schlecht sind. Eine solche Bewertung würde das Kind in Schuldgefühle, Gefühle der Ohnmacht und große unbewusste Wut führen, die sich in vielfältigen körperlichen wie auch psychischen Reaktionen in allen Altersstufen niederschlagen würde.

Jugendliche leiden sehr stark unter der Reglementierung der Eltern, der Gemeinschaft und des Staates – Institutionen, mit denen sie immer häufiger aneinander prallen werden. Da sie zu sehr in ihren Inspirationen und der Vorfreude auf Kommendes verhaftet sind, fehlt jugendlichen Widder-Monden die notwendige Einsicht und der Blickwinkel, die Dinge so zu sehen, wie sie tatsächlich sind.

Grundblüte: Impatiens

Können die Erwachsenen ihrerseits für diese Konflikte kein Verständnis aufbringen, stehen sie nicht mit Ruhe und Toleranz hilfreich zur Seite, kann es zu vielen langen und nervenaufreibenden Konfrontationen kommen. Oftmals sieht sich der Jugendliche schließlich nur noch in der Oppositionsrolle, lehnt sich auf oder verweigert sich, steigt aus – was manchmal bis zur Tendenz zu so genanntem asozialem Verhalten führen kann.

STÄRKEN UND SCHWÄCHEN

WIDDER-MOND

KÖRPER UND SEELE

- **GRUNDSTIMMUNG:** Impulsive, spontane, starke Gefühle
- **GRUNDBEDÜRFNISSE:** Will eigene Impulse durchsetzen, Inspiration, Aktivität und emotionale Freiheit ausleben
- **KONFLIKTBEREICHE:** Zwiespalt zwischen Autonomie und emotionaler Geborgenheit; Rücksichtslosigkeit und innere Gereiztheit
- **LÖSUNGSMÖGLICHKEITEN:** Bereitschaft, sich auf andere einzustimmen, Geduld und Rücksicht zu entwickeln
- **KÖRPER:** Beschwerden, die bei emotionalen Blockaden auftreten können: Kopfschmerzen, Neuralgien, Koliken, Infekte und Entzündungen
- **NEUE WEGE:** Was helfen kann, wenn Sie sich emotional blockiert fühlen: sich neuen Herausforderungen stellen; auf Situationen zugehen, in denen Sie sich beweisen können; Sport, Therapien (nur wenn sie sehr individuell sind); Trommeln

Rock Rose

Chestnut Bud

UNTERSTÜTZENDE BACH-BLÜTEN

GRUNDBLÜTE: Impatiens – um geduldiger und mitfühlender zu werden

WEITERE BLÜTEN:

Rock Rose – um in Paniksituationen ruhig und gelassen zu bleiben und auf Belastungen weniger gereizt zu reagieren

Chestnud Bud – um sich mehr Zeit zu nehmen, das Gesehene und Erlebte wirklich zu verarbeiten und als Lernerfahrung integrieren zu können

Vine – um zu lernen, sich zurückzunehmen

Vine

STIER-MOND

GRUNDSTIMMUNG
Liebevolle, friedliche, sinnliche Gefühle

Menschen mit dem Mond im Zeichen Stier sind überaus geduldig, zärtlich, herzlich und gesellig. Sie strahlen Zufriedenheit, Behaglichkeit und Ruhe aus, ihre Beständigkeit und Gutmütigkeit sind unübertroffen.

Als sinnliches und körperbetontes Zeichen sind sie die absoluten Genießer, die das Leben mit ihren fünf Sinnen erfassen und voll auskosten wollen. Neben emotionaler Sicherheit schätzen sie vor allem die materiellen Dinge; auch haben sie Freude an allem Schönen.

Im Kreis vertrauter Menschen, in ihrer Familie oder in einer Gruppe fühlen sie sich glücklich, geschützt und geborgen. Wichtig für sie ist es, die physische Nähe ihrer Liebsten zu spüren, denn ihr Verlangen nach Liebe, Zärtlichkeit und Berührungen ist unersättlich.

Der Stier gehört zu den Erdzeichen. Innerhalb dessen wird ihm die Qualität fix zugeordnet – er gilt also als impulsaufnehmend.

Stier-Monde bevorzugen die Dinge im Leben, die ihnen vertraut sind, die sich nicht ändern, die ihnen immer zur Verfügung stehen, stets greifbar sind. In dieser äußeren Beständigkeit finden sie den für sie so wichtigen Halt, um sich entfalten zu können.

Man kann sie als Haben-Menschen bezeichnen, denn sie möchten das, was ihnen wichtig und lieb ist, um jeden Preis behalten und nicht mehr hergeben. Sie bemühen sich daher, Verluste oder Veränderungen in diesen Bereichen zu vermeiden. Ein drohender Verzicht auf lieb gewonnene – und damit für sie unentbehrliche – Dinge würde die Stier-Monde in eine heftige, tiefe, ja manchmal sogar lebensbedrohliche Krise stürzen, und sie weichen daher entsprechenden Situationen aus.

SANFTE PERSÖNLICHKEITEN

GRUNDBEDÜRFNISSE
Bedürfnis, die eigenen Sinne zu befriedigen; Bedürfnis nach Sicherheit, Stabilität und Zuverlässigkeit

Stier-Monde brauchen – stärker als andere – vor allem Zeit, um sich entwickeln zu können. Sie benötigen ausreichend Ruhe und Muße, um Eindrücke und Dinge aufzunehmen, reifen zu lassen und sie gründlich und vorsichtig zu verarbeiten. Sich im Leben genügend Raum zu schaffen, damit sie sich ihr elementares Bedürfnis nach Behaglichkeit, Harmonie und Gemütlichkeit erfüllen können, ist für sie von größter Wichtigkeit. Um dieses Grundbedürfnis zu befriedigen, entwickeln Stier-Monde mitunter eine erstaunliche Kraft.

Unter diesem Mondzeichen Geborene fühlen sich physisch und psychisch am wohlsten, wenn die für sie existenziellen Dinge wie Nahrung, Finanzen und Wohnung gesichert sind. Das gibt ihnen den nötigen inneren Halt, Stabilität und Stärke; sie fühlen sich verwurzelt. Stier-Monde stecken gerne ihr Revier ab, weshalb ein eigener Bereich, in den sie sich zurückziehen können, für sie sehr wichtig ist und ihr Gefühl nach Geborgenheit befriedigt.

Die starke sinnliche Natur dieses Mondzeichens braucht nicht nur diese gleich bleibende Geborgenheit im Kreis vertrauter Menschen, sie verlangt auch nach körperlicher Nähe. Stier-Monde müssen ihre Vertrauten umarmen und berühren dürfen, um ihre Verbundenheit und Liebe ausdrücken zu können.

Der Stier-Mond ist stark im Hier und Jetzt verwurzelt: Er liebt die Dinge in seinem Leben, die sich nicht verändern, auf die er vertrauen kann. Bisweilen ist er allerdings zu stark von diesen Fixpunkten seiner Existenz abhängig.

KONFLIKTBEREICHE
Ausweichen vor Veränderungen; Festhalten an Gewohntem; Mangel an Spontaneität und Beweglichkeit

Die problematische und konfliktbeladene Seite dieses Zeichens macht sich bemerkbar, wenn ihm das innere Sicherheits- und Geborgenheitsgefühl verloren gegangen ist. Probleme sind auch dann zu erwarten, wenn es sich von äußeren Objekten und Werten, wie z. B. seinen Besitztümern, seinen Bezugspersonen oder von seinem Job, abhängig macht.

Zwangsläufig halten Stier-Monde dann an allem fest, das ihnen bekannt ist, und entwickeln äußerst starke Widerstände gegen jede Art von Veränderung. Durch diese Sturheit und Unbeweglichkeit verbohren sie sich bisweilen so sehr, dass sie sich selbst von negativen Situationen oder Gefühlen nicht mehr aus eigener Kraft lösen können.

Vieles, das sich außerhalb ihres gesicherten Umfeldes abspielt, werden Stier-Monde dann nicht mehr wahrnehmen, und die Gefahr ist groß, dass sich ihr Leben auf die bloße Befriedigung ihrer Sinnlichkeit und auf ihr materielles Wohlergehen reduziert. Sie können dann »ihren Hals nicht mehr voll kriegen«. Im schlimmsten Fall steht die Erfüllung ihrer eigenen Wünsche an erster Stelle, und sie werden versuchen, nur auf Kosten anderer zu leben.

Ein wichtiger Schritt für diejenigen, die unter einem Stier-Mond geboren wurden, ist es, sich den Veränderungen im Leben zu stellen und die hinter ihrer Liebe für das Beständige stehenden Verlustängste zu erkennen. Neues bringt auch neue Chancen mit sich!

AGGRESSIONEN

Konflikten weichen sie zunächst aus. Werden Stier-Monde jedoch provoziert, entwickeln sich ihre Aggressionen zwar langsam, sind aber dafür umso mächtiger, wenn sie sich entladen.

DEPRESSIONEN

Immer wenn Veränderung oder Verzicht gefordert wird, können sich Depressionen entwickeln – besonders bei der Ablösung und Trennung von Bezugspersonen.

LÖSUNGSMÖGLICHKEITEN
Sich den Verlustängsten stellen und Veränderungen zulassen; sich von Fixierungen befreien; Selbstliebe und Selbstwert

Solange sich Stier-Monde zwanghaft an ihnen bekannten Zuständen, Gegebenheiten und Menschen festhalten, solange sie sich ängstlich und krampfhaft gegen jegliche Wandlung und Änderung wehren, können sie keine neuen Dimensionen des Lebens entdecken.
Oftmals müssen sie eine Reihe von negativen oder leidvollen Erfahrungen machen, um das Loslassen zu lernen. Erst wenn

sie sich ihren Verlustängsten stellen, können sie Veränderungen zulassen und sich zuversichtlich auch neuen Möglichkeiten zuwenden. Durch das Lösen ihrer engen Fixierungen, festgefahrenen Gewohnheiten und ihrer geliebten Routine öffnet sich den Menschen mit einem Stier-Mond gleichzeitig das Blickfeld für neue Möglichkeiten, Talente und Fähigkeiten. Sich selbst dabei wertvoll und wichtig zu erleben bedeutet die Entfaltung seines inneren Selbstwertgefühls.

Welches physische Bedürfnis dem individuellen Stier-Mond am wichtigsten ist, muss er selbst herausfinden – das mag ein gutes Essen sein, der intensive Kontakt mit seinem Körper durch Massagen, Berührungen, Fitness, Tanz und Sport oder der Aufenthalt in der Natur. Erst wenn er diesem Bedürfnis nachgibt, wird der Stier-Mond sich wohl fühlen und zufrieden sein und aus dieser Sicherheit heraus sein Leben meistern können.

WEIBLICH UND MÄNNLICH

PARTNERSCHAFT

Der Stier-Mond ist ein sehr sanftes Zeichen, das überaus hingebungsvoll, anschmiegsam und liebevoll sein kann. In Beziehungen legen unter diesem Mondzeichen Geborene viel Wert auf das Vertraute und Bekannte sowie auf die Befriedigung ihrer körperlichen, sinnlichen und sexuellen Bedürfnisse. Es fällt ihnen leicht, die physischen Ansprüche ihres Partners zu erfüllen, dagegen beachten sie oft die emotionale Seite zu wenig.

Ihr Sinn für das Beständige kann fanatische Formen annehmen, wenn sie den Partner als ihren Besitz betrachten, der ihnen ständig zur Verfügung stehen soll, der sich nicht ändern darf. Selbst wenn sie in ihren Beziehungen ständige Zurückweisung erfahren, können sie schwer loslassen und versuchen mit aller Kraft, die Partnerschaft aufrecht zu erhalten.

Wenn sie ihre Beziehung gefährdet sehen, wenn sie mit Trennung oder Verlustängsten konfrontiert werden, können Stier-Monde sehr eifersüchtig und besitzergreifend sein, und sie reagieren entweder mit Aggressionen oder Depressionen.

Auch in der Partnerschaft ist ein Stier-Mond auf Beständigkeit bedacht und mitunter sehr besitzergreifend. Dahinter steht nicht selten ein mangelndes Selbstvertrauen.

Kinder, die mit einem Stier-Mond geboren wurden, brauchen ganz elementar die körperliche Zuwendung ihrer Eltern. Streicheleinheiten, Nähe und Wärme sind für sie wichtiger als für andere Kinder, damit sie sich zu Persönlichkeiten entwickeln können.

Grundblüte: Honeysuckle

ALS ELTERN

Als Mutter oder Vater sind Stier-Monde sehr geduldig und zuverlässig. Das Familienleben, der Zusammenhalt und die Tradition stehen für sie an erster Stelle, und sie kümmern sich daher intensiv um die Wünsche ihrer Kinder. Trotzdem sollten sie ihnen gestatten, wichtige Erfahrungen auch außerhalb des Familienverbandes machen zu können.

KINDER UND JUGENDLICHE

Stier-Mond-Kinder haben ein elementares Bedürfnis und ein großes Verlangen nach sinnlichen Erfahrungen. Ihnen kann man nie genug an körperlichen Berührungen zukommen lassen. Sie zu stillen, zu füttern, im Arm zu halten, sie Nähe und Geborgenheit hautnah spüren zu lassen ist für diese Kinder eine große Befriedigung, aus der sie ganz wesentlich ihre innere Sicherheit und Geborgenheit schöpfen. Eine prüde, verklemmte Familie, die jegliches sinnliche Vergnügen verwehrt, in der Intimität unterdrückt, als schlecht oder als Sünde gesehen wird, kann ein Stier-Mond-Kind der Quelle seiner Lebensfreude berauben.

Kinder und Jugendliche mit diesem Mondzeichen brauchen Anstöße, Ermunterung und Hilfe von außen, denn ihr bescheidenes und zaghaftes Wesen hindert sie manchmal daran, selbst auf neue Impulse und Aspekte zu reagieren. Man muss ihnen Zeit lassen für ihre innere und äußere Entwicklung. Hektik und Druck machen sie nervös oder treiben sie in die Defensive, wodurch sie immer blockierter, unselbstständiger und angepasster werden.

Ganz besonders schwierig ist es für junge Stier-Monde, den Mut und die Kraft aufzubringen, sich aus der Geborgenheit und Sicherheit ihrer Familie zu lösen. Trennung und Neubeginn sind für dieses Naturell besonders schmerzlich und bedeuten einen tiefen Einschnitt in seinem Leben. Ist diese Erfahrung aber durchgestanden, ist ein wesentlicher Schritt ins Erwachsenenleben gelungen. Stier-Monde werden dadurch zu tiefem Selbstvertrauen und einem deutlichen Eigenwertgefühl finden.

STÄRKEN UND SCHWÄCHEN

STIER-MOND

KÖRPER UND SEELE

- **GRUNDSTIMMUNG**: Liebevolle, friedliche, sinnliche Gefühle
- **GRUNDBEDÜRFNISSE**: Will eigene Sinne befriedigen; Bedürfnis nach Sicherheit, Stabilität und Zuverlässigkeit
- **KONFLIKTBEREICHE**: Ausweichen vor Veränderungen, Festhalten an Gewohntem, Mangel an Spontaneität und Beweglichkeit
- **LÖSUNGSMÖGLICHKEITEN**: Sich Verlustängsten stellen, Veränderungen zulassen, sich von Fixierungen befreien; Selbstliebe entwickeln
- **KÖRPER**: Beschwerden, die bei emotionalen Blockaden auftreten können: Halsentzündungen; Anginen; Probleme mit der Schilddrüse; Stoffwechselerkrankungen, die aufgrund zu großer Genusssucht auftreten
- **NEUE WEGE**: Was helfen kann, wenn Sie sich emotional blockiert fühlen: sinnliche Erfahrungen in jeder Form; ein Leben in Einklang mit der Natur; Musik; Feldenkrais-Therapie; Therapien, bei denen etwas gestaltet wird (z. B. mit Lehm)

Larch

Chicory

UNTERSTÜTZENDE BACH-BLÜTEN

GRUNDBLÜTE: Honeysuckle – um zu lernen, sich von Vergangenem zu lösen

WEITERE BLÜTEN:
Larch – um Selbstwert und Selbstliebe zu entwickeln
Chicory – um Menschen besser loslassen zu können und sie nicht als Besitz anzusehen
Walnut – um den Durchbruch zu Neuem und Unbekanntem zu erleichtern

Walnut

ZWILLINGE-MOND

GRUNDSTIMMUNG
*Unbekümmerte, naive, leichte,
unverbindliche Gefühle*

Menschen mit dem Mond im Zeichen Zwilling haben ein heiteres, unbeschwertes und humorvolles Gemüt. Verschiedene Seelen verweilen in ihrer Brust: Sie können sowohl mit ihrem verborgenen, emotionalen, gefühlsbetonten, zurückhaltenden Wesen als auch mit ihrer bewussten, analytischen, rationalen und extrovertierten Seite Kontakt aufnehmen.

Und da sie zwischen beiden Polen leicht und rasch hin- und herpendeln können, entsteht auf diese Weise eine glückliche Verbindung zwischen Kopf und Herz. Sie besitzen daher die Fähigkeit, Zusammenhänge zwischen ihren Emotionen und dem Bereich des Intellekts herzustellen, und lassen sich so nicht von unreflektierten und undifferenzierten Gefühlen hinreißen.

Unter diesem Mondzeichen Geborene haben die natürliche Begabung, ihren Empfindungen und Ideen Ausdruck und Tiefe zu verleihen. Wie kein anderes Zeichen sind sie in der Lage, sich voller Empathie und Einfühlsamkeit auf andere zu beziehen und ihnen zu vermitteln, dass sie für deren Gefühle empfänglich sind.

Um das Interesse des Zwillinge-Mondes zu wecken und am Leben zu halten, müssen die Gefühle, die in ihm hervorgerufen werden, eindeutig und nachvollziehbar sein. Er muss sie verstehen und analysieren können – in Begriffe fassen und mit Worten ausdrücken können. Seine Gefühle müssen immer in Verbindung mit seinem Geist stehen, er will die Dinge seines Herzens auch intellektuell nachvollziehen können. Alles Nebulöse, Unfassliche, Verschwommene macht ihn hilflos.

Was das Symbol des Zeichens Zwillinge ausdrückt, trifft für unter diesem Mondzeichen Geborene ganz besonders zu: Sie vereinen in sich zwei gegensätzliche Seiten – sind sie doch sowohl sehr gefühlsbetont als auch in anderen Situationen sehr rational.

ANALYTISCHE PERSÖNLICHKEITEN

GRUNDBEDÜRFNISSE
Bedürfnis nach geistigem Austausch, nach Abwechslung und Anregung; Bedürfnis, sich mitzuteilen

Während jemand mit einer Zwillinge-Sonne ganz bewusst eine intellektuelle Entwicklung anstrebt, sind die Zwillinge-Monde am glücklichsten, wenn sie neben verbalem Austausch und geistiger Anregung von Zeit zu Zeit Szenenwechsel und Geselligkeit haben. Es ist ihnen wichtig, Beziehungen zu knüpfen und sich auszutauschen. Mondbedürfnisse zu befriedigen bedeutet für sie Reisen, Lesen, Vorlesen, Geschichten erzählen, neue Dinge und Möglichkeiten erkunden. In einer Welt, in der kein zwischenmenschlicher Austausch in dieser Form möglich wäre, würden diese lebhaften Seelen ersticken.

Gefühlsmäßig wollen sie frei und ungebunden sein – kommen und gehen, wann sie wollen, sich auf etwas Neues einlassen oder doch lieber beim Alten bleiben. Heute so, morgen sieht alles wieder ganz anders aus – das ist ihre Devise. Situationen, die ihnen emotional zu intensiv werden, schrecken sie eher ab.

KONFLIKTBEREICHE
Flucht ins Intellektuelle, Rationale, Analytische. Gespaltene, gegensätzliche, unvereinbare Gefühle

Schwierigkeiten und Probleme entstehen diesem Mondzeichen, wenn es versucht, die Welt seiner Gefühle und seiner persönlichen Beziehungen nur über die intellektuelle Perspektive zu »erleben«. Im Extremfall sind Zwillinge-Monde unfähig, irgendetwas spontan zu tun, sie müssen stets erst darüber nachdenken.
Sie wissen viel, empfinden aber wenig, und so kann es für sie mit der Zeit immer schwerer werden, sich auf tiefe, dauerhafte, intensive Gefühle einzulassen. Stattdessen wird alles immer oberflächlicher und leichtfertiger. Zwillinge-Monde werden sich selbst immer fremder und entfernen sich immer mehr von ihrem eigentlichen Inneren. Sie glauben zu wissen, wie es um ihr Innerstes, um ihre Seele steht, doch wissen es dabei selbst am wenigsten.

In Schwierigkeiten kommt der Zwillinge-Mond, wenn er nur seine rationale Seite lebt. Seine Veranlagung dazu kann so weit gehen, dass er selbst Emotionen erst auseinander nimmt und analysiert, bevor er sie zulässt.

Hinter einer geselligen, fröhlichen, umtriebigen Art verbergen sich bei ihnen oft ein schwankendes, labiles Selbstwertgefühl, große Unsicherheit und emotionale Komplexe. Sie sind hin und her gerissen zwischen ihren Empfindungen und dem, was ihr Kopf ihnen rät. Mit ihrem großen Bedürfnis nach Ungebundenheit und ihrer ständigen Suche nach Neuem verdrängen Zwillinge-Monde oft ihre Gefühlsseite, können und wollen sich nicht festlegen, zweifeln alles an, relativieren und kritisieren.

Es fällt ihnen manchmal schwer herauszufinden, was sie wirklich fühlen. Und wenn sie einmal tief in ihrer Seele berührt wurden und dabei erfahren konnten, wie weit ihre Gefühle eigentlich reichen, sind sie zutiefst verwirrt. Allzu oft flüchten sie angesichts dieser emotionalen Untiefen in ihre intellektuelle Überheblichkeit, weil sie ihre starken Gefühle nicht verstehen. Sie scheuen sich, ihr eigentliches Innenleben zu erforschen, weil sie die Konsequenzen nicht abschätzen können.

Geht der Zwillinge-Mond seinen feinen Empfindungen aus dem Weg, heißt das aber auch, dass er sich nicht mit dem Leben einlässt, wodurch er die Chance verpasst, sich selbst, seine Seele und die Liebe kennen zu lernen.

AGGRESSIONEN

Wenn Zwillinge-Monde wütend werden, halten sie ihre Gefühle nicht zurück. Sie werden verbal ausgetragen, sind taktisch, zynisch, beißend.

DEPRESSIONEN

Sie treten auf, wenn das unverbindliche Sichmitteilen oder der geistig-intellektuelle Austausch nicht mehr möglich ist, wenn Verbindliches oder Gefühlstiefe gefordert wird.

LÖSUNGSMÖGLICHKEITEN
Bereitschaft, sich der eigenen Gefühle bewusst zu werden, sie sich einzugestehen

Da den Zwillinge-Monden weder der Zugang zu der abstrakt-analytischen noch zu der gefühlsmäßigen Welt fremd ist, wäre es für sie ein Gewinn zu lernen, beide Ebenen gleichzeitig in sich zu beleben, um sich nicht ständig zwischen ihren intellektuellen und emotionalen Bedürfnissen entscheiden zu müssen.

GEFÜHLE ZULASSEN

Als Luftzeichen sind sie physisch und psychisch äußerst empfindsam und sehr dünnhäutig. Sie brauchen regelmäßig Perioden der Ruhe, müssen sich sammeln und lernen, sich an Richtlinien zu halten.

Einen Zugang zu ihren eigenen Emotionen können sie finden, wenn sie sich die Zeit gönnen, das zu erforschen, was sie so gerne übersehen und verdrängen: ihre eigenen Gefühle. Sie sollten stärker ausgekostet und nicht als etwas Lästiges und Ärgerliches ins Unbewusste verdrängt werden. Dabei müssen Zwillinge-Monde zwischen oberflächlich-sentimentalen und echten Gefühlen unterscheiden lernen. Ist ihnen der Zugang zu ihrem Innersten und ihren Emotionen versperrt, können sie nur über das Leiden und das Unglück anderer weinen, ihr eigenes ist ihnen nicht einmal bewusst.

WEIBLICH UND MÄNNLICH

PARTNERSCHAFT

Wie die beiden anderen Luftzeichen Wassermann und Waage besitzen auch Zwillinge-Monde ein großes Bedürfnis nach Unabhängigkeit und Selbstständigkeit. Allzu große gefühlsmäßige Anhänglichkeit kann man von ihnen nicht erwarten.

In Beziehungen verkörpern sie in der Regel die distanziertere Seite. Das hat durchaus seine Vorteile, denn mit ihrem analytischen Verständnis können sie dort, wo es nötig ist, emotionale Abhängigkeiten und Verstrickungen erkennen und auch lösen. Trotzdem fühlen sie sich unwiderstehlich zu sanften und gefühlvollen Menschen hingezogen, die ihnen dabei helfen, ihre eigenen Empfindungen zu entdecken.

Der Zwillinge-Mond hat ein großes Bedürfnis nach Selbstständigkeit und Unabhängigkeit, das er auch in der Partnerschaft ausleben möchte. Unwiderstehlich fühlt er sich jedoch von gefühlsintensiven Menschen angezogen.

Sie flüchten vor besitzergreifenden, fordernden Menschen, meiden scheußliche Szenen und Auseinandersetzungen. Gegen jegliches Gefühl der Abhängigkeit und Routine hegen sie eine tiefe Abneigung, möchten sie doch unabhängig sein und sich auch so fühlen. Durch zu viel Fürsorglichkeit werden sie leicht in die Enge getrieben. Sie flüchten dann und suchen das Gefühl der Ungebundenheit in einer anderen Beziehung, oder aber sie

Da Zwillinge-Mond-Kinder meist analytisch begabt sind, geraten ihre Eltern leicht in Gefahr, diese Seite ihrer Kinder besonders zu fördern. Mindestens genauso wichtig ist es jedoch, diesen Kindern zu ermöglichen, dass sie ihre Gefühlswelt entfalten.

reagieren zynisch und mit eisiger Kälte. Damit können sie gefühlsbetonte Menschen tief verletzen und emotionale Gräben aufreißen, die kaum mehr zu überwinden sind.

ALS ELTERN

Müttern und Vätern mit einem Zwillinge-Mond fällt es leicht, die intellektuelle Seite ihrer Kinder zu fördern. Wichtiger jedoch ist, dass sie darauf achten, die Gefühle und Empfindungen ihrer Kinder anzuerkennen, diese so anzunehmen oder zu spiegeln, wie sie sind. Die Tendenz von Zwillinge-Mond-Eltern, diese zarte und kostbare Wesensseite nur aus intellektueller Sicht zu betrachten, könnte ansonsten zu schweren emotionalen Störungen bei ihren Kindern führen.

KINDER UND JUGENDLICHE

Eine Kindheit, die keinen geistigen und körperlichen Freiraum bietet, die disziplinierend, langweilig, ohne intellektuelle Anregung ist, würde Kindern und Jugendlichen mit einem Zwillinge-Mond die Möglichkeit zur Entwicklung rauben.

Jugendliche Zwillinge-Monde geraten schnell in Konfusion, da sie sich für so viele Dinge gleichzeitig interessieren. Wann immer sie etwas entdecken, das ihre Aufmerksamkeit ganz besonders in Anspruch nimmt, wenn sie sich mit vollem Herzen auf eine Sache konzentrieren, müssen sie unterstützt werden, damit sie wenigstens für eine gewisse Zeit dabei bleiben können. Diese empfindlichen, feinfühligen Kinder, deren Geist in ständiger Bewegung ist, sind schnell erschöpft. Ruhige Zeiten und Erholung, weniger Reizüberflutung sind für sie notwendiger als für viele andere Kinder mit einem stärkeren Nervenkostüm. Eltern sollten sich diese Bedürfnisse ihrer Kinder immer wieder bewusst machen und das ihrige tun, um sie zu erfüllen.

Grundblüte: Cerato

Für Zwillinge-Mond-Kinder ist das Erzählen und das Zuhören sehr wichtig, denn sie haben dadurch die Möglichkeit, sich selbst und ihre tiefen Bedürfnisse wahrzunehmen. Sie lernen, die Dinge zu differenzieren, und können so ihre wahren, oft verdeckten Gefühle wahrnehmen.

STÄRKEN UND SCHWÄCHEN

ZWILLINGE-MOND

KÖRPER UND SEELE

- **GRUNDSTIMMUNG:** Unbekümmerte, naive, oft unverbindliche Gefühle
- **GRUNDBEDÜRFNISSE:** Geistiger Austausch, Abwechslung und Anregung; Mitteilungsbedürfnis
- **KONFLIKTBEREICHE:** Flucht ins Rationale, Analytische; gespaltene, unvereinbare Gefühle
- **LÖSUNGSMÖGLICHKEITEN:** Bewusstwerdung und Eingeständnis der eigenen Gefühle
- **KÖRPER:** Beschwerden, die bei emotionalen Blockaden auftreten können: Erkrankungen der Luftwege, Asthma, Schwäche des Nervensystems (z. B. Neurasthenie), Konzentrationsstörungen
- **NEUE WEGE:** Was helfen kann, wenn Sie sich emotional blockiert fühlen: gute Gespräche mit anderen über Ihre Gefühlssituation, Tagebuch oder Briefe schreiben, Bewegung in jeder Form, Atemtherapie

Beech

UNTERSTÜTZENDE BACH-BLÜTEN

GRUNDBLÜTE: Cerato – um besser in Kontakt mit sich selbst zu kommen und Erkenntnis aus der eigenen Tiefe zu erhalten

WEITERE BLÜTEN:
Beech – um die intellektuelle, kritische Seite mit Herz und Gefühl zu verbinden
Chestnut Bud – um zu erkennen, dass man etwas Zeit braucht, um die Lektionen des Lebens wirklich zu verstehen
Hornbeam – um den überforderten Kopf zu entlasten und innerlich ruhig zu werden; um die Kraftreserven wieder aufzufüllen

Chestnut Bud

Hornbeam

KREBS-MOND

GRUNDSTIMMUNG
Mütterliche Gefühle

Der Krebs-Mond ist das Zeichen des großen Gefühlsreichtums, der Hilfsbereitschaft und Fürsorge. Diese Menschen sind von Natur aus liebevoll, fürsorglich, sanft und hingabefähig. Sie haben ein gewinnendes Wesen, sind gesellig und verstehen es, sich beliebt zu machen.

Krebs-Monde lassen sich im Allgemeinen von ihren Emotionen und Instinkten leiten. Ihre Reaktionen sind immer gefühlsbetont, kommen von innen heraus und sind weit entfernt von vernünftigem oder logischem Denken.

Wie die beiden anderen Wasserzeichen Skorpion und Fische sind sie für die Bedürfnisse und Empfindungen anderer Menschen empfänglich. Tiefes Einfühlungsvermögen und Mitgefühl befähigen sie, auf deren Probleme zu reagieren, ihnen Hilfe und Schutz anzubieten. Für sie sind nur wirklich tiefe, gefühlsmäßige und enge Bindungen von Bedeutung. Nichts ist ihnen wichtiger, als die Menschen ihrer Umgebung zu verstehen, Schmerz und Freude mit ihnen zu teilen.

Als Wasserzeichen verkörpert der Krebs-Mond das mütterlich-weibliche Prinzip mit seiner beschützenden, fördernden, liebenden, lebensspendenden und heilenden Kraft. Der dunkle Aspekt dieses Zeichens äußert sich in besitzergreifenden Gefühlen, in übertriebener Fürsorge und Hilfsbereitschaft, um andere an sich zu binden, sie abhängig zu machen. Trotz aller Sensibilität und ihrer Hilfsbereitschaft sind Menschen mit einem Krebs-Mond keine wehrlosen oder angepassten Wesen. Auf eine sanfte und subtile Weise gelingt es ihnen sehr gut, eigene Wünsche und Ideen durchzusetzen.

> Menschen, die unter einem Krebs-Mond geboren wurden, sind sehr fürsorglich und liebevoll. Sie lassen sich von ihren Gefühlen leiten; andere zu verstehen und sie zu fördern oder zu beschützen ist für sie ein wichtiger Lebensinhalt.

UMSORGENDE PERSÖNLICHKEITEN

GRUNDBEDÜRFNISSE
Bedürfnis nach seelischer Geborgenheit, Vertrautheit und Stabilität; Bedürfnis nach Rückzug

Das Wichtigste für Krebs-Monde ist der emotionale Austausch mit anderen gefühlsbetonten Menschen. Durch die Verbundenheit mit ihnen entwickeln sie eine echte Zugehörigkeit zur Gemeinschaft Gleichgesinnter, wodurch sie sich nicht mehr allein, sondern sicher und geborgen fühlen. In einer für sie vertrauten Umgebung, die ihnen Schutz, Fürsorge und Zuwendung bietet, können sie innerlich zu einem tiefen Gefühl des Vertrauens und der Sicherheit finden.

Krebs-Monde fühlen sich ganz in ihrem Element, wenn sie gebraucht werden; sie blühen dann förmlich auf. Ihr Bedürfnis ist es, andere zu unterstützen, sie zu hegen, zu pflegen und zu bemuttern. Instinktiv wissen sie, was ihre Mitmenschen benötigen, um sich wohl zu fühlen.

Als sensible, verletzliche und manchmal auch ängstliche Menschen müssen sie ihre empfindsame Seele vor den Härten des Lebens schützen. Zeiten des Rückzugs und der Stille, mit dem Bedürfnis, sich zu verkriechen oder zu verschwinden, gehören zu ihrem normalen Zyklus. Diese Zeiten sind notwendig, damit Krebs-Monde anschließend wieder gestärkt, geläutert und gewandelt in ihre vertraute Umgebung zurückkehren können.

Viele unter diesem Mondzeichen Geborene besitzen eine musische und künstlerische Begabung, sind äußerst phantasievoll und kreativ. Ihr Innenleben ist ein unerschöpfliches Reservoir an Ideen, Bildern und Träumen, die in irgendeiner Form die Möglichkeit des gestalterischen Ausdrucks finden sollten.

> Aufgrund ihrer aufopfernden Art geben Krebs-Monde manchmal zu viel. Ihre eigenen Energiereserven sind dann aufgebraucht, sie fühlen sich erschöpft und verausgabt. In solchen Situationen ist es wichtig, dass sie sich zurückziehen und wieder Kraft in sich selbst suchen.

KONFLIKTBEREICHE
Übertriebene Gefühle; zu große Anpassungsbereitschaft; Kind-Bleiben-Wollen

Krebs-Monde sind in ihren Stimmungen sehr unbeständig. Je nach Befinden werden sie von heftigen Gefühlsschwankungen

KREBS-MOND

hin und her gerissen. Sie greifen bestimmte Ideen oder Dinge ihrer Umwelt heraus und interpretieren sie sehr subjektiv – je nach Laune mit Sympathie oder Antipathie.

Das größte Problem für einen Krebs-Mond ist sein übertriebenes Bedürfnis nach Liebe, Zuwendung, Aufmerksamkeit und seine Forderung nach Geborgenheit. Um geliebte Menschen an sich zu binden, um ja nicht verlassen zu werden, legen sie fürsorgliche Verhaltensweisen, große Anteilnahme und scheinbar selbstloses Handeln an den Tag. Nichts ist für diese Menschen schmerzlicher als ein tiefer emotionaler Verlust. Wenn ihre Empfindungen, Gefühle und ihr Engagement für andere zurückgewiesen werden, können sie völlig unberechenbar und unreflektiert reagieren: mit Rückzugstendenzen, Flucht in eine Traumwelt, Launenhaftigkeit und kindlicher Uneinsichtigkeit. Hinter diesem Anspruch nach Zuwendung steht oft auch der Wunsch nach ständigem Bemuttertwerden, der heimliche oder unbewusste Wunsch, immer Kind bleiben zu dürfen, um so den natürlichen Impulsen nach Autonomie möglichst aus dem Weg gehen zu können.

Die wichtigste Aufgabe für alle, die unter einem Krebs-Mond geboren wurden, ist es, eine gesunde Distanz zu ihren Mitmenschen zu wahren und Eigenständigkeit zu entwickeln. Sie sollten ihr großes kreatives Potential, das ihnen zu Eigen ist, entfalten.

AGGRESSIONEN

Krebs-Monde können ihre Aggressionen nur schwer äußern. Wenn sie diese Gefühle zeigen, dann indirekt oder durch Scheinanpassung.

DEPRESSIONEN

Sie treten auf beim Verlust von Geborgenheit und bei Ablösung von Bezugspersonen, bei Kritik und Auseinandersetzungen, bei seelischer Entwurzelung.

LÖSUNGSMÖGLICHKEITEN
Schöpferischer Ausdruck der Gefühle; eigene innere Sicherheit und Geborgenheit gewinnen

Die Fähigkeit, mit Menschen umgehen zu können, wie auch die Fähigkeit, sich emotional und schöpferisch auszudrücken, sind

EIGENSTÄNDIGKEIT WAHREN

Gaben, die nur wenigen Menschen zur Verfügung stehen. Krebs-Monde finden zu einer inneren Zufriedenheit, wenn sie diese Kräfte annehmen und sie produktiv nutzen – vor allem, wenn sie versuchen, ihr kreatives Potential selbst auszuleben, und nicht ein Leben lang hoffen, dass andere ihnen diese Aufgabe abnehmen.

Mit der Zeit werden Krebs-Monde erkennen, wie wichtig es ist, eine gewisse Distanz, Abstand und Unabhängigkeit zu ihren Mitmenschen zu finden. Wenn es ihnen gelingt, die Bestätigung eigener Gefühle und Wertschätzung nicht mehr von außen zu erwarten, dann sind auch sie in der Lage, ihre Abhängigkeit von anderen zu durchschauen. Schmerzhafte Empfindungen, emotionale Verluste und die Angst vor seelischen Verletzungen und Zurückweisungen werden sie dann allmählich zulassen können. Nur auf diesem Weg kann sich für sie eine eigene innere Stabilität entwickeln.

WEIBLICH UND MÄNNLICH

PARTNERSCHAFT

Frauen und Männer mit einem Krebs-Mond brauchen das Gefühl tiefer Verbundenheit und intensive emotionale Erfahrungen in einer Partnerschaft. Als sensitives Wasserzeichen bringen sie Feingefühl, Verständnis und Geduld in eine Beziehung ein. Sie sind getragen von einer tiefen inneren Gewissheit um die Verbundenheit und Liebe in dieser Partnerschaft, ohne diese intellektuell begründen zu können.

Ihre große Anpassungsbereitschaft, ihre Hingabe und Sensibilität können aber auch zu echten Konflikten in einer Beziehung führen. Je intensiver die Gefühle der Krebs-Monde für ihren Partner sind, umso mehr hängen sie sich an ihn, glauben, ohne ihn nicht mehr leben zu können, und geben sich selbst auf. Sie setzen all ihre Lebensperspektive in die Partnerschaft. Die Hoffnung, von anderen geliebt zu werden, bleibt letzten Endes aber unerfüllt. Dass sie auf diesem Weg immer wieder Opfer ihrer eigenen Täuschungen und Wünsche werden, wird mit der Zeit zur schmerzlichen Gewissheit.

Auch in einer Partnerschaft sind Krebs-Monde gefordert, sich selbst und ihre Bedürfnisse stärker wahrzunehmen. Sie dürfen nicht ihr Selbstwertgefühl, ihre Lebensperspektive nur aus der Anerkennung durch ihren Partner ziehen. Eine Partnerschaft darf für sie kein Ersatz für ihre Selbstständigkeit sein.

37

ALS ELTERN

Mütter oder Väter mit einem Krebs-Mond können ihren Kindern ein wahres Zuhause und ein tiefes Gefühl von Geborgenheit vermitteln. Ihre uneingeschränkte Liebe, Fürsorge und Geduld ermöglicht ihren Kindern, sich zu öffnen, spielerisch und schöpferisch mit eigenen Empfindungen und Fähigkeiten umzugehen.

Krebs-Mond-Eltern haben allerdings oftmals große Probleme, ihre Kinder emotional loszulassen, sie zur richtigen Zeit in die notwendige Freiheit zu entlassen.

KINDER UND JUGENDLICHE

Krebs-Mond-Kinder und -Jugendliche sind sehr stark auf die Fürsorge und emotionale Zuwendung ihrer Bezugspersonen angewiesen. In einer Familie, in der sie sich aufgehoben, beschützt und verbunden fühlen, können sie sich entfalten und ihren Träumen und Phantasien freien Lauf lassen.

Werden ihre Veranlagungen, ihre Bedürfnisse und zarten Gefühle von den Bezugspersonen nicht wahrgenommen oder verstanden, ziehen sich Krebs-Mond-Kinder immer stärker in ihr Schneckenhaus zurück und sind verunsichert. Der unbewusste Wunsch, immer Kind bleiben zu dürfen, ist bei diesem Zeichen besonders ausgeprägt, es will gehätschelt, verwöhnt und versorgt werden. Oftmals verstecken sich Krebs-Mond-Kinder auch hinter ihren Launen und kindlichen Verhaltensweisen, um auf diese Weise die für sie so essenzielle Zuwendung und Aufmerksamkeit zu erzwingen.

Unter diesem Mondzeichen gibt es ungewöhnliche Kinder, denn sie besitzen die unschätzbare Gabe, der Welt der Gefühle näher zu sein als jedes andere Zeichen. Leider werden diese Qualitäten in unserer rational ausgerichteten Zeit häufig als minderwertig abgetan, wodurch Krebs-Mond-Kinder oft angehalten werden, ihre phantasievolle, kreative und empfindsame Seite zu unterdrücken. Dass sie einen Zugang zu den Bildern ihrer Seele haben, ist eine Stärke, die es heutzutage wieder zu entfalten gilt, die anerkannt und gepflegt werden muss.

Jugendliche Krebs-Monde haben ein ausgeprägtes Gefühlsleben. Eltern sollten darauf achten, diese wertvolle Gabe anzuerkennen und zu fördern, auch wenn in unserer Welt vorrangig vernunftbetonte Werte herrschen.

Grundblüte: Chicory

STÄRKEN UND SCHWÄCHEN

KREBS-MOND

KÖRPER UND SEELE

- **GRUNDSTIMMUNG:** Mütterliche Gefühle
- **GRUNDBEDÜRFNISSE:** Bedürfnis nach seelischer Geborgenheit, Vertrautheit und Stabilität, Rückzugsmöglichkeit
- **KONFLIKTBEREICHE:** Emotionale Übertreibungen; zu große Anpassungsbereitschaft; der Wunsch, ein Kind bleiben zu wollen
- **LÖSUNGSMÖGLICHKEITEN:** Schöpferischer Ausdruck der Gefühle, eigene innere Sicherheit gewinnen
- **KÖRPER:** Beschwerden, die bei emotionalen Blockaden auftreten können: Magenbeschwerden, Erkrankungen an Brust und Gebärmutter, Schleimhautprobleme (z. B. im Magen), Lymphstauungen
- **NEUE WEGE:** Was helfen kann, wenn Sie sich emotional blockiert fühlen: eine Essenseinladung geben und andere verwöhnen; Meditation; Therapien, die mit Imagination arbeiten (z. B. Katathymes Bilderleben); Wasseranwendungen

Honeysuckle

Scleranthus

UNTERSTÜTZENDE BACH-BLÜTEN

GRUNDBLÜTE: Chicory – um das Loslassen zu lernen; um Liebe und Zuwendung nicht an Erwartungen zu knüpfen

WEITERE BLÜTEN:
Honeysuckle – um geforderte Abschiede ohne Angst bewältigen zu können
Scleranthus – um mit wechselnden Stimmungen besser umgehen zu können
Heather – um wirklich erwachsen zu werden

Heather

LÖWE-MOND

GRUNDSTIMMUNG:
Warme, herzliche Gefühle

Menschen, deren Geburtsmond im Zeichen Löwe steht, sind großzügig, leidenschaftlich und optimistisch. Mit ihrem unbekümmerten, offenen Wesen und ihrer natürlichen Lebensfreude verbreiten sie eine warme und angenehme Atmosphäre. Ihre großmütige und herzliche Art übt starke Anziehungskraft auf andere Menschen aus, mit denen sie meist sehr gut umgehen können. Ihre Fröhlichkeit und ihr Humor wirken ansteckend.

Dieses Zeichen ist gewohnt, sich als selbstverständlichen Mittelpunkt seiner Umgebung zu empfinden. Seine Kraft und Lebensfreude entspringen dem inneren, sicheren Gefühl, ein bevorzugtes Glückskind zu sein. Unter diesem Mondzeichen Geborene sind von Natur aus von sich überzeugt, sie fühlen sich unbewusst als etwas Besonderes.

Wenn Löwe-Monde durch ihre persönliche Geschichte weniger inneres Selbstvertrauen entwickeln konnten, versuchen sie immer wieder, sich ihrer eigenen Bedeutsamkeit zu versichern, indem sie sich für andere unentbehrlich machen. Auf diese Weise erhalten sie die für sie notwendige Anerkennung und Zuwendung. Unbewusst setzen sie immer wieder all ihre Kräfte ein, um diese Bestätigung ihres Selbstwertgefühls zu bekommen.

Löwe-Monde sind starke Persönlichkeiten, die von sich überzeugt sind und dies auch ausstrahlen. Meist stehen sie daher im Mittelpunkt des Geschehens und werden von anderen um ihre positive Art beneidet.

GRUNDBEDÜRFNISSE
Bedürfnis nach Beachtung und Bestätigung, nach Aufmerksamkeit und Bewunderung

Gutmütigkeit und Freigebigkeit sind die herausragenden Eigenschaften dieses Mondzeichens. Löwe-Monde beschützen

Optimistische Persönlichkeiten

und unterstützen jeden, der ihre Hilfe benötigt. Ihre Aktionen sind jedoch nicht ganz uneigennützig: Das positive Feedback ihrer Mitmenschen bestätigt ihnen immer wieder, wie wichtig, wertvoll und unentbehrlich sie sind.

Obwohl sie nach außen den Eindruck erwecken, in sich zu ruhen, haben Löwe-Monde eine tiefe Angst davor, unbeachtet und ungeliebt zu sein. Daher fühlen sie sich am wohlsten, wenn ihnen Aufmerksamkeit, Bewunderung und Anerkennung entgegengebracht werden.

Im Gegensatz zu den beiden anderen Feuerzeichen Widder und Schütze, denen Abwechslung und ständige Veränderung keine Schwierigkeiten bedeuten, brechen Löwe-Mond-Geborene mit Gewohnheiten nicht so leicht. Sie neigen dazu, an ihren Gefühlen festzuhalten, sie sind unbeweglicher, damit aber beständiger. Um ihr Leben zu genießen und auszukosten, benötigen sie viel Zeit, Ruhe und Muße.

KONFLIKTBEREICHE
Neigung zu Selbstüberschätzung und Oberflächlichkeit; kritikempfindlich und geltungsbedürftig

Gefühle der Hilflosigkeit, Minderwertigkeit und Unsicherheit versuchen Löwe-Monde zu überspielen, indem sie sich stets in den Mittelpunkt der Aufmerksamkeit stellen und für sich eine Sonderrolle beanspruchen.

Ihre Selbstüberschätzung ist beachtlich, und sie erwarten, dass ihre Bedürfnisse jederzeit durch die Hilfe anderer Menschen befriedigt werden, ohne dass sie selbst auch nur einen Finger dafür krümmen müssten. Löwe-Monden fällt es sehr schwer zu akzeptieren, dass sie nicht der Nabel der Welt sind und dass sich nicht alles um sie drehen kann.

Um herauszufinden, was und wie sie im Grunde ihres Herzens empfinden, welche Dinge ihr innerstes Wesen berühren, müssten sich die Löwe-Monde mit den Seiten der menschlichen Psyche auseinander setzen, zu denen sie mit ihrer idealistischen

Hinter der strahlenden Fassade des Löwe-Mondes stehen oftmals Gefühle der Unsicherheit und des Selbstzweifels. Es ist wichtig für dieses Mondzeichen, diese Bereiche seines Seelenlebens anzunehmen und nicht mit Selbstüberschätzung oder Imponiergehabe zu überspielen.

Mentalität keinen Zugang haben: mit Gefühlen der Traurigkeit, Einsamkeit, Depressionen und tiefen Ängsten.

Dieser Herausforderung gehen sie gerne aus dem Weg. Geschickt basteln sie sich eine positive, angenehme, heitere und bequeme Wunschwelt zurecht, in der sich das Leben nur von der Sonnenseite zeigt.

Löwe-Monde sind stolz und eitel. Ihre innere Unsicherheit verbietet ihnen, eigene Fehler einzugestehen, sie sind unfähig zur Selbstkritik und nicht in der Lage, konstruktive Kritik anderer Menschen anzunehmen. Den Schein ihrer Größe, Wichtigkeit und Unfehlbarkeit möchten sie immer gewahrt sehen. Wenn die Umwelt ihnen diesen Gefallen nicht tut, ziehen sie sich gerne in ihre innere Großartigkeit zurück.

Wenn ihre Mittelpunktrolle in Frage gestellt wird, reagieren Löwe-Monde gereizt, rechthaberisch oder teilweise mit Depressionen. Sie sollten daher etwas mehr Bescheidenheit entwickeln und auch den anderen mit seinen ganz persönlichen Fähigkeiten anerkennen.

AGGRESSIONEN

Löwe-Monde sind leicht reizbar, cholerisch, rechthaberisch und neigen zu impulsiven emotionalen Ausbrüchen. Ihre Aggressionen bauen sich aber schnell wieder ab.

DEPRESSIONEN

Wenn in Löwe-Monden das Gefühl aufkommt, nicht das zu bekommen, was ihnen zusteht, wenn sie nicht gebührend wahrgenommen oder gar ausgeschlossen werden, können bei ihnen Depressionen auftreten.

LÖSUNGSMÖGLICHKEITEN

Vertrauen in die eigene Mitte entwickeln, Du-Bezogenheit und Anpassungsbereitschaft lernen

Löwe-Monde fühlen sich als etwas Besonderes und erwarten, dass jeder dies anerkennt. Ihren »Mittellogenplatz« mit jemandem teilen zu müssen und anzuerkennen, dass andere gleichwertig zu sehen und zu behandeln sind, ist eine schwierige Lektion für sie. Es fällt ihnen ungemein schwer, über ihren eigenen Schatten zu springen und um Hilfe oder Unterstützung

ANDERE ANERKENNEN

zu bitten. Sie wollen sich auf keinen Fall eine Blöße geben und ihre Verletzlichkeit sich selbst und anderen gegenüber nicht eingestehen und schon gar nicht offen zeigen.

Menschlichkeit, Bescheidenheit und Hingabe, Verständnis, Rücksichtnahme und Sensibilität – diese Eigenschaften zuzulassen oder zu entwickeln ist eine echte Aufgabe für Löwe-Monde. Es ist wichtig für sie, aus ihren eigenen Fähigkeiten schöpfen zu lernen sowie zu erkennen, was für sie persönlich von Bedeutung ist.

Löwe-Monde werden auch nicht umhin kommen, sich den Gefühlen der Einsamkeit, des Verlustes und der Trauer zu stellen, selbst wenn der Weg dorthin für sie besonders schmerzlich ist. Der Lohn für ihren Mut, ihre Anstrengung und Einsicht ist nicht mit Gold aufzuwiegen: Sie werden ein unerschütterliches Gefühl des Vertrauens in sich selbst entwickeln.

WEIBLICH UND MÄNNLICH

PARTNERSCHAFT

Frauen und Männer dieses Mondzeichens begegnen ihren Partnern mit Vertrauen, offenen, ehrlichen Gefühlen, voller Wärme, Freude, Großzügigkeit und Sinnlichkeit. Sie sind stolz darauf, ihnen das Gefühl einer ganz besonderen Beziehung vermitteln zu können.

Löwe-Monde haben in ihren Partnerschaften nicht nur idealistische Vorstellungen und Erwartungen, sondern auch ein ausgeprägtes Bedürfnis nach Beständigkeit. Ein gewisses Maß an Freiheit und Unabhängigkeit wollen sie sich trotzdem bewahren – zu viel Nähe empfinden sie als unangenehm.

Weniger entwickelte Löwe-Monde sind ihren Partnern gegenüber besitzergreifend und fordernd. Sie können sehr eifersüchtig werden, wenn ihre Alleinherrschaft in der Beziehung gefährdet ist. Bei ihnen geht es immer um alles oder nichts: Weder wollen sie eine Niederlage einstecken noch sind sie dazu bereit, in einer Partnerschaft zu teilen.

> In einer Partnerschaft geben Löwe-Monde das eigene Gefühl, etwas Besonderes zu sein, an ihren Partner weiter und schenken ihm somit viel Anerkennung. Sobald jedoch ihr Partner echte Gleichberechtigung verlangt, können Löwe-Monde sehr eifersüchtig und besitzergreifend werden.

Dieses Zeichen besitzt nicht die emotionale Einfühlsamkeit eines Krebs- oder Fische-Mondes. Ganz in ihrer Ichbezogenheit gefangen, verletzen sie, ohne es zu beabsichtigen, die empfindsamen Gefühle ihres Partners.

ALS ELTERN

Löwe-Monde besitzen eine natürliche Autorität. Aufgrund ihres eigenen positiven Selbstwertgefühls verstehen sie es, ihren Kindern ein lebensbejahendes, souveränes Lebensgefühl zu vermitteln.

Vielen Kindern, die nicht so gerne im Mittelpunkt stehen, ist es jedoch peinlich, von ihren Eltern als etwas Besonderes vorgeführt zu werden. Sie leiden unter dem Anspruch, Großartiges leisten und erreichen zu müssen.

KINDER UND JUGENDLICHE

Löwe-Mond-Kinder sind in ihrem Wesen und in ihrer Art ausgeglichen, zufrieden, psychisch stabil, haben zuversichtliche Gefühle und ein tiefes Selbstvertrauen. Um diese Anlagen entfalten zu können, brauchen sie größtmöglichen Freiraum für sich und ihre kreativen Impulse, möglichst viel Anerkennung und positiven Zuspruch ihrer Umwelt.

Schon als Kinder verstehen es Löwe-Monde, sich und ihre Persönlichkeit zu präsentieren. Sie werden von ihrer Umgebung anerkannt und haben so genügend Rückhalt, um ein ausgeprägtes Selbstwertgefühl zu entwickeln.

Diese strahlenden, offenen, sympathischen und schöpferischen Kinder verstehen es ausgezeichnet, sich mit ihrer bezaubernden und hinreißenden Art in Szene zu setzen, und erzielen damit genügend Beachtung. Ein gezähmtes Löwe-Mond-Kind kann dagegen wenig Lebensfreude entwickeln und besitzt kein Selbstwertgefühl. Ihm fehlt es an Zukunftsglauben, und es schreckt vor allen Herausforderungen zurück.

Grundblüte: Vine

Löwe-Mond-Kinder müssen irgendwann lernen, sich von ihrer Egozentrik zu befreien und nicht mehr vom Beifall ihrer Mitmenschen abhängig zu sein. Das Wichtigste für sie ist, dass sie sich ihrer Einmaligkeit bewusst sind, einen festen Glauben an ihre eigenen Fähigkeiten haben und trotzdem zu ihren Fehlern stehen können.

STÄRKEN UND SCHWÄCHEN

LÖWE-MOND

KÖRPER UND SEELE

- **GRUNDSTIMMUNG**: Warme, herzliche Gefühle
- **GRUNDBEDÜRFNISSE**: Bedürfnis nach Beachtung und Bestätigung, nach Aufmerksamkeit und Bewunderung
- **KONFLIKTBEREICHE**: Neigung zu Selbstüberschätzung und Oberflächlichkeit, starkes Geltungsbedürfnis, Empfindsamkeit gegenüber Kritik
- **LÖSUNGSMÖGLICHKEITEN**: Vertrauen in die eigene Mitte entwickeln; Du-Bezug und Anpassungsbereitschaft üben
- **KÖRPER**: Beschwerden, die bei emotionalen Blockaden auftreten können: Herz- und Kreislauferkrankungen, hoher Blutdruck
- **NEUE WEGE**: Was helfen kann, wenn Sie sich emotional blockiert fühlen: Aufenthalt in sonnigen Gegenden; Zeit für sich selbst nehmen, sich verwöhnen und sich etwas gönnen; Licht- und Farbtherapie; Akupunktur; Psychodrama

Larch

Agrimony

UNTERSTÜTZENDE BACH-BLÜTEN

GRUNDBLÜTE: Vine – um den Führungsanspruch sinnvoll einzusetzen; um mehr Verständnis für Mitmenschen zu entwickeln

WEITERE BLÜTEN:

Larch – um echtes Selbstbewusstsein und innere Gelassenheit entwickeln zu können

Agrimony – um den Mut zu haben, auch die vermeintlich schwachen Seiten zu zeigen, um zu sensiblen Seiten zu stehen

Heather – um von der Bewunderung und Anerkennung anderer unabhängig zu werden

Heather

JUNGFRAU-MOND

GRUNDSTIMMUNG
Beherrschte, vernünftige, vorsichtige Gefühle

Menschen mit dem Mond im Zeichen Jungfrau sind sensibel, empfindsam, ruhig, zurückhaltend und verständnisvoll. Einige ihrer besten Eigenschaften sind die Fürsorge, die sie ihren Mitmenschen entgegenbringen, ihre Feinfühligkeit, ihre Hilfsbereitschaft und das Interesse, das sie jederzeit und gerne all jenen schenken, die ihre Unterstützung brauchen.

Ihre Gefühle bleiben immer auf dem Boden der Tatsachen, sie sind realistisch, kontrolliert und diszipliniert. Für dieses Mondzeichen ist es unerlässlich und notwendig, seine Empfindungen zu beobachten, zu analysieren und zu ordnen. Sämtliche Aspekte seines Innenlebens müssen einzeln beleuchtet werden, denn Jungfrau-Monde müssen herausfinden, wie, warum und weshalb sich die Dinge so und nicht anders entwickeln. Alles muss überschaubar bleiben, abschätzbar sein. Auf diese Weise versuchen sie, eine klare Übersicht über ihre Emotionen, ihren Alltag und das Leben schlechthin zu gewinnen und zu behalten.

Manche Menschen mit diesem Mondzeichen verbrauchen sehr viel Energie, um die zarte, gefühlvolle, verletzliche und sentimentale Wesensseite in ihnen zu beherrschen und diese vor ihren Mitmenschen zu verbergen. Am liebsten würden sie diesen Aspekt ihrer Psyche ganz leugnen, denn Jungfrau-Monde tun sich schwer, mit ihm umzugehen. Gefühle, die sie nicht einschätzen können, weil sie kaum etwas über sie wissen, bedrohen ihre innere Sicherheit und Stabilität. Sie haben eine große Angst davor, sich plötzlich in ihnen unbekannten Situationen wiederzufinden, die sie vielleicht in ein nicht mehr kalkulierbares Chaos stürzen könnten.

> Jungfrau-Monde haben das starke Bedürfnis, alle ihre Gefühle zu kontrollieren. Auch ihre Umwelt möchten sie verstehen, indem sie sie analysieren. Alles, was sie sich nicht logisch erklären können, bedroht ihre innere Sicherheit.

DISZIPLINIERTE PERSÖNLICHKEITEN

GRUNDBEDÜRFNISSE
Bedürfnis, sich nützlich zu machen; Bedürfnis, die Dinge um sich herum zu analysieren und zu ordnen

Jungfrau-Monde gehen mit ihren Gefühlen sehr vorsichtig um. Um sich sicher und wohl zu fühlen, müssen sie ihre Umwelt kritisch prüfen und analysieren. Bevor sie sich für etwas entscheiden, müssen sie ihre bisherigen Erfahrungen durchdenken und verarbeiten.

Um zu innerer Ruhe und zu sich selbst finden zu können, brauchen sie die Möglichkeit, sich zurückzuziehen, allein sein zu können.

Wie den beiden anderen Erdzeichen Stier und Steinbock ist es auch dem Jungfrau-Mondzeichen wichtig, sich nützlich zu fühlen, tätig zu sein, auf praktische Weise mit dem Leben umzugehen. Sie haben nicht nur das Bedürfnis, sich um andere zu kümmern, sondern auch die Fähigkeit und das Geschick, ihren Mitmenschen in den unterschiedlichsten Lebenslagen ein guter Berater, Heiler, Arzt oder Therapeut zu sein.

KONFLIKTBEREICHE
Übertriebenes Streben nach emotionaler Sicherheit sowie nach Zweckmäßigkeit und Perfektionismus; Mangel an Spontaneität

Jungfrau-Monde haben unbewusst eine starke Abwehr gegenüber Veränderungen in ihrem Leben und neuen Erfahrungen aufgebaut. Es fällt ihnen schwer, spontan zu reagieren. Ein übertriebenes Pflichtgefühl und die Tendenz, zu vorsichtig und zaghaft mit allem umzugehen, hindern sie manchmal daran, mutig, hoffnungsvoll und idealistisch Neues zu wagen.

Der Zwang, ängstlich ihre Gefühle zurückzuhalten, mit ihnen ökonomisch und äußerst behutsam umzugehen, ist für die unter dem Mondzeichen Jungfrau Geborenen auch ein Versuch und eine Möglichkeit, den Untiefen ihrer eigenen Emotionen zu entfliehen. Sie haben große Angst, in ein seelisches Chaos zu geraten, von irrationalen und vagen Befürchtungen heimge-

Ihr Streben nach Perfektionismus und geordneten Gefühlen hält Jungfrau-Monde oft davon ab, spontan auf etwas zu reagieren. Veränderungen in ihrem Leben können sie erst dann zulassen, wenn sie sie genau analysiert und eingeordnet haben.

sucht zu werden. Alles, was sie nicht verstehen, was unbegreiflich und unvorhersehbar ist, versuchen sie von sich fernzuhalten oder nicht wahrzunehmen.

Den unangenehmsten Seiten der Jungfrau-Mond-Geborenen begegnet man sicherlich, wenn ihr Sinn für das Überschaubare und ihr Ordnungsbedürfnis gefährdet sind. Sie fühlen sich dann unwohl, bedroht und unsicher und kehren ihre intolerante und pedantische Seite an die Oberfläche. Sie verlieren sich in Einzelheiten und Kleinlichkeiten, alles wird bis ins Detail zerlegt, kritisiert, systematisiert und in eine bestimmte Schublade gelegt. Gerne sind sie diejenigen, die als Erste die fehlerhaften Seiten bei anderen bemerken, alles »bekritteln« und sich daran festbeißen. Ihre Stichelei und Nörgelei kann sehr herzlos und verletzend sein, und es kann passieren, dass selbst die Menschen, die es gut mit ihnen meinen, sich dann zurückziehen und den Kontakt abbrechen.

Die Gefahr, sich in unwichtige Kleinigkeiten und Einzelheiten zu verlieren, ist bei Jungfrau-Monden groß, und sie vergessen dadurch oft, sich den eigentlichen Inhalten des Lebens zuzuwenden. Vertrauen in das Leben an sich zu entwickeln würde ihnen sehr helfen.

AGGRESSIONEN

Wie die meisten Gefühle werden auch Aggressionen sorgsam unter Kontrolle gehalten. Sie werden meist aber als nervtötende, kritisierende und gereizte Nörgelei verpackt.

DEPRESSIONEN

Sie treten auf bei dem Gefühl, Unberechenbarem ausgeliefert zu sein oder eine Lebenssituation nicht mehr vernünftig ordnen zu können.

LÖSUNGSMÖGLICHKEITEN

Bereitschaft, Vertrauen in den »Fluss des Lebens« zu gewinnen; Annehmen von Veränderungen; Offenheit und Lebensfreude

Solange die Jungfrau-Mond-Geborenen sich vorrangig damit beschäftigen, die äußere Welt zu ordnen und zu strukturieren, solange sie ihre ängstliche Abwehrhaltung gegenüber Veränderungen in ihrem Leben beibehalten, werden sie zu keiner inneren Loyalität finden.

VERÄNDERUNGEN ZULASSEN

Dem Leben sinnvoll zu begegnen würde für dieses Zeichen bedeuten, ein natürliches Chaos in seine so wohl geordnete und überschaubare Welt hineinzulassen. Zumindest zeitweise sollten Jungfrau-Mond-Geborene jedoch auch ihre kindliche, verspielte Seite kultivieren, um so dem Leben mit mehr Vitalität und Begeisterung zu begegnen.

Jungfrau-Monden ist die spontane, unbekümmerte Art der Feuerzeichen nicht gegeben, trotzdem sollten sie versuchen, die Dinge einfach geschehen zu lassen, und den Erfahrungen des Lebens erlauben, in ihrer Seele einen Platz zu finden. Jungfrau-Monde können sich so von vielen Schwierigkeiten und Hemmungen befreien. Eine veränderte Einstellung eröffnet plötzlich neue Wege und Möglichkeiten.

WEIBLICH UND MÄNNLICH

PARTNERSCHAFT

Zu den liebenswerten Eigenschaften der Jungfrau-Monde gehört, dass sie ihrem Partner immer zuvorkommend, hilfsbereit und verständnisvoll begegnen.

In ihren Beziehungen schätzen sie das Berechenbare und Verlässliche. Trotzdem scheuen sie davor zurück, zu schnell und auf Dauer eine Bindung einzugehen. Sie sind neugierig, möchten ihre verschiedenen Kontakte pflegen und beweglich bleiben. In jungen Jahren große Verantwortung und Verpflichtung einzugehen bedrückt sie, sie fühlen sich dadurch unfrei.

Jungfrau-Monde brauchen viel Zeit und die Möglichkeit der gegenseitigen Prüfung, bevor sie sich in eine Beziehung einlassen. Ihre sensitive Gefühlsnatur erträgt auch in der Partnerschaft weder Spannungen jeglicher Art noch Druck oder gar Rücksichtslosigkeit.

Augenblicke, in denen sie leidenschaftliche Gefühle zeigen, sind eher selten. Hat man aber ihre Zuneigung und ihr Vertrauen gewonnen, offenbaren sich in diesem zurückhaltenden Mondzeichen durchaus sinnliche Seiten.

Für Jungfrau-Monde gilt ganz besonders der Spruch »Drum prüfe, wer sich ewig bindet«. Sie analysieren im Vorfeld ganz genau die Für und Wider einer Partnerschaft. Haben sie sich jedoch einmal entschieden, können sie durchaus intensive Gefühle zeigen.

ALS ELTERN

Als Mutter oder Vater sind Jungfrau-Monde sehr verständnisvoll und rührend um das Wohl ihrer Kinder besorgt. Mit Kindern, die ihrer Meinung nach unvernünftig, unbeherrscht und albern sind, haben sie allerdings ihre liebe Not. Ihnen sollten sie mit mehr Toleranz und weniger Skepsis begegnen.

KINDER UND JUGENDLICHE

Eine Aufgabe für Eltern von Jungfrau-Monden ist es, ihren Kindern Vertrauen in das Leben an sich zu vermitteln. Dazu gehört auch, dass sie ihre Kinder nicht zu vielen und zu intensiven Impulsen aussetzen, die diese nicht verarbeiten können.

Unter dem Mondzeichen Jungfrau geborene Kinder und Jugendliche sind eher zurückhaltend. Man kann und darf von ihnen nicht erwarten, dass sie sich wie kleine Helden benehmen, die sich kopfüber, mutig und ohne zu überlegen in gefährliche Abenteuer stürzen. Schon in jungen Jahren brauchen sie das Gefühl, und es ist für sie fast lebensnotwendig, im Voraus zu wissen, wie sich die Dinge entwickeln könnten, mit welchen Gegebenheiten sie zu rechnen haben.

Sie legen keinen Wert darauf, sich vor einer großen Gruppe zu profilieren. Lieber halten sie sich im Hintergrund, sind dafür aber aufmerksam bei der Sache. Viel Ermutigung und Anerkennung ist daher nötig, um sie aus ihrer Reserve zu locken. Spiele und andere kreative Beschäftigungen helfen diesen Kindern, die ganze Palette ihrer Gefühle kennen zu lernen und diese auch unbeschwert auszudrücken.

Nervös und unruhig werden Jungfrau-Mond-Kinder häufig, wenn zu viele äußere Reize auf sie einströmen, wenn sie zu viel auf einmal verkraften sollen oder wenn sie sich Aufgaben gegenübersehen, die sie nicht mehr überschauen können.

*Grundblüte:
Crab Apple*

Leichter als andere Kinder neigen sie dazu, brav zu sein und sich den Anforderungen und Bedürfnissen der Eltern anzupassen. Sie verstecken sich damit hinter etwas, das eigentlich gar nicht zu ihnen selbst gehört, und als Folge dessen tritt ihre eigene Individualität immer mehr in den Hintergrund. Daraus resultieren einerseits Unsicherheit, Minderwertigkeitsgefühle und innere Leere, andererseits fehlende Spontaneität und nachlassende Kreativität.

STÄRKEN UND SCHWÄCHEN

JUNGFRAU-MOND

KÖRPER UND SEELE

- **GRUNDSTIMMUNG:** Beherrschte, vernünftige, vorsichtige Gefühle
- **GRUNDBEDÜRFNISSE:** Dinge um sich herum analysieren und ordnen
- **KONFLIKTBEREICHE:** Übertriebenes Streben nach Sicherheit, nach Zweckmäßigkeit, nach Perfektion; Mangel an Spontaneität
- **LÖSUNGSMÖGLICHKEITEN:** Vertrauen in den »Fluss des Lebens« gewinnen; Veränderungen annehmen; Offenheit und Lebensfreude
- **KÖRPER:** Beschwerden, die bei emotionalen Blockaden entstehen können: Erkrankungen der Verdauungsorgane (vor allem im Bereich Bauchspeicheldrüse, Leber, Galle und Darm); Allergien
- **NEUE WEGE:** Was Ihnen helfen kann, wenn Sie sich emotional blockiert fühlen: praktische Arbeiten; Ihre persönlichen Dinge ordnen; Tagebuch schreiben; gesunde Ernährung; Yoga; Töpfern, Malen, Gestalten

Beech

Elm

UNTERSTÜTZENDE BACH-BLÜTEN

GRUNDBLÜTE: Crab Apple – um mehr Vertrauen ins Leben zu entwickeln, damit Sie nicht mehr alles unter Kontrolle halten müssen

WEITERE BLÜTEN:
Beech – um die intellektuelle, kritische Seite mit Herz und Gefühl zu verbinden
Elm – um Vertrauen in sich zu entwickeln, besonders in Phasen der Verunsicherung und des Zweifels
Mimulus – um besser mit der Angst vor Unüberschaubarem umgehen zu können

Mimulus

WAAGE-MOND

GRUNDSTIMMUNG
Harmonische, liebevolle und friedliche Gefühle

Menschen mit dem Mond im Zeichen Waage haben ein großes Bedürfnis nach Abwechslung und Heiterkeit, sie sind kontaktfreudig und suchen den Austausch mit anderen. Dabei geht es ihnen um das Gefühl der Zusammengehörigkeit, das Ausbalancieren von Gegensätzen, um die Suche nach dem gemeinsamen Verbindenden und um die Sehnsucht nach einer perfekten, vollkommenen, harmonischen Umgebung.

Trotz aller Du-Bezogenheit und ihres Harmoniebedürfnisses bringen sich Waage-Monde instinktiv als Gegenpol ein, wenn sie spüren, dass die Menschen in ihrer Umgebung unnatürlich freundlich miteinander umgehen, dass keine wirkliche Übereinstimmung herrscht. Sie reagieren darauf kritisch und können aggressiv und fordernd werden, um so ihr Gegenüber aufzurütteln und zu zeigen, dass ein Ungleichgewicht besteht.

Wie die beiden anderen Luftzeichen Zwillinge und Wassermann haben auch Waage-Monde Probleme in Gefühlsdingen. Es fällt ihnen schwer, sich ihrer eigenen Gefühle überhaupt bewusst zu werden und/oder ihre Empfindungen ehrlich auszudrücken. Spontane, heftige, leidenschaftliche Gefühlsäußerungen oder Reaktionen sind von Waage-Monden nicht zu erwarten. Vielmehr sind sie immer darauf bedacht, nicht anzuecken, niemanden zu verletzen und eine gewisse Harmonie zu wahren. Selbst in persönlichen Beziehungen reagieren sie höflich distanziert. Nur besonders feinfühlige Menschen erkennen hinter dieser unverbindlichen und gekünstelten Fassade die große Verletzlichkeit und Empfindlichkeit: Waage-Monde haben zarte, naive Gefühle und sehnen sich nach Zärtlichkeit und liebevoller Zuneigung.

Waage-Monde sind von dem Wunsch beseelt, eine Balance in ihrer Umgebung zu schaffen. Unausgeglichene, gereizte Zustände möchten sie harmonisieren. Um andere nicht vor den Kopf zu stoßen, scheuen sie manchmal sogar davor zurück, ihre eigenen echten Gefühle zu zeigen.

AUSGEGLICHENE PERSÖNLICHKEITEN

GRUNDBEDÜRFNISSE
Bedürfnis nach idealen Beziehungen, nach Liebe und Anerkennung

Um sich geborgen und sicher zu fühlen, brauchen Waage-Monde eine Umgebung, mit der sie harmonieren können. Es ist für dieses Zeichen sehr wichtig, sein Umfeld nach eigenen ästhetischen Empfindungen zu gestalten.

Für ihre eigene innere Sicherheit brauchen Waage-Monde den Kontakt mit anderen Menschen. Nur durch diesen Austausch, über die Verbindungen und Beziehungen zu anderen können sie zu ihren eigenen Empfindungen und Emotionen finden und sich als wertvoll erleben.

Von Zeit zu Zeit müssen sie das Gefühl vermittelt bekommen, dass sie geschätzt werden, denn es ist lebensnotwendig für sie, Beachtung und Bewunderung von ihren Mitmenschen zu erfahren. Nichts verunsichert sie mehr als das Gefühl, unbeliebt und ungeliebt zu sein. Ihrerseits tun sie alles, um immer wieder das verbindende und friedliche Element in Beziehungen herzustellen. Dabei sind gegenseitige Achtung und Toleranz die Basis ihrer unermüdlichen Bemühungen.

> So sehr Waage-Monde bemüht sind, Harmonie in ihren Beziehungen herzustellen, brauchen sie doch auch selbst das Gefühl, anerkannt zu sein und gemocht zu werden. Ohne diesen inneren Rückhalt sind sie stark verunsichert.

Die den Waage-Monden oft angedichtete Unentschlossenheit entspringt allein ihrer Art, die Dinge von verschiedenen Standpunkten aus zu betrachten, um so den goldenen Mittelweg zu finden. Der größte Wunsch des Waage-Mondes ist es, möglichst niemanden zu verletzen.

KONFLIKTBEREICHE
Verdrängte Gefühle, Beziehungs- und Harmoniesucht, Unverbindlichkeit, Realitätsferne

Das Problem des Waage-Mondes liegt in seinem Bestreben, nur nach dem Positiven und Schönen im Leben Ausschau zu halten. Aufgrund seines ausgeprägten Harmoniebedürfnisses und seiner Kompromissbereitschaft übergeht er sowohl persönliche wie auch zwischenmenschliche Probleme gerne. Damit vergeben sich Waage-Monde leichtfertig die Möglichkeit des eigenen Wachstums. Ständig entschärfen sie Situationen, um eine »gute Stimmung« vorzufinden. Gefühle wie Hass, Eifersucht und Wut wollen sie ausklammern, vertuschen, übergehen und unterdrücken. Diese negativen Gefühle würden die Waage-Mond-Geborenen zutiefst erschüttern.

Da aber die Welt und die Menschen eher unausgewogen und voller Fehler sind, werden die sensiblen Waage-Monde mit einer Wirklichkeit konfrontiert, die sie oft enttäuscht. Daher träumen und phantasieren sich diese Mondzeichen in ihre eigene Welt hinein, schaffen sich Bilder, die zwar angenehm sind, mitunter aber keiner Realität standhalten können. Ihre Sicht auf die Wirklichkeit wird so immer stärker von der Meinung ihrer Mitmenschen abhängig. Sie haben mit der Zeit keinen Bezug mehr zu ihrem eigenen Inneren.

Im Gegensatz zur Waage-Sonne, die das Leben aktiv in ihrem Sinne gestalten kann und will, ist die Gefahr bei Waage-Monden groß, dass sie bei ihren Wünschen und Sehnsüchten bleiben und keine ihrer Ideen verwirklichen.

Ihre unrealistische Sicht auf Menschen und Dinge und ihr Mangel an Konfliktbereitschaft führen letztlich zur Unfähigkeit der Waage-Monde, mit den ganz alltäglichen Problemen und Konflikten fertig zu werden. Ihre Rettung sehen sie dann nur noch im Rückzug, in Opportunismus und Oberflächlichkeit. Weil sie sich unverstanden und ungeliebt fühlen, schreiben sie beleidigt und gekränkt ihren Mitmenschen die Schuld daran zu – ihren eigenen Anteil an dieser Situation sehen sie nicht.

Waage-Monde laufen Gefahr, dass sie sich die Welt zurechtbiegen, um in einer vordergründigen, für sie so wichtigen Harmonie zu leben. Es kann passieren, dass sie auf diese Weise immer mehr den Kontakt zur Realität verlieren und letztendlich nur mehr im Reich ihrer Wünsche und Sehnsüchte leben.

AGGRESSIONEN

Aus Angst vor Konflikten und Aggressionen werden direkte Auseinandersetzungen vermieden. Waage-Monde geben sich der Einfachheit halber kompromissbereit, bemühen sich, niemanden zu verletzen, und suchen lieber die Versöhnung oder das Weite. Feindschaft und Kampf sind ihnen zuwider und letztlich unmöglich.

EIGENE MEINUNG ENTWICKELN

DEPRESSIONEN

Sie sind Ausdruck verdrängter, unausgelebter Gefühle und treten auf in Konflikt- und Entscheidungssituationen, bei Ängsten vor Sympathieverlust und Verlassenwerden.

LÖSUNGSMÖGLICHKEITEN

Bereitschaft, sich Konflikten zwischenmenschlicher Begegnungen zu stellen; Bereitschaft herauszufinden, was man selbst für richtig hält

Waage-Mond-Menschen glauben an das Unmögliche – dass Gleichberechtigung und Fairness zwischen Menschen möglich sind. Die Suche danach werden sie niemals aufgeben, auch wenn sie immer wieder bitter enttäuscht werden. Sie sollten anzuerkennen versuchen, dass ihre Vorstellungen und Wünsche nur zu einem kleinen Teil in der realen Welt zu verwirklichen sind. Doch selbst wenn Waage-Monde einmal zu dieser Einsicht gelangen sollten, werden sie immer bestrebt sein, dem Leben die positiven Seiten abzugewinnen.

Unter diesem Mondzeichen Geborene müssen lernen herauszufinden, was sie selbst wertschätzen, ohne sich bei anderen rückzuversichern, auch wenn dies für sie schwierig ist. Es ist wichtig, die eigenen Bedürfnisse kennen zu lernen, die sich unterscheiden von denen, die die Familie, die Gesellschaft oder die Freunde als Maßstab angeben.

Eine wichtige Aufgabe für den Waage-Mond ist es, seine eigenen Bedürfnisse, Gefühle und Wünsche stärker zu beachten – selbst wenn diese extrem oder launisch sind und nicht in seine Vorstellung einer heilen, ausgeglichenen Welt passen.

WEIBLICH UND MÄNNLICH

PARTNERSCHAFT

Waage-Mond-Frauen und -Männer haben ein großes Bedürfnis nach Liebe sowie Heiterkeit und Abwechslung. Sie betrachten die Dinge des Lebens idealistisch und versuchen Unstimmigkeiten zu glätten oder erst gar nicht aufkommen zu lassen. Beide Geschlechter suchen in einer Beziehung Schutz und Geborgenheit. Ihnen geht es dabei weniger um emotionale Sicherheit oder um ein seelisches Verschmelzen, sondern stärker um das Beschütztwerden vor der rauhen Wirklichkeit.

WAAGE-MOND

Frauen und Männer mit einem Waage-Mond wollen bewundert und verwöhnt werden, sie stellen sich gerne selbst dar und besitzen ihrerseits Sinn für die schönen Dinge des Lebens. Frauen sind stolz auf ihre Weiblichkeit.

Waage-Monde fühlen sich sehr unwohl, wenn sie alleine sind, denn sie sind anhänglich und am liebsten in Gesellschaft anderer. Zu viel Nähe ist ihnen andererseits wiederum unangenehm; in Beziehungen brauchen sie das Gefühl einer inneren Freiheit und die Möglichkeit, sich emotional zurückziehen zu können.

ALS ELTERN

Mütter und Väter mit einem Waage-Mond sind ihren Kindern gegenüber sehr nachgiebig und lassen ungern negative Stimmungen aufkommen.

Sie legen großen Wert darauf, dass ihre Kinder angenehm und liebenswürdig sind und nicht unangenehm auffallen. Der Preis dafür ist hoch: Legt man zu großen Wert auf angepasstes Verhalten, fördert man auch Opportunismus und Oberflächlichkeit.

KINDER UND JUGENDLICHE

Kinder und Jugendliche, die unter dem Mondzeichen Waage geboren wurden, ziehen durch ihr charmantes und angenehmes Wesen die Sympathie und Aufmerksamkeit ihrer Umwelt auf sich. Sie definieren sich durch ihre Anpassungsbereitschaft und bekommen so Zuwendung und Liebe. Der Wunsch, gemocht und anerkannt zu werden, wird zum Maßstab ihres eigenen Verhaltens. Zu schnell entsteht dadurch die Neigung, mit allem »mitzuschwingen«, fremdbestimmt und unfrei zu werden. Kinder mit einem Waage-Mond sollten daher schon frühzeitig angehalten werden, ein Gefühl für ihren eigenen Standpunkt und ihr Identitätsbewusstsein zu entfalten.

Grundblüte: Heather

Für dieses Zeichen ist es wichtig, sich als wertvoll zu empfinden, damit es nicht auf eine Schar von Freunden angewiesen ist, die ihm ständig dieses Gefühl vermitteln müssen. Achten sich Waage-Monde selbst nicht genug, besteht die Gefahr, dass sie immer kompromissbereiter und emotional unerreichbarer werden.

Besonders Jugendliche müssen sich mit ihrer Nachgiebigkeit und ihrer Anpassungsbereitschaft an Gruppennormen auseinander setzen, müssen das Neinsagen lernen.

STÄRKEN UND SCHWÄCHEN

WAAGE-MOND

KÖRPER UND SEELE

- **GRUNDSTIMMUNG**: Harmonische, friedliche, liebevolle Gefühle
- **GRUNDBEDÜRFNISSE**: Bedürfnis nach idealen Beziehungen, Liebe und Anerkennung
- **KONFLIKTBEREICHE**: Verdrängte Gefühle, Beziehungs- und Harmoniesucht, Unverbindlichkeit, Realitätsferne
- **LÖSUNGSMÖGLICHKEITEN**: Bereitschaft, sich Konflikten zu stellen; Bereitschaft, herauszufinden, was Sie selbst für richtig halten
- **KÖRPER**: Beschwerden, die bei emotionalen Blockaden auftreten können: Erkrankungen der Nieren und Harnwege, Bauchspeicheldrüsenprobleme, Hautkrankheiten
- **NEUE WEGE**: Was Ihnen helfen kann, wenn Sie sich emotional blockiert fühlen: Gesellschaft von vertrauten Menschen; Besuch von Ausstellungen oder Konzerten; Beschäftigung mit Kunst, Tanz und Musik

Pine

Agrimony

UNTERSTÜTZENDE BACH-BLÜTEN

GRUNDBLÜTE: Heather – um zu erkennen, dass Sie vor allem sich selbst lieben müssen und ein Selbstwertgefühl aufbauen sollten

WEITERE BLÜTEN:

Pine – um zu lernen, dass Sie nicht immer die Schuld auf sich nehmen müssen, nur um Harmonie zu schaffen

Agrimony – um konfliktfähiger zu werden

Elm – um in Phasen des Zweifels und der Verunsicherung mehr Vertrauen zu sich zu entwickeln

Elm

Skorpion-Mond

GRUNDSTIMMUNG
Intensive, tiefe und leidenschaftliche Gefühle

Als Wasserzeichen ist beim Skorpion-Mond der Bereich der Emotionen, die tief in seiner geheimnisvollen und rätselhaften Seele liegen, besonders wichtig. Seine Welt der Gefühle ist alles andere als oberflächlich oder lauwarm, vielmehr unergründlich, mächtig und stark. Den Extremen der eigenen Gefühlswelt ausgeliefert zu sein sowie Perioden emotionaler Krisen durchzustehen, das ist bei diesem Mondzeichen keine Seltenheit.

Skorpion-Mond-Geborenen fällt es leicht, die geheimen, dunklen Seiten und Wünsche anderer Menschen oder einer Situation zu erspüren, zu durchschauen und zu verstehen. Wie kein anderes Zeichen wissen sie selbst um die beunruhigenden, verborgenen Seiten der menschlichen Psyche.

Den Menschen auf den tiefsten Grund ihrer Seele blicken zu können, und die Fähigkeit, deren Innerstes instinktiv zu erfassen, ist einerseits die größte Stärke und gleichzeitig die größte Schwäche und Versuchung eines Skorpion-Mondes. Diese Begabung entwickelt sich entweder zur kostbaren Gabe, mit der Skorpion-Monde andere Menschen heilen können, oder sie verkommt zur Versuchung, die Schwächen anderer auszunützen oder gar für eigene Zwecke zu missbrauchen.

Skorpion-Monden ist ein Mittelmaß bei Gefühlen unbekannt. Ihre Emotionen sind intensiv und leidenschaftlich, und auch Beziehungen zu ihrer Umwelt definieren sich für sie nicht aus praktischen Erwägungen, sondern allein aus ihren Emotionen.

GRUNDBEDÜRFNISSE
Bedürfnis nach Nähe und intensiven Beziehungen; Bedürfnis, Verborgenes zu ergründen

Skorpion-Monde fühlen sich physisch und psychisch am wohlsten, wenn sie sich mit ihrem Umfeld emotional auseinander

setzen können. Ob es sich dabei um Menschen, Partnerschaften oder um eine Beschäftigung handelt, ist unwichtig. Wirklich bedeutungsvoll sind die Dinge für sie nur, wenn sie zu ihnen auch eine gefühlsmäßige Beziehung herstellen können.

Skorpion-Mond-Personen haben ein großes Bedürfnis, in die eigenen Gefühlstiefen hinabzusteigen, die Untiefen ihrer Seele zu erforschen. Sie fühlen sich geradezu getrieben, allem Dunklen, Verbotenen und Verdrängten auf den Grund zu gehen sowie auch die primitiven und negativen Gefühle wie Eifersucht, Wut, Neid und Machtgier zu erforschen. Sie wissen genau um die verborgenen Seiten und Motive anderer Menschen, verbergen jedoch selbst sehr geschickt ihre eigenen Geheimnisse. Für andere ist es daher fast unmöglich, in die ganz intime Welt dieses Mondzeichens eingeweiht zu werden.

Wie die beiden anderen Wasserzeichen Krebs und Fische haben auch Skorpion-Monde eine schier unersättliche Sehnsucht nach Nähe, Zärtlichkeit, Liebe, Anerkennung und emotionaler Sicherheit. Der eine Teil in ihnen sehnt sich nach dem Austausch intensiver Gefühle, und der andere fürchtet sich davor, Gefühle zu zeigen. Sich zu öffnen heißt für sie gleichzeitig, verwundbar zu sein, sich auszuliefern und die Angst zu haben, dass andere dadurch Macht über sie bekommen könnten. Und das will ein Skorpion-Mond um keinen Preis.

> Aufgrund ihrer Gefühlstiefe ist bei Skorpion-Monden die Gefahr groß, dass sie keinen Abstand zu ihren Emotionen finden können. Es gelingt ihnen oft nicht, Dinge oder Menschen von einem anderen als ihrem eigenen Standpunkt zu betrachten und zu beurteilen.

KONFLIKTBEREICHE
Probleme der Objektivität und Distanz, Problem von Macht und Ohnmacht, Verlustängste

Die problematische Seite des Skorpion-Mondes wird ersichtlich, wenn man erkennt, wie sehr er sich von seinen Gefühlen und dem Unbewussten leiten lässt.

Es fällt ihm überaus schwer, eine ausreichende Distanz zu seiner emotionalen Seite herzustellen. In seiner eigenen, subjektiven Welt gefangen, gelingt es ihm nur mühsam, einen objektiven und fairen Zugang zu seinen Mitmenschen und dem Leben an sich zu entwickeln.

Der Grundkonflikt von Skorpion-Monden besteht darin, dass sie sich an eine vermeintliche emotionale Sicherheit und Stabilität klammern und zwanghaft daran festhalten. Aus Verlustangst kontrollieren sie ihr Umfeld und schaffen so Abhängigkeitsverhältnisse. Alles, was mit Veränderung und Trennung zu tun hat, jagt ihnen Angst und Schrecken ein. Die Kontrolle zu verlieren würde für sie bedeuten, eine Krise durchmachen zu müssen. Im Grunde hätten sie dadurch jedoch die Möglichkeit einer Veränderung und Wandlung, und sie könnten eine neue und fruchtbare Beziehung zu sich und ihrer Umwelt aufbauen.

Skorpion-Monde investieren in ihre Beziehungen sehr tiefe Gefühle. Und dafür sind sie auch bereit, Opfer zu bringen. Andererseits sind sie in ihrer Haltung unglaublich fordernd: Als Gegenleistung erwarten sie von ihrer Umwelt bedingungslose Hingabe. Dass sie mit dieser Haltung ihre Lieben eher vertreiben, ist ihnen nicht bewusst. Auf den Rückzug ihrer Mitmenschen reagieren Skorpion-Monde unbewusst mit Manipulation: Sie wollen das, was ihnen so wichtig ist, zurückbekommen.

So sehr Skorpion-Monde zu ihren Gefühlen stehen, so unterdrücken sie doch manchmal ihre eigenen negativen Emotionen. Hass, Eifersucht oder Neid wollen sie sich nicht eingestehen. Auch diese Gefühle zuzulassen bedeutet eine echte Herausforderung für den Skorpion-Mond.

AGGRESSIONEN

Offene Auseinandersetzungen werden vermieden. Der Einsatz von Aggressivität kann manchmal zwanghafte oder subtile Formen annehmen.

DEPRESSIONEN

Sie sind Ausdruck tief sitzender, ohnmächtiger Wut, unter der Oberfläche brodelnden Zorns. Depressionen entstehen auch aufgrund nicht geleisteter Trauerarbeit.

LÖSUNGSMÖGLICHKEITEN
Vertrauen und Distanz, Veränderung zulassen, Bindungen loszulassen versuchen

Für Menschen mit einem Skorpion-Mond ist es wichtig, zu lernen und auch darauf zu vertrauen, dass sie sich einem anderen Menschen hingeben können, ohne dass dieser die vermeintliche

Sich anderen öffnen

Hilflosigkeit ausnützt und ihnen dadurch Schaden zufügt. Skorpion-Monde müssen einsehen, dass Hingabe nicht gleichzeitig Ohnmacht und Erbärmlichkeit bedeutet.

Noch wichtiger für sie ist eine ehrliche Anerkennung ihrer skorpionischen Seite, d. h. Gefühle wie Hass und Neid zuzulassen und zu akzeptieren, ohne sich mit ihnen zu identifizieren. Zugleich sollten unter dem Skorpion-Mond Geborene aber auch eine Kontrolle über diese starken Emotionen erwerben. Sie brauchen Abstand, Objektivität und eine realistische Reflexion über sich und das Leben.

Unterdrücken Skorpion-Monde ihre heftigen Energien, wirken diese unterschwellig weiter und brechen eines Tages völlig ungehemmt und zerstörerisch an die Oberfläche.

WEIBLICH UND MÄNNLICH

PARTNERSCHAFT

Frauen und Männer mit einem Skorpion-Mond suchen in ihren Beziehungen nach Tiefe, Ernsthaftigkeit und Dauer. Sie brauchen Zeit, bis sie sich ihrem Partner – sehr vorsichtig – so zeigen, wie sie wirklich sind. Sie wollen mit denen, die sie lieben, eine innige Beziehung eingehen, während sie aber gleichzeitig um ihren eigenen Einfluss fürchten. Macht abzugeben bedeutet für sie, verwundbar zu sein.

Instinktiv fühlen sie, dass tief greifende Veränderungen ihres Wesens oftmals nur durch schmerzliche Erfahrungen in Partnerschaften möglich sind. Schmerz zu erleben ist für sie manchmal ein Beweis dafür, dass das Leben nicht an ihnen vorbeigegangen ist.

ALS ELTERN

Als Mutter oder Vater versuchen Skorpion-Monde auf subtile und trotzdem sehr bestimmte Art, in die Entwicklung ihrer Kinder einzugreifen. Im negativsten Fall bevormunden, überwachen, kontrollieren und beeinflussen sie ihre Kinder unter dem Deckmäntelchen der Liebe so stark, dass die jungen Men-

In einer Partnerschaft suchen Skorpion-Monde nach tiefen, echten Gefühlen. Allerdings brauchen sie selbst sehr lang, um sich zu öffnen und ihre Emotionen einzugestehen.

Schon als Kinder haben Skorpion-Monde eine ausgeprägte Persönlichkeit, und sie zeigen sehr intensive Gefühle. Ihre Eltern sollten auf diese mitunter heftigen emotionalen Ausbrüche wirklich eingehen, sie dürfen sie nicht zur Seite schieben oder als unwichtig abtun.

schen schließlich nur noch mit Gefühlen des Ausgeliefertseins, der Erniedrigung und Ohnmacht reagieren können. Den Skorpion-Mond-Eltern ist oft gar nicht klar, dass ihre Kinder irgendwann erwachsen werden, denn im Grunde ihrer Seele fürchten sie den Tag, an dem ihre Lieblinge sich abnabeln und den Familienverband verlassen. Gelingt es ihnen nicht, eine gesunde Distanz zu finden, werden ihre Kinder ein Leben lang gegen diese mächtige »psychische Nabelschnur« ankämpfen müssen, die sie nur mit Mühe durchtrennen können.

KINDER UND JUGENDLICHE

Kinder mit einem Skorpion-Mond erleben schon von klein auf die vielschichtigen emotionalen Strömungen ihrer Umwelt. Ihre innere Welt ist sehr intensiv, denn mehr als andere sind sie der Furcht, den wilden Träumen, dem Schmerz, der Sehnsucht und auch der unergründlichen Welt der Dämonen und Geister ausgeliefert. Kein Wunder, dass sie nach außen hin ruhig und zurückhaltend erscheinen. Ihre Geheimnisse wollen sie verbergen, sie versuchen, alleine mit ihnen fertig zu werden.

Skorpion-Mond-Kinder sind starke Persönlichkeiten, die eine echte Herausforderung bedeuten. Für Eltern ist es nicht leicht, einerseits mit den Launen, andererseits mit den empfindlichen, sensiblen und verletzlichen Gefühlen ihrer Kinder zurechtzukommen. Die Eltern müssen in der Lage sein, sich dem Wunsch der Kinder nach einer intensiven emotionalen Auseinandersetzung zu stellen. Sie dürfen die oftmals heftigen Gefühlsausbrüche ihres Kindes nicht als persönlichen Angriff deuten. Das Schlimmste für Skorpion-Mond-Kinder ist es, wenn sich ihre Eltern dieser Aufforderung entziehen; sie würden dies als Schwäche, Desinteresse und Abweisung interpretieren.

Grundblüte: Holly

Je mehr Kinder mit einem Skorpion-Mond darauf vertrauen können, dass ihre heftigen Emotionen keineswegs böse oder schlecht sind, umso mehr Selbstvertrauen können sie entwickeln. Getragen von diesem Vertrauen, wird ein Skorpion-Mond-Kind immer um die Kraft in seinem Innersten wissen: eine Kraft, die es schützt, hält und nicht verlässt.

STÄRKEN UND SCHWÄCHEN

SKORPION-MOND

KÖRPER UND SEELE

- **GRUNDSTIMMUNG:** Intensive, tiefe und leidenschaftliche Gefühle
- **GRUNDBEDÜRFNISSE:** Bedürfnis nach Nähe und intensiven Beziehungen; Bedürfnis, das Verborgene zu ergründen
- **KONFLIKTBEREICHE:** Probleme, emotionale Distanz und Objektivität zu finden; Macht und Ohnmacht; Verlustängste
- **LÖSUNGSMÖGLICHKEITEN:** Bereitschaft, Bindungen loszulassen und Veränderungen zuzulassen; Vertrauen und Distanz entwickeln
- **KÖRPER:** Beschwerden, die bei emotionalen Blockaden auftreten können: Erkrankungen der Geschlechts- und Ausscheidungsorgane
- **NEUE WEGE:** Was Ihnen helfen kann, wenn Sie sich emotional blockiert fühlen: Entspannungsübungen für Geist und Körper, autogenes Training, bewusstes Fasten, Entgiften des Körpers

Beech

Cherry Plum

UNTERSTÜTZENDE BACH-BLÜTEN

GRUNDBLÜTE: Holly – um besitzergreifende Liebe in allumfassende Liebe wandeln zu können und so ein tieferes Gefühl zu entwickeln

WEITERE BLÜTEN:
Beech – um allgemein nachsichtiger, toleranter und entspannter zu werden
Cherry Plum – um zu stark kontrollierte und unterdrückte Gefühle und Stimmungen besser lösen und zulassen zu können
Mustard – um depressive Stimmungen wieder auflösen zu können

Mustard

SCHÜTZE-MOND

GRUNDSTIMMUNG
Idealistische Gefühle

Als Feuerzeichen beeindrucken die Schütze-Mond-Geborenen durch ihre lebendige Ursprünglichkeit, Originalität, Aufgeschlossenheit und Großzügigkeit. Sie begegnen ihren Mitmenschen mit Offenheit und Wohlwollen, wodurch sie deren Zuneigung und Vertrauen gewinnen. Die enthusiastischen, aufrichtigen und toleranten Gefühle des Schütze-Mondes übertragen sich auf seine Umwelt, und es fällt ihm leicht, andere zu begeistern und positiv zu stimmen. Liebe, Hoffnung und ein starker innerer Glaube an sich selbst durchströmen und begleiten dieses glückliche Wesen.

Schütze-Monde sind keine empfindsamen Seelchen, die nach ständiger Bemutterung suchen, sie haben vielmehr ein großes Verlangen nach persönlicher Freiheit und Unabhängigkeit – sind immer auf der Suche nach Neuem, Unbekanntem und Zukünftigem. Durch ihre grenzenlose Vorstellungskraft, ihr Gefühl für endlos viele Möglichkeiten, ihre Begeisterung und ihren Enthusiasmus identifizieren sie sich gerne mit einer wunderbaren und heilen Welt. Im Herzen bleiben sie immer jung und werden nie wirklich erwachsen.

Es gelingt selten, an die wirkliche Schütze-Mond-Persönlichkeit heranzukommen. Aufgrund ihrer Neigung, andere beeindrucken zu wollen, zeigen Schütze-Monde nach außen hin eine fröhliche, optimistische Fassade. In Wirklichkeit verbirgt sich dahinter ein sensibles Wesen mit heftigen Schwankungen seines Selbstwertgefühls – was sie aber weder vor sich noch vor anderen zugeben würden. Tief in ihrem Inneren haben sie große Sorge, ihrem Image nicht gerecht zu werden, und Angst, dass ihre ausgedachte Wunschwelt zerstört werden könnte.

Schütze-Monde haben ein aufgeschlossenes und großzügiges Wesen. Ihre Kraft, ihren Glauben an die Zukunft können sie auch ihren Mitmenschen vermitteln. Viel schwieriger ist es dagegen für andere, die wirklichen Gefühle eines Schütze-Mondes – der durchaus sensibel und unsicher sein kann – zu entdecken.

IDEALISTISCHE PERSÖNLICHKEITEN

GRUNDBEDÜRFNISSE
Bedürfnis, Erfahrungen zu machen; Bedürfnis nach Ungebundenheit und Selbstentfaltung

Wie die beiden anderen Feuerzeichen Widder und Löwe liebt auch ein Schütze-Mond das Gefühl der emotionalen Ungebundenheit. Niemals würden sie sich in eine unromantische Welt einfügen wollen, die von ihnen Einschränkungen und Verpflichtungen fordert. Sie fühlen sich vielmehr dort zu Hause, wo sie ihre Phantasien und Pläne ausleben können – dort, wo ihren Hoffnungen und Zielen keine Grenzen gesetzt werden.

Schütze-Monde sind keine Einzelgänger, die allein zu Hause im stillen Kämmerlein vor sich hinbrüten oder ihren Träumen nachhängen wollen. Sie haben meist viele Freunde, Bekannte, ein Publikum oder einen Partner, mit denen sie ihre Visionen und Gedanken teilen können.
Besonders wichtig ist für sie ein positives Feedback ihrer Mitmenschen. Auch wenn sie es niemals zugeben würden – unbewusst erwarten und erhoffen sie sich deren Bestätigung, Anerkennung und die Bewunderung ihrer eigenen grandiosen Persönlichkeit.

Unter dem Mondzeichen Schütze Geborene haben das Bedürfnis, Menschen zusammenzubringen, ihnen Mut zu machen, sie zu begeistern und sie anzuregen. So sind sie meist dort zu finden, wo sich neue, interessante Dinge entwickeln.

Vor allem aber empfinden sie ein inneres Bedürfnis und eine tiefe Sehnsucht in ihrem Herzen, den Sinn und die Bedeutung des Lebens zu erkennen oder zu erfassen.

> Die Stärke der unter dem Schütze-Mond Geborenen liegt in ihrem Talent, Menschen zusammenzubringen und zu motivieren. Mit ihnen entwickeln sie Visionen und Träume einer besseren Welt ohne Einschränkungen.

KONFLIKTBEREICHE
Fluchttendenzen, Selbstüberschätzung, Intoleranz, Scheinheiligkeit und Unaufrichtigkeit sich selbst und anderen gegenüber

Viele Schütze-Monde können schwer mit der Wirklichkeit umgehen. Ihre Gefühle sind sehr stark durch ihren Idealismus geprägt, so dass es für sie schwierig sein kann, sich mit den ge-

SCHÜTZE-MOND

wöhnlichen Seiten des Lebens zu arrangieren. Sie sind die Prinzen und Prinzessinnen dieser Welt, denen ihrer Meinung nach eine besondere Be-Achtung gebührt. Es fehlt ihnen an Geduld sich selbst und anderen gegenüber. Immer beschäftigt und in Aktion, ohne wirkliche Perspektive in ihren Plänen, können sie schlecht abwarten und sich zurücknehmen.

Die Problematik dieses Mondzeichens liegt in der Übertreibung seiner Emotionen, in seiner ungeheuren Überheblichkeit, Blasiertheit und Eitelkeit in dem Gefühl, etwas ganz Besonderes zu sein. Mit Banalitäten wollen Schütze-Monde sich nicht abgeben – negative Gefühle, Traurigkeit, Lebensschmerz und Einsamkeit gehören nicht in ihr Konzept.

Die dunkle Seite des Schütze-Mondes offenbart sich in der Übertreibung seiner Gefühle, in seiner Überheblichkeit. Oft stellt er seine eigene Perspektive über alle anderen Meinungen und verletzt damit leicht sensiblere Menschen.

Sie sind sich daher gar nicht bewusst, dass sie durch ihr mangelndes Feingefühl die Gefühle sensibler Menschen zutiefst verletzen können. Oft sind Menschen mit diesem Mondzeichen unfähig, ihre eigene zarte Gefühlsseite und die anderer Menschen wahrzunehmen. Sie stehen über den Dingen – so ist jedenfalls ihr Empfinden –, wodurch sie nicht in die Verlegenheit kommen, mit unangenehmen Emotionen konfrontiert zu werden.

AGGRESSIONEN

Sie werden durch abwertende Vorverurteilung geäußert.

DEPRESSIONEN

Sie entstehen beim Verlust einer Vision, bei Desillusionierung – immer dann, wenn Grenzen erkennbar werden.

LÖSUNGSMÖGLICHKEITEN
Optimismus und Wirklichkeitsnähe, Geduld und Ausdauer, Echtheit

Unter dem Mondzeichen Schütze Geborene sind gefordert, ihre Vorstellungskraft und kreative Potenz produktiv umzusetzen. Sie sollten dabei ruhig vorgehen, Disziplin und Reife entwickeln, um die Dinge zu vollenden.

SCHATTENSEITEN ZULASSEN

Sie versuchen zunächst immer wieder, ihrer verletzlichen Seite auszuweichen. Nach und nach sollten sie jedoch den Mut aufbringen, auch schmerzliche Erfahrungen zuzulassen, um ihre eigenen Gefühle und die ihrer Mitmenschen wahrzunehmen. Sich Raum und Zeit zu schaffen, um ihre Emotionen nachzuempfinden, ist ein Prozess, der Geduld und Zeit von ihnen verlangt. Wenn Schütze-Monde sich auf die menschliche Seite ihrer Gefühle einlassen und den Schattenseiten des Lebens ehrlich gegenübertreten können, wenn sie anerkennen, dass Leiden und Trauer einen wichtigen Teil ihres Lebens ausmachen, dann werden sich Schütze-Monde zu wahrhaft mitfühlenden Seelen entwickeln. Auch werden sie sich selbst – so wie sie sind – lieben und anerkennen können; sie werden nicht mehr danach streben, andere zu beeindrucken.

WEIBLICH UND MÄNNLICH

PARTNERSCHAFT

Schütze-Monde begegnen ihrem Partner mit Respekt, Vertrauen und Großzügigkeit. Sie sind jederzeit bereit, voll und ganz in einer Beziehung aufzugehen, für den Partner da zu sein und ihn zu unterstützen. Immer wieder gelingt es ihnen, neuen Schwung in persönliche Verbindungen zu bringen, für Spannung und Abwechslung zu sorgen.

Trotz aller Verbundenheit ist dieses Mondzeichen jedoch darauf bedacht, dass sein Freiheits- und Unabhängigkeitsgefühl nicht beeinträchtigt wird. Einen Schütze-Mond kontrollieren und beherrschen zu wollen ist daher der sicherste Weg, ihn für immer zu verlieren.

Schütze-Monde sind Idealisten und ständig auf der Suche nach der ganz großen und vollkommenen Liebe. Ein Ideal zu hegen und zu pflegen entspricht mehr ihrem Wesen, als das Reale zu lieben. Zu oft quälen sie sich mit dem, was ist, und mit dem, was sein könnte. Wenn es ihnen gelingt, beide Seiten miteinander in Einklang zu bringen, werden sie nicht mehr von einer inneren Unruhe getrieben werden, und sie werden nicht mehr Ideen oder Zielen hinterherjagen, die sich nicht erfüllen lassen.

> Getreu ihrem Wunsch nach einer idealen Welt suchen Schütze-Monde auch in der Partnerschaft die vollkommene Liebe. Dennoch achten sie darauf, ihre Freiheit nicht zu verlieren.

SCHÜTZE-MOND

ALS ELTERN

Mütter und Väter mit einem Schütze-Mond verstehen es, durch die wohlwollende Haltung ihren Kindern gegenüber deren beste Seiten zum Vorschein zu bringen, ihr Selbstvertrauen zu stärken und ihre Begabungen zu fördern. Andererseits haben sie aber auch hohe Ansprüche und Erwartungen an ihre Kinder. Daher lassen sie diese möglichst selbstständig und unabhängig handeln, damit sie sich zu strahlenden, optimistischen Persönlichkeiten entwickeln können.

KINDER UND JUGENDLICHE

Kinder mit einem Schütze-Mond brauchen viel Freiheit und Spielraum, um sich entwickeln zu können. Sie zeigen mitunter sehr viel Energie.

Schütze-Mond-Kinder sind überaus fröhlich, glücklich und phantasievoll – vorausgesetzt, man lässt ihnen genügend Freiheit, um eigene Erfahrungen zu machen, um etwas zu wagen und auszuprobieren. Ein Schütze-Mond-Kind, von dem erwartet wird, sich bescheiden im Hintergrund zu halten, wird sich zu einem traurigen, phantasielosen Geschöpf entwickeln.

Diese »Überflieger-Kinder« konfrontieren ihre Eltern gerade in der Pubertät täglich mit neuen unausgegorenen Plänen, Ideen und Wünschen. Überfürsorgliche, traditionelle Eltern empfinden diese Energien als äußerst anstrengend und als ständige Provokation. So schwer es ihnen auch fallen mag: Man muss Schütze-Mond-Kinder einfach gewähren lassen, denn für sie ist es lebensnotwendig, ihre Energie und ihre große Begeisterungsfähigkeit zum Ausdruck bringen zu können.

Grundblüte: Vervain

Gibt man diesen Kindern kein freies, großzügiges Umfeld, ziehen sie sich zurück und flüchten in unrealistische Phantasien eigener Grandiosität – in eine Welt, die völlig losgelöst ist von der Wirklichkeit.

Gerade bei Schütze-Mond-Kindern ist es wichtig, darauf zu achten, dass sie neben all ihren Aktivitäten den Bezug zu ihren eigenen Gefühlen nicht verlieren, dass sie ihre Sehnsucht und ihr Bedürfnis nach Geliebtwerden, nach Nähe und Bemutterung nicht hinter einer Mauer emotionaler Unabhängigkeit verstecken müssen.

STÄRKEN UND SCHWÄCHEN

SCHÜTZE-MOND

KÖRPER UND SEELE

- **GRUNDSTIMMUNG:** Idealistische Gefühle
- **GRUNDBEDÜRFNISSE:** Bedürfnis, Erfahrungen zu machen; Bedürfnis nach Ungebundenheit und Selbstentfaltung
- **KONFLIKTBEREICHE:** Selbstüberschätzung, Scheinheiligkeit und Unaufrichtigkeit sich selbst und anderen gegenüber, Fluchttendenzen
- **LÖSUNGSMÖGLICHKEITEN:** Optimismus und Wirklichkeitsnähe, Geduld, Ausdauer, Echtheit
- **KÖRPER:** Beschwerden, die bei emotionalen Blockierungen auftreten können: Beschwerden im Bereich der Hüfte, Schwellungen, Leberprobleme, Übergewicht
- **NEUE WEGE:** Was Ihnen helfen kann, wenn Sie emotional blockiert sind: Unternehmungen jeglicher Art, Ortsveränderungen, Reisen, Sport, energetische Therapien (Akupunktur, Tai Chi, Bewegungstherapie)

Agrimony

Impatiens

UNTERSTÜTZENDE BACH-BLÜTEN

GRUNDBLÜTE: Vervain – trägt dazu bei, das Leben realistischer zu betrachten, ohne die eigenen Visionen zu verlieren

WEITERE BLÜTEN:

Agrimony – um mehr Toleranz und Einfühlungsvermögen für die sensible Seite anderer Menschen zu entwickeln

Impatiens – um sich selbst und anderen gegenüber geduldiger und konsequenter zu werden

Rock Rose – um in Paniksituationen ruhiger und gelassener zu reagieren

Rock Rose

STEINBOCK-MOND

GRUNDSTIMMUNG
Klare, dauerhafte Gefühle

Menschen mit einem Steinbock-Mond werden im Allgemeinen als emotional zurückhaltend, kontrolliert, verschlossen und ernst beschrieben. Schnell wird der flüchtige Schluss gezogen, dass sie keine Lebensfreude entwickeln können, immer einsam, isoliert und distanziert sind, ihre Gefühle weder zulassen noch zeigen können.

Dieses nach außen hin kühle, emotional vorsichtige und zurückhaltende Bild ist jedoch lediglich ein notwendiges Schutzverhalten, mit dem der Steinbock-Mond seine sehr persönliche, verwundbare und bedürftige Welt der Gefühle schützt. Tatsächlich aber birgt diese introvertierte Seele sehr sanfte, warme, liebevolle, tiefe, empfindsame und gefühlvolle Seiten – Seiten, die einem oberflächlichen Beobachter natürlich verborgen bleiben. Menschen mit einem Steinbock-Mond sind nicht bereit, ihr wertvolles Innerstes allzu schnell zu offenbaren. Sie brauchen Zeit, um Vertrauen zu entwickeln, und weihen nur wenige in die Geheimnisse und Sehnsüchte ihres Herzens ein.

Steinbock-Monde wirken auf den ersten Blick kühl und distanziert. Wer sich mit diesem Mondzeichen jedoch intensiver einlässt und sich Zeit nimmt, seine wirkliche Persönlichkeit kennen zu lernen, wird in ihm liebevolle und tiefe Gefühle und ein verletzbares Wesen entdecken.

Steinbock-Monde haben die besondere Begabung, aus den Erfahrungen, die sie im Laufe ihres Lebens gemacht haben, zu lernen und mit ihnen konstruktiv umzugehen. So können sie viele ihrer Wünsche verwirklichen. Sie verschwenden ihre Zeit nicht mit übermütigen, unrealistischen Träumen und verlieren sich auch nicht in einer imaginären Phantasiewelt. Sie besitzen vielmehr ein ausgezeichnetes Gespür dafür, wie sie ihre Wünsche und Visionen mit den Erfahrungen und Eindrücken des alltäglichen Lebens, mit den Dingen, wie sie »nun mal sind«, in Einklang bringen.

Jederzeit sind sie bereit, Verantwortung für andere zu übernehmen, und gerne sehen sie sich in der Rolle des Versorgers und Beschützers – im besonderen Maße natürlich für die Personen, die ihnen am nächsten stehen.

GRUNDBEDÜRFNISSE
Bedürfnis nach Sicherheit, Unabhängigkeit und innerer Geborgenheit

Für Steinbock-Monde ist es besonders wichtig, sich von Zeit zu Zeit in eine Privatsphäre zurückziehen zu können. Sie brauchen das, um innerlich zur Ruhe zu kommen, sich zu sammeln und Kraft zu schöpfen – um sich nicht zu verlieren.

In ihrem täglichen Leben brauchen sie bestimmte Rituale – Richtlinien, klare Verhaltensregeln und eine Struktur, an die sie sich halten können. Diese äußere Ordnung sowie feste Bezugspunkte vermitteln ihnen die nötige innere Sicherheit. Selbst ihre Phantasie braucht eine Verankerung in der Wirklichkeit.

Das Familienleben, eine Beziehung sowie eine Arbeit, der sie sich intensiv widmen können, spielen eine große Rolle, damit Steinbock-Mond-Geborene sich wohl fühlen. In einer vertrauten Umgebung sind sie in der Lage, die sanfte und liebevolle Seite ihres Wesens auszuleben.

> Steinbock-Monde strukturieren ihr Leben und ihren Alltag gern anhand fester Rituale und klarer Verhaltensregeln. Auf diese Weise schaffen sie sich einen Orientierungsrahmen, der ihnen hilft, das Leben zu meistern.

KONFLIKTBEREICHE
Vernunft gegenüber Phantasie und Traum, unterdrückte Gefühle und Wünsche, unbewusste Machtansprüche, seelische Verhärtung

Anders als beim Steinbock-Sonnenzeichen, das entschieden und konsequent handelt, findet man beim Steinbock-Mond viele kindliche, verspielte, kreative Elemente. Es besteht allerdings die Gefahr, dass er die romantische Seite des Lebens, seine Wünsche und Träume verdrängt und zu Gunsten eines Bedürfnisses nach Sicherheit unterdrückt. Steinbock-Monde haben panische Angst vor dem Gefühl, sich in einer chaotischen und unergründlichen Welt zu verlieren.

Im Kontakt mit anderen ist es für Steinbock-Monde manchmal sehr schwer, diesen den nötigen Freiraum für ihre Entwicklung zu gewähren. Denn wenn es darum geht, eigene Vorstellungen durchzusetzen, Situationen oder Menschen zu lenken und zu kontrollieren, können Steinbock-Monde sehr beherrschend werden. Hinter ihrer Bereitschaft, Aufgaben und Verantwortung zu übernehmen, steht ein unbewusster Machtanspruch. Anderen die Führung zu überlassen fällt ihnen schwer.

Für Menschen mit diesem Mondzeichen ist es wichtig, Vertrauen zu Mitmenschen zu entwickeln. Ansonsten wird ihre emotionale Distanz immer größer, und am Ende bleibt ihnen nur das schale und bittere Gefühl, im Leben »nicht geliebt, nichts gelernt, nichts erfahren und nicht gelebt zu haben«.

Eine echte Aufgabe für Steinbock-Monde ist es, ihre Emotionen zu entdecken und zuzulassen. Er sollte lernen, sich seiner Gefühle nicht zu schämen, sondern aus ihnen eine Kraft zu entwickeln, die ihm hilft, seinen Weg der Selbstentfaltung zu gehen.

AGGRESSIONEN

Sie werden entweder verdrängt oder unnachgiebig und verbissen ausgetragen. Aufgestaute Wut kann sich ohnmächtig nach innen richten oder sich in sturem, eigensinnigem und bockigem Verhalten bemerkbar machen.

DEPRESSIONEN

Sie können aus dem drückenden Gefühl der Nutzlosigkeit entstehen, aus dem Gefühl, nicht mehr gebraucht oder anerkannt zu werden. Depressionen treten auch bei zu hohem Anspruch an Leistung und zu großer Belastung auf.

LÖSUNGSMÖGLICHKEITEN
Emotionale Bedürfnisse erkennen und Gefühle zeigen; die Phantasie ausleben

Die Herausforderung für einen Steinbock-Mond besteht darin, etwas über seine eigene emotionale Struktur zu lernen. Je mehr er dessen fähig ist, umso weniger muss er sich seiner emotionalen Bedürfnisse schämen. Er wird immer mutiger und ist bereit, seine empfindsamen Gefühle zu zeigen. Er kann erkennen, dass er jemand ist, der durchaus leidet und voller Angst sein kann.

GEFÜHLE ZEIGEN

Die emotional vorsichtigen Steinbock-Mond-Persönlichkeiten entwickeln eine außerordentliche seelische Kraft, wenn sie die Erkenntnis zulassen, dass Liebe oder Schmerz nicht nur schwierige Erfahrungen darstellen, sondern dass diese Gefühle notwendige Erlebnisse auf dem Weg zur Entwicklung und Reifung sind. Alles, was für diese Entwicklung nötig ist, ist die Bereitschaft, die eigene Phantasie zu aktivieren, die Freude am Schreiben, Tanzen, Malen und ähnlichen Beschäftigungen ernst zu nehmen. Auch das Aufzeichnen von Träumen kann einen Steinbock-Mond dabei unterstützen.

WEIBLICH UND MÄNNLICH

PARTNERSCHAFT

Auch in persönlichen Beziehungen haben Steinbock-Monde ihre festen Vorstellungen. Sie binden sich nicht ohne weiteres, denn im Grunde fürchten sie sich vor körperlicher und seelischer Abhängigkeit. Obwohl sie tief empfinden, fällt es ihnen nicht leicht, die zärtlichen Gefühle und die Zuneigung, die sie für jemanden empfinden, unbeschwert zu zeigen. Wenn sie sich jedoch einmal für einen Menschen entschieden haben, sind sie treu, zuverlässig und loyal.

Tief in ihrem Inneren haben weibliche und männliche Steinbock-Monde Angst vor körperlicher oder emotionaler Abhängigkeit. Es fällt ihnen daher schwer, in einer Partnerschaft ihre tiefen Gefühle unbeschwert zu zeigen.

ALS ELTERN

Mütter und Väter mit einem Steinbock-Mond haben das Gefühl zu wissen, was für ihre Kinder richtig und sinnvoll ist. Das birgt aber auch die Gefahr in sich, dass sie unter dem Aspekt der vernünftigen und ihrer Meinung nach klaren Beurteilung einer Situation die Wünsche und Empfindungen der Kinder ihren eigenen Vorstellungen anpassen wollen. Ihre auf Vernunft ausgerichtete Gefühlswelt macht sie manchmal blind für die wirklichen emotionalen Bedürfnisse ihrer Kinder.

KINDER UND JUGENDLICHE

Schon in der Kindheit wird einem Steinbock-Mond die Rolle des tüchtigen und belastbaren Kindes angedichtet oder aufgebürdet. Kinder mit diesem Mondzeichen sind besonders empfänglich für die Regeln, Gebote und Verbote, die sie von ihren

STEINBOCK-MOND

Eltern vermittelt bekommen. Meist haben sie schon in jungen Jahren gelernt, fleißig und geduldig zu sein und verantwortungsvolle Aufgaben zu übernehmen. Sie scheinen das Gefühl zu haben, dass sie nur geliebt werden, wenn sie etwas leisten, wenn sie ihren Eltern dankbar sind.

Steinbock-Mond-Kinder sind der Prototyp des braven, fleißigen Kindes. Es ist hier Aufgabe der Eltern, diesen Kindern zu vermitteln, dass sie auch dann geliebt werden, wenn sie ihre unausgeglichenen Gefühle oder widerspenstigen Seiten zeigen.

Oft werden die natürlichen Bedürfnisse der Kinder nach emotionaler und körperlicher Zuwendung übergangen, ignoriert, vergessen. Dadurch fühlen sie sich unbewusst zurückgewiesen und wertlos. Aus dem tiefen Gefühl heraus, den Anforderungen der Erwachsenen nicht zu genügen, wird ihre Unsicherheit immer größer. Sie ziehen sich zurück. Große Angst, Verzweiflung und Gefühle der Einsamkeit entstehen. Eine abwehrende und misstrauische Haltung gegenüber jeder Art von emotionaler Nähe und Vertrautheit entwickelt sich.

Krisenzeiten, wie beispielsweise die Pubertät, stellen eine besondere Herausforderung und Aufgabe für die Bezugspersonen der Kinder dar. Diese müssen den Heranwachsenden in solch schwierigen Umbruchzeiten das Gefühl vermitteln, dass sie trotz der Probleme, die sie haben, geliebt und angenommen werden, so wie sie sind.

Für Kinder und Jugendliche mit einem Steinbock-Mond ist es sehr wichtig, dass sie lernen, sich emotional unbeschwert auszudrücken. Gefühle wie Zorn, Wut oder Schmerz sind dabei genauso bedeutungsvoll wie die andere Seite der Emotionen: Liebe, Freude, Zärtlichkeit und Anhänglichkeit.

Grundblüte:
Rock Water

Steinbock-Mond-Kinder sind äußerst kreativ und können über die musischen Tätigkeiten wie Malen, Theaterspielen oder Basteln ermuntert werden, ihrer reichen Gefühlswelt Ausdruck zu verleihen.

Die Chance eines Steinbock-Mondes liegt in dem Vermögen, ein tiefes Gefühl der inneren Geborgenheit und Sicherheit zu entwickeln, sich seiner Gefühle bewusst zu werden und ihnen treu zu bleiben. Die Hilfen dazu müssen möglichst früh, schon in der Kindheit, gegeben werden.

STÄRKEN UND SCHWÄCHEN

STEINBOCK-MOND

KÖRPER UND SEELE

- **GRUNDSTIMMUNG**: Klare, dauerhafte Gefühle
- **GRUNDBEDÜRFNISSE**: Bedürfnis nach Sicherheit, Unabhängigkeit, innerer Geborgenheit
- **KONFLIKTBEREICHE**: Vernunft steht gegen Gefühle und Wünsche; unbewusster Machtanspruch, seelische Verhärtung
- **LÖSUNGSMÖGLICHKEITEN**: Bereitschaft, sich seiner emotionalen Bedürfnisse nicht zu schämen, die empfindsamen Gefühle zu zeigen, die eigene Phantasie zu aktivieren
- **KÖRPER**: Beschwerden, die bei emotionalen Blockaden auftreten können: Verhärtungen wie Gallen- oder Nierensteine, Gelenkbeschwerden (z. B. Arthrose), Magenprobleme
- **NEUE WEGE**: Was Ihnen helfen kann, wenn Sie emotional blockiert sind: Beschäftigung mit der Erde (z. B. Gartenarbeit), Rückzug in sich selbst, innere Einkehr halten. Außerdem: Wandern oder Bergsteigen, Edelsteintherapie, Tai Chi oder Yoga

Oak

Red Chestnut

UNTERSTÜTZENDE BACH-BLÜTEN

GRUNDBLÜTE: Rock Water – um neben Pflicht und ehrgeizigen Anforderungen auch das Leben an sich genießen zu können

WEITERE BLÜTEN:

Oak – um aus falsch verstandenem Pflichtgefühl nicht immer die Grenzen zu überschreiten

Red Chestnut – damit Sie sich nicht zu viele Sorgen um andere machen

Willow – um zu lernen, Groll nicht innerlich aufzustauen, sondern rechtzeitig zu äußern

Willow

WASSERMANN-MOND

GRUNDSTIMMUNG
Aufrichtige Gefühle

Der Wassermann-Mond scheint von den drei Luftzeichen dasjenige zu sein, das am wenigsten verstanden wird. Im Allgemeinen unterstellt man ihm, dass er besonders kompliziert, kühl und unempfindlich sei. Nach außen hin vermitteln Wassermann-Monde einen stolzen und unnahbaren Eindruck, sie wirken, als ob sie niemanden wirklich brauchen würden. Ihre Art, Gefühle nicht offen zu zeigen oder sie zu verbergen, sowie ihr zeitweiliges Bedürfnis nach emotionalem Rückzug wird oft mit Desinteresse, Gefühllosigkeit und Kälte gleichgesetzt. Dass diese Einordnung nicht stimmt, erkennt derjenige, der es geschafft hat, diesen komplizierten Wesen näher zu kommen. Denn in Wirklichkeit sind Wassermann-Monde viel empfindsamer, anhänglicher und verwundbarer, als sie es je vor sich und anderen zugeben würden.

Wassermann-Monde halten ihre Gefühle meist verschlossen. Erst wenn man sie näher kennen lernt, erkennt man, dass sie empfindsamer und auch verwundbarer sind, als sie je zugeben würden.

Diese Menschen sind zu sehr tiefen, positiven, aufrichtigen, beständigen Gefühlen fähig, können voller Hingabe, aber auch freundschaftlich, tolerant und verständnisvoll sein. Allerdings gehen sie Situationen, die mit heftigen Emotionen verbunden sind, gerne aus dem Weg.

Durch ihre Scheu, sich emotional tief einzulassen, durch ihr Bedürfnis nach Eigenständigkeit sind sie andererseits in der Lage, sich von ihren persönlichen Empfindungen distanzieren zu können. Sie sind weder der Hölle ihres Gefühlslebens ausgeliefert, noch kommen sie in Gefahr, von ihrem Unterbewusstsein verschlungen zu werden. Ist diese Fähigkeit besonders entwickelt, können sie Beziehungen mit anderen Menschen eingehen, ihnen nahe sein, sich der Tiefe ihrer Gefühle bewusst werden, ohne sich zu verlieren. Sie bleiben sich selbst dann treu.

AUFRICHTIGE PERSÖNLICHKEITEN

GRUNDBEDÜRFNISSE
Bedürfnis nach emotionaler Freiheit, Unabhängigkeit und Ungebundenheit

Um sich sicher, geborgen und emotional im Gleichgewicht zu fühlen, brauchen Wassermann-Monde ein Umfeld, mit dem sie sich intellektuell auseinander setzen können. Vor allem wollen sie ihre Gedanken frei zum Ausdruck bringen, neue, interessante Dinge erfahren und herausfinden. Um sich ihrer persönlichen Gefühle bewusst zu werden und sie verstehen zu können, brauchen sie die Möglichkeit, diese zu analysieren.

Es ist ihnen nicht nur wichtig, ihre eigenen Bedürfnisse zu befriedigen und sich mit den Problemen zu beschäftigen, die ihr persönliches Leben berühren. Auch allgemeine Interessen liegen Menschen mit einem Wassermann-Mond am Herzen. Obwohl sie sich für die Sorgen und Gefühle anderer Menschen interessieren, möchten sie doch nicht in deren private Probleme verwickelt werden. Zu viel Nähe, zu viele Emotionen, zu viel »Wir«-Gefühl ist Wassermann-Monden unangenehm, macht sie befangen – sie fühlen sich dadurch manchmal sogar bedroht.

Auch wenn sie nach außen oft einen überlegenen Eindruck vermitteln wollen, so haben sie doch heimlich das große Bedürfnis, geliebt und bewundert zu werden. Von Zeit zu Zeit brauchen sie die Bestätigung, dass sie etwas ganz Besonderes sind.

Wassermann-Monde müssen sich regelmäßig zurückziehen können, von allen Erfahrungen, Erlebnissen und Menschen Abstand nehmen dürfen, sich Luft und Raum zum Atmen gönnen können. Diesen Freiraum brauchen sie, um die Dinge, die ihnen begegnen, objektiv beurteilen zu können.

Auch auf körperlicher Ebene, bei Intimität und Sinnlichkeit, brauchen Wassermann-Monde die Möglichkeit des Rückzugs. Überschwängliche sinnliche oder erotische Experimente sind von ihnen nicht zu erwarten.

KONFLIKTBEREICHE
Ambivalenz zwischen Nähe und Distanz, Ausweichen vor emotionalen Konflikten, »eingefrorene Gefühle«

Wahrscheinlich wird der Konflikt zwischen dem Bedürfnis nach seelischer Ungebundenheit, Autonomie und dem Wunsch nach

Sicherheit, Verbundenheit und inniger Nähe eine Herausforderung für Wassermann-Monde bedeuten.

Sie haben eine große Scheu, ja sogar Angst, ihre wirklichen Gefühle zu zeigen. Um emotionalen Konfrontationen aus dem Weg zu gehen und sich nicht der Gefahr auszusetzen, von anderen verletzt oder gedemütigt zu werden, verstecken sie sich lieber hinter einer Maske von Unnahbarkeit und Überlegenheit. Oder sie wechseln ganz schnell das Thema, wenn allzu große Vertrautheit droht.

Schwierigkeiten entstehen dem Wassermann-Mond durch die Ambivalenz zwischen seinem Wunsch nach Nähe und seinem Bedürfnis nach Distanz. Oftmals verbirgt er seine eigentlichen Gefühle daher hinter einer Mauer aus Unnahbarkeit.

Sie verbergen dadurch geschickt, dass sie im Grunde ein launisches und überempfindsames Wesen haben, dass sie zartbesaiteter und schneller beleidigt sind, als man es je bei ihnen vermuten würde. Oft werden Wassermann-Monde deshalb eher als kühl oder distanziert eingeschätzt, denn sie bleiben dem Anschein nach innerlich und äußerlich unberührt. Kennt man sie näher, wird man ihr verletzliches Wesen entdecken.

Im extremen Fall nehmen Wassermann-Monde ihre Gefühle gar nicht wahr und teilen sie schon gar nicht mit. Ihr eigenes Empfinden, von anderen ausgeschlossen zu sein, nicht dazuzugehören, wird durch dieses Verhalten natürlich nur noch verstärkt und ist für den Wassermann-Mond eine zutiefst schmerzliche Erfahrung. Oft reagiert er darauf mit verstärkten Rückzugstendenzen, und immer größer werdende Isolation und Einsamkeit sind die Folge davon.

AGGRESSIONEN

Sie werden auf verbaler, unpersönlicher, intellektueller Ebene geäußert.

DEPRESSIONEN

Sie entstehen, wenn Anpassung gefordert wird oder das Gefühl entsteht, eingesperrt zu sein. Ebenso bei drohendem Verlust ihrer Einmaligkeit – wenn Wassermann-Monde keine eigenen Wege mehr gehen dürfen oder können.

NÄHE ZULASSEN

LÖSUNGSMÖGLICHKEITEN
Balance zwischen der Verbundenheit mit anderen Menschen und dem Wunsch nach Eigenständigkeit

Der Schlüssel zur Lösung der Probleme eines Wassermann-Mondes liegt in der Bewusstwerdung der inneren Widersprüchlichkeit. Er sollte seiner Sehnsucht nach Unabhängigkeit Raum geben und gleichzeitig das Verlangen nach Nähe und Geborgenheit zulassen. Wenn sich dieses Mondzeichen seine Ambivalenz zwischen Nähe und Distanz nicht bewusst gemacht hat und stattdessen sein elementares Bedürfnis nach Intimität verdrängt, kann es ein Leben lang darunter zu leiden haben.

Ein wichtiger Schritt ihrer Entwicklung ist für Wassermann-Monde, ihre Selbstwahrnehmung zu stärken: ein Gefühl, Nähe und Wärme für sich selbst, für die eigenen Emotionen und Bedürfnisse, für den eigenen Körper zu entwickeln statt sich nur mit abstrakten Ideen und allgemeinen Theorien zu beschäftigen. Es wäre schade, wenn Wassermann-Monde diese wichtige Seite ihrer Persönlichkeit vernachlässigen würden, denn dadurch gingen ihnen wahre Stärke und Stabilität verloren, die sie aus sich selbst schöpfen können.

Solange Wassermann-Monde sich nicht eingestehen, welche Bedürfnisse sie haben und sich stattdessen hinter unverbindlichen Gefühlen verstecken, werden sie im Leben nicht glücklich werden. Ihr Ziel sollte es sein, ihr Verlangen nach Nähe zuzulassen und sich dennoch ihre Unabhängigkeit zu bewahren.

WEIBLICH UND MÄNNLICH

PARTNERSCHAFT
Auch in ihren Beziehungen brauchen Menschen mit einem Wassermann-Mond zumindest das Gefühl von Unabhängigkeit. Im Grunde wollen sie die Freiheit, einen Menschen so zu lieben, wie er ist, ohne etwas zu verlangen oder zu fordern.

Diese Vorstellung, ihre Idee einer idealen Beziehung oder Freundschaft, scheitert jedoch meist am normalen Alltag mit normalen Menschen und deren größeren und kleineren Problemen oder Eigenheiten. Oftmals fühlen Wassermann-Monde sich dann unverstanden, sind enttäuscht, ziehen sich zurück und trennen sich lieber als sich quälenden mitmenschlichen Verstrickungen auszusetzen. Die Hoffnung aber, irgendwann eine ideale Beziehung zu finden, geben sie nicht auf.

> Damit sich Wassermann-Monde zu Persönlichkeiten entwickeln können, sollten sie schon im Kindesalter die Erfahrung machen, dass Bindungen und Beziehungen sie nicht vereinnahmen. Sie sollten lernen, dass Nähe nicht so erstickend sein muss, dass sie keine Unabhängigkeit mehr zulässt.

ALS ELTERN

Müttern oder Vätern mit einem Wassermann-Mond fällt es leicht, ihren Kindern Raum und Freiheit für deren Entwicklung zu lassen. Ihre mütterliche Art, Liebe auszudrücken, bedeutet, sich selbst zurückzunehmen, um den Kindern die Möglichkeit zur Entwicklung einer eigenständigen Persönlichkeit zu bieten. Manchmal ist das sicher des »Guten zu viel«, denn sehr anhängliche Kinder, die gerne bemuttert werden wollen, wünschen sich alles andere als allein gelassen zu werden. Diese Kinder brauchen viel Nähe, Zärtlichkeit und Intimität.

KINDER UND JUGENDLICHE

Kinder und Jugendliche mit einem Wassermann-Mond werden von Anfang an mit den Gefühlen von Nähe und Verbundenheit sowie mit dem Thema des Rückzugs und der Distanz konfrontiert. Einerseits sehnen sie sich nach einer Gemeinschaft, einer Familie, in der sie sich aufgenommen und anerkannt fühlen, und andererseits wollen sie die für sie so wichtige Eigenständigkeit nicht aufgeben.

Eine Gruppe darf sie nicht zu sehr beanspruchen, fordern oder einschränken. Aus diesem Zwiespalt heraus können sich Kontaktprobleme entwickeln, wenn sie nur oberflächliche Verbindungen eingehen oder sich ständig von ihren Freunden und ihrer Familie abgrenzen. Rückzug kann aber bei ihnen auch bedeuten, keine Nähe entwickeln zu können. Daher sollten sie die Erfahrung machen können, dass Bindungen nichts Bedrohliches haben müssen. Im Laufe ihres Lebens werden sie erkennen, wie wichtig und wertvoll Beziehungen sind.

Bei Wassermann-Monden darf und kann man nichts erzwingen. Man würde dadurch erst recht ihre Abwehr, ihren Widerspruch und ihre Rebellion herausfordern.

Jugendliche lösen sich leicht von ihrem Elternhaus. Es ist nicht so, dass sie unfähig wären, Traditionen zu schätzen oder zu lieben. Sie wollen sich nur innerlich frei fühlen und auch ihrer Familie gegenüber keinerlei Verpflichtungsgefühle haben.

Grundblüte:
Water Violet

STÄRKEN UND SCHWÄCHEN

WASSERMANN-MOND

KÖRPER UND SEELE

- **GRUNDSTIMMUNG:** Aufrichtige Gefühle
- **GRUNDBEDÜRFNISSE:** Bedürfnis nach emotionaler Freiheit, Unabhängigkeit, Ungebundenheit
- **KONFLIKTBEREICHE:** Ambivalenz zwischen Nähe und Distanz, Ausweichen vor emotionalen Konflikten, »eingefrorene« Gefühle
- **LÖSUNGSMÖGLICHKEITEN:** Balance zwischen der Verbundenheit mit anderen Menschen und dem Wunsch nach eigener Freiheit
- **KÖRPER:** Beschwerden, die bei emotionalen Blockaden auftreten können: Verkrampfungen im Gefäßbereich (z. B. Migräne), Venenerkrankungen, verschiedenartigste nervöse Störungen (z. B. Schlafstörungen)
- **NEUE WEGE:** Was Ihnen helfen kann, wenn Sie emotional blockiert sind: Aufenthalt in frischer Luft (z. B. in luftigen Höhen, wo wenig Menschen sind), Entspannungsübungen, autogenes Training, Atem- oder Bewegungstherapie

Gentian

Olive

UNTERSTÜTZENDE BACH-BLÜTEN

GRUNDBLÜTE: Water Violet – um das richtige Verhältnis zwischen Distanz und Nähe zu finden

WEITERE BLÜTEN:

Gentian – um von einer zweifelnden und skeptischen Haltung zu einer vertrauensvollen Gelassenheit zu finden

Olive – zur Regeneration bei mentaler und körperlicher Erschöpfung

Agrimony – damit Sie lernen, Ihre tiefste, innerste Gefühlsseite zu entdecken und zuzulassen

Agrimony

FISCHE-MOND

GRUNDSTIMMUNG
Grenzenlose, durchlässige Gefühle

Als Wasserzeichen sind Fische-Mond-Geborene stark mit der Gefühlswelt verbunden. Ihre psychische Sensibilität, ihr Einfühlungsvermögen und ihre tiefe Anteilnahme für andere Menschen sind grenzenlos. Als intuitive Personen haben sie die Begabung, die Bedürfnisse ihrer Umwelt zu erspüren und aufzunehmen, und oftmals identifizieren sie sich selbst weitgehend damit.

Das Erforschen seiner eigenen Gefühle fällt diesem Mondzeichen mitunter sehr schwer. Es ist mit allem und jedem verbunden und muss erst viele verschiedene emotionale Erfahrungen sammeln, um seine eigentlichen Gefühle herauszuspüren und ihnen folgen zu können.

Das Zuhause der unter einem Fische-Mond Geborenen ist die Welt der Gefühle. Zu allem und jedem entwickeln sie starke Emotionen. Ziel dieses Mondzeichens muss es daher sein, seine eigentlichen Gefühle erkennen zu lernen.

Mit einem Fische-Mond kennt man weder physische noch psychische Grenzen. In der Regel ist das Abgrenzungs- und Unterscheidungsvermögen dieses Mondzeichens nicht sehr ausgeprägt. Dadurch ist es leichter zu beeinflussen als andere Menschen, und seine Bereitschaft, sich anzupassen, ist groß.

Seine inneren Erlebnisse und Träume entziehen sich den Realitäten des Lebens. Von tiefen Sehnsüchten bewegt, die nur schwer zu bestimmen sind, ist sein Zuhause die Welt der Träume, der Unendlichkeit und das Reich der grenzenlosen Phantasie.

Fische-Monde sind im höchsten Maße romantisch, hingebungsvoll, zärtlich, verständnisvoll und geduldig. Viele von ihnen sind erfüllt von einer Sehnsucht nach Bemutterung und Zuwendung, nach einem nahezu paradiesischen Zustand der Verwöhnung und der bedingungslosen Liebe.

INTENSIV FÜHLENDE PERSÖNLICHKEITEN

GRUNDBEDÜRFNISSE
Bedürfnis, für andere zu sorgen; Sehnsucht nach Nähe, Liebe, Zuwendung und Schutz

Wie die beiden anderen Wasserzeichen Krebs und Skorpion sind auch Fische-Mond-Personen intuitiv und empfindsam. Ihr Verlangen nach liebevoller Zuwendung und Aufmerksamkeit ist enorm groß. Überall dort, wo Liebe, gegenseitiges Vertrauen, menschliche Wärme und Zuneigung vorhanden sind, fühlt sich dieses Mondzeichen zu Hause. Dort blüht es auf, kann sich öffnen, sich entspannen und freuen. Alles, was Fische-Monde brauchen und erwarten, ist Zuwendung, Schutz und die Versicherung, niemals verlassen oder zurückgewiesen zu werden.

Ein glücklicher und zufriedener Fische-Mond wird wiederum alles geben und alles ihm Mögliche tun, um die Bedürfnisse anderer zu erfüllen. Wenn er gebraucht wird, werden seine grenzenlose Opferbereitschaft und seine uneigennützige Liebesfähigkeit spürbar.

Viele Menschen mit diesem Mondzeichen stehen in Verbindung mit einer anderen Wirklichkeit – dem Bereich des Unfassbaren, der geheimnisvollen Welt der Träume, Sehnsüchte und Phantasie. Diesen Bereich erleben sie ganz allein, niemand außer ihnen hat dazu einen Zugang.

KONFLIKTBEREICHE
Unfähigkeit, sich abzugrenzen; Sehnsucht, sich allen Einschränkungen und Verpflichtungen zu entziehen

Fische-Monde haben das Problem, sich nicht abgrenzen zu können. Ganz auf die Menschen ihrer Umgebung fixiert, abhängig von den Personen, denen sie sich verbunden fühlen, passen sie sich den Erwartungen anderer an.

Subjektiv wird ihnen dadurch das Gefühl vermittelt, wertvoll zu sein und auf diese Weise Liebe und Zuneigung zu bekommen. Selbst im fortgeschrittenen Alter suchen Fische-Monde immer noch die Verbundenheit mit anderen und unterdrücken ihre

Aufgrund ihrer intensiven Gefühle und ihrem Wunsch, für andere zu sorgen, können sich Fische-Monde meist nicht abgrenzen. Sie vernachlässigen ihre eigenen Bedürfnisse und werden oft von der Anerkennung anderer abhängig. Sie neigen dazu, sich den Erfordernissen der harten Realität entziehen zu wollen.

natürlichen Impulse nach Eigenständigkeit und Unabhängigkeit. So verlieren sie sich selbst immer mehr. Unbewusst entwickeln sie Groll, Wut und Aggressivität. Immer wenn Fische-Monde diese destruktiven Impulse unterdrücken, können Grausamkeit, Gewalttätigkeit und Kälte zum Vorschein kommen. Es werden dann Seiten sichtbar, die man bei einem sanften Zeichen wie diesem nicht vermuten würde.

Unter dem Mondzeichen Fische Geborenen fehlt es an Realismus und Beharrlichkeit. Einer Welt, in der sie sich ständigen Leistungsanforderungen, Pflichten und Zwängen ausgeliefert sehen, entfliehen sie gerne. Sie verweigern sich, indem sie seelisch oder physisch krank werden oder indem sie sich immer häufiger in Phantasien und Tagträume flüchten. Aufgrund ihrer ausgeprägten Einbildungskraft gelingt es ihnen mühelos, die Realität tatsächlich so umzudeuten, dass sie ihren Anforderungen entspricht.

Ein erster Schritt zur Selbstentwicklung des Fische-Mondes wäre es, wenn er sich in den kleinen Bereichen des alltäglichen Lebens Grenzen setzte und unrealistischen Erlösungswünschen aus dem Weg ginge.

AGGRESSIONEN

Sie kommen unspezifisch und indirekt zum Ausdruck. Sie können auch masochistische Züge annehmen.

DEPRESSIONEN

Sie treten auf, wenn Entscheidungen gefordert werden, wenn Fische-Monde ein eigenes Ego entwickeln sollen. Manchmal leiden sie auch an der Realität schlechthin.

LÖSUNGSMÖGLICHKEITEN
Eigene Gefühlsregungen und Bedürfnisse erleben, Grenzen setzen, Realitäten anerkennen und akzeptieren

Fische-Monde haben wenig natürliches Empfinden für ihren physischen Körper. Auch die Begrenzungen, Erfordernisse und Notwendigkeiten der materiellen Welt sehen sie nicht. Für dieses Zeichen wäre es wichtig, für das eigene körperliche und emotionale Wohlbefinden zu sorgen statt vorrangig die Bedürfnisse anderer zu befriedigen.

DIE REALITÄT ANERKENNEN

Die Aufgabe eines Fische-Mondes ist es, eine realistische Sicht von sich und seiner Umwelt zu entwickeln. Um eine gewisse Sicherheit zu haben, sollte er traditionelle und konventionelle Werte anerkennen.

Vor allem aber müssen Menschen dieses Zeichens sowohl mit der greifbaren Wirklichkeit als auch mit ihrer Gefühlswelt in Kontakt bleiben. Sie sollten Möglichkeiten wahrnehmen, die ihre Einbildungskraft in kreativer Form ausdrücken können.

WEIBLICH UND MÄNNLICH

PARTNERSCHAFT

Frauen und Männer mit einem Fische-Mond haben die wunderbare Gabe, die Herzen anderer Menschen zu öffnen und sie zur Liebe zu bewegen.

In ihren Beziehungen suchen sie nach Nähe, Intimität, Vertrautheit und nach einer vollkommenen Verbindung. Ihre Art ist es, mehr für und durch andere zu leben als eigene individuelle Wünsche zu äußern. Sich in einer Liebe zu verlieren ist für sie ein Weg, dem Bedürfnis nach Zugehörigkeit und Verschmelzung nachzugeben, die trennende Grenze zwischen sich und dem Partner aufzuheben.

Fische-Monde laufen dadurch aber Gefahr, andere zu sehr zu idealisieren, sich anzupassen und automatisch Opfer zu bringen. Sie fürchten das Alleinsein und haben Angst, einen geliebten Menschen zu verlieren. Statt eigene Wege zu gehen, finden sie sich lieber mit dem ab, was geschieht. Im schlimmsten Fall halten sie sich am anderen nur aufgrund ihrer Sehnsucht nach Verschmelzung fest und versinken in Traurigkeit und Melancholie, wenn ihr Verlangen nicht erfüllt wird.

Ihre Gefühle möchten sie von keiner Wirklichkeit irritiert sehen. Konflikten gehen sie lieber aus dem Weg, würde doch die Realität des Lebens den Zauber ihrer Phantasie zerbrechen. Mit diesem Verhalten verwickeln sie sich oft in tragische Beziehungen und liefern sich diesen aus.

Ein Fische-Mond will mit seinem Partner auf einer Ebene verschmelzen, die sich nicht nur mit körperlicher Befriedigung beschreiben lässt. Sexualität ist für ihn ein Mittel, um in die Tiefen der Gefühlswelt einzutauchen. Seine Ekstase birgt durchaus eine mystische Dimension.

ALS ELTERN

Mütter und Väter mit einem Fische-Mond sind besonders aufopfernd und verständnisvoll. Sie spüren sehr genau, was in ihren Kindern vorgeht, und verstehen es, sie zu motivieren. Es liegt ihnen viel an einer seelischen Übereinstimmung mit ihren Kindern. Dadurch haben Fische-Mond-Eltern aber oft erhebliche Abgrenzungsschwierigkeiten.

Ihre selbstlose Opferbereitschaft ist mitunter nicht ganz uneigennützig. Die unbewusste Botschaft an die Adresse ihrer Kinder lautet: Für die grenzenlose Hilfsbereitschaft und dienende Liebe schuldet ihr uns etwas! Damit erzeugen sie bei vielen Kindern unbewusst Schuldgefühle.

KINDER UND JUGENDLICHE

Fische-Mond-Kinder und -Jugendliche sind sehr anhänglich, verträumt und anpassungsfähig – zugleich aber auch dünnhäutig. Allein zu sein, von der Mutter getrennt zu sein oder gar verlassen zu werden ist für diese empfindsamen Kinder schwer zu ertragen. Ihr tiefes Einfühlungsvermögen und ihre zum Teil starken Wünsche nach Verschmelzung mit einem geliebten Elternteil verhindern, dass sie ihre eigenen Gefühle, Gedanken und Bedürfnisse wahrnehmen. Hinter der Bereitschaft, die Erwartungen und Forderungen anderer zu erfüllen, steht bei Fische-Mond-Kindern die große Sehnsucht, angenommen und geliebt zu werden. Sie sind von klein auf sehr angepasst und geraten oft in Abhängigkeitsverhältnisse. Letztendlich bedeutet dies eine Flucht vor dem Erwachsenwerden.

Für Kinder und Jugendliche mit dem Mond im Zeichen Fische ist es von besonderer Bedeutung, dass sie ihre eigenen Gefühle in all den verschiedenen Facetten wahrnehmen. Eltern sollten diese Kinder dabei unterstützen, ihre eigenen Emotionen kennen zu lernen. Wissen Fische-Monde, was ihnen gut tut, haben sie schon den ersten Schritt getan, um sich zu verwirklichen. Orientieren sie sich am eigenen Gefühl, können sie inneres Vertrauen entwickeln, das wiederum eine gute Basis für ihre Unabhängigkeit und ihre optimale Ich-Entwicklung ist.

Schon als Kinder haben Fische-Monde wenig Abgrenzungsvermögen. Ihr Wunsch, mit den Eltern zu verschmelzen, ist groß. Um sich zu einer eigenständigen Persönlichkeit entwickeln zu können, sollen sie daher von ihren Eltern bestärkt werden, ihre eigenen Gefühle und Bedürfnisse deutlich zu artikulieren.

Grundblüte: Centaury

STÄRKEN UND SCHWÄCHEN

FISCHE-MOND

KÖRPER UND SEELE

- **GRUNDSTIMMUNG:** Grenzenlose, durchlässige Gefühle
- **GRUNDBEDÜRFNISSE:** Bedürfnis, für andere sorgen zu können; Bedürfnis nach Nähe, Liebe, Zuwendung und Schutz
- **KONFLIKTBEREICHE:** Unfähigkeit, sich abzugrenzen; Sehnsucht, sich allen Verpflichtungen zu entziehen
- **LÖSUNGSMÖGLICHKEITEN:** Eigene Bedürfnisse erleben und äußern, Grenzen setzen; Realität anerkennen
- **KÖRPER:** Beschwerden, die bei emotionalen Blockaden auftreten können: lymphatische Belastungen, geschwächte Abwehr, Allergien, Fußerkrankungen
- **NEUE WEGE:** Was Ihnen helfen kann, wenn Sie emotional blockiert sind: Musizieren oder Musik hören, Aufenthalt am Wasser, Aromatherapie, Atemtherapie, Meditation

Aspen

Clematis

UNTERSTÜTZENDE BACH-BLÜTEN

GRUNDBLÜTE: Centaury – um sich besser abgrenzen zu können, ohne dabei die Nähe und Vertrautheit mit anderen zu verlieren

WEITERE BLÜTEN:

Aspen – um mit Ängsten und Verunsicherungsgefühlen besser umgehen zu können

Clematis – um einen besseren Bezug zur Realität zu finden

Gorse – um den Lebensmut und -willen zu stärken, um voller Hoffnung den Tag zu leben

Gorse

AGRIMONY
ODERMENNIG

»Wann immer wir versuchen, einen bestimmten Zustand festzuhalten, ein bestimmtes Image aufrechtzuerhalten oder bestimmte Erfahrungen zu reproduzieren, leidet unser persönliches, berufliches und spirituelles Leben darunter.«
Jack Kornfield

In einer leistungsorientierten Gesellschaft sind Menschen gefragt, die problemlos wirken. Sicherlich haben die meisten auch den Wunsch, unkompliziert zu sein. Dieser Wunsch treibt den Menschen an, eine Rolle zu spielen, eine Fassade um sein Inneres zu errichten, um anerkannt zu sein. Wie viele Schattenseiten, Traurigkeiten und Ängste dabei zurückgehalten werden müssen, ist dem Einzelnen oft kaum bewusst. Diese im Unbewussten schlummernden Kräfte zu unterdrücken kostet sehr viel Energie. Oftmals greift man zu Ersatzbefriedigungen, man wird verleitet zu Sucht- und Aufputschmitteln wie Drogen, Alkohol, Kaffee und Zigaretten. In dieser Situation wird es Ihnen helfen, sich mit Ihren Mitmenschen auszutauschen, um eine andere Sichtweise kennen zu lernen und zu erfahren, wie andere mit ähnlichen Problemen umgehen.

Der Weg zu echter innerer Heiterkeit und Gelassenheit ist meist ein langer und mühsamer. Es lohnt sich aber in jedem Fall, diesen Pfad zu beschreiten.

NEGATIVER GEMÜTSZUSTAND

Sorgen und Probleme werden hinter einer fröhlichen Maske verborgen; innere Unruhe; Tendenz, Konflikte zu vermeiden

SCHLÜSSELFRAGEN
- Fällt es Ihnen schwer, Konflikte auszuhalten?
- Zeigen Sie nach außen gern eine fröhliche Fassade, obwohl Ihnen innerlich anders zumute ist?
- Greifen Sie häufiger zu Stimmungsaufhellern wie Alkohol, Zigaretten etc. bzw. glauben Sie, damit Ihren Stress besser bewältigen zu können?

PERSÖNLICHKEITSENTWICKLUNG

Je mehr Vertrauen Sie in Ihre eigene Persönlichkeit entwickeln, umso konfliktfähiger werden Sie. Wenn Sie lernen, sich mit allen Licht- und Schattenseiten anzunehmen, wird Ihre Angst schwinden, dass andere eine Seite an Ihnen aufdecken könnten, die Ihnen unangenehm ist. Sie können dann auch Ihre eigene Verletzlichkeit mehr zeigen und müssen sie nicht länger hinter einer Maske von Fröhlichkeit verbergen.

AFFIRMATION
Ich nehme mich an mit meinen Licht- und Schattenseiten und kann anderen offen gegenübertreten.

Durch echte Auseinandersetzung mit anderen entsteht Reibung, Wärme, Lebendigkeit, und das Bedürfnis, zu Suchtmitteln zu greifen, nimmt ab. Erst auf diese Weise werden Sie fähig zu echter Freude und Fröhlichkeit.

Agrimony hilft, sich mit all seinen Schwächen anzunehmen.

ASPEN/ESPE

»Die Ängste sind das allergrößte Problem, mit dem wir es zu tun haben. Denn nur wer ein – abgesehen von natürlichen Ängsten – angstfreies Leben führt, kann wirklich erfüllt leben.«
Elisabeth Kübler-Ross

Die Angst vor der Angst – ein Stichwort, das zu Aspen passt. Angst hat vom Wortstamm her mit Enge im Sinne von Beklemmung zu tun. Und diese Enge fühlt der Mensch auch ganz körperlich, wenn er Angst hat. Sprichwörter wie »Angst schnürt mir die Kehle zu« sprechen eine deutliche Sprache. Es ist also notwendig, sich mit dieser Angst auseinander zu setzen. Versuchen Sie, sie nicht zu verdrängen, sondern ihr ins Gesicht zu blicken. Angst ist wichtig, denn sie kann uns vor einer Gefahr warnen. Gerade die unklaren Ängste, unter denen ein Mensch im negativen Aspen-Zustand leidet, haben meist jedoch nichts mit wirklicher Bedrohung zu tun.

Angst ist eigentlich ein sehr sinnvolles Gefühl, leitet sie uns doch zu Vorsicht an in gefährlichen Situationen. Nimmt die Angst allerdings überhand und ist sie unbegründet, kann Aspen helfen.

NEGATIVER GEMÜTSZUSTAND

Unklare Ängste, Alpträume, Vorahnungen von drohendem Unheil, zu offen für negative Energien

PERSÖNLICHKEITSENTWICKLUNG

Mit Hilfe der Blüte Aspen können Sie lernen, Ihre Ängste zu durchschauen und Ängste, die Sie vor einer wirklichen Gefahr warnen, von denen zu unterscheiden, die nur in Ihrer Vorstellung existieren.

SCHLÜSSELFRAGEN

👁 Leiden Sie öfter unter unklaren Ängsten?
👁 Haben Sie Angst, von »dunklen Schicksalsmächten« bedroht zu werden?
👁 Leiden Sie unter Alpträumen?
👁 Sehen Sie überall versteckte Gefahren?

DIE ANGST BEWÄLTIGEN

Die Blüte Aspen wird Ihnen helfen, sich besser von der Faszination zu lösen, die das Dunkle und Bedrohliche auf Sie ausübt. Je sicherer und geborgener Sie sich fühlen, je mehr Sie die Beziehung zur Erde, zu Ihrem Körper wahrnehmen, umso besser können Sie mit diesen Ängsten umgehen, die Sie zu überfluten scheinen. Aus diesem Gefühl der Sicherheit heraus können Sie sich auch den Ängsten, die aus dem eigenen oder auch aus dem kollektiven Unbewussten aufsteigen, besser stellen und immer mehr zu einem guten Ratgeber auch für andere werden.

Mit Hilfe der Blüte Aspen werden Sie wieder Selbstvertrauen in sich gewinnen. Sie werden sich in Ihrer eigenen Haut wieder sicher fühlen und Ihren Gefühlen vertrauen lernen.

AFFIRMATION
Ich bin geerdet und in meiner Mitte –
ich fühle den Schutz der geistigen Welt.

Die Blüte Aspen hilft, sich mit seinen Ängsten auseinander zu setzen.

BEECH/ROTBUCHE

*»Der Berufene ist willig, den Menschen zu helfen,
darum gibt es für ihn keine verworfenen Menschen.«
Laotse*

Die Blüte Beech ist für Menschen hilfreich, die sich schon im Augenblick des Kennenlernens ein Urteil über ihr Gegenüber bilden. Schon die »falsche« Kleidung oder ein »falscher« Satz des anderen verleiten sie zu einer Klassifizierung.

Meist sind es gerade intellektuelle Menschen, die der Hilfe durch diese Blüte bedürfen. Sie neigen nämlich dazu, die Schärfe ihres Verstandes über alles zu stellen. Sie können lernen, dass gerade der fehlerhafte Mitmensch ein Lehrmeister in anderen Bereichen des Lebens sein könnte.

Wer zu sehr nach seinem Verstand lebt und alles um sich herum nur unter intellektuellem Gesichtspunkt betrachtet, neigt oft dazu, andere vorschnell abzuqualifizieren.

NEGATIVER GEMÜTSZUSTAND

Übermäßige Kritik; scharfes Wahrnehmungsvermögen, das aber in erster Linie dazu benutzt wird, die Fehler anderer aufzudecken; Überlegenheitsgefühl; mangelndes Mitgefühl

PERSÖNLICHKEITSENTWICKLUNG

Die Lektion, die Sie mit Hilfe der Blüte Beech zu lernen haben, ist die Toleranz. Es ist vor allem die Erkenntnis, dass Sie mit allem in enger Verbindung stehen, mit allen Menschen, Tieren, Pflanzen. Und von allen können Sie lernen und umgekehrt. Das schließt eine gesunde Fähigkeit zur Unterscheidung und auch

---

SCHLÜSSELFRAGEN
◉ Sind Sie anderen gegenüber überkritisch?
◉ Erkennen Sie auf den ersten Blick die Schwächen der anderen?
◉ Fällt es Ihnen schwer, im Bewusstsein der eigenen Schwäche tolerant zu sein?

zur Kritik keinesfalls aus. Aber je größer die Liebe ist, umso besser gelingt es Ihnen, dabei nicht den ganzen Menschen abzuwerten.

Eine weitere Hilfe, die uns die Blüte Beech geben kann, besteht darin, die eigenen Fehler genauer zu sehen und damit zu vermeiden, dass wir sie auf andere projizieren und ein Überlegenheitsgefühl ihnen gegenüber entwickeln, das oft die eigenen Minderwertigkeitskomplexe verdecken soll.

Beech hilft, in uns Liebe und größere Toleranz wachsen zu lassen. Wir werden erkennen, dass erst alle zusammen – Mensch, Tier und Natur – die Schönheit der Schöpfung ausmachen.

AFFIRMATION
Je tiefer ich nach innen schaue,
umso weniger Grenzen existieren.

Beech öffnet den Blick für die eigenen Schwächen und Fehler.

CENTAURY
TAUSENDGÜLDEN-
KRAUT

»Wie oft hört man: Ich muß meinen Vater, meine Mutter, meinen Bruder fragen. Was für eine Tragödie: Die Vorstellung, daß ein Mensch, der dabei ist, seine göttliche Bestimmung zu verwirklichen, auf seinem Weg anhält, um einen Mitreisenden um Erlaubnis zu fragen. Wem verdanken wir denn unser Dasein und unser Leben: Einem Mitreisenden oder unserem Schöpfer?«
Edward Bach

Die Jasager, die die Blüte Centaury benötigen, machen sich mit der Eigenschaft, immer zu Diensten zu sein, zunächst beliebt. Meist werden sie aber nicht wirklich geachtet, man ist nur wegen ihrer Anpassungsbereitschaft gerne mit ihnen zusammen. Ihre Persönlichkeit ist für andere nicht genau auszumachen hinter all der Anpassung. Letztlich erreicht der Jasager so genau das Gegenteil von dem, was er möchte – anstelle von Anerkennung und Liebe bekommt er nur laue Gefühle der Sympathie.

Mit Hilfe der Blüte Centaury werden Sie lernen, die Reaktion der anderen auf Ihr Nein besser aushalten zu können.

NEGATIVER GEMÜTSZUSTAND

Nachgiebigkeit; schwach ausgeprägter Wille; Unfähigkeit, nein sagen zu können; unterwürfiges Verhalten; zu vage Vorstellungen von den eigenen Zielen; mangelnder Kontakt mit sich selbst

SCHLÜSSELFRAGEN
- Fällt es Ihnen schwer, nein zu sagen?
- Identifizieren Sie sich sehr stark mit anderen, und tun Sie aus diesem Mitleid heraus zu viel für andere?
- Versetzen Sie sich zu schnell in andere, und sehen Sie die Probleme aus deren Sicht statt aus Ihrer eigenen?

PERSÖNLICHKEITSENTWICKLUNG

Die Blüte Centaury soll Ihnen helfen, mit dem Gefühl Ihres Eigenwerts besser in Kontakt zu kommen, damit Sie sich von der Dominanz anderer Menschen befreien können. Lernen Sie, sich selbst besser wahrzunehmen, um herauszufinden, wann Sie im Kontakt mit anderen die Beziehung zu sich selbst verlieren, wann Sie ja statt nein sagen, nur weil Sie sich so stark mit den Wünschen und Vorstellungen anderer identifiziert haben, dass Sie Ihre eigenen Bedürfnisse nicht mehr spüren.

Haben Sie festes Vertrauen, dass Sie auf Ihrem ganz persönlichen Weg auch die richtigen Menschen finden werden, mit denen ein echter Austausch möglich ist.

AFFIRMATION
Ich bin mir meines Wertes bewusst und gehe meinen Weg.

Wer sich leicht verunsichern lässt, findet in der Blüte Centaury Stärkung.

CERATO/BLEIWURZ

»Wo immer Zweifel herrscht, da ist Unsicherheit und die Möglichkeit verschiedener Wege. Wo aber verschiedene Wege möglich sind, wo wir von der sicheren Führung des Instinkts abweichen, sind wir der Furcht ausgeliefert. Jetzt sollte unser Bewußtsein das tun, was früher in einer primitiven Phase der menschlichen Entwicklung der Instinkt, die Natur für uns tat, nämlich sich sicher, unzweifelhaft und eindeutig zu entscheiden.«
Carl Gustav Jung

So sehr der Austausch mit anderen bereichernd sein kann, so kann er gleichzeitig auch eine verwirrende Informationsfülle mit sich bringen. Suchen Sie in Zukunft den Sinn des Lebens eher in sich selbst, in Ihrer Persönlichkeit, statt sich von anderen unterhalten zu lassen. Eine tiefe Verbindung zu Ihrem Inneren – ohne jegliche Ablenkung und Oberflächlichkeit – ist auf dem Weg der inneren Reifung notwendig.

In die Breite statt in die Tiefe zu gehen bedeutet, abgeschnitten zu sein von der eigenen Quelle. In einer solchen Situation kann die Blüte Cerato helfen.

NEGATIVER GEMÜTSZUSTAND

Zweifel an den eigenen Fähigkeiten und Entscheidungen; übermäßiges Suchen nach Erkenntnis- und Entscheidungshilfen; imitieren statt dem eigenen Impuls zu folgen

PERSÖNLICHKEITSENTWICKLUNG

Sie sollten lernen, Entscheidungssituationen als wichtige Reifungsschritte anzusehen. Dafür ist es zum einen wichtig, die

---

SCHLÜSSELFRAGEN

◉ Haben Sie das Gefühl, keine Entscheidung wirklich allein treffen zu können?
◉ Suchen Sie oft im Außen Rat, bevor Sie sich eine eigene Meinung gebildet haben?
◉ Haben Sie Schwierigkeiten, Ihre eigenen Fähigkeiten zu erkennen bzw. zu akzeptieren?

notwendigen Informationen zu sammeln. Zum anderen sollten Sie sich zurückziehen in die Stille, um die Eindrücke zu verarbeiten und um mit Ihrer inneren Weisheit in Kontakt zu kommen. In jedem Menschen ist diese »innere Stimme« zu hören, wenn oft auch sehr leise, weil sie von all dem Lärm rundherum übertönt wird. Das kann natürlich bedeuten, nicht die bewährten Wege zu gehen, sondern dem eigenen Impuls zu folgen, auch wenn damit ein Risiko verbunden ist. Aber eine solche Entscheidung hält auch der Kritik stand.

Wer oft andere um Rat fragt und Entscheidungen nicht selbst treffen mag, wird durch die Blüte Cerato in seiner inneren Stimme gestärkt werden. Er wird lernen, wieder seinen eigenen Impulsen zu folgen.

AFFIRMATION
*In Kontakt mit meiner inneren Weisheit bin ich fähig,
jede Entscheidung selbst zu treffen.*

Die Blüte Cerato hilft, Zugang zur inneren Stimme zu finden.

Cherry Plum
Kirschpflaume

»Gefühle wie Zorn, Haß und Rache sind psychisch gesehen die schlimmste Last, die Sie mit sich herumschleppen können. Wenn wir diese Gefühle unterdrücken oder längere Zeit in unserem Inneren verschließen, werden die dann unnatürlich gewordenen Emotionen unseren Körper angreifen und uns krank machen.«
Elisabeth Kübler-Ross

Je mehr ein Mensch zu intensiven Gefühlen fähig ist, umso mehr besteht die Gefahr, dass er sich gezwungen sieht, diese starken Gefühlsimpulse zu unterdrücken. Je mehr aber Wut und negative Gefühle einfach nur unterdrückt statt verarbeitet werden, umso stärker wirken sie im Unbewussten. Auf diese Weise werden mächtige Gefühle zu Ohnmachtsgefühlen, die eine starke Spannung erzeugen und unter Umständen gegen sich selbst gerichtet werden.

Wer oft unter starken Wutgefühlen oder Aggressionen leidet, sollte versuchen, die hinter diesen Ausbrüchen stehenden Emotionen zu analysieren und aufzulösen. Cherry Plum kann dabei helfen.

NEGATIVER GEMÜTSZUSTAND

Starke innere Anspannung; Angst, verrückt zu werden, sich oder anderen etwas anzutun; Panik- und Terrorgefühle; außer sich sein; Angst, jemanden oder eine Sache loszulassen; sich wie ein »Wolf im Schafspelz« fühlen

PERSÖNLICHKEITSENTWICKLUNG

Stellen Sie sich Ihrer Wut und Ihren unterdrückten Aggressionen, und machen Sie sich auch das Gefühl von Ohnmacht und

> ### SCHLÜSSELFRAGEN
> ◉ Haben Sie öfter Angst, verrückt zu werden?
> ◉ Haben Sie manchmal oder öfter Angst vor Ihrer eigenen Aggression?
> ◉ Haben Sie öfter das Gefühl, vor Wut zu platzen?

Hilflosigkeit bewusst. Erst wenn Sie Ihre Emotionen zulassen, können Sie innere Spannungen lösen und wieder zu sich kommen. Helfen können Ihnen dabei Übungen, bei denen Sie sich auf Ihren Atemrhythmus konzentrieren. Versuchen Sie, gerade in emotional sehr angespannten Situationen Ihren Atem wahrzunehmen. Atmen Sie tief und regelmäßig, und halten Sie die Luft nicht an. So bleiben Sie in Kontakt mit sich selbst. Wichtig ist auch, dass Sie Ihre Gefühle nicht so lange aufstauen, bis Sie zum »Platzen voll sind«, sondern dass Sie sie in der richtigen Weise rechtzeitig zum Ausdruck bringen.

Alle Meditationstechniken und Körperübungen, bei denen man lernt, auf sich selbst, seine innere Stimme zu hören, können einen Menschen im negativen Cherry Plum-Zustand unterstützen.

AFFIRMATION
Ich spüre mich in meinem Körper und bin ganz bei mir.

Cherry Plum hilft allen, die unter starker innerer Anspannung stehen.

CHESTNUT BUD
KASTANIENKNOSPE

»Was auch immer mit uns geschieht, jedes Auf und Ab, jede Erfahrung, jeder Mensch auf der Welt dient einem ganz bestimmten Zweck. Was auch immer in unser Leben tritt, wird uns etwas ganz Bestimmtes lehren, das wir sonst nicht gelernt hätten. Gott schickt uns nicht mehr Prüfungen als wir brauchen.«
Edward Bach

Gerade in der heutigen Zeit sind die Verlockungen der Welt ungeheuer groß. Es scheint so, als könnten wir in einem Leben alles erfahren und erleben, aber zwangsläufig bleiben diese Eindrücke oberflächlich. Menschen, die Chestnut Bud brauchen, erscheinen wie auf der Flucht vor sich selbst. Immer neue Eindrücke, Kinobesuche, Seminare und Reisen stehen auf dem Plan. So bleibt ihnen keine Zeit, das Gesehene und Erlebte wirklich zu verarbeiten und daraus die richtigen Schlüsse für sich selbst zu ziehen.

Wer unruhig von einem Vergnügen zum nächsten eilt, wer immer Ablenkung sucht, wird auf Dauer nicht in Einklang mit seinem inneren Selbst leben – und daher immer unzufriedener werden.

NEGATIVER GEMÜTSZUSTAND

Man macht immer die gleichen Fehler, weil man die hinter einer Begebenheit stehende Aufgabe nicht verstanden hat, kann seine Situation nicht annehmen, weil man sie nicht versteht, fühlt sich blockiert und baut Widerstand auf.

SCHLÜSSELFRAGEN

👁 Machen Sie oft die gleichen Fehler bzw. passieren Ihnen häufig die gleichen Missgeschicke?
👁 Haben Sie Schwierigkeiten zu erkennen, was Sie aus einer Situation lernen sollen?
👁 Leiden Sie unter starken Prüfungsängsten?
👁 Vergessen Sie sehr schnell, was Sie in eine missliche Lage gebracht hat?

PERSÖNLICHKEITSENTWICKLUNG

Um eine Situation, einen Fehler wirklich zu verarbeiten, brauchen Sie Zeit. Nur dann können Sie erkennen, was z. B. zu einem Misserfolg geführt hat. Wenn Sie sich Fehler und Versäumnisse ehrlich eingestehen, ohne ins Grübeln und in Selbstvorwürfe zu verfallen, werden Sie erkennen, dass in jeder Situation eine Lernaufgabe liegt. Sie werden dann diese Fehler nicht wiederholen, weil sie ihre Botschaft verstanden haben.

AFFIRMATION
Ich bin fähig, Informationen und aufgenommenes Wissen in eigene Erkenntnisse umzuwandeln.

Ein Mensch im negativen Chestnut Bud-Zustand sollte sich Zeit nehmen, die Erlebnisse des Tages noch einmal vor seinem geistigen Auge passieren zu lassen. Auf diese Weise kann er aus Fehlern lernen.

Die Blüte Chestnut Bud hilft, aus Erfahrung zu lernen.

CHICORY
WEGWARTE

»Wenn wir uns nur genügend darin üben, uns der Liebe und Fürsorge für unsere Mitmenschen hinzugeben, wenn wir uns auf das herrliche Abenteuer einlassen, Wissen zu erwerben und anderen zu helfen, dann gelangen unsere persönlichen Kümmernisse und Leiden rasch zu einem Ende. Das ist das höchste Ziel: Das Eigeninteresse am Wohl und Dienst der Menschheit zu verlieren.«
Edward Bach

Die Blüte Chicory hat Bach für diejenigen Menschen ausgewählt, »die um das Wohl anderer allzusehr besorgt sind« – dies allerdings nicht ganz uneigennützig. Gibt man im negativen Chicory-Zustand Zuwendung, empfinden andere diese als einengend – sie spüren die dahinter stehende Erwartungshaltung. Beim anderen entsteht ein Gefühl der Enttäuschung und Frustration, weil er sich immer nur als den Gebenden empfindet. Besitzergreifende Naturen haben oft selbst Angst vor der Härte des Lebens und vermitteln daher anderen Geborgenheit, um sich auf diese Weise eine starke Bindung zu verschaffen.

> Wer sich – unter dem Deckmäntelchen des Besorgtseins – ängstlich an andere klammert, erwartet meist auch Gegenliebe. Wenn diese ausbleibt, entstehen oft Gefühle der Enttäuschung.

NEGATIVER GEMÜTSZUSTAND

Besitzergreifende Persönlichkeit; enttäuschte Erwartungen; übertriebene Fürsorge; sich für andere aufopfern, dafür aber – wenn auch unausgesprochen – etwas erwarten

SCHLÜSSELFRAGEN
◉ Sind Sie oft enttäuscht, dass Ihre Liebe und Fürsorge nicht anerkannt werden?
◉ Haben Sie das Gefühl, viel für andere zu tun und nichts zurückzubekommen?
◉ Glauben Sie oft zu wissen, was für andere gut ist?

PERSÖNLICHKEITSENTWICKLUNG

Die Blüte Chicory wird Ihnen dabei helfen, sich ehrlicher mit den eigenen Motiven für Ihre Hilfsbereitschaft und Liebe auseinander zu setzen. Sie können lernen, Liebe zu geben, ohne Gegenleistungen zu erwarten und ohne die eigenen unerfüllten Wünsche auf andere zu übertragen. Sie werden loslassen und akzeptieren können, dass jeder Mensch seinen eigenen Lebensplan hat und seine eigenen Erfahrungen machen muss.

AFFIRMATION
*Ich lasse los. Indem ich loslasse,
spüre ich meine wirkliche Kraft.*

Mit Hilfe der Blüte Chicory werden Sie lernen zu erkennen, wann Ihre Liebe und Hilfsbereitschaft nicht aus dem Herzen kommen, sondern eingesetzt werden, damit Sie selbst Zuneigung von anderen bekommen.

Wer sich zu sehr von anderen abhängig macht, findet in Chicory die Kraft, loszulassen.

CLEMATIS
GEMEINE WALD-REBE

»Interesse heißt Dazwischensein, in einem Ding, in einer Situation sein. Wo kein Interesse ist, gibt es auch keine Konzentration, denn Konzentration heißt, auf einen Punkt gesammelt sein.«
Wladimir Lindenberg

Das, was uns wirklich betrifft und interessiert, macht uns niemals müde. Müdigkeit und Interesselosigkeit sind oft eine Form der Abwehr oder des Widerstands. Die Forderungen der Realität erscheinen unerfüllbar, und so flüchtet man sich vor ihnen in seine Traumwelt. Hier kann man seine Wunschziele mühelos erreichen – auch ohne die notwendige Disziplin. Zurückgezwungen in den Alltag, empfindet man sich zerstreut, müde und teilnahmslos. »Der Körper ist der Ort der Wahrheit«, so sagt ein indisches Sprichwort. Erst wenn man in seinem Körper, in der Materie wieder zu Hause ist, kann man seine Ziele verwirklichen.

Versuchen Sie, jeden Tag ganz bewusst zu leben, jede Stunde wahrzunehmen, selbst wenn sie Unangenehmes mit sich bringt. Erst wenn Sie immer ganz im Hier und Jetzt sind, leben Sie wirklich.

NEGATIVER GEMÜTSZUSTAND

Tagträume, mangelndes Interesse an der Gegenwart, illusionäre Zukunftsvisionen

---

SCHLÜSSELFRAGEN

👁 Wissen Sie manchmal nicht, wie Sie von einem Ort zum anderen gekommen sind?
👁 Haben Sie manchmal oder öfter das Gefühl, als wäre Watte um Sie herum?
👁 Verlieren Sie sich oft in Tagträumen?
👁 Schieben Sie unangenehme Arbeiten gerne weg, weil Sie sich nicht aus Ihrer inneren Traumwelt lösen können?

PERSÖNLICHKEITSENTWICKLUNG

Je mehr Interesse Sie für Ihr Leben, aber auch für Ihre Mitmenschen, für Pflanzen und Tiere entwickeln, umso leichter wird es Ihnen fallen, Eigenverantwortung zu übernehmen. Dazu gehört, dass Sie Ihrem Leben mehr Struktur geben, indem Sie z. B. regelmäßig essen, schlafen oder bestimmte Übungen machen. So können Sie erfahren, dass es möglich ist, in »allen Welten« zu leben. Sie können dann Ihre Tagträume nutzen, um konkrete Lebenssituationen besser zu meistern.

AFFIRMATION
Ich bin geerdet. Ich akzeptiere die innere und äußere Ordnung.

Die Blüte Clematis kann Ihnen helfen, mehr Eigenverantwortung für Ihr Leben zu übernehmen. Lassen Sie sich nicht treiben, und schieben Sie nicht die Schuld anderen zu. Sie ganz allein sind verantwortlich für Ihr Leben!

Mit der Blüte Clematis lernen Sie, bewusster durch die Welt zu gehen.

CRAB APPLE
HOLZAPFEL

»Reine Gedanken für den Geist sind wie gesunde Ernährung für den Körper. Erst durch den Prozeß des Bewußtwerdens und der Verinnerlichung all unserer Erkenntnisse werden wir zur Verkörperung des Wissens und strahlen Stärke, Kraft und Reinheit aus.«
Heide Fietkau

Der Blick ist aufs Detail gerichtet. Alles will gründlich und sauber gemacht sein. Das bedeutet oft eine totale Überforderung bis hin zum Kontroll- oder Waschzwang.

Im negativen Crab Apple-Zustand hat der Mensch kein Vertrauen zu einer höheren Ordnung, in der alles seinen Platz findet. Er glaubt, alles selbst tun zu müssen. Da er sehr sensitiv ist und viele Einflüsse von außen aufnimmt, mit denen er dann nicht umgehen kann, kann er die Angst entwickeln, von den Dingen überwältigt zu werden.

Die Blüte Crab Apple ist für alle, die ihren Alltag und ihr Leben zu stark ordnen. Sie hilft, etwas mehr Gelassenheit zu entwickeln und den Blick auf das Ganze – das hinter den Details liegt – zu richten.

NEGATIVER GEMÜTSZUSTAND

Sich im Detail verlieren, zwanghaftes Verhalten, Kontrollbedürfnis, Angst vor Infektionen, übermäßiger Ekel vor Schmutzigem oder Unreinem

SCHLÜSSELFRAGEN

- 👁 Haben Sie einen hohen Perfektionsanspruch an sich?
- 👁 Haben Sie häufig das Gefühl, überfordert zu sein und dadurch übermäßig kontrollieren zu müssen?
- 👁 Haben Sie oft das ausgeprägte Bedürfnis, sich zu reinigen oder zu fasten?
- 👁 Fühlen Sie sich von zwanghaften Vorstellungen verfolgt, z. B. dass Ihre Kleidung, Ihre Fenster oder Ihr Haus immer übermäßig sauber sein müssen?

PERSÖNLICHKEITSENTWICKLUNG

Wenn Sie mit sich selbst liebevoller und gelassener umgehen, gelingt Ihnen das auch mit anderen Menschen besser. Sie werden dann erkennen, dass die äußeren zwanghaften Ordnungsprinzipien oft nur eine innere Unruhe verbergen oder Ihre mangelnde Selbstachtung verdecken sollen. Mit Hilfe der Blüte Crab Apple werden Sie sich durch Einzelheiten nicht mehr so sehr aus der Fassung bringen lassen und mehr Sinn für übergeordnete Zusammenhänge entwickeln.

AFFIRMATION
Ich bin umgeben von einer Hülle aus Licht.

Lernen Sie, Ihre eigene Unvollkommenheit zu ertragen! Niemand ist perfekt, und oft sind es gerade die kleinen Fehler, die uns vom nächsten unterscheiden, die andere daher an uns so liebenswert finden.

Crab Apple hilft, keinen zu hohen Perfektionsanspruch an sich und die Umwelt zu stellen.

Elm/Ulme

»Je perfekter ein Mensch in seiner Angst vor dem Versagen sein will, desto unvollkommener wird er. Je mehr er sich absichern will gegen Unvorhergesehenes, desto erschütterbarer wird seine Position. Zum einen muß der Betreffende also lernen, wieder sich und seinen Fähigkeiten zu vertrauen, und zum anderen muß er auch den Mut aufbringen, sich einen Fehler zu erlauben, ohne allein schon bei dem Gedanken in Panik zu geraten.«
Elisabeth Lukas

Selbstzweifel und Verzagtheit entstehen oft aufgrund eines zu großen Drucks und zu hoher Anforderungen. Oft tritt daher folgende Situation auf: Wenn eine große Aufgabe ansteht, wenn man hofft, diese mutig und selbstbewusst bewältigen zu können, passiert genau das Gegenteil: Alle alten Ängste vor dem Versagen kriechen aus ihren dunklen Verließen und schauen uns an. Dieser Teufelskreis zwischen Anforderungen, denen man sich nicht gewachsen fühlt, und der Angst vor dem Versagen lässt sich nicht leicht durchbrechen. Die Blüte Elm hilft uns, solche Gefühle auszuhalten. Besinnen wir uns auf uns selbst: Im Grunde unseres Herzens wissen wir in einer solchen Situation meist genau, dass wir der Aufgabe gewachsen sind.

> Der erste und wichtigste Schritt, um Ängste zu besiegen, ist, sich ihnen zu stellen. Überlegen Sie sich ganz genau, was Ihnen Angst macht, und versuchen Sie, die Gründe dafür herauszufinden.

NEGATIVER GEMÜTSZUSTAND

Vorübergehendes Überforderungsgefühl; Zweifel, die anstehende Aufgabe erfüllen zu können; Selbstzweifel durch übergroße Verantwortung und zu großen Druck

SCHLÜSSELFRAGEN

- Haben Sie manchmal oder öfter das Gefühl, bevorstehende Aufgaben nicht bewältigen zu können?
- Haben Sie öfter ausgeprägte Angst zu versagen, z. B. vor Prüfungen oder wichtigen Gesprächen?
- Fühlen Sie sich häufig überfordert, und wissen Sie nicht, wo Sie anfangen sollen?

SCHEINBAR UNMÖGLICHES BEWÄLTIGEN

PERSÖNLICHKEITSENTWICKLUNG

Mit Hilfe der Blüte Elm wird es Ihnen zum einen leichter fallen, Vertrauen in Ihre eigene Leistungsfähigkeit zu entwickeln. Unterstützend kann dabei sein, wenn Sie sich ähnliche Situationen vor Augen führen, die Sie trotz anfänglicher Versagensängste gemeistert haben. Zum anderen hilft Ihnen die Blüte Elm aber auch dabei, übermäßige Forderungen, die andere und vor allem auch Sie selbst an sich stellen, zu erkennen.

Vertrauen Sie Ihrer eigenen Energie. Alle Aufgaben, vor die Sie gestellt sind, sind zu bewältigen! Die Blüte Elm wird Sie unterstützen.

AFFIRMATION
Für jede Aufgabe bekomme ich die nötige Kraft und Energie.

Wer sich überfordert fühlt, kann mit Elm zu mehr Gelassenheit finden.

Gentian/Enzian

»Vermeidet eine negative Einstellung zum Leben. Warum auf die Gosse hinunterblicken, wenn wir von so viel Schönheit umgeben sind. Man kann selbst an größten Meisterwerken der Kunst, Musik und Literatur noch etwas auszusetzen finden. Ist es aber nicht besser, sich an ihrer Pracht und Schönheit zu erfreuen? Sucht überall nach dem Guten, damit Ihr das Schöne in Euch aufnehmt.«
Yogananda

Unsere Gedanken bestimmen weitgehend unsere Lebensrealität. Gedanken haben die Tendenz, sich zu verwirklichen. Das gilt natürlich auch für negative – und so ist es kein Wunder, dass der Mensch, der von vornherein mit einer negativen Erwartungshaltung in eine Situation geht, in seinen schlechten Vorahnungen oft bestätigt wird und triumphierend äußern kann: Ich habe es ja gleich gesagt. Kommt es aber anders, entwickelt sich eine Situation also positiv, nimmt er das oft überhaupt nicht zur Kenntnis. Mit der Macht der Gedanken haben sich die Menschen seit jeher beschäftigt, aber erst in heutiger Zeit bestätigen Forschungsergebnisse, wie sehr unser Denken unsere Realität beeinflusst. Wir müssen also auch in dieser Hinsicht Verantwortung für uns übernehmen.

Die Skepsis, mit der sich z. B. ein Mensch im negativen Gentian-Zustand einer neuen Heilmethode – so auch den Bach-Blüten – nähert, verhindert oftmals eine wirkliche innere Öffnung und die Bereitschaft zur Heilung.

Wer kennt sie nicht, die Leute, die immer fröhlich sind und denen scheinbar auch alles gelingt? Verlassen auch Sie sich auf Ihre positive Energie, mit deren Hilfe Sie das Schöne im Leben erfahren werden.

SCHLÜSSELFRAGEN

❂ Sehen Sie grundsätzlich immer das halb leere und nicht das halb volle Glas?
❂ Nehmen Sie zuerst an, dass eine Sache oder ein Vorhaben schiefgehen könnte?
❂ Sehen Sie immer die Probleme, bevor Sie die Chancen erkennen?

NEGATIVER GEMÜTSZUSTAND

Negative Erwartungshaltung; Pessimismus und Depressionen mit dem Wissen, wodurch sie ausgelöst wurden

PERSÖNLICHKEITSENTWICKLUNG

Gentian wird Ihnen helfen, die positive Seite einer Situation zu sehen. Mit dieser Grundhaltung werden Sie auch schwierigste Herausforderungen meistern können.

AFFIRMATION
Die Geborgenheit in dieser Welt gibt mir Urvertrauen.

Die Blüte Gentian wird Sie dabei unterstützen, die positiven Aspekte eines Erlebnisses zu sehen. Auch wenn etwas im Augenblick negativ zu sein scheint – vertrauen Sie darauf, dass es Gutes nach sich zieht!

Gentian öffnet den Blick für das Gute und Schöne im Leben.

GORSE
STECHGINSTER

*»Voll Vertrauen wenden wir uns an alles, was wir für unser
Leben brauchen, an die Natur: Luft, Licht, Essen, Trinken.
Es ist unwahrscheinlich, daß in diesem großartigen Plan, in dem
für alles gesorgt ist, Mittel zur Heilung unserer Krankheiten und
Nöte vergessen worden seien.«*
Edward Bach

Obwohl der Mensch im negativen Gorse-Zustand nach Hilfe sucht, ist er oft nicht bereit, sie wirklich anzunehmen. Zu groß waren in der Vergangenheit seine Enttäuschungen. Die Situation erscheint ihm ausweg- und hoffnungslos. Ihm fehlt der Lebensmut, entscheidende Schritte zu tun, um seine Position zu verändern. Die Hoffnung – eine der großen Antriebskräfte im menschlichen Leben – ist nur noch ganz schwach oder gar nicht mehr vorhanden. Sind die Lebenskräfte derart geschwächt, kann noch so gut gemeinte Hilfe oft nicht mehr angenommen werden. Zwangsläufig wird daher auch jeder Besuch beim Arzt oder Therapeuten mit Enttäuschung enden.

Edward Bach selbst beschrieb, wie sehr er begeistert war, als er die strahlend gelben Ginsterbüsche sah. Er wurde von ihrer leuchtenden Farbe regelrecht überwältigt.

Noch sind Sie nicht offen für die Erkenntnis, dass in jeder Krise auch die Chance zu einem Neuanfang verborgen ist. Öffnen Sie sich – fast bildlich gesehen – für das Licht, auch wenn Sie das Gefühl haben, »in einem dunklen Loch« zu sitzen.

NEGATIVER GEMÜTSZUSTAND

Verlassenheitsgefühle, Doppelbotschaften an die Umwelt: »Helft mir doch – mir kann ja doch nichts helfen.«

SCHLÜSSELFRAGEN
- Glauben Sie, dass es für Sie keine Hilfe mehr gibt?
- Fühlen Sie sich öfter einsam, »von Gott und der Welt verlassen«?

AUF UNTERSTÜTZUNG VERTRAUEN

PERSÖNLICHKEITSENTWICKLUNG

Mit Hilfe der Blüte Gorse können Sie erfahren, dass Sie Hilfe bekommen, wenn Sie darum bitten. Sie werden aber auch erkennen, dass Sie bereit sein müssen, diese Hilfe wirklich anzunehmen. Versuchen Sie, selbst in scheinbar ausweglosen Situationen das Positive, das Helle und das Schöne zu sehen. So wie die Blüten des Ginsterbusches schon weithin in einem strahlenden Gelb leuchten, wirkt die Blüte Gorse erhellend und mutmachend und zeigt Ihnen die hellen Seiten des Lebens.

AFFIRMATION
Jede Hilfe, um die ich bitte, wird mir gegeben.

Gerade nach einem grauen Winter wirkt schon allein die Farbe des Ginsterbusches Wunder. Sie unterstützt bestens die belebende, Vertrauen gebende Kraft der Blüte Gorse.

Die Blüte Gorse bringt die Hoffnung und den Optimismus zurück.

Heather
Schottisches Heidekraut

»Die erste Folge (der Entwicklung der Persönlichkeit aus ihren Keimanlagen zur völligen Bewußtheit) ist die bewußte und unvermeidliche Absonderung des Einzelwesens von der Ununterschiedenheit und Unbewußtheit der Herde. Das ist Vereinsamung, und dafür gibt es kein tröstlicheres Wort. Davon befreit uns keine Familie, keine Gesellschaft und keine Position.«
Carl Gustav Jung

In einem Zustand, in dem ein Mensch die Blüte Heather benötigt, braucht er in erster Linie die Zuwendung anderer. Ohne diese kann er scheinbar nicht leben. Seine Mitmenschen sollen ihm seine eigene Einsamkeit erleichtern, sollen freundlich zugewandt und verständnisvoll sein, sollen ihm zuhören und ihn lieben. Vor allem aber soll durch die Bestätigung der anderen sein eigenes Selbstwertgefühl aufgebaut werden. Bekommt er diese Anerkennung nicht, kann ihn das in tiefes seelisches Leiden stürzen.

Wer immer die Anerkennung seiner Mitmenschen braucht, wird schnell abhängig von dieser Bestätigung. Man wird regelrecht zur Marionette, ist gebunden an die Zu- oder Abneigung anderer.

NEGATIVER GEMÜTSZUSTAND

Einsamkeitsgefühle; sich ungeliebt fühlen, aber unter Umständen diese Traurigkeit nicht wirklich zulassen; übersteigertes Mitteilungsbedürfnis

SCHLÜSSELFRAGEN

👁 Verunsichert es Sie sehr stark, wenn Sie sich von anderen unbeachtet oder ungeliebt fühlen?
👁 Haben Sie das Gefühl, Unterstützung von anderen zu brauchen, sie aber nicht zu bekommen?
👁 Haben Sie öfter das Gefühl, dass Sie etwas sagen und Ihnen aber keiner richtig zuhört?

SICH SELBST LIEBEN

PERSÖNLICHKEITSENTWICKLUNG

Das, was Sie sich am meisten wünschen, nämlich Gemeinschaft mit anderen, gute zwischenmenschliche Beziehungen und Liebe, bekommen Sie nur dann, wenn Sie sich selbst stärker annehmen und lieben können statt sich als »bedürftig« zu empfinden und sich auch so zu verhalten. Mit Hilfe der Bach-Blüte Heather werden Sie zu mehr Liebe für sich und für andere finden und eine größere Ausgeglichenheit zwischen Nähe und Distanz entwickeln.

Die Blüte Heather wird Ihnen helfen, Ihren eigenen Wert zu erkennen, ein Bewusstsein für die Schönheit und Größe Ihrer eigenen Persönlichkeit zu entwickeln.

AFFIRMATION
Alles, was ich brauche, finde ich in mir selbst.

Wer sich oft verunsichert fühlt, findet mit Heather zu mehr Selbstvertrauen.

Holly
Stechpalme

> »Die schlimmste Gier von allen ist das rücksichtslose Verlangen, einen Menschen ganz zu besitzen. Sicher ist dieser Antrieb in unserer Gesellschaft so allgemein verbreitet, daß es inzwischen als völlig legitim gilt. Aber das ändert nichts an dem Grundübel, denn das Verlangen, einen anderen Menschen zu besitzen, ist gleichbedeutend mit dem Versuch, quasi göttliche Macht auszuüben. In unserem tiefsten Innersten wissen wir genau, daß unsere Feinde diejenigen sind, die uns nachgeben, denn indem sie sich unserem Willen fügen, schmieden sie eine Fessel, die kaum zu sprengen ist.«
> Edward Bach

Obwohl der Mensch in seinem tiefsten Innersten weiß, dass es keinen echten inneren Fortschritt gibt, solange nicht Freiheit gewährt wird – anderen und damit auch sich selbst –, schiebt er diese Erkenntnis oft beiseite. Will man anderen ihre Freiheit beschneiden, muss man auch die eigene Freiheit zumindest teilweise aufgeben – was man erzwingt, muss man bekanntlich auch ertragen. Der Mensch im negativen Holly-Zustand kann durchaus erkennen, dass jeder seine Freiheit braucht, dennoch ist es für ihn nicht so leicht, dieses starke Bedürfnis zu beherrschen. Es fällt ihm schwer, seine Anforderungen zu wandeln und das dadurch frei werdende Potenzial kreativ zu nutzen.

Wirklich weiterentwickeln können wir uns nur, wenn wir frei sind – frei von dem Wunsch, andere zu bestimmen, sowie auch frei von dem Bedürfnis, uns bei anderen stets rückversichern zu müssen.

SCHLÜSSELFRAGEN

- 👁 Glauben Sie, ohne einen anderen Menschen nicht leben zu können?
- 👁 Empfinden Sie anderen gegenüber öfter versteckten oder auch offenen Neid?
- 👁 Sprechen Sie schlecht über andere, auch unter dem Deckmantel des Mitgefühls oder »Gutmeinens«?
- 👁 Sind Sie eifersüchtig?

FREIHEIT ZUGESTEHEN

NEGATIVER GEMÜTSZUSTAND

Einen anderen Menschen besitzen wollen, Gefühle von Neid und Eifersucht, mangelnde Liebesfähigkeit, Hassgefühle

PERSÖNLICHKEITSENTWICKLUNG

Holly soll Ihnen helfen, die bedingungslose Liebe zu entwickeln. Erst diese Liebe macht den Menschen frei. Mit ihr können Sie andere lieben und dennoch loslassen.

AFFIRMATION
Ich erkenne die Einheit in der ganzen Schöpfung.

Die Zweige der Stechpalme fehlen in England zu Weihnachten in keinem Haushalt, man nennt sie deshalb oft die »Weihnachtsblüte« – sie ist Symbol der Geburt des Göttlichen in uns, die unser Herz öffnet und uns die Liebe lehrt.

Die Blüte Holly hilft loszulassen und Freiheit zuzugestehen.

HONEYSUCKLE
GEISSBLATT

»Untersagen Sie Ihren Patienten, auch nur einen Augenblick lang an die Vergangenheit zu denken. Das ist vorbei, egal welche Fehler und dumme Sachen wir in der Vergangenheit gemacht haben. Wir müssen uns bemühen, dies alles aus unserer Erinnerung zu streichen, denn das Leben hat uns bereits eine Lektion erteilt, die tief in unserem Gedächtnis gespeichert ist. Wir sollten unser Gemüt nicht mit Gedanken an die Vergangenheit belasten.«
Edward Bach

Ein Grund, warum der Mensch sich gedanklich und gefühlsmäßig rückwärts richtet, liegt sicher darin, dass er den Anforderungen des Augenblicks entgehen möchte. Die Illusion, dass es eine Zeit gab, in der alles besser und schöner war, ist wie eine Art Trostpflaster, weil man das Leben als anstrengend empfindet oder nicht mit ihm zurechtkommt. Die sich stets wandelnden Phasen des Lebens erfordern eine Flexibilität, die im Gefühlsbereich nicht nachvollzogen werden kann.

Das Sprichwort »Erinnerung verklärt« trifft besonders oft auf die Menschen zu, die gerne an alte Zeiten denken und glauben, früher sei alles besser gewesen. Ihnen kann Honeysuckle helfen.

NEGATIVER GEMÜTSZUSTAND

Sehnsucht nach Vergangenem, Trauer, man kann sich nicht von Erinnerungen lösen. Weil man seinen Erinnerungen nachhängt, versäumt man die Angebote, die einem das Leben im Augenblick macht.

SCHLÜSSELFRAGEN

◉ Trauern Sie Menschen oder Ereignissen auch nach Jahren noch nach?
◉ Können Sie sich schlecht in eine neue Situation einfügen, weil Sie immer an »damals« denken?
◉ Leben Sie mehr in der Vergangenheit als in der Gegenwart?

In der Gegenwart leben

PERSÖNLICHKEITSENTWICKLUNG

Die sich ständig wandelnden Lebensumstände erfordern immer neue Abschiede. Nur wenn Sie Abschied von Vergangenem nehmen, können Sie sich wirklich offen in die neue Situation begeben. Mit Hilfe der Blüte Honeysuckle können Sie sich besser lösen – von Erinnerungen, von Gedanken der Schuld und Reue, von vergebenen Chancen. Sie ist eine wichtige Hilfe in jedem Trauerprozess.

AFFIRMATION
*Jeder Atemzug, jeder Moment meines Lebens
ist ein neuer Anfang.*

Die Blüte Honeysuckle ist besonders wichtig, um einen Trauerprozess zu unterstützen oder den Menschen in eine neue Lebensphase (z. B. das Pensionsalter) zu begleiten.

Honeysuckle hilft, Erinnerungen loszulassen und im Jetzt zu leben.

HORNBEAM
HAINBUCHE

»Jede Konzentration bedarf der Stille. Erst in der Stille erlauscht man so vieles vom Leben. Man erlauscht, wie so vieles Stille Lebenszeichen von sich gibt, man erlauscht die leise Sprache der Natur, ja man lernt es, nach innen in sich selbst zu lauschen, man wird der strömenden Laute seines Atems und des eigenen Herzens gewahr.«
Wladimir Lindenberg

In einer Zeit der Reizüberflutung und der Massenkommunikation ist diese Blüte besonders notwendig. Ausgetauschte Informationen können heutzutage nicht mehr verarbeitet werden, überreizen das Gehirn und schwächen die Abwehr. Der Mensch verliert den Überblick – er ist nicht mehr fähig, die vielen Wissensangebote zu einem sinnvollen Ganzen zu vereinen. Aus dieser Erschöpfung heraus gehen ihm auch seine Lebendigkeit und echte Kontaktfähigkeit verloren. Besonders wichtig ist es, dieser mentalen Überforderung nicht mit erneuter Zerstreuung, sondern mit Konzentration zu begegnen. Suchen Sie sich ein Gebiet, das Ihnen liegt, auf dem Sie Ihr Wissen vertiefen.

> Lassen Sie sich nicht von Menschen beeindrucken, die Ihnen vorgaukeln, sie wüssten alles – ein solches Wissen geht meist in die Breite statt in die Tiefe. Konzentrieren Sie sich auf das, was Sie wirklich interessiert.

NEGATIVER GEMÜTSZUSTAND

Geistige Erschöpfung, dadurch Verlust der Lebendigkeit; Erschöpfung, die hauptsächlich aus dem Kopf kommt

SCHLÜSSELFRAGEN

- ◉ Haben Sie beim Aufwachen schon das Gefühl, dass die ganze Welt über Sie hereinstürzt?
- ◉ Versuchen Sie, Probleme hauptsächlich auf intellektuelle statt auf praktische Weise zu lösen?
- ◉ Kommen Sie nicht mehr zum Atemholen, weil Sie sich ständig mit neuen Problemen konfrontiert sehen?

PERSÖNLICHKEITSENTWICKLUNG

Überbetonung des Intellekts, einseitige Arbeits- und Lebensweise – all das führt zu Blockaden, die sich sowohl auf unsere Gemütsverfassung wie auf unseren Körper auswirken. Mit Hilfe der Blüte Hornbeam können diese Blockaden gelöst werden. Nach einer entsprechenden geistigen Ruhepause können Sie Ihre alltäglichen Aufgaben mit neuer Lebendigkeit wahrnehmen. Sie werden fähig sein, aus der Fülle der Neuigkeiten die für Sie wichtigen Informationen herauszufiltern.

AFFIRMATION
Ich bin erquickt und voller Lebendigkeit.

Die Blüte Hornbeam wird Sie dabei unterstützen, geistige Blockaden, die aus Überforderung entstanden sind, aufzulösen. Gönnen Sie sich regelmäßig Ruhepausen, um die auf Sie einströmende Wissensflut zu verarbeiten.

Mit Hilfe der Blüte Hornbeam lassen sich Informationen besser verarbeiten.

IMPATIENS
DRÜSENTRAGEN-
DES SPRINGKRAUT

*»Geduld ist das erste Prinzip aller Übung und aller
Selbstüberwindung. Als Frucht der Geduld entsteht Frieden.
Ein fruchtbarer Friede inmitten aller Unruhe.«*
Wladimir Lindenberg

Die Ungeduld ist bei genauer Betrachtung eine Form der Gier. Alles soll schnell gehen, ein Bedürfnis soll schnell befriedigt werden. Diese innere Rastlosigkeit beschreibt ein Zen-Mönch in seiner Belehrung vor vielleicht tausend Jahren sehr treffend: Nach dem Geheimnis seiner Gelassenheit befragt, antwortete er: »Wenn ich sitze, sitze ich, wenn ich stehe, stehe ich, wenn ich gehe, gehe ich.« Weiter führte er aus: »Wenn Ihr sitzt, dann steht Ihr schon, wenn Ihr steht, dann geht Ihr schon, und wenn Ihr geht, dann wollt Ihr schon angekommen sein.« Mit Ungeduld setzt man sich und andere unter Druck. Auf diese Weise baut sich eine immer größere Spannung auf. Ein gefährlicher Kreislauf – auch für den Körper, der all diese Informationen aufnimmt und auf verschiedenste Weisen verarbeitet.

Versuchen Sie, Ihre Ungeduld im Zaum zu halten. Nicht der macht etwas gut, der es schnell macht – oft reifen Dinge erst mit der Zeit zu ihrer wahren Größe heran.

NEGATIVER GEMÜTSZUSTAND

Ungeduld, vorschnelles Denken und Handeln, wenig Verständnis für die Schwächen anderer

SCHLÜSSELFRAGEN
- Sind Sie sehr impulsiv?
- Machen Sie lieber alles selbst, weil Sie nicht mit ansehen können, wie umständlich andere arbeiten?
- Haben Sie auf alle Fragen vorschnelle Antworten?
- Setzen Sie sich selbst durch Ihre große Ungeduld immer wieder unter Druck?

PERSÖNLICHKEITSENTWICKLUNG

Mit Hilfe der Blüte Impatiens gelingt es Ihnen besser, geduldig zu werden, mehr Rücksicht auf andere zu nehmen, sie in ihrer Eigenart überhaupt erst einmal wahrzunehmen. Sie lernen, Ihre vorschnellen Urteile zurückzuhalten und sie zu überprüfen, bevor Sie sie äußern. Außerdem wird es Ihnen besser gelingen, Ihre eigene Arbeitsweise und Ihr eigenes Tempo zu beobachten und es vielleicht zu Gunsten der Genauigkeit oder Tiefe etwas zu verlangsamen.

Impatiens hilft Ihnen, liebevoller mit anderen umzugehen und deren Tempo zu respektieren. Sie werden dadurch weniger nervös, angespannt oder gereizt sein.

AFFIRMATION
Ich bin achtsam und stärke meine Wahrnehmung.

Die Blüte Impatiens führt von der Rastlosigkeit zur Ruhe.

LARCH/LÄRCHE

»Entwicklung der Persönlichkeit heißt auch: Treue zum eigenen Gesetz. Es heißt eigentlich Vertrauen. Die Treue zum eigenen Gesetz ist ein Vertrauen auf dieses Gesetz.«
Carl Gustav Jung

Selbstbewusstsein erlangen wir nur dann, wenn wir das Leben als einen Weg sehen, auf dem sich alle Menschen gleichermaßen befinden. Jeder hat seinen eigenen Ausgangspunkt und seine eigene Route. Auf diesem Weg begegnen wir uns, können uns helfen, begleiten und bestärken, aber letztlich muss jeder diesen Weg alleine gehen.

Wichtig ist, dass wir jede Situation, die wir erleben, als Lernchance begreifen, um uns weiterzuentwickeln. Wenn wir das wirklich begriffen haben, werden die quälenden Vergleiche mit anderen Menschen enden. Wir erkennen dann, dass kein Mensch über dem anderen steht – wohl aber kann ein Mensch an einem anderen Punkt angelangt sein und uns von seiner Sichtweise berichten.

Auch wenn wir scheitern und Fehler machen, ist das kein Grund zu verzweifeln. Nicht das Fallen ist problematisch, sondern das Liegenbleiben.

> Viele Menschen neigen dazu, sich selbst abzuwerten. Zu leicht und zu schnell sind sie beeindruckt von der scheinbaren Unfehlbarkeit anderer Leute.

NEGATIVER GEMÜTSZUSTAND

Minderwertigkeitsgefühle, Angst vor Misserfolg, zu geringes Bewusstsein des eigenen Potenzials

SCHLÜSSELFRAGEN

- ◉ Neigen Sie in vielen Situationen dazu, andere auf- und sich selbst abzuwerten?
- ◉ Glauben Sie, andere könnten immer alles besser?
- ◉ Haben Sie häufig das Gefühl, unterlegen zu sein?
- ◉ Fällt es Ihnen schwer, Ihre eigenen Begabungen und Fähigkeiten zu erkennen?

PERSÖNLICHKEITSENTWICKLUNG

Die Blüte Larch stärkt das Vertrauen in Ihre eigenen Fähigkeiten. Sie lernen, die Angebote des Lebens mutiger anzunehmen, sich mehr zuzutrauen und auch in den schwierigsten Situationen dieses Selbstvertrauen nicht zu verlieren. Damit einhergehen wird auch eine Verbesserung Ihrer Partnerschaft, denn es wird Ihnen nicht mehr um Auf- oder Abwertung gehen, sondern um ein gleichberechtigtes Miteinander. Selbstvertrauen und Selbstachtung sind die Basis für ein glückliches Leben.

Die Blüte Larch hilft, den eigenen Fähigkeiten zu vertrauen und somit offener auf das Leben und seine vielfältigen Möglichkeiten zuzugehen. Werden Sie sich Ihrer persönlichen Stärken bewusst!

AFFIRMATION
Mein inneres Selbst ist in seinem Kern göttlich und unbegrenzt.

Die Blüte Larch stärkt das Vertrauen in eigene Fähigkeiten.

Mimulus
Gefleckte
Gauklerblume

»Angst zieht in gewisser Hinsicht genau das an, wovor wir uns fürchten. Wir führen es also selbst herbei. Wissen hingegen würde uns die Angst ersparen oder, um es mit einem Zitat zu sagen, ›Ihr werdet die Wahrheit erkennen, die Wahrheit wird Euch frei machen.‹«
Edward Bach

Die Ängstlichkeit, um die es bei der Blüte Mimulus vor allem geht, wird häufig von Eltern auf Kinder übertragen. Ein ängstlicher Mensch kann durch Ermutigung wachsen. Eine dauernde Überängstlichkeit schwächt sein Nervenkostüm, und schwache Nerven begünstigen übermäßige Schreckhaftigkeit. Neben der Einnahme von Mimulus gilt es also, das Nervensystem zu stabilisieren, indem man sich z. B. keinen unnötigen Reizen aussetzt, die mit negativen Bildern oder Vorstellungen die Phantasie anregen. Der Mensch sollte lernen, in überschaubaren Lebenssituationen mutig zu reagieren und sich seiner Angst zu stellen. Je mehr positive Erfahrungen er auf diese Weise macht, umso mehr wird seine Angst schwinden.

Wer leicht in Angst versetzt wird, sollte möglichst alle unnötigen Situationen, die diese Angst hervorrufen könnten, meiden. Dazu gehört auch, sich keine Schrecken erregenden Filme anzusehen und entsprechende Bücher nicht in die Hand zu nehmen.

NEGATIVER GEMÜTSZUSTAND

Konkrete kleine und große Ängste; quälende Ängste, die nicht gezeigt werden, z. B. Angst vor Krankheit oder Verlust

SCHLÜSSELFRAGEN
👁 Sind Sie in alltäglichen Lebenssituationen sehr ängstlich?
👁 Haben Sie Angst vor bestimmten Situationen, z. B. vor Aufenthalten in dunklen Räumen?
👁 Haben Sie Ängste, die Sie nicht äußern?

PERSÖNLICHKEITSENTWICKLUNG

Mit Hilfe der Blüte Mimulus gelingt es Ihnen leichter, gesunde Vorsicht von dauernder Ängstlichkeit zu unterscheiden, die eigenen Grenzen auszuloten, neue Dinge zu lernen, die Ihnen bisher Angst gemacht haben. Sie werden lernen, irrationale Ängste zu erkennen und mit ihnen umzugehen. Angst wirkt konkret auf unseren Körper, indem sie z. B. die Gefäße verengt. Wenn Sie Ihre Ängste überwinden, stabilisieren Sie also auch Ihre körperlichen Funktionen.

Die Blüte Mimulus wird Ihnen helfen, begründete Angst von unbegründeter zu unterscheiden. Versuchen Sie außerdem, den Grund für Ihre Angst herauszufinden – damit haben Sie sie meist schon halb besiegt.

AFFIRMATION
Ich bin mutig und vertrauensvoll.

Unbegründete Ängste lassen sich mit Hilfe von Mimulus besser bewältigen.

MUSTARD
WILDER SENF

»Denken Sie sich eine Sonne vom menschlichen Gefühl und Augenblicksbewußtsein beseelt. Am Morgen entsteht sie aus dem nächtlichen Meer der Unbewußtheit und erblickt nun die weite, bunte Welt in immer weiterer Verstärkung, je höher sie sich am Firmament erhebt ... Um zwölf Uhr mittags beginnt der Untergang und damit der Untergang aller Werte und Ideale des Morgens ... Licht und Wärme nehmen ab bis zum schließlichen Erlöschen.«
Carl Gustav Jung

Jung spricht zwar davon, dass dieser Vergleich hinkt. Dennoch hat die Mustard-Depression mit dieser Beschreibung eine gewisse Ähnlichkeit: Das ansonsten sonnige Gemüt verdüstert sich, die dunklen Wolken scheinen aus einer anderen Welt oder aus den Tiefen des Unbewussten zu kommen, in dem viele Anteile nicht gelebten oder nicht entwickelten Lebens schlummern. Irgendein äußerer Anlass, der uns meist nicht bewusst ist, holt diese Gefühle in Form von depressiven Verstimmungen an die Oberfläche. Der Mensch fühlt sich vom Leben ausgeschlossen und der Dunkelheit ausgeliefert.

Wenn Sie unter ernsthaften Depressionen leiden, brauchen Sie ärztliche oder psychologische Hilfe, um wieder Lebensfreude zu entwickeln. Fallen Sie dagegen nur ab und zu in ein »Loch«, kann Ihnen die Blüte Mustard helfen.

NEGATIVER GEMÜTSZUSTAND

Schwermütige Gefühle, Melancholie, depressive Verstimmungen ohne konkreten Grund

SCHLÜSSELFRAGEN

◉ Werden Sie öfter völlig grundlos von einer tiefen Traurigkeit befallen, die Ihnen alle Freude nimmt?
◉ Fühlen Sie sich bisweilen wie gelähmt durch eine Art von Schwermut?
◉ Erleben Sie Situationen, in denen Sie sich von Ihrem Unterbewusstsein bedroht fühlen?

DEN LEBENSRHYTHMUS AKZEPTIEREN

PERSÖNLICHKEITSENTWICKLUNG

Ein geistiges Gesetz besagt: Alles ist Rhythmus. Am ab- und zunehmenden Mond können Sie dies genauso erkennen wie am Atemrhythmus – um nur einen der vielen Rhythmen unseres Körpers zu nennen. Körperliche und seelische Gesundheit baut auf diesem rhythmischen Geschehen auf. Mit Hilfe von Mustard können Sie dieses Auf und Ab des Lebens besser akzeptieren. Sie werden darauf vertrauen können, dass Ihre depressiven Verstimmungen auch wieder vergehen.

AFFIRMATION
Ich spüre meinen Atem und vertraue der Lebenskraft.

Vertrauen Sie darauf, dass die dunklen Wolken am Himmel Ihres Lebens wieder weiterziehen. Keine Traurigkeit, kein negativer Zustand wird ewig währen. Machen Sie sich mit dem Auf und Ab Ihrer Lebensfreude vertraut.

Die Blüte Mustard lindert Melancholie und depressive Verstimmungen.

OAK/EICHE

»Wirkliche Gesundheit ist Glücksempfinden. Dieses Glück ist leicht zu spüren, weil es das Glück über die kleinen Dinge ist: Jene Dinge zu tun, die wir wirklich liebend gerne tun, und mit den Menschen zu sein, die wir wirklich mögen. So oft unterdrücken wir unsere eigenen Wünsche ... Dieses Pflichtgefühl ist ein falsches Pflichtgefühl und kein Dienst an der Welt.«
Edward Bach

Das Pflichtbewusstsein des Menschen, der die Blüte Oak benötigt, lässt es nicht zu, dass er sich Erholungsphasen gönnt. Urlaube werden zur Weiterbildung benutzt oder um anstehende Arbeiten zu erledigen.

Wenn dieser Mensch zu allem, was ihm aufgetragen wird, ja sagt, so meist nicht aus einer Schwäche heraus, sondern aus der Überzeugung, dass seine Kräfte unbegrenzt seien. Er schätzt die eigenen Energiereserven nicht richtig ein und bekämpft Erschöpfung mit eisernem Willen statt sich die notwendige Erholungspause zu gönnen. Lebendigkeit und Spontaneität gehen dabei natürlich immer mehr verloren. Man kann bei diesen Menschen oft eine gewisse Sturheit beobachten, mit der sie alle Warnungen in den Wind schlagen.

Gerade Menschen, die ihr Pflichtbewusstsein und ihren hohen Anspruch an sich selbst über alles stellen, vergessen oft, dass sie vor allem für sich selbst eine große Verantwortung tragen.

NEGATIVER GEMÜTSZUSTAND

Neigung zu Überforderung, man gönnt sich keine Erholungsphasen und überschätzt die eigenen Kräfte, besitzt ein sehr ausgeprägtes Pflichtbewusstsein

> ### SCHLÜSSELFRAGEN
> ❂ Haben Sie ein ausgeprägtes Pflichtbewusstsein?
> ❂ Gönnen Sie sich wenig Ruhepausen?
> ❂ Sind Sie überzeugt, dass Sie eine Aufgabe zu erfüllen haben und sich deshalb wenig Zeit und Erholung für sich gönnen dürfen?

PERSÖNLICHKEITSENTWICKLUNG

Gäbe es mehr Oak-betonte Menschen, sähe die Welt besser aus, meinte Bach. Dennoch gehört zu dem großen Pflichtbewusstsein und der hohen Verlässlichkeit, die den Oak-Menschen auszeichnet, auch ein großes Maß an Selbstverantwortung. Erst wenn Sie sich selbst wieder Erholungsphasen gönnen und sich von Ihrem übertriebenen Leistungsethos etwas lösen, können Sie zu einem wirklich guten Lehrer auch für andere werden. Auch Ihre Leistungsfähigkeit wird sich verbessern.

AFFIRMATION
Ich bin für mich verantwortlich.

Die Blüte Oak hilft dem pflichtbewussten Menschen, Verantwortung für sich selbst zu übernehmen. Es ist wichtig, regelmäßige Ruhepausen einzulegen, damit Körper und Geist den hohen Anforderungen des täglichen Lebens gerecht werden können.

Allzu Pflichtbewusste lernen durch die Blüte Oak, auch Pausen einzulegen.

OLIVE/OLIVE

»Die Kraft der Meditation wurde und wird oft zur Heilung benutzt. Auch heute können wir damit Umweltstreß abschalten. Durch Meditation verlangsamt sich die Gehirnfrequenz von Schwingungen im Beta- zu solchen im Alpha-Bereich. Wir begeben uns in ein einfacheres Sein, unsere Zellen erneuern sich, wir heilen.«
Chris Griscom

Viele Menschen berichten von der regenerierenden Wirkung, die schon der Olivenbaum selbst auf sie ausübt. Dem negativen Olive-Zustand gehen meist Phasen großer seelischer oder körperlicher Anstrengungen voraus. Menschen, die sich derart verausgabt haben, fühlen sich ausgelaugt, überfordert und kraftlos. So sind sie nicht mehr fähig, eine gesunde Widerstandskraft im seelischen und körperlichen Bereich zu entwickeln. In solchen Phasen ist der Mensch äußerst anfällig für Krankheit. Seine Nerven sind überstrapaziert, und meist findet er keine wirkliche innere Ruhe, um sich zu erholen. Die Blüte Olive kann ihm die notwendige Kraft zur Pause geben.

Wer sich über längere Zeit hinweg überarbeitet, wird anfällig für Krankheiten. Gefühle der Überforderung und der völligen Verausgabung stellen sich ein. Zu neuer Lebenskraft findet man erst nach ausreichender Erholung von Körper und Seele.

NEGATIVER GEMÜTSZUSTAND

Die Energiereserven sind aufgebraucht, körperliche und seelische Erschöpfung, sonstige Erschöpfungszustände (z. B. nach einer Geburt, in der Rekonvaleszenz), Schlaflosigkeit aus Erschöpfung

SCHLÜSSELFRAGEN

◉ Fühlen Sie sich öfter körperlich und seelisch völlig ausgelaugt und kraftlos?
◉ Fühlen Sie sich besonders nach anstrengenden Gesprächen oder überhaupt nach intensivem Kontakt mit anderen Menschen erschöpft?
◉ Haben Sie das Gefühl, sich überhaupt nicht mehr regenerieren zu können?

PERSÖNLICHKEITSENTWICKLUNG

Diese Blütenessenz fördert die Erholung nach großen körperlichen und seelischen Belastungen. Sie füllt, z. B. bei Menschen, die therapeutisch arbeiten, die Energiereserven wieder auf und bringt die Lebenskraft zum Fließen. Mit Hilfe dieser Blüte können Sie sich besser abgrenzen und schützen. Eine Hilfe kann es auch sein, sich vorzustellen, von einer unsichtbaren Schutzhülle umgeben zu sein. Diese Hülle hilft, sich von anderen gefühlsmäßig abzugrenzen und genügend Energie bei sich zu behalten.

AFFIRMATION
Ich lade mich auf mit Energie und Kraft.

Denken Sie immer wieder daran, sich mit der kosmischen Energie, die uns und alles Leben durchflutet, zu verbinden. So können Sie Liebe und Kraft zu Ihren Mitmenschen fließen lassen, ohne sich selbst dabei zu verausgaben.

Die Blüte Olive bringt die körperliche und seelische Kraft zurück.

PINE/SCHOTTISCHE KIEFER

»Darüber hinaus ist die Frage, was richtig oder falsch ist, nur relativ. Was in der natürlichen Entwicklung eines Steinzeitmenschen richtig ist, wäre für weiterentwickelte Angehörige unserer Zivilisation falsch. Was für unseresgleichen als Tugend gilt, wäre vielleicht für einen, der die Stufe der spirituellen Jüngerschaft erreicht hat, fehl am Platz. Wir sollten uns also darüber klar sein, daß auch unser Maßstab relativ ist.«
Edward Bach

Die Schuldgefühle, um die es hier geht, resultieren in erster Linie aus unserer eigenen Bewertung einer Situation oder der Bewertung durch andere. Menschen, die zu übermäßigen Schuldgefühlen neigen, werden immer wieder erleben, dass ein anderer diese Neigung zwar spürt, aber aus eigener Bequemlichkeit nicht fragt, was sein Anteil an einem Problem ist. Hinter den übermäßigen Schuldgefühlen steht meistens eine harmoniebedürftige Persönlichkeit. Aber auch ein zwanghafter Perfektionismus ist eine Quelle für Schuldgefühle. Man sollte sich genau beobachten, wie man mit der Vorstellung von Schuld umgeht. Das vorschnelle Urteil, wer schuld ist, kann hindern, an der Persönlichkeitsentwicklung zu arbeiten, die immer Fehler sowie falsche Wege und Entscheidungen mit einschließen muss.

Menschen, die es allen recht machen wollen, leiden häufig unter Schuldgefühlen. Machen Sie sich bewusst, dass Sie nicht allen Leuten ihre Wünsche erfüllen können, und versuchen Sie, sich auf Ihre Bedürfnisse zu konzentrieren.

NEGATIVER GEMÜTSZUSTAND

Harmoniebedürftig; hoher Anspruch, perfekt und gut sein zu wollen; Schuld auf sich nehmen; sich nicht verzeihen können

SCHLÜSSELFRAGEN
- Leiden Sie häufig unter Schuldgefühlen?
- Möchten Sie es gerne den anderen recht machen, damit Sie nicht abgewiesen oder bestraft werden?
- Machen Sie sich häufig Selbstvorwürfe?

PERSÖNLICHKEITSENTWICKLUNG

Schuldgefühle können aus zu hohen Ansprüchen an sich selbst resultieren. Eine andere Ursache kann sein, dass man glaubt, grundsätzlich kein Recht auf Leben zu haben. Wo auch immer die Ursache liegt – die Blüte Pine hilft Ihnen, sich von ungerechtfertigten Schuldgefühlen zu lösen. Sie werden erkennen, dass das Thema Schuld zum Menschen gehört. Indem Sie sich selbst verzeihen, können Sie auch anderen eher verzeihen.

Die Blüte Pine hilft, den hohen Perfektionsanspruch, den viele Leute an sich selbst haben, von einem anderen Standpunkt aus zu sehen. Sich selbst verzeihen zu können und nicht immer auf Harmonie zu drängen ist für Leute im negativen Pine-Zustand wichtig.

AFFIRMATION
*Ich verzeihe mir meine Fehler,
auch sie dienen meiner Entwicklung.*

Pine befreit von ungerechtfertigten Schuldgefühlen.

RED CHESTNUT
ROTE KASTANIE

»Eine weitere fundamentale Hilfe für uns ist, alle Angst abzubauen. Angst hat in Wirklichkeit keinen Platz im Menschenreich, da die uns innewohnende Göttlichkeit unbesiegbar und unsterblich ist.«
Edward Bach

Die Angst kann zu einer großen Kraft werden, da sie gerade das anzieht, wovor man sich fürchtet. Die Angst um geliebte Menschen macht nicht nur uns selbst krank, sie engt auch den anderen ein, zieht ihn mit in unsere Angst hinein. Wir vergessen oft, dass jeder Mensch seinen eigenen Lebensweg hat und seine eigenen Erfahrungen machen muss, vor denen ihn niemand bewahren kann. Viele Menschen sind in Sorge und Angst um andere so gefangen, dass sie sich keine Zeit nehmen, um auf ihr eigenes Leben zu schauen – obwohl sie so vielleicht erkennen würden, dass es die Angst um ihr eigenes Leben ist, die sie nach außen projizieren.

Die Angst um lieb gewonnene Menschen ist ganz natürlich. Erst wenn sie sich aufbläht und all unser Denken beherrscht, nimmt sie uns die notwendige Sicht auf unser eigenes Wohlbefinden.

NEGATIVER GEMÜTSZUSTAND

Ausgeprägte Angst um andere, eigene Bedürfnisse und Wünsche überhören oder hintanstellen

PERSÖNLICHKEITSENTWICKLUNG

Wenn Sie sich in der Sorge um andere zu sehr verlieren, überhören Sie Ihre eigenen Bedürfnisse. Durch die Blüte Red

---

SCHLÜSSELFRAGEN

👁 Machen Sie sich sehr viele Sorgen um andere, und vergessen Sie sich dabei?
👁 Haben Sie das Gefühl, übermäßig für das Wohl anderer verantwortlich zu sein?

Chestnut können Sie lernen, sich nicht zu viele Gedanken um andere zu machen, sondern immer auch bei sich selbst zu bleiben – sich selbst zu spüren und wahrzunehmen. Wenn Sie sich zu sehr auf andere Menschen konzentrieren, werden Sie von Ihren eigenen Problemen abgelenkt. Gerade mit diesen sollten Sie sich aber auseinander setzen, um zu einer inneren Seelenruhe zu finden. Mit Hilfe von Red Chestnut werden Sie erkennen, dass Sie anderen oft besser helfen können, wenn Sie »bei sich«, in Ihrer inneren Mitte sind, Ruhe und Kraft finden und diese gedanklich aussenden.

AFFIRMATION
Meine Liebe ist der beste Schutz für meine Mitmenschen.

Die Blüte Red Chestnut hilft zu verstehen, dass jeder Mensch seine eigenen Erfahrungen machen muss. Sie lässt erspüren, wann es wichtig ist, anderen zu helfen, und wann es besser ist, sie loszulassen.

Red Chestnut nimmt die übermäßige Angst um geliebte Menschen.

ROCK ROSE
SONNENRÖSCHEN

»Allmählich sollten wir diesen Zustand des Friedens entwickeln, bis kein Ereignis im Leben, kein Umstand unter irgendeiner Bedingung mehr in der Lage ist, die Oberfläche des Sees zu bewegen oder Gefühle wie Gereiztheit, Niedergeschlagenheit oder Zweifel in uns aufsteigen zu lassen.«
Edward Bach

Eine Krise, eine unvorhergesehene Situation reißt den Menschen aus seiner Sicherheit, entzieht ihm die Kontrolle. Seine darauf folgenden Reaktionen, die ohne vorheriges Nachdenken geschehen, kommen meist aus der Tiefe des Unbewussten. So kann es sein, dass ein Mensch in einer solchen Situation nach einem uralten Familienmuster reagiert: hysterisch, panikartig, verzweifelt. Er ist nicht mehr Herr seiner selbst, fühlt sich weggerissen von seiner inneren Wahrnehmung, die Wellen seiner Gefühle schlagen hoch. Rationale Argumente haben keine Chance, und es scheint im Moment keinen Ausweg zu geben. Sicher haben die meisten Menschen solche Situationen schon erlebt, oft reagiert ja auch der Körper – der Magen, der Darm oder das Herz – merklich auf diese Anspannung. In einer solchen Extremsituation kann man die Wirkung der Bach-Blüten und hier speziell der Blüte Rock Rose besonders gut erfahren.

Panikgefühle kommen tief aus unserem Unterbewusstsein und können in scheinbar harmlosen Situationen zutage treten. Rationale Argumente helfen bei solchen emotionalen Ausbrüchen meist wenig.

NEGATIVER GEMÜTSZUSTAND

Panikartige Ängste; hysterische Reaktionen; Neigung, Situationen stark zu dramatisieren

SCHLÜSSELFRAGEN
- Neigen Sie zu Panikreaktionen?
- Versetzt Sie schon der Gedanke an bestimmte Situationen in Panik oder panische Angstgefühle?

PERSÖNLICHKEITSENTWICKLUNG

Wenn Sie zu den Menschen gehören, die immer wieder in Paniksituationen geraten – selbst bei eigentlich unerheblichen Anlässen –, sollten Sie Rock Rose über einen längeren Zeitraum nehmen. Nach und nach wird es Ihnen gelingen, sich von Ihren Gefühlen zu distanzieren, sie zu beobachten, ohne in sie hineingezogen zu werden. Sie werden in Krisensituationen gelassener reagieren können, Ruhe bewahren und das Richtige tun können statt sich in Ihren Ängsten zu verlieren.

AFFIRMATION
Ich bin ruhig und voll Vertrauen.

Die Blüte Rock Rose hilft, panikartige Ängste oder hysterische Reaktionen zu lindern. Sie stärkt den ruhigen Pol in jedem Menschen und verleiht ihm Vertrauen in seine eigene Kraft.

Rock Rose befreit von panischen Ängsten und hysterischen Reaktionen.

ROCK WATER
QUELLWASSER

»Nicht von allen wird verlangt, Heilige oder Märtyrer zu sein oder berühmt zu werden; den meisten von uns sind weniger auffällige Positionen zugewiesen. Aber von jedem wird erwartet, daß er die Freude und die Abenteuer des Lebens versteht und mit Heiterkeit die Aufgabe erfüllt, die ihm von der Göttlichkeit im Inneren zugeordnet wurde.«
Edward Bach

Spannung, Leistungsstress, Ehrgeiz sind Kräfte, die uns hinunterziehen. Eine sanfte, liebevolle Persönlichkeit kann nie entstehen, wenn ich mich mit Zwang, Ehrgeiz und Druck maßregle. Der Mensch, der Rock Water braucht, ist meist sehr diszipliniert, streng mit sich und anderen. Weil er sich selbst wenig Lebensgenuss und Luxus gönnt, kann es so weit kommen, dass er Menschen hasst, die faul, halbherzig oder unkonventionell sind. Selten werden aber die Schwächen anderer offen angesprochen oder kritisiert. Es gehört zum Rock Water-Bild, dass diese negativen Gefühle verborgen werden. Tapfer und fast märtyrerhaft gibt man den anderen ein »gutes Beispiel« und hofft, damit die Welt verbessern zu können.

Menschen im negativen Rock Water-Zustand haben meist strenge Moralvorstellungen und sind bemüht, ihr Leben bis in die kleinsten Einzelheiten genau zu regeln. Darüber vergessen sie oft die Lebensfreude.

NEGATIVER GEMÜTSZUSTAND

Starre Prinzipien; mangelnde Lebensfreude; selbst gesetzte, strenge Normen

SCHLÜSSELFRAGEN
👁 Haben Sie strenge Prinzipien, denen Sie im Zweifelsfall Ihre Lebensfreude unterordnen?
👁 Unterdrücken Sie Ihre Bedürfnisse aufgrund zu strenger Moralvorstellungen?
👁 Fühlen Sie sich oft abgeschnitten von der Lebensfreude und sehen nur noch Ihre Pflichten?

PERSÖNLICHKEITSENTWICKLUNG

Innere Lebendigkeit und Lebensfreude muss Disziplin nicht ausschließen. Das ist das Lernthema dieser Blüte. Ziele können auch erreicht werden, wenn man sich Pausen gönnt und sich selbst gegenüber ab und zu nachgiebig ist. Außerdem können Sie durch die Einnahme der Blüte leichter erkennen, wann Sie diese starren Prinzipien und Ihre große Disziplin einsetzen, um von anderen bewundert zu werden.

Rock Water hilft, die Lebensfreude wieder fließen zu lassen. Sie unterstützt allzu pflichtbewusste Menschen, in bestimmten Situationen auf die selbstregelnde Kraft ihres Unterbewusstseins zu vertrauen.

AFFIRMATION
*Lebensfreude ist die größte Quelle
für Gesundheit und Glück.*

Die Blüte Rock Water befreit von allzu strengen Prinzipien und Normen.

SCLERANTHUS
EINJÄHRIGER
KNÄUEL

»Jedesmal, wenn wir vor einer Entscheidung stehen, haben wir das Recht, völlig frei zu wählen. Das ist das größte Geschenk, das der Mensch bei seiner Geburt erhalten hat. Wir sind, soweit wir wissen, die einzigen Geschöpfe im Universum, die Entscheidungsfreiheit besitzen. Doch mit dieser Freiheit geht auch eine große Verantwortung einher.«
Carl Gustav Jung

Gerade die freie Wahl ist es, die den Menschen im negativen Scleranthus-Zustand beunruhigt. Alle Seiten scheinen Vorteile zu haben, und abwechselnd scheint die eine oder die andere Entscheidung richtig zu sein. Hin und her gerissen zwischen mehreren Alternativen, hat er Angst, das Falsche zu tun. Diese Entscheidungsunfähigkeit ist meist ein Hinweis auf innere Unausgeglichenheit. Es gilt sich zu zentrieren, z. B. mit Hilfe des Atems. Dabei können wir erleben, dass das Ein- und Ausatmen zusammengehören. Wir müssen lernen, Spannungen auszuhalten und in der Spannung bei uns selbst zu bleiben sowie Vertrauen in die eigene Entscheidung zu entwickeln.

Der Mensch hat die in der Natur seltene und wertvolle Gabe erhalten, Entscheidungen treffen zu können. Er kann zwischen verschiedenen Möglichkeiten die ihm am besten erscheinende Richtung wählen.

NEGATIVER GEMÜTSZUSTAND

Entscheidungsschwäche, auf keine angebotene Möglichkeit verzichten wollen, innere Zerrissenheit

SCHLÜSSELFRAGEN
❂ Können Sie sich schlecht entscheiden?
❂ Fühlen Sie sich oft hin und her gerissen zwischen mehreren Möglichkeiten?
❂ Sind Sie nur schwer fähig, schnelle und für Sie befriedigende Entscheidungen zu treffen?

PERSÖNLICHKEITSENTWICKLUNG

Je weniger Sie sich von Ihren Emotionen bezüglich der einen oder anderen Seite einer Entscheidung beeinflussen lassen, umso leichter wird es Ihnen fallen, sich zu entscheiden. Mit Hilfe der Blüte Scleranthus stärken Sie Ihr Unterscheidungsvermögen. Sie lernen, eine Entscheidungssituation immer wieder aus der Distanz zu betrachten, und gewinnen damit einen besseren Überblick.

AFFIRMATION
Ich kann keine falsche Entscheidung treffen, denn jeder Weg führt mich zu einer wichtigen Lebenserfahrung.

Menschen im negativen Scleranthus-Zustand fühlen sich erdrückt von der Möglichkeit, wählen zu können. Die Blüte stärkt ihr Entscheidungsvermögen und macht ihnen bewusst, dass sie mit dieser Wahlmöglichkeit eine wertvolle Gabe verliehen bekommen haben.

Bei Entscheidungsunfähigkeit und innerer Zerrissenheit hilft Scleranthus.

Star of Bethlehem
Doldiger Milchstern

»Für jene, die in großer Bedrängnis oder in Umständen sind, die sie sehr unglücklich machen, wie der Schock einer schlechten Nachricht, der Verlust eines lieben Menschen, der Schock nach einem Unfall oder ähnliche Zustände.«
Edward Bach

Bach nennt die Blüte Star of Bethlehem den Seelentröster, da sie in der Lage ist, Schocksituationen günstig zu beeinflussen und die damit verbundenen Blockaden im seelischen wie im körperlichen Bereich zu lösen. So kann die Energie wieder zum Fließen gebracht werden. Eine Schocksituation bedeutet, dass eine Energie auf den Menschen einwirkt, die er nicht verkraften kann. Sie versetzt die Seele in eine Art Starrezustand. Eine solche Blockade, die bewusst oder unbewusst sein kann, findet nicht selten ihren Ausdruck im Körper. So spricht man z. B. in der Psychoneuroimmunologie davon, dass Krebserkrankungen durch Schocksituationen ausgelöst werden können.

Star of Bethlehem ist – neben Clematis, Cherry Plum, Impatiens und Rock Rose – eine der fünf Blüten in den Notfalltropfen.

NEGATIVER GEMÜTSZUSTAND

Tiefe Trauer, aktuelle oder vergangene Schocksituationen

SCHLÜSSELFRAGEN

◉ Können Sie sich an eine Schocksituation in Ihrem Leben erinnern, die noch in Ihnen nachwirken könnte?
◉ Hatten Sie schwere Operationen oder Geburten, oder glauben Sie, einen Geburtsschock zu haben?
◉ Gibt es in Ihrem Leben Situationen, deren Erinnerung Sie noch heute erschüttert?

DIE TRAUER VERARBEITEN

PERSÖNLICHKEITSENTWICKLUNG

Schocksituationen, wie wir sie nach Unfällen, Operationen, Trennungen oder nach dem Tod eines geliebten Menschen erfahren, greifen tief in unser Unterbewusstsein ein. Schocksituationen aus den ersten Lebenstagen können während des gesamten Lebens weiterhin wirken. Die Blüte Star of Bethlehem ist für beides geeignet – sowohl für akute Schocksituationen als auch für lange zurückliegende, verdrängte. Sie ist ein wahrer Seelentröster.

AFFIRMATION
Ich finde Trost im Glauben an das Unvergängliche.

Die Blüte Star of Bethlehem steht all den Menschen zur Seite, die einen schweren Schicksalsschlag erlitten haben. Sie hilft, sowohl momentane als auch zurückliegende Trauer zu verarbeiten.

Star of Bethlehem hilft, schweres Leid zu ertragen.

Sweet Chestnut
Edelkastanie

»Wer grundsätzlich einen Sinn in seinem Leben bejaht, erträgt auch ein schweres Leid, weil sein leidüberschattetes Leben ja nicht an Sinn verliert, obwohl es an Lust reduziert ist.«
Elisabeth Lukas

Bach spricht davon, dass Sweet Chestnut die Blüte für die »dunkle Nacht der Seele« ist. Der Mensch in diesem Zustand scheint die Grenze seiner Belastbarkeit erreicht zu haben. Es kann sich dabei sowohl um körperliches wie um seelisches Leiden handeln. Der Mensch ist in dieser Situation gefordert zu erkennen, dass sein tiefster, innerster Wesenskern unzerstörbar ist. Die Blüte Sweet Chestnut hilft, Leid und Schmerz zu wandeln und sich zu öffnen für eine spirituelle Dimension, aus der Trost erwächst.

Es ist nicht einfach, Menschen, die einen tiefen Schicksalsschlag erlitten haben, wieder Lebensfreude und Optimismus zu vermitteln. Gerade in der ersten Zeit kann die Blüte Sweet Chestnut hier wertvolle Dienste leisten.

NEGATIVER GEMÜTSZUSTAND

Mutlosigkeit, tiefste Seelenqual, man empfindet die dunkle Nacht der Seele, extreme Trauer

PERSÖNLICHKEITSENTWICKLUNG

Einen Menschen in diesen tiefsten und schwersten Stunden seines Lebens mit tröstenden Worten zu erreichen ist meist

---

SCHLÜSSELFRAGEN

◉ Haben Sie das Gefühl, den äußersten Grad Ihrer Belastbarkeit erreicht zu haben?
◉ Haben Sie das Gefühl, Ihre körperlichen oder seelischen Schmerzen nicht mehr aushalten zu können und der völligen Verzweiflung nahe zu sein?
◉ Fühlen Sie sich wie an einem dunklen Ort – ohne jeden Hoffnungsschimmer?

schwer. Tiefste Einsamkeit umfängt seine Seele. Sweet Chestnut erleichtert in diesen Situationen das vertrauensvolle Öffnen im Gebet oder in der Meditation und ermöglicht auch den Kontakt mit einem nahe stehenden Menschen. Auf diese Weise kann eine so schwere Zeit besser durchgestanden werden. Die Blüte hilft bei den großen Wandlungsprozessen, die wir im Leben durchmachen müssen, z. B. bei einer schweren Krankheit oder beim Tod eines Angehörigen. Sie lässt uns wieder das Licht am Ende eines dunklen Tunnels sehen und uns erkennen, dass wir trotz allem geborgen und geführt sind.

Zeiten großer seelischer Belastung sind oft eine Phase der Wandlung. Wer Trauer oder Krankheit durchlitten hat, bekommt meist eine andere Sicht auf das Leben, andere Werte treten in den Vordergrund.

AFFIRMATION
Die tiefste Nacht ist der Anbruch des Tages.

Sweet Chestnut hilft, trotz tiefster Trauer wieder ein Licht zu sehen.

VERVAIN
EISENKRAUT

»Gehörst du zu jenen, die vor Begeisterung brennen? Die sich sehnen, Großes zu leisten, und das am liebsten in einem Augenblick vollbracht wissen wollen? Fällt es dir schwer, dein Vorhaben geduldig auszuarbeiten, weil du das Ergebnis schon in der Hand haben möchtest? Wünschst du dir, daß andere die Dinge ebenso sehen wie du? Dann hast du in dir die Kraft, ein Anführer und Lehrer zu werden. Vervain wird dir zu den Eigenschaften verhelfen, die du dazu brauchst.«
Edward Bach

Diese Eigenschaften, so beschreibt Bach, sind Toleranz, Einfühlungsvermögen für die Meinung anderer, Freundlichkeit sowie die Erkenntnis, dass die wirklich großen Dinge im Leben sanft und ruhig vollbracht werden, ohne Spannung und Belastung – nicht aus der Dominanz des Egos, sondern aus der tiefen inneren Weisheit heraus. Der missionarische Eifer, mit dem man andere von einer guten Sache überzeugen will, führt oft zum Gegenteil, weil andere Menschen sich dadurch in ihrer Freiheit eingeengt oder erdrückt fühlen.

Wichtig ist es, die eigenen idealistischen Vorstellungen mit Geduld und Disziplin umzusetzen und diesen Prozess auch durchzuhalten, wenn Widerstände auftreten.

NEGATIVER GEMÜTSZUSTAND

Wunsch, eigene Überzeugungen und Vorstellungen auf andere zu übertragen; missionarischer Eifer; Überaktivität

SCHLÜSSELFRAGEN

👁 Glauben Sie oft, andere Menschen missionieren, sie von etwas überzeugen zu müssen?
👁 Haben Sie das Gefühl, dass Sie alles, was Sie als gut und richtig für sich selbst empfunden haben, unbedingt an andere weitergeben müssen?
👁 Fühlen Sie sich oft durch Ihre übersteigerte Begeisterung erschöpft?

GELASSENHEIT ENTWICKELN

PERSÖNLICHKEITSENTWICKLUNG

Mit Hilfe dieser Blüte lernen Sie, andere anzuregen, zu motivieren und auch zu begeistern – und ihnen dennoch die Freiheit zu lassen, Ihre Ideen abzulehnen. Die Blüte Vervain wird Ihnen helfen, sich weniger in Ihre Ideen und Pläne zu verstricken. Sie werden in Ihrer Unrast und Überschwänglichkeit nicht mehr von einem Projekt zum anderen springen, sondern eine gesunde Gelassenheit und etwas mehr Abstand finden.

Die Blüte Vervain hilft allzu missionarischen Menschen, anderen die Freiheit zuzugestehen, die eigenen Ideen nicht übernehmen zu müssen. Jeder muss seinen Lebensstil leben können.

AFFIRMATION
Ich bin mir selbst treu und erlaube auch anderen, sich treu zu sein.

Mit Hilfe der Blüte Vervain finden Sie die nötige Distanz zu eigenen Ideen.

149

VINE/WEIN

»Im Durchschnittsmenschen beherrscht das persönliche Ich alle Handlungen. Im höher entwickelten Menschen ist das persönliche Ich, seine menschliche Natur, mehr oder weniger untergeordnet und dient der Erfüllung seiner Aufgabe.«
Selvarjan Yesudian

Menschen in einem negativen Vine-Zustand sind nicht nur von ihrer absoluten Einmaligkeit überzeugt, sondern leiten davon auch einen starken Führungsanspruch ab. So verlieren sie das Gefühl für andere Menschen, halten sich für unfehlbar, verlieren aber letztlich auch die Beziehung zu ihrer eigenen empfindlichen, verletzbaren Seite. Diese kommt nur noch zum Vorschein, wenn sie gekränkt wird: und gekränkt ist sie, wenn sie sich von anderen nicht genügend gewürdigt fühlen. Bei Frauen zeigt sich dieser Macht- und Führungsanspruch oft sehr verdeckt, aber nicht minder heftig.

Menschen mit einem solchen Führungsanspruch wirken auf andere oft bezwingend, was wiederum ihre Selbstüberschätzung verstärkt. Die positiven Seiten der Macht und der Führungsqualitäten können dann nicht mehr entwickelt werden.

> Menschen, die sich selbst immer in den Mittelpunkt stellen und kein Ohr für die Nöte anderer haben, isolieren sich auf Dauer mit dieser Art. Sie sollten sich etwas zurücknehmen und auch wahrnehmen, was um sie herum vor sich geht.

NEGATIVER GEMÜTSZUSTAND

Starker Führungsanspruch bis hin zu tyrannischem Verhalten, ausgeprägter Machtwille, missbrauchte Autorität, Neigung zur Selbstüberschätzung

---

SCHLÜSSELFRAGEN

👁 Möchten Sie um jeden Preis die Führungsrolle in einer Gruppe übernehmen?
👁 Glauben Sie, dass nur Sie den richtigen Weg wissen, den sie deshalb anderen notfalls aufzwingen müssen?
👁 Sind Sie sehr rechthaberisch?
👁 Erwarten Sie Unterordnung von anderen?

PERSÖNLICHKEITSENTWICKLUNG

Mit Hilfe der Blüte Vine können Sie lernen, Ihre positive Autorität und Ihre Macht für das Wohl der Menschen einzusetzen, sich über den Erfolg anderer ebenfalls zu freuen und nicht immer im Mittelpunkt stehen zu müssen. Immer die Führungsrolle übernehmen zu wollen, geht oft auf Kosten Ihrer eigenen Gefühlswelt. Mit Hilfe der Bach-Blüte können Sie sich im richtigen Moment auch entspannen und loslassen.

Die Blüte Vine hilft Menschen mit einer ausgeprägten Persönlichkeit, diese positive Gabe auch zum Wohl anderer einzusetzen. Wer andere unterstützt, dem wird in schwierigen Situationen auch geholfen werden.

AFFIRMATION
*Ich stelle mich mit meinen Fähigkeiten
in den Dienst der Menschheit.*

Vine nimmt die Neigung zur Selbstüberschätzung.

Walnut/Walnuss

»Wir werden immer geführt sein, nicht nur auf dem Weg, der uns am Ende unserem Weiterkommen, unserer Vollkommenheit näherbringt, sondern auch, um unser Leben in jeder Hinsicht nützlicher und hilfreicher für andere werden zu lassen. Der Einfluß von den Wünschen anderer ist es meist, der uns von unserem Weg abhält und Zeit vergeudet.«
Edward Bach

Es gibt einen weisen Ratschlag, der besagt, dass man anderen nie zu früh von seinen Vorhaben erzählen sollte – vor allem dann nicht, wenn diese Pläne noch nicht innerlich gefestigt sind. Ansonsten kann es passieren, dass einem die eigenen Entscheidungen aufgrund der Ratschläge anderer plötzlich falsch erscheinen. Der eingeschlagene Weg scheint nicht mehr richtig zu sein, obwohl man im tiefsten Inneren spürt, dass man ihn gehen möchte. Genau auf diesen Zustand wirkt die Blüte Walnut.

Ein anderer Einsatzbereich sind Umbruchsituationen des Lebens wie z. B. die Pubertät, die Schwangerschaft, ein neuer Arbeitsbereich oder der Eintritt ins Pensionsalter. Gerade in diesen Phasen empfindet man oft ein schmerzliches Gefühl des Steckenbleibens – das Alte ist nicht mehr gültig, das Neue noch nicht wirklich lebbar.

In unserer pluralistischen Gesellschaft fällt es vielen Menschen schwer, den für sie richtigen Weg zu wählen. Wichtig ist es daher, sich auf seine eigenen Ziele zu konzentrieren.

NEGATIVER GEMÜTSZUSTAND

Gefühl, in einer Krise stecken zu bleiben; mangelndes Durchhaltevermögen; durch andere ausgelöste Verunsicherung

SCHLÜSSELFRAGEN

👁 Lassen Sie sich von einem eingeschlagenen Weg leicht abbringen?
👁 Sind Sie dabei, sich neu zu orientieren, und haben Sie das Gefühl, auf diesem neuen Weg nicht weiterzukommen?

PERSÖNLICHKEITSENTWICKLUNG

Die Fähigkeit zum Durchhalten, zum Neubeginn ist die Lektion dieser Blüte. Um die Kraft für eigene Entscheidungen, für den eigenen Weg zu stärken, ist es nötig, sich selbst treu zu bleiben. Lassen Sie sich von der Meinung anderer nicht beeinflussen, benutzen Sie Widerstände nicht als willkommene Ausrede, um aufzugeben. Walnut wird wegen dieser Eigenschaften oft als »die Blüte, die den Durchbruch schafft«, bezeichnet.

AFFIRMATION
*Wie die Pflanze im Frühling durch das Erdreich bricht,
so bahne ich mir meinen Weg durch alle Widerstände.*

Wer seinen Weg geht, obwohl sich ihm Widerstände entgegenstellen, wird – wenn er sein Ziel erreicht hat – besonders zufrieden sein. Die Blüte Walnut hilft, die eigenen Wünsche zu verwirklichen.

Die Blüte Walnut hilft, Entscheidungen zu treffen und zu ihnen zu stehen.

WATER VIOLET
SUMPFWASSER-FEDER

»Kann ich all das, dem ich mein Herz verschlossen hatte, mit Liebe annehmen? Wenn wir es mit hartnäckigen Mustern von Gedanken, Emotionen oder Empfindungen zu tun haben, müssen wir unser Herz öffnen und die dabei entstehende Angst, Abwehr oder Verkrampfung bewußt wahrnehmen und all diese Empfindungen akzeptieren. Nur so kann es sich erlösen.«
Jack Kornfield

Water Violet-Naturen sind geprägt von einem starken Bedürfnis nach Unabhängigkeit und Distanz. Dies lässt sie in den Augen ihrer Umgebung nicht selten unnahbar, überlegen oder gar arrogant erscheinen. Dennoch leiden sie oft unter dem Mangel an Nähe und Zärtlichkeit. Die Lösung dieses Zwiespalts können sie nur durch eine Öffnung ihres Herzens erreichen. Dazu brauchen diese Menschen aber das sichere Gefühl, dass sie trotzdem nicht ihre emotionale Unabhängigkeit und Freiheit verlieren.

Sich vertrauten Personen gegenüber zu öffnen und sich ihnen mitzuteilen ist eine wichtige Erfahrung für Menschen im negativen Water Violet-Zustand.

NEGATIVER GEMÜTSZUSTAND

Innere Zurückhaltung, Mangel an Zärtlichkeit und Nähe, Isolation und Einsamkeit

SCHLÜSSELFRAGEN
👁 Fällt es Ihnen schwer, Ihre Distanz aufzugeben?
👁 Neigen Sie dazu, sich z. B. in einer Gruppe von Menschen als etwas Besonderes zu fühlen?
👁 Fällt es Ihnen schwer, Kontakte zu knüpfen, weil Sie glauben, dass es wenige Menschen gibt, die Ihnen ebenbürtig sind?
👁 Fühlen Sie sich dadurch isoliert und einsam?

PERSÖNLICHKEITSENTWICKLUNG

Die Blüte Water Violet kann Ihnen helfen, sich seltener hinter Ihren eigenen Schutzmauern zu verbergen, Gefühle offener zu zeigen und weniger Stolz und Überlegenheitsgefühl auszustrahlen. Was Sie gewinnen, ist Nähe, menschliche Wärme, Zärtlichkeit und das Gefühl, mit anderen verbunden zu sein. Je mehr positive Erfahrungen Sie in dieser Richtung machen, umso leichter wird es Ihnen fallen, Ihren eigenen Raum zu schützen und sich dennoch auch zu öffnen.

Viele Menschen, die sich hinter einer unnahbaren, stolzen Fassade verbergen, besitzen in Wirklichkeit ein verletzliches Wesen. Die Blüte Water Violet unterstützt sie dabei, auch diese Seite ihrer Persönlichkeit zu zeigen.

AFFIRMATION
Ich kann Nähe zulassen, ohne mich zu verlieren.

Die Blüte Water Violet hilft distanzierten Menschen, Nähe zuzulassen.

White Chestnut
Weisse Kastanie

»Laßt kein Gefühl oder keinen Gedanken entstehen, ohne sie mit Aufmerksamkeit zu erkennen, so wie eine Palastwache sich jedes Gesichts bewußt ist, das durch den Haupteingang kommt. Immer wenn ein heilsamer Gedanke auftaucht, anerkennt ihn: ›Ein heilsamer Gedanke ist gerade entstanden.‹ Wenn ein unheilsamer Gedanke entsteht, so anerkennt ihn ebenfalls: ›Ein unheilsamer Gedanke ist gerade entstanden.‹ Haltet die Gedanken weder fest noch versucht, sie loszuwerden. Es reicht, sie anzuerkennen.«
Thich Nhat Hanh

Jeder Mensch hat sicherlich schon die Erfahrung gemacht, dass sich kreisende Gedanken nicht durch unseren Willen stoppen lassen. Im Gegenteil – je mehr wir versuchen, in einer solchen Situation zur Ruhe zu kommen, umso heftiger drängen sich die störenden Gedanken auf. Mit Hilfe der Achtsamkeit können wir lernen, bei uns selbst zu bleiben und Gelassenheit zu üben. Wenn wir mit Gewalt gegen diese Gedanken angehen, verbrauchen wir viel Nervenenergie. Mit Hilfe der Blüte White Chestnut kommen mentale Spannungen und die Überaktivität des Denkapparates zur Ruhe.

Wer überfordert ist und viele Dinge gleichzeitig erledigen muss, verlässt oft seine »Mitte«. Gerade in diesem Ruhepol fände er jedoch die nötige Kraft, um äußeren Anforderungen gerecht zu werden.

NEGATIVER GEMÜTSZUSTAND

Unerwünschter Gedankenzudrang, Konzentrationsstörungen, Gedanken kreisen ständig um ein Problem

SCHLÜSSELFRAGEN

◉ Fällt es Ihnen schwer, unangenehme Gedanken und Vorstellungen loszulassen?
◉ Haben Sie oft das Gefühl, dass Sie das Gedankenkarussell nicht anhalten und Sie sich nicht mehr entspannen können?

ORDNUNG IN SICH FINDEN

PERSÖNLICHKEITSENTWICKLUNG

Wenn Sie Ihre quälenden Gedanken loslassen, sich nicht ständig auf sie konzentrieren, können Sie wieder zu einer inneren Ordnung finden. Oft ist es dazu notwendig, unerledigte Konflikte zu bereinigen, unangenehme Gespräche zu führen, weggeschobene Arbeiten zu erledigen. Erst wenn Ruhe eingekehrt ist, können Sie sich wieder auf einen Gedanken, eine Sache konzentrieren.

Die Blüte White Chestnut hilft, Ordnung in das Leben zu bringen. Sie lässt in scheinbar unzusammenhängenden Einzelheiten eine sinnvolle Struktur erkennen.

AFFIRMATION
Ordnung ist mein Leben,
Ordnung herrscht in meinen Gedanken.

White Chestnut hilft allen, die unter Konzentrationsstörungen leiden.

WILD OAT
WALDTRESPE

> »Schon mit der Entscheidung, seinen eigenen Weg über alle Wege zu setzen, hat er seine erlösende Bestimmung zum größten Teil erfüllt. Er hat die Gültigkeit aller anderen Wege für sich aufgehoben. Er hat sein Gesetz über die Konventionen gestellt. Das schöpferische Leben ist immer jenseits der Konventionen.«
> Carl Gustav Jung

Eine Bestimmung zu haben heißt im Ursinn: von einer Stimme angesprochen zu sein. Gerade diese Stimme zu hören ist in einem negativen Wild Oat-Zustand kaum möglich. Zu stark sind die Stimmen von außen, zu verwirrend die Wege und Möglichkeiten. Es gilt also still zu werden, zur Ruhe zu kommen und zu lauschen. Nur so kann man wieder Kontakt zu seiner inneren Führung bekommen, sein eigenes Potenzial erkennen und so die persönliche Zielrichtung finden. Erst dann wird sich die Unzufriedenheit legen, unter der ein Mensch im negativen Wild Oat-Zustand leidet. Auch wird er erkennen, dass die Erfüllung äußerer Wünsche sein drängendes inneres Gefühl der Sinnlosigkeit nur kurze Zeit verschwinden lassen kann.

Wer unsicher ist, welchen Weg er einschlagen soll, wie er sich entwickeln soll, dem kann die Blüte Wild Oat helfen, eine Perspektive im Leben zu finden.

NEGATIVER GEMÜTSZUSTAND

Unzufriedenheit, weil man seine Lebensaufgabe nicht findet; Unsicherheit bezüglich eigener Fähigkeiten und Begabungen

SCHLÜSSELFRAGEN

- 👁 Sehen Sie keine Perspektive mehr für Ihr Leben?
- 👁 Fühlen Sie sich manchmal von der verwirrenden Vielzahl der Möglichkeiten, zwischen denen Sie tagtäglich immer wieder wählen müssen, erdrückt?
- 👁 Fällt es Ihnen schwer, sich für einen Beruf oder eine Aufgabe zu entscheiden?

DIE LEBENSAUFGABE FINDEN

PERSÖNLICHKEITSENTWICKLUNG

Diese Blütenessenz fördert das Erkennen bzw. Finden der eigenen Lebensaufgabe. Sie soll Ihnen dabei helfen, sich weniger zu verzetteln und mehr Klarheit über die eigenen Fähigkeiten und Begabungen zu bekommen. Wild Oat gibt Ihnen die Kraft, die richtigen Situationen und Menschen anzuziehen bzw. achtsamer dafür zu sein, wann Ihnen Hilfe von außen begegnet. Auch werden Sie leichteren Herzens auf Möglichkeiten verzichten können, die nicht Ihrer Lebensaufgabe dienen.

Jeder Mensch hat ganz besondere Fähigkeiten, die ihn vor anderen auszeichnen. Versuchen Sie herauszufinden, wo Ihre persönlichen Stärken liegen, und entwickeln Sie diese.

AFFIRMATION
Ich vertraue meiner inneren Führung.

Die Blüte Wild Oat hilft, die eigenen Begabungen zu entdecken.

WILD ROSE
HECKENROSE

»Resignation macht einen zum bloßen unaufmerksamen Passagier auf der Reise des Lebens und öffnet die Tür für zahlreiche widrige Einflüsse, die nie Zutritt erlangen könnten, solange unser tägliches Leben den Geist und die Freude des Abenteuers widerspiegelt. Wir sollten uns bemühen, das tägliche Leben in ein intensives Studium der Menschen und der großen fundamentalen Gesetze des Lebens zu verwandeln.«
Edward Bach

Die Spannweite eines negativen Wild Rose-Zustandes kann sich vom Gefühl der Langeweile über phlegmatisches Verhalten bis zur völligen Teilnahmslosigkeit erstrecken. Die Lebensenergie und damit auch die Lebensfreude scheint nicht mehr vorhanden zu sein. Der Mensch findet sich fatalistisch mit seinem Schicksal ab. Er bringt keinerlei echte Hingabe an die eigenen Lebensprozesse auf, sondern lebt ein passives, kraftloses Geschehenlassen. Menschen in diesem Zustand erscheinen leblos und werden so als äußerst anstrengende Gesellschafter empfunden. Ihre Anwesenheit bedrückt andere Menschen oft.

Wenn Ihnen das Leben wie ein träge dahinfließender Fluss ohne Höhepunkte erscheint, sollten Sie versuchen, sich auf das zu konzentrieren, das Lebensfreude in Ihnen wecken kann. Indem Sie Interesse entwickeln, durchbrechen Sie Ihren phlegmatischen Zustand.

NEGATIVER GEMÜTSZUSTAND

Phlegma, Trägheit, Teilnahmslosigkeit, fehlende Motivation

PERSÖNLICHKEITSENTWICKLUNG

Die Blüte Wild Rose kann Ihnen helfen, aus einem Zustand der blockierten Lebensenergie wieder herauszufinden. Wichtig ist

> ### SCHLÜSSELFRAGEN
> ☙ Haben Sie oft ein Gefühl der Resignation?
> ☙ Fällt es Ihnen schwer, sich zu etwas aufzuraffen, obwohl Sie es gerne tun möchten?

DIE TRÄGHEIT LÖSEN

dabei auch, dass Sie erkennen, was immer wieder zu diesem Zustand der Lähmung in Ihrem Leben führt und was Ihnen hilft, aus der Resignation herauszukommen und um das zu kämpfen, was Ihnen wichtig ist. Je mehr Sie die Blockaden Ihrer Lebensenergie auflösen können, umso stärker werden Sie wahrnehmen, wie interessant das Leben eigentlich ist. Sie werden spüren, dass Ihre Mitmenschen Ihre Gesellschaft suchen. Dabei ist es nicht notwendig, den Unterhalter zu spielen; wichtig ist nur, die anderen spüren zu lassen, dass Sie sich wirklich für sie interessieren.

Wild Rose kann Ihnen helfen, verschüttete Energien freizusetzen und wieder Lebenskraft zu entwickeln. Nehmen Sie teil am Leben, und genießen Sie jeden Tag ganz bewusst!

AFFIRMATION
Ich bejahe das Leben.

Antriebslosigkeit und mangelnde Tatkraft können durch Wild Rose gelindert werden.

WILLOW/WEIDE

»Ärgerliche Gedanken, Opfergefühle, negative Spekulationen, das alles sind ›geistige Energiefresser‹. Wie kann ich sie auflösen? Indem ich mit voller Autorität innerlich sage: Dieser Gedanke paßt nicht zu mir. Ich bin friedvoll, klar und kraftvoll. Unreine Gedanken gehören der Vergangenheit an.«
Heide Fietkau

Menschen im negativen Willow-Zustand baden sich geradezu in Selbstmitleid, in dem Gefühl, Opfer des Schicksals zu sein, oder denken an vergangenes Unrecht, das ihnen angetan wurde. In einer solchen Verfassung sind sie nicht offen für die Erkenntnis, welchen eigenen Anteil sie an ihrem Schicksal haben oder wo sie in ähnlicher Weise andere gekränkt oder verletzt haben. Diesen alten Groll können sie jahrelang im Herzen mit sich herumtragen, was von anderen als negative Ausstrahlung empfunden wird. Das führt letztendlich zu Einsamkeit und Verbitterung. Diese immer wiederkehrenden Gedanken- und Handlungsmuster gilt es zu erkennen und zu akzeptieren, erst dann kann man sich gedanklich umprogrammieren und sich in seelischer Hinsicht entgiften.

Die Blüte Willow hilft allen, die sich immer als Opfer sehen. Sie hilft, auch die positiven Seiten im Leben zu sehen, und befreit von dem Gefühl, ungerecht behandelt zu werden.

NEGATIVER GEMÜTSZUSTAND

Selbstmitleid; Gefühl, dem Schicksal ausgeliefert zu sein; innerer Groll; Unfähigkeit, zu verzeihen

---

SCHLÜSSELFRAGEN

👁 Haben Sie oft das Gefühl, vom Leben ungerecht behandelt worden zu sein?
👁 Sind Sie nachtragend, und können Sie anderen Menschen schwer verzeihen?
👁 Erinnern Sie sich auch noch nach langer Zeit eines Unrechts, das Ihnen angetan wurde?
👁 Können Sie nur schwer Ihren eigenen Anteil an einer unglücklichen Situation erkennen?

PERSÖNLICHKEITSENTWICKLUNG

Willow mobilisiert das Gefühl der Selbstverantwortlichkeit und befähigt so zu einem aktiveren und selbstbestimmten Leben. Indem wir die eigenen Schattenseiten, unseren eigenen Anteil an unglücklichen Lebenssituationen erkennen, fällt es uns auch leichter, anderen wirklich zu verzeihen. Man ist nicht mehr das Opfer der Lebensumstände, sondern lernt sein Leben zu meistern. So weicht immer mehr die negative Ausstrahlung, die man auf andere hat.

Getreu dem Gesetz, dass Gleiches Gleiches anzieht, wird man in Kontakt mit fröhlichen und unbeschwerten Menschen kommen, sobald man selbst zu einer friedvollen, gelassenen Grundhaltung gefunden hat.

AFFIRMATION
Ich bin friedvoll, klar und kraftvoll.

Die Blüte Willow nimmt das Gefühl, vom Leben ungerecht behandelt zu werden.

Mit Bach-Blüten Arbeiten

»Unsere Seele spricht zu uns durch unsere Intuition, unsere Instinkte, unsere Wünsche, unsere Ideale, unsere alltäglichen Vorlieben und Abneigungen. Sie sind dazu bestimmt, uns die spirituellen Befehle unserer Seele mit Hilfe unserer begrenzten sinnlichen Wahrnehmung verständlich zu machen. Denn viele Menschen sind noch nicht in der Lage, mit ihrem Höheren Selbst unmittelbar in Kontakt zu treten. Je mehr wir uns von äußeren Einflüssen zu befreien vermögen, von den Meinungen und Einflüsterungen anderer, um so leichter können wir an Seinem Werk mitwirken.«

Beschäftigen Sie sich mit dieser Aussage Bachs eingehend, bevor Sie Ihre Bach-Blüten-Mischung zusammenstellen.

Die 38 Blütenessenzen werden als »stock bottles«, d. h. als Vorratsflaschen nach wie vor in England – in der Gegend, in der Bach lebte und die Blüten auch gefunden hatte – hergestellt. Die originalen Bach-Blüten erkennt man an dem Schriftzug »E. Bach« auf jeder Flasche. Inzwischen werden von verschiedenen Herstellern im In- und Ausland Bach-Blüten angeboten. Sie verwenden die gleichen 38 Blüten, sammeln und verarbeiten diese nur an anderen Plätzen. Auch sie halten sich aber exakt an die von Bach genau beschriebene Herstellungsmethode.

Alle 38 Blüten einschließlich der Notfalltropfen sind auch als Set erhältlich, in Apotheken oder auch direkt in England. Aus diesen Vorratsflaschen erstellt man die entsprechenden Mischungen.

Um eine Mischung herzustellen, brauchen Sie:

- ein 30-ml-Glasfläschchen (bekommen Sie in jeder Apotheke)
- einen Pipetten- oder Tropfeinsatz
- Wasser (am besten wäre Quellwasser oder Heilwasser ohne Kohlensäure)
- hochprozentigen Alkohol oder Obstessig

Füllen Sie das Fläschchen zu gut drei Viertel mit Wasser und den Rest mit Alkohol oder Obstessig auf. Geben Sie von jeder

Blütenessenz drei Tropfen hinein. Sie können mehrere Essenzen kombinieren, doch empfiehlt es sich, zur Zusammenstellung einer Mischung entsprechend Ihres Mondzeichens nicht mehr als drei oder vier Blüten zu verwenden.

EINNAHME- UND ANWENDUNGSDAUER

Nehmen Sie täglich vier mal vier Tropfen Ihrer Mischung. Sollte das für Sie im Alltag schwierig sein, können Sie auch morgens und abends je acht Tropfen nehmen. Wenn Sie das Gefühl haben, dass Ihnen mehr Tropfen gut tun würden, dann können Sie die Bach-Blüten auch häufiger nehmen.

Beobachten Sie während dieser Zeit aufmerksam Ihre Gefühle, Gedanken und Träume. Führen Sie ein Mond-Tagebuch, dem Sie Ihre tiefsten Gefühle mitteilen können. Möglicherweise tauchen Erinnerungen auf, die viele Jahre zurückliegen. Es kann sein, dass Ihnen Gefühle bewusst werden, die nicht unbedingt angenehm sind. Versuchen Sie, sich auch schmerzhaften Erinnerungen zu stellen und sie anzunehmen. Üben Sie, ja zu sich selbst zu sagen, akzeptieren Sie sich so, wie Sie sind. Das ist die beste Basis für mögliche Veränderungen.

Lesen Sie sich dann noch einmal die Ausführungen zu Ihrem Mondzeichen und die der zugeordneten Blüten durch. In der Regel sollten Sie drei Fläschchen der gleichen Mischung einnehmen, bevor Sie die Zusammensetzung ändern. Ihre Basisblüte, die in Einzelfällen auch von der im Buch vorgeschlagenen abweichen kann, sollten Sie über einen Zeitraum von neun Monaten einnehmen.

WAS BEDEUTET ES, WENN SIE KEINE VERÄNDERUNG SPÜREN KÖNNEN?

- Es kann sein, dass Sie zu ungeduldig sind und zu früh eine spürbare Wirkung erwarten.
- Bei Ihnen besteht eine tiefe seelische Blockade, und die Blüten können daher ihre Eigenschwingung nicht entfalten. Nehmen Sie in diesem Fall eine Woche die Notfalltropfen, und kehren Sie dann zu Ihrer ursprünglichen Mischung zurück.

Geben Sie in die erste Mischung zusätzlich drei Tropfen Star of Bethlehem. Diese Blüte hilft bei der Auflösung von Traumata und Schockzuständen und öffnet die Seele für innere Prozesse.

- Es kann sein, dass Sie sich zu wenig Zeit nehmen, um mögliche Veränderungen, die in einem sehr feinstofflichen Bereich liegen, wahrzunehmen.

Suchen Sie in jedem Fall, bevor Sie sich enttäuscht von den Bach-Blüten abwenden, eine/n erfahrene/n Bach-Blüten-Behandlerin/Behandler auf. Möglicherweise müssen tief sitzende Blockaden erst mit anderen Blüten behandelt werden.

NOTFALLTROPFEN UND NOTFALLSALBE

Wenn Sie eine Blütenessenz nur kurze Zeit einnehmen wollen, können Sie zwei bis drei Tropfen aus der Vorratsflasche in ein Glas Wasser geben und schluckweise über den Tag verteilt trinken.

Die so genannten Notfalltropfen (Rescue Remedy) sind eine fertige Mischung aus den Bach-Blüten Clematis, Cherry Plum, Impatiens, Rock Rose und Star of Bethlehem. In der Notfallsalbe ist zusätzlich Crab Apple enthalten.

Neben Ihrer persönlichen Mischung sollten die Notfalltropfen in keiner Hausapotheke fehlen. Sie sind in kleineren und großen Problemfällen gut einzusetzen. Sie können die Tropfen direkt aus der Vorratsflasche unter die Zunge träufeln oder – falls Sie sie länger nehmen möchten – eine Mischung, wie oben beschrieben, herstellen (allerdings geben Sie jeweils fünf Tropfen der Essenz hinein). Eine andere Möglichkeit wäre, vier Tropfen aus der Vorratsflasche auf ein Glas Wasser zu geben und dieses schluckweise über den Tag verteilt zu trinken.

Die Notfallsalbe ist bei kleineren Verletzungen wie Schnittwunden empfehlenswert. Zur Nachbehandlung von Wunden oder Operationsnarben ist sie ebenfalls bestens geeignet.

BEHANDLUNG VON KINDERN UND JUGENDLICHEN

Obwohl gerade die Bach-Blüten für Kinder und Jugendliche sehr geeignet sind, möchten wir Sie eindringlich darauf hinweisen, dass Sie hier mit größter Sorgfalt vorgehen sollten. Für Mütter und Väter ist es manchmal schwer zu entscheiden, inwieweit ein Kind seine ganz persönlichen Erfahrungen machen muss – auch wenn sie für den Erwachsenen negativ scheinen – und wo ein Kind wirklich unter eigenen Blockaden leidet. Wenn Sie sich mit der Stellung des Mondes im Geburtshoroskop Ihres Kindes beschäftigen, können Sie wertvolle Hinweise darauf bekommen, was in seiner Seele wirklich vorgeht, wo Hemmungen und Widerstände liegen und wo Sie es sinnvoll fördern können. Bedenken Sie dabei aber immer die Grundaussage Bachs, dass es uns nicht erlaubt ist, uns in das Leben eines anderen Menschen einzumischen oder ihn gar nach unseren Vorstellungen prägen zu wollen.

Bach hat keine speziellen Dosierungsangaben für Kinder und Jugendliche gemacht; es empfiehlt sich also ebenfalls die Einnahme von vier mal vier Tropfen täglich. Möchten Sie kleinere Kinder behandeln, mischen Sie die Tropfen am besten immer nur für einen kurzen Zeitraum, dann brauchen Sie weder Obstessig noch Alkohol zur Haltbarmachung.

SO FINDEN SIE IHR MONDZEICHEN

Auf den folgenden Seiten finden Sie Mondtabellen, in denen Sie nachschlagen können, in welchem Zeichen der Mond zum Zeitpunkt Ihrer Geburt stand.

Gehen Sie dazu folgendermaßen vor:
- Schlagen Sie zunächst die Seite Ihres Geburtsjahres auf.
- Suchen Sie Ihren Geburtsmonat, und gehen Sie in dieser Spalte senkrecht nach unten bis zu Ihrem Geburtstag.
- Das Zeichen, das dort steht, gibt an, welches Mondzeichen Sie sind. (Beispiel: Ein am 14. April 1962 Geborener hat das Mondzeichen Löwe.)
- An einigen Tagen ist auch die genaue Geburtszeit wichtig, da nicht der ganze Tag unter ein und demselben Mondzeichen steht. Ab einer bestimmten Uhrzeit steht der Mond an diesem Tag in einem anderen Zeichen. (Beispiel: Am 15. April 1962 stand der Mond bis 1.56 Uhr im Zeichen Löwe, dann wanderte er in das Zeichen Jungfrau.)
- Die angegebenen Zeiten sind astrologische Weltzeit. Wenn Sie während der Sommerzeit geboren wurden, müssen Sie also von Ihrer Geburtszeit eine Stunde abziehen.

♈ = Widder
♉ = Stier
♊ = Zwillinge
♋ = Krebs
♌ = Löwe
♍ = Jungfrau
♎ = Waage
♏ = Skorpion
♐ = Schütze
♑ = Steinbock
♒ = Wassermann
♓ = Fische

1933

Tag	Januar Mond im	Februar Mond im	März Mond im	April Mond im	Mai Mond im	Juni Mond im
1	♓	♈ ab 11.40 ♉	♉	♊	♋	♍
2	♓ ab 16.14 ♈	♉	♉	⊙♊ ab 4.50 ♋	♋ ab 00.07 ♌	♍
3	♈	♉	♉	♋	♌	♍ ab 00.15 ♎
4	♈	♉ ab 00.05 ♊	♉ ab 08.18 ♊	♋ ab 16.17 ♌	♌ ab 09.41 ♍	♎
5	♈ ab 03.37 ♉	♊	♊ ab 20.43 ♋	♌	♍	♎ ab 03.25 ♏
6	♉	♊ ab 12.14 ♋	♋	♌	♍ ab 15.17 ♎	♏
7	♉ ab 16.20 ♊	♋	♋	♌ ab 00.33 ♍	♎	♏ ab 03.32 ♐
8	♊	♋ ab 22.17 ♌	♋ ab 07.18 ♌	♍	♎ ab 17.07 ♏	♐
9	♊	♌	♌	♍ ab 05.01 ♎	♏	♐ ab 02.33 ♑
10	♊ ab 04.17 ♋	♌	♌ ab 14.42 ♍	♎	♏ ab 16.43 ♐	♑
11	♋	♌ ab 05.43 ♍	♍	♎ ab 06.32 ♏	♐	♑ ab 02.41 ♒
12	♋ ab 14.27 ♌	♍	♍ ab 19.03 ♎	♏	♐ ab 16.15 ♑	♒
13	♌	♍ ab 10.59 ♎	♎	♏ ab 06.52 ♐	♑	♒ ab 05.50 ♓
14	♌ ab 22.42 ♍	♎	♎ ab 21.28 ♏	♐	♑ ab 17.46 ♒	♓
15	♍	♎ ab 14.47 ♏	♏	♐ ab 07.54 ♑	♒	♓ ab 12.51 ♈
16	♍	♏	♏ ab 23.19 ♐	♑	♒ ab 22.34 ♓	♈
17	♍ ab 05.03 ♎	♏ ab 17.43 ♐	♐	♑ ab 11.03 ♒	♓	♈ ab 23.12 ♉
18	♎	♐	♐	♒	♓	♉
19	♎ ab 09.25 ♏	♐ ab 20.23 ♑	♐ ab 01.47 ♑	♒ ab 16.54 ♓	♓ ab 06.46 ♈	♉
20	♏	♑	♑	♓	♈	♉ ab 11.26 ♊
21	♏ ab 11.55 ♐	♑ ab 23.29 ♒	♑ ab 05.39 ♒	♓	♈ ab 17.27 ♉	♊
22	♐	♒	♒	♓ ab 01.14 ♈	♉	♊
23	♐ ab 13.18 ♑	♒	♒ ab 11.16 ♓	♈	♉	♊ ab 00.07 ♋
24	♑	♒ ab 03.56 ♓	♓	♈ ab 11.31 ♉	♉ ab 05.32 ♊	♋
25	♑ ab 14.57 ♒	♓	♓ ab 18.50 ♈	♉	♊	♋ ab 12.17 ♌
26	♒	♓ ab 10.43 ♈	♈	♉ ab 23.16 ♊	♊ ab 18.12 ♋	♌
27	♒ ab 18.31 ♓	♈	♈	♊	♋	♌ ab 23.01 ♍
28	♓	♈ ab 20.20 ♉	♈ ab 04.32 ♉	♊	♋	♍
29	♓		♉	♊ ab 11.59 ♋	♋ ab 06.34 ♌	♍
30	♓ ab 01.21 ♈		♉ ab 16.14 ♊	♋	♌	♍ ab 07.11 ♎
31	♈		♊		♌ ab 17.06 ♍	

Tag	Juli Mond im	August Mond im	September Mond im	Oktober Mond im	November Mond im	Dezember Mond im
1	♎	♐	♑ ab 08.00 ♒	♓	♈ ab 14.53 ♉	♉ ab 07.45 ♊
2	♎ ab 11.57 ♏	♐ ab 22.41 ♑	♒	♓ ab 23.51 ♈	♉	♊
3	♏	♑	♒ ab 10.44 ♓	♈	♉ ab 01.02 ♊	♊ ab 19.53 ♋
4	♏ ab 13.32 ♐	♑ ab 23.22 ♒	♓	♈	♊	♋
5	♐	♒	♓ ab 15.15 ♈	♈ ab 07.18 ♉	♊ ab 13.05 ♋	♋
6	♐ ab 13.16 ♑	♒	♈	♉	♋	♋ ab 08.49 ♌
7	♑	♒ ab 01.11 ♓	♈ ab 22.35 ♉	♉ ab 17.18 ♊	♋	♌
8	♑ ab 13.05 ♒	♓	♉	♊	♋ ab 01.58 ♌	♌ ab 21.00 ♍
9	♒	♓ ab 05.41 ♈	♉	♊	♌	♍
10	♒ ab 15.02 ♓	♈	♉ ab 09.01 ♊	♊ ab 05.30 ♋	♌ ab 13.24 ♍	♍
11	♓	♈ ab 13.45 ♉	♊	♋	♍	♍ ab 06.19 ♎
12	♓ ab 20.31 ♈	♉	♊ ab 21.25 ♋	♋ ab 18.02 ♌	♍	♎
13	♈	♉	♋	♌	♍ ab 21.13 ♎	♎ ab 11.27 ♏
14	♈	♉ ab 00.58 ♊	♋	♌	♎	♏
15	♈ ab 05.49 ♉	♊	♋ ab 09.31 ♌	♌ ab 04.25 ♍	♎	♏ ab 12.49 ♐
16	♉	♊ ab 13.33 ♋	♌	♍	♎ ab 00.52 ♏	♐
17	♉ ab 17.45 ♊	♋	♌ ab 19.14 ♍	♍ ab 11.06 ♎	♏	♐ ab 12.08 ♑
18	♊	♋	♍	♎	♏ ab 01.35 ♐	♑
19	♊	♋ ab 01.23 ♌	♍	♎ ab 14.28 ♏	♐	♑ ab 11.38 ♒
20	♊ ab 06.25 ♋	♌	♍ ab 01.52 ♎	♏	♐ ab 01.24 ♑	♒
21	♋	♌ ab 11.08 ♍	♎	♏ ab 14.54 ♐	♑	♒ ab 13.15 ♓
22	♋ ab 18.19 ♌	♍	♎ ab 06.00 ♏	♐	♑ ab 02.21 ♒	♓
23	♌	♍ ab 18.30 ♎	♏	♐ ab 17.14 ♑	♒	♓ ab 18.16 ♈
24	♌	♎	♏ ab 08.49 ♐	♑	♒ ab 05.50 ♓	♈
25	♌ ab 04.36 ♍	♎ ab 23.45 ♏	♐	♑ ab 19.49 ♒	♓	♈
26	♍	♏	♐ ab 11.23 ♑	♒	♓ ab 12.13 ♈	♈ ab 02.43 ♉
27	♍ ab 12.45 ♎	♏	♑	♒	♈	♉
28	♎	♏ ab 03.22 ♐	♑ ab 14.27 ♒	♒ ab 00.18 ♓	♈ ab 21.03 ♉	♉ ab 13.43 ♊
29	♎ ab 18.22 ♏	♐	♒	♓	♉	♊
30	♏	♐ ab 05.52 ♑	♒ ab 18.27 ♓	♓ ab 06.41 ♈	♉	♊
31	♏ ab 21.27 ♐	♑		♈		♊ ab 02.07 ♋

1934

Tag	Januar Mond im	Februar Mond im	März Mond im	April Mond im	Mai Mond im	Juni Mond im
1	♋	♌ ab 09.01 ♍	♍	♎ ab 14.36 ♏	♏ ab 02.02 ♐	♑ ab 12.55 ♒
2	♋ ab 14.56 ♌	♍	♍	♏	♐	♒
3	♌	♍ ab 19.00 ♎	♍ ab 01.02 ♎	♏ ab 18.37 ♐	♐ ab 03.54 ♑	♒ ab 15.07 ♓
4	♌	♎	♎	♐	♑	♓
5	♌ ab 03.09 ♍	♎	♎ ab 07.59 ♏	♐ ab 21.46 ♑	♑ ab 06.06 ♒	♓ ab 19.32 ♈
6	♍	♎ ab 02.32 ♏	♏	♑	♒	♈
7	♍ ab 13.21 ♎	♏	♏ ab 12.59 ♐	♑	♒ ab 09.26 ♓	♈
8	♎	♏ ab 07.15 ♐	♐	♑ ab 00.43 ♒	♓	♈ ab 02.17 ♉
9	♎ ab 20.11 ♏	♐	♐ ab 16.22 ♑	♒	♓ ab 14.09 ♈	♉
10	♏	♐ ab 09.24 ♑	♑	♒ ab 03.52 ♓	♈	♉ ab 11.14 ♊
11	♏ ab 23.18 ♐	♑	♑ ab 18.36 ♒	♓	♈ ab 20.24 ♉	♊
12	♐	♑ ab 09.57 ♒	♒	♓ ab 07.40 ♈	♉	♊ ab 22.14 ♋
13	♐ ab 23.37 ♑	♒	♒ ab 20.26 ♓	♈	♉	♋
14	♑	♒ ab 10.28 ♓	♓	♈ ab 12.56 ♉	♉ ab 04.38 ♊	♋
15	♑ ab 22.56 ♒	♓	♓ ab 23.00 ♈	♉	♊	♋ ab 10.53 ♌
16	♒	♓ ab 12.40 ♈	♈	♉ ab 20.42 ♊	♊ ab 15.18 ♋	♌
17	♒ ab 23.18 ♓	♈	♈	♊	♋	♌ ab 23.52 ♍
18	♓	♈ ab 18.04 ♉	♈ ab 03.46 ♉	♊	♋	♍
19	♓	♉	♉	♊ ab 07.27 ♋	♋ ab 03.55 ♌	♍
20	♓ ab 02.28 ♈	♉	♉ ab 11.52 ♊	♋	♌	♍ ab 10.59 ♎
21	♈	♉ ab 03.17 ♊	♊	♋ ab 20.10 ♌	♌ ab 16.36 ♍	♎
22	♈ ab 09.27 ♉	♊	♊ ab 23.13 ♋	♌	♍	♎ ab 18.25 ♏
23	♉	♊ ab 15.23 ♋	♋	♌	♍	♏
24	♉ ab 19.54 ♊	♋	♋	♌ ab 08.20 ♍	♍ ab 02.43 ♎	♏ ab 21.50 ♐
25	♊	♋	♋ ab 12.03 ♌	♍	♎	♐
26	♊	♋ ab 04.14 ♌	♌	♍ ab 17.33 ♎	♎ ab 08.52 ♏	♐ ab 22.25 ♑
27	♊ ab 08.24 ♋	♌	♌ ab 23.45 ♍	♎	♏	♑
28	♋	♌ ab 15.46 ♍	♍	♎ ab 23.07 ♏	♏ ab 11.29 ♐	♑ ab 22.03 ♒
29	♋ ab 21.12 ♌		♍	♏	♐	♒
30	♌		♍ ab 08.37 ♎	♏	♐ ab 12.12 ♑	♒ ab 22.38 ♓
31	♌		♎		♑	

Tag	Juli Mond im	August Mond im	September Mond im	Oktober Mond im	November Mond im	Dezember Mond im
1	♓	♈ ab 14.25 ♉	♊	♋	♌ ab 09.36 ♍	♍ ab 05.39 ♎
2	♓	♉	♊ ab 16.41 ♋	♋ ab 12.45 ♌	♍	♎
3	♓ ab 01.39 ♈	♉ ab 22.49 ♊	♋	♌	♍ ab 20.41 ♎	♎ ab 14.06 ♏
4	♈	♊	♋	♌	♎	♏
5	♈ ab 07.48 ♉	♊	♋ ab 05.32 ♌	♌ ab 01.31 ♍	♎	♏ ab 18.53 ♐
6	♉	♊ ab 10.13 ♋	♌	♍	♎ ab 04.33 ♏	♐
7	♉ ab 16.56 ♊	♋	♌ ab 18.17 ♍	♍ ab 12.21 ♎	♏	♐ ab 21.09 ♑
8	♊	♋ ab 23.08 ♌	♍	♎	♏ ab 09.33 ♐	♑
9	♊	♌	♍	♎ ab 20.32 ♏	♐	♑ ab 22.34 ♒
10	♊ ab 04.21 ♋	♌	♍ ab 05.23 ♎	♏	♐ ab 12.57 ♑	♒
11	♋	♌ ab 11.59 ♍	♎	♏	♑	♒
12	♋ ab 17.08 ♌	♍	♎ ab 14.20 ♏	♏ ab 02.32 ♐	♑ ab 15.52 ♒	♒ ab 00.31 ♓
13	♌	♍ ab 23.33 ♎	♏	♐	♒	♓
14	♌	♎	♏ ab 21.04 ♐	♐ ab 07.04 ♑	♒ ab 18.57 ♓	♓ ab 03.51 ♈
15	♌ ab 06.07 ♍	♎	♐	♑	♓	♈
16	♍	♎ ab 08.51 ♏	♐	♑ ab 10.32 ♒	♓ ab 22.26 ♈	♈ ab 08.57 ♉
17	♍ ab 17.48 ♎	♏	♐ ab 01.36 ♑	♒ ab 13.10 ♓	♈	♉
18	♎	♏ ab 15.12 ♐	♑	♓	♈	♉ ab 15.58 ♊
19	♎	♐	♑ ab 04.07 ♒	♓	♈ ab 02.47 ♉	♊
20	♎ ab 02.31 ♏	♐ ab 18.27 ♑	♒ ab 05.14 ♓	♓ ab 15.29 ♈	♉	♊
21	♏	♑	♓	♈	♉ ab 08.48 ♊	♊ ab 01.11 ♋
22	♏ ab 07.28 ♐	♑ ab 19.19 ♒	♓	♈ ab 18.35 ♉	♊	♋
23	♐	♒	♓ ab 06.13 ♈	♉	♊ ab 17.26 ♋	♋ ab 12.38 ♌
24	♐ ab 09.04 ♑	♒ ab 19.08 ♓	♈	♉ ab 23.58 ♊	♋	♌
25	♑	♓	♈ ab 08.47 ♉	♊	♋	♌
26	♑ ab 08.44 ♒	♓ ab 19.44 ♈	♉	♊	♋ ab 04.54 ♌	♌ ab 01.32 ♍
27	♒	♈	♉ ab 14.34 ♊	♊ ab 08.46 ♋	♌	♍
28	♒ ab 08.21 ♓	♈ ab 22.55 ♉	♊	♋	♌ ab 17.52 ♍	♍ ab 14.00 ♎
29	♓	♉	♊	♋ ab 20.43 ♌	♍	♎
30	♓ ab 09.46 ♈	♉	♊ ab 00.15 ♋	♌	♍	♎ ab 23.42 ♏
31	♈	♉ ab 05.56 ♊		♌		♏

1935

Tag	Januar Mond im	Februar Mond im	März Mond im	April Mond im	Mai Mond im	Juni Mond im
1	♏	♑	♑	♓	♈	♊
2	♏ ab 05.27 ♐	♑ ab 19.26 ♒	♑ ab 06.16 ♒	♓ ab 16.32 ♈	♈ ab 03.10 ♉	♊ ab 21.44 ♋
3	♐	♒	♒	♈	♉	♋
4	♐ ab 07.44 ♑	♒ ab 18.47 ♓	♒ ab 06.13 ♓	♈ ab 17.18 ♉	♉ ab 06.26 ♊	♋ ab 07.20 ♌
5	♑	♓	♓	♉	♊	♌
6	♑ ab 08.04 ♒	♓ ab 18.49 ♈	♓ ab 05.41 ♈	♉ ab 20.36 ♊	♊ ab 12.51 ♋	♌
7	♒	♈	♈	♊	♋	♌ ab 19.26 ♍
8	♒ ab 08.18 ♓	♈ ab 21.23 ♉	♈ ab 06.43 ♉	♊	♋ ab 22.55 ♌	♍
9	♓	♉	♉	♊ ab 03.49 ♋	♌	♍
10	♓ ab 10.03 ♈	♉	♉ ab 11.12 ♊	♋	♌	♍ ab 08.00 ♎
11	♈	♉ ab 03.36 ♊	♊	♋ ab 14.52 ♌	♌ ab 11.26 ♍	♎
12	♈ ab 14.25 ♉	♊	♊ ab 19.52 ♋	♌	♍	♎ ab 18.36 ♏
13	♉	♊ ab 13.24 ♋	♋	♌	♍ ab 23.48 ♎	♏
14	♉ ab 21.43 ♊	♋	♋	♌ ab 03.47 ♍	♎	♏
15	♊	♋	♋ ab 07.48 ♌	♍	♎	♏ ab 01.57 ♐
16	♊	♋ ab 01.35 ♌	♌	♍ ab 16.01 ♎	♎ ab 09.55 ♏	♐
17	♊ ab 07.38 ♋	♌	♌ ab 20.52 ♍	♎	♏	♐ ab 06.21 ♑
18	♋	♌ ab 14.33 ♍	♍	♎ ab 02.10 ♏	♏ ab 17.13 ♐	♑
19	♋ ab 19.27 ♌	♍	♍ ab 09.08 ♎	♏	♐	♑ ab 08.56 ♒
20	♌	♍	♎	♏ ab 10.06 ♐	♐ ab 22.21 ♑	♒
21	♌	♍ ab 03.03 ♎	♎	♐	♑	♒ ab 10.56 ♓
22	♌ ab 08.20 ♍	♎	♎ ab 19.45 ♏	♐ ab 16.14 ♑	♑ ab 02.09 ♒	♓
23	♍	♎ ab 14.05 ♏	♏	♑	♒	♓ ab 13.21 ♈
24	♍ ab 21.00 ♎	♏	♏	♑	♒ ab 05.14 ♓	♈
25	♎	♏ ab 22.41 ♐	♏ ab 04.24 ♐	♑ ab 20.44 ♒	♓	♈ ab 16.54 ♉
26	♎	♐	♐	♒	♓	♉
27	♎ ab 07.46 ♏	♐	♐ ab 10.49 ♑	♒ ab 23.40 ♓	♓ ab 07.59 ♈	♉ ab 22.07 ♊
28	♏	♐ ab 04.05 ♑	♑	♓	♈	♊
29	♏ ab 15.11 ♐		♑ ab 14.42 ♒	♓	♈ ab 10.59 ♉	♊
30	♐		♒	♓ ab 01.27 ♈	♉	♊ ab 05.27 ♋
31	♐ ab 18.48 ♑		♒ ab 16.15 ♓		♉ ab 15.11 ♊	

Tag	Juli Mond im	August Mond im	September Mond im	Oktober Mond im	November Mond im	Dezember Mond im
1	♋	♌ ab 10.07 ♍	♎	♏	♑	♒
2	♋ ab 15.13 ♌	♍	♎ ab 17.22 ♏	♏ ab 07.41 ♐	♑ ab 05.39 ♒	♒ ab 15.03 ♓
3	♌	♍ ab 22.55 ♎	♏	♐	♒	♓
4	♌	♎	♏	♐ ab 18.03 ♑	♒	♓ ab 17.53 ♈
5	♌ ab 03.09 ♍	♎	♏ ab 03.49 ♐	♑	♒ ab 09.21 ♓	♈
6	♍	♎ ab 10.57 ♏	♐	♑ ab 23.21 ♒	♓	♈ ab 20.04 ♉
7	♍ ab 15.53 ♎	♏	♐ ab 11.08 ♑	♒	♓ ab 10.54 ♈	♉
8	♎	♏ ab 20.25 ♐	♑	♒	♈	♉ ab 22.37 ♊
9	♎	♐	♑ ab 14.44 ♒	♒ ab 01.27 ♓	♈ ab 11.29 ♉	♊
10	♎ ab 03.15 ♏	♐	♒	♓	♉	♊
11	♏	♐ ab 02.10 ♑	♒ ab 15.15 ♓	♓ ab 01.21 ♈	♉ ab 12.53 ♊	♊ ab 02.54 ♋
12	♏ ab 11.28 ♐	♑	♓	♈	♊	♋
13	♐	♑ ab 04.22 ♒	♓ ab 14.21 ♈	♈ ab 00.54 ♉	♊ ab 16.57 ♋	♋ ab 10.07 ♌
14	♐ ab 16.03 ♑	♒	♈	♉	♋	♌
15	♑	♒ ab 04.19 ♓	♈ ab 14.11 ♉	♉ ab 02.18 ♊	♋	♌ ab 20.33 ♍
16	♑ ab 17.54 ♒	♓	♉	♊	♋ ab 00.51 ♌	♍
17	♒	♓ ab 03.55 ♈	♉ ab 16.48 ♊	♊ ab 07.21 ♋	♌	♍
18	♒ ab 18.31 ♓	♈	♊	♋	♌ ab 12.11 ♍	♍ ab 08.59 ♎
19	♓	♈ ab 05.08 ♉	♊ ab 23.27 ♋	♋ ab 16.36 ♌	♍	♎
20	♓ ab 19.33 ♈	♉	♋	♌	♍ ab 00.53 ♎	♎ ab 21.03 ♏
21	♈	♉ ab 09.26 ♊	♋	♌ ab 04.45 ♍	♎	♏
22	♈ ab 22.21 ♉	♊	♋ ab 09.50 ♌	♍	♎ ab 12.36 ♏	♏ ab 06.45 ♐
23	♉	♊ ab 17.17 ♋	♌	♍ ab 17.32 ♎	♏	♐
24	♉	♋	♌ ab 22.19 ♍	♎	♏ ab 22.09 ♐	♐ ab 13.28 ♑
25	♉ ab 03.42 ♊	♋	♍	♎	♐	♑
26	♊	♋ ab 04.01 ♌	♍	♎ ab 05.15 ♏	♐	♑ ab 17.46 ♒
27	♊ ab 11.44 ♋	♌	♍ ab 11.06 ♎	♏	♐ ab 05.29 ♑	♒
28	♋	♌ ab 16.21 ♍	♎	♏ ab 15.18 ♐	♑	♒
29	♋ ab 22.04 ♌	♍	♎ ab 23.06 ♏	♐	♑ ab 11.00 ♒	♒ ab 20.42 ♓
30	♌	♍	♏	♐	♒	♓
31	♌	♍ ab 05.08 ♎		♐ ab 23.31 ♑		♓ ab 23.16 ♈

1936

Tag	Januar Mond im	Februar Mond im	März Mond im	April Mond im	Mai Mond im	Juni Mond im
1	♈	♉ ab 11.39 ♊	♊ ab 23.26 ♋	♌	♍	♎ ab 15.12 ♏
2	♈	♊	♋	♌	♍ ab 19.43 ♎	♏
3	♈ ab 02.11 ♉	♊ ab 17.58 ♋	♋	♌ ab 01.08 ♍	♎	♏
4	♉	♋	♋ ab 08.21 ♌	♍	♍ ab 02.38 ♐
5	♉ ab 06.04 ♊	♋	♌	♍ ab 13.31 ♎	♎ ab 08.17 ♏	♐
6	♊	♋ ab 02.26 ♌	♌ ab 19.18 ♍	♎	♏	♐ ab 12.03 ♑
7	♊ ab 11.29 ♋	♌	♍	♎	♏ ab 19.54 ♐	♑
8	♋	♌ ab 12.48 ♍	♍	♎ ab 02.05 ♏	♐	♑ ab 19.18 ♒
9	♋ ab 19.02 ♌	♍	♍ ab 07.26 ♎	♏	♐	♒
10	♌	♍	♎	♏ ab 14.03 ♐	♐ ab 05.57 ♑	♒
11	♌	♍ ab 00.46 ♎	♎ ab 20.04 ♏	♐	♑	♒ ab 00.27 ♓
12	♌ ab 05.05 ♍	♎	♏	♐	♑ ab 13.48 ♒	♓
13	♍	♎ ab 13.25 ♏	♏	♐ ab 00.23 ♑	♒	♓ ab 03.47 ♈
14	♍ ab 17.11 ♎	♏	♏ ab 08.06 ♐	♑	♒ ab 18.53 ♓	♈
15	♎	♏	♐	♑ ab 07.49 ♒	♓	♈ ab 05.49 ♉
16	♎	♏ ab 00.57 ♐	♐ ab 17.52 ♑	♒	♓ ab 21.14 ♈	♉
17	♎ ab 05.39 ♏	♐	♑	♒ ab 11.38 ♓	♈	♉ ab 07.30 ♊
18	♏	♐ ab 09.21 ♑	♑ ab 23.52 ♒	♓	♈ ab 21.48 ♉	♊
19	♏ ab 16.12 ♐	♑	♒	♓ ab 12.21 ♈	♉	♊ ab 10.09 ♋
20	♐	♑ ab 13.47 ♒	♒	♈	♉ ab 22.12 ♊	♋
21	♐ ab 23.19 ♑	♒	♒ ab 01.59 ♓	♈ ab 11.37 ♉	♊	♋ ab 15.06 ♌
22	♑	♒ ab 14.56 ♓	♓	♉	♊	♌
23	♑	♓	♓ ab 01.32 ♈	♉ ab 11.38 ♊	♊ ab 00.20 ♋	♌ ab 23.16 ♍
24	♑ ab 03.03 ♒	♓ ab 14.35 ♈	♈	♊	♋	♍
25	♒	♈	♈ ab 00.38 ♉	♊ ab 14.23 ♋	♋ ab 05.42 ♌	♍
26	♒ ab 04.35 ♓	♈ ab 14.51 ♉	♉	♋	♌	♍ ab 10.24 ♎
27	♓	♉	♉ ab 01.32 ♊	♋ ab 21.04 ♌	♌ ab 14.48 ♍	♎
28	♓ ab 05.36 ♈	♉ ab 17.30 ♊	♊	♌	♍	♎ ab 22.53 ♏
29	♈	♊	♊ ab 05.52 ♋	♌	♍	♏
30	♈ ab 07.38 ♉		♋	♌ ab 07.22 ♍	♍ ab 02.39 ♎	♏
31	♉		♋ ab 14.04 ♌		♎	

Tag	Juli Mond im	August Mond im	September Mond im	Oktober Mond im	November Mond im	Dezember Mond im
1	♏ ab 10.27 ♐	♑	♓	♈	♊	♋
2	♐	♑ ab 10.26 ♒	♓ ab 23.43 ♈	♈ ab 09.25 ♉	♊ ab 21.01 ♋	♋ ab 10.44 ♌
3	♐ ab 19.34 ♑	♒	♈	♉	♋	♌
4	♑	♒ ab 13.36 ♓	♈	♉ ab 09.37 ♊	♋	♌ ab 17.31 ♍
5	♑	♓	♈ ab 00.04 ♉	♊	♋ ab 01.37 ♌	♍
6	♑ ab 01.57 ♒	♓ ab 15.22 ♈	♉	♊ ab 12.29 ♋	♌	♍
7	♒	♈	♉ ab 01.55 ♊	♋	♌ ab 10.00 ♍	♍ ab 03.56 ♎
8	♒ ab 06.11 ♓	♈ ab 17.12 ♉	♊	♋ ab 18.45 ♌	♍	♎
9	♓	♉	♊ ab 06.16 ♋	♌	♍ ab 21.15 ♎	♎ ab 16.28 ♏
10	♓ ab 07.10 ♈	♉ ab 20.12 ♊	♋	♌	♎	♏
11	♈	♊	♋ ab 13.13 ♌	♌ ab 04.02 ♍	♎	♏
12	♈ ab 11.46 ♉	♊	♌	♍	♎ ab 09.52 ♏	♏ ab 05.07 ♐
13	♉	♊ ab 00.52 ♋	♌ ab 22.20 ♍	♍ ab 15.19 ♎	♏	♐
14	♉ ab 14.39 ♊	♋	♍	♎	♏ ab 22.34 ♐	♐ ab 16.26 ♑
15	♊	♋ ab 07.20 ♌	♍	♎	♐	♑
16	♊ ab 18.28 ♋	♌	♍ ab 09.13 ♎	♎ ab 03.47 ♏	♐	♑
17	♋	♌ ab 15.45 ♍	♎	♏	♐ ab 10.21 ♑	♑ ab 01.43 ♒
18	♋ ab 23.58 ♌	♍	♎ ab 21.33 ♏	♏ ab 16.38 ♐	♑	♒
19	♌	♍	♏	♐	♑ ab 20.11 ♒	♒ ab 08.44 ♓
20	♌	♍ ab 02.17 ♎	♏	♐	♒	♓
21	♌ ab 07.54 ♍	♎	♏ ab 10.25 ♐	♐ ab 04.38 ♑	♒ ab 03.04 ♓	♓ ab 13.27 ♈
22	♍	♎ ab 14.36 ♏	♐	♑	♓	♈
23	♍ ab 18.31 ♎	♏	♐ ab 21.53 ♑	♑ ab 14.00 ♒	♓	♈ ab 16.06 ♉
24	♎	♏	♑	♒	♓ ab 06.37 ♈	♉
25	♎	♏ ab 03.10 ♐	♑	♒ ab 19.28 ♓	♈	♉ ab 17.25 ♊
26	♎ ab 06.54 ♏	♐	♑ ab 05.53 ♒	♓	♈ ab 07.29 ♉	♊
27	♏	♐ ab 13.35 ♑	♒	♓ ab 21.10 ♈	♉	♊ ab 18.37 ♋
28	♏ ab 18.56 ♐	♑	♒ ab 09.39 ♓	♈	♉ ab 07.12 ♊	♋
29	♐	♑ ab 20.13 ♒	♓	♈ ab 20.34 ♉	♊	♋ ab 21.14 ♌
30	♐	♒	♓ ab 10.10 ♈	♉	♊ ab 07.40 ♋	♌
31	♐ ab 04.24 ♑	♒ ab 23.06 ♓		♉ ab 19.50 ♊		♌

1937

Tag	Januar Mond im	Februar Mond im	März Mond im	April Mond im	Mai Mond im	Juni Mond im
1	♌ ab 02.46 ♍	♎ ab 08.11 ♏	♎ ab 16.23 ♏	♐	♑	♒ ab 09.58 ♓
2	♍	♎ ab 08.11 ♏	♏	♐	♑ ab 19.09 ♒	♓
3	♍ ab 11.55 ♎	♏	♏	♐ ab 01.17 ♑	♒	♓ ab 15.22 ♈
4	♎	♏ ab 20.59 ♐	♏ ab 05.08 ♐	♑	♒ ab 02.57 ♓	♈
5	♎ ab 23.58 ♏	♐	♐	♑ ab 11.39 ♒	♒ ab 02.57 ♓	♈ ab 17.36 ♉
6	♏	♐	♐ ab 17.23 ♑	♒	♓	♉
7	♏	♐ ab 08.34 ♑	♑	♒ ab 18.00 ♓	♓ ab 06.48 ♈	♉ ab 17.46 ♊
8	♏ ab 12.43 ♐	♑	♑	♓	♈	♊
9	♐	♑ ab 17.00 ♒	♑ ab 02.36 ♒	♓ ab 20.29 ♈	♈ ab 07.32 ♉	♊ ab 17.32 ♋
10	♐ ab 23.54 ♑	♒	♒	♈	♉	♋
11	♑	♒ ab 22.10 ♓	♒ ab 07.50 ♓	♈ ab 20.40 ♉	♉ ab 06.57 ♊	♋ ab 18.45 ♌
12	♑	♓	♓	♉	♊	♌
13	♑ ab 08.25 ♒	♓	♓ ab 10.00 ♈	♉ ab 20.35 ♊	♊ ab 07.00 ♋	♌ ab 23.01 ♍
14	♒	♓ ab 01.12 ♈	♈	♊	♋	♍
15	♒ ab 14.29 ♓	♈	♈ ab 10.54 ♉	♊ ab 22.03 ♋	♋ ab 09.28 ♌	♍
16	♓	♈ ab 03.35 ♉	♉	♋	♌	♍ ab 07.08 ♎
17	♓ ab 18.49 ♈	♉	♉ ab 12.19 ♊	♋	♌ ab 15.19 ♍	♎
18	♈	♉ ab 06.23 ♊	♊	♋ ab 02.12 ♌	♍	♎ ab 18.31 ♏
19	♈ ab 22.07 ♉	♊	♊ ab 15.25 ♋	♌	♍	♏
20	♉	♊ ab 10.04 ♋	♋	♌ ab 07.16 ♍	♍ ab 00.35 ♎	♏
21	♉	♋	♋ ab 20.36 ♌	♍	♎	♏ ab 07.26 ♐
22	♉ ab 00.54 ♊	♋ ab 14.51 ♌	♌	♍ ab 18.51 ♎	♎ ab 12.18 ♏	♐
23	♊	♌	♌	♎	♏	♐ ab 19.58 ♑
24	♊ ab 03.38 ♋	♌ ab 21.05 ♍	♌ ab 03.44 ♍	♎ ab 06.21 ♏	♏ ab 01.10 ♐	♑
25	♋	♍	♍	♏	♐	♑
26	♋ ab 07.08 ♌	♍	♍ ab 12.47 ♎	♏	♐ ab 13.54 ♑	♑ ab 06.54 ♒
27	♌	♍ ab 05.27 ♎	♎	♏ ab 19.06 ♐	♑	♒
28	♌ ab 12.31 ♍	♎	♎ ab 23.51 ♏	♐	♑	♒ ab 15.37 ♓
29	♍		♏	♐	♑	♓
30	♍ ab 20.50 ♎		♏	♐ ab 07.57 ♑	♑ ab 01.13 ♒	♓ ab 21.51 ♈
31	♎		♏ ab 12.33 ♐		♒	

Tag	Juli Mond im	August Mond im	September Mond im	Oktober Mond im	November Mond im	Dezember Mond im
1	♈	♉ ab 10.29 ♊	♋ ab 22.21 ♌	♌ ab 09.29 ♍	♎	♏
2	♈	♊	♌	♍	♎ ab 08.49 ♏	♏ ab 03.06 ♐
3	♈ ab 01.35 ♉	♊ ab 12.34 ♋	♌	♍ ab 16.32 ♎	♏	♐
4	♉	♋	♌ ab 02.35 ♍	♎	♏ ab 20.46 ♐	♐ ab 16.06 ♑
5	♉ ab 03.16 ♊	♋ ab 14.36 ♌	♍	♎	♐	♑
6	♊	♌	♍ ab 08.48 ♎	♎ ab 01.55 ♏	♐	♑
7	♊ ab 03.54 ♋	♌ ab 17.54 ♍	♎	♏	♐ ab 09.50 ♑	♑ ab 04.41 ♒
8	♋	♍	♎ ab 18.00 ♏	♏ ab 13.44 ♐	♑	♒
9	♋ ab 04.59 ♌	♍ ab 23.59 ♎	♏	♐	♑ ab 22.19 ♒	♒ ab 15.22 ♓
10	♌	♎	♏	♐	♒	♓
11	♌ ab 08.16 ♍	♎	♏ ab 05.59 ♐	♐ ab 02.47 ♑	♒	♓ ab 22.55 ♈
12	♍	♎ ab 07.37 ♏	♐	♑	♒ ab 08.08 ♓	♈
13	♍ ab 15.04 ♎	♏	♐ ab 18.52 ♑	♑ ab 14.38 ♒	♓	♈
14	♎	♏ ab 21.59 ♐	♑	♒	♓ ab 14.00 ♈	♈ ab 02.50 ♉
15	♎	♐	♑	♒ ab 23.04 ♓	♈	♉
16	♎ ab 01.36 ♏	♐	♑ ab 05.51 ♒	♓	♈ ab 16.12 ♉	♉ ab 03.43 ♊
17	♏	♐ ab 10.38 ♑	♒	♓	♉	♊
18	♏ ab 14.20 ♐	♑	♒ ab 13.19 ♓	♓ ab 03.33 ♈	♉ ab 16.10 ♊	♊ ab 03.03 ♋
19	♐	♑ ab 21.05 ♒	♓	♈	♊	♋
20	♐	♒	♓ ab 17.31 ♈	♈ ab 05.10 ♉	♊ ab 15.48 ♋	♋ ab 02.49 ♌
21	♐ ab 02.51 ♑	♒	♈	♉	♋	♌
22	♑	♒ ab 04.29 ♓	♈ ab 19.50 ♉	♉ ab 05.40 ♊	♋ ab 16.55 ♌	♌ ab 04.57 ♍
23	♑ ab 13.20 ♒	♓	♉	♊	♌	♍
24	♒	♓ ab 07.24 ♈	♉ ab 21.46 ♊	♊ ab 06.07 ♋	♌ ab 20.56 ♍	♍ ab 10.53 ♎
25	♒ ab 21.21 ♓	♈	♊	♋	♍	♎
26	♓	♈ ab 12.57 ♉	♊	♋ ab 09.43 ♌	♍	♎ ab 20.45 ♏
27	♓	♉	♊ ab 00.25 ♋	♌	♍ ab 04.22 ♎	♏
28	♓ ab 03.16 ♈	♉ ab 16.02 ♊	♋	♌ ab 15.02 ♍	♎	♏
29	♈	♊	♋ ab 04.14 ♌	♍	♎ ab 14.46 ♏	♏ ab 07.12 ♐
30	♈ ab 07.32 ♉	♊ ab 19.04 ♋	♌	♍ ab 22.47 ♎	♏	♐
31	♉	♋		♎		♐ ab 22.17 ♑

1938

Tag	Januar Mond im	Februar Mond im	März Mond im	April Mond im	Mai Mond im	Juni Mond im
1	♑	♒	♒ ab 10.14 ♓	♈	♉ ab 16.45 ♊	♋
2	♑	♒ ab 02.59 ♓	♓	♈ ab 05.43 ♉	♊	♋ ab 03.09 ♌
3	♑ ab 10.32 ♒	♓	♓ ab 17.17 ♈	♉	♊ ab 17.51 ♋	♌
4	♒	♓ ab 10.55 ♈	♈	♉ ab 08.34 ♊	♋	♌ ab 05.22 ♍
5	♒ ab 21.07 ♓	♈	♈ ab 22.30 ♉	♊	♋ ab 19.42 ♌	♍
6	♓	♈ ab 16.59 ♉	♉	♊ ab 11.06 ♋	♌	♍ ab 10.36 ♎
7	♓	♉	♉	♋	♌ ab 23.17 ♍	♎
8	♓ ab 05.29 ♈	♉ ab 21.08 ♊	♉ ab 02.34 ♊	♋ ab 14.05 ♌	♍	♎ ab 19.01 ♏
9	♈	♊	♊	♌	♍	♏
10	♈ ab 11.06 ♉	♊ ab 23.26 ♋	♊ ab 05.46 ♋	♌ ab 17.51 ♍	♍ ab 05.06 ♎	♏
11	♉	♋	♋	♍	♎	♏ ab 05.58 ♐
12	♉ ab 13.50 ♊	♋	♋ ab 08.23 ♌	♍ ab 23.02 ♎	♎ ab 13.16 ♏	♐
13	♊	♋ ab 00.34 ♌	♌	♎	♏	♐ ab 18.21 ♑
14	♊ ab 14.22 ♋	♌	♌ ab 11.06 ♍	♎	♏ ab 23.41 ♐	♑
15	♋	♌ ab 01.57 ♍	♍	♎ ab 06.21 ♏	♐	♑
16	♋ ab 14.10 ♌	♍	♍ ab 15.08 ♎	♏	♐	♑ ab 07.08 ♒
17	♌	♍ ab 05.28 ♎	♎	♏ ab 16.20 ♐	♐ ab 11.51 ♑	♒
18	♌ ab 15.13 ♍	♎	♎ ab 21.54 ♏	♐	♑	♒ ab 19.03 ♓
19	♍	♎ ab 12.37 ♏	♏	♐	♑	♓
20	♍ ab 19.28 ♎	♏	♏	♐ ab 04.32 ♑	♑ ab 00.38 ♒	♓
21	♎	♏ ab 23.34 ♐	♏ ab 08.01 ♐	♑	♒	♓ ab 04.40 ♈
22	♎	♐	♐	♑ ab 17.11 ♒	♒ ab 12.09 ♓	♈
23	♎ ab 03.55 ♏	♐	♐ ab 20.32 ♑	♒	♓	♈ ab 10.50 ♉
24	♏	♐ ab 12.28 ♑	♑	♒	♓ ab 20.36 ♈	♉
25	♏ ab 15.52 ♐	♑	♑	♒ ab 03.54 ♓	♈	♉ ab 13.25 ♊
26	♐	♑	♑ ab 08.56 ♒	♓	♈	♊
27	♐	♑ ab 00.36 ♒	♒	♓ ab 11.09 ♈	♈ ab 01.17 ♉	♊ ab 13.27 ♋
28	♐ ab 04.58 ♑	♒	♒ ab 18.52 ♓	♈	♉	♋
29	♑		♓	♈ ab 15.02 ♉	♉ ab 02.52 ♊	♋ ab 12.46 ♌
30	♑ ab 17.00 ♒		♓	♉	♊	♌
31	♒		♓ ab 01.34 ♈		♊ ab 02.53 ♋	

Tag	Juli Mond im	August Mond im	September Mond im	Oktober Mond im	November Mond im	Dezember Mond im
1	♌ ab 13.24 ♍	♎	♏ ab 01.28 ♐	♑	♒	♓
2	♍	♎ ab 07.50 ♏	♐	♑	♒ ab 06.09 ♓	♓ ab 01.03 ♈
3	♍ ab 17.09 ♎	♏	♐ ab 13.30 ♑	♑ ab 09.58 ♒	♓	♈
4	♎	♏ ab 18.02 ♐	♑	♒	♓ ab 15.35 ♈	♈ ab 08.01 ♉
5	♎	♐	♑	♒ ab 21.27 ♓	♈	♉
6	♎ ab 00.49 ♏	♐	♑ ab 02.11 ♒	♓	♈ ab 21.41 ♉	♉ ab 11.19 ♊
7	♏	♐ ab 06.34 ♑	♒	♓	♉	♊
8	♏ ab 11.46 ♐	♑	♒ ab 13.29 ♓	♓ ab 06.23 ♈	♉	♊ ab 12.08 ♋
9	♐	♑ ab 19.15 ♒	♓	♈	♉ ab 01.04 ♊	♋
10	♐	♒	♓ ab 22.41 ♈	♈ ab 12.43 ♉	♊	♋ ab 12.18 ♌
11	♐ ab 00.22 ♑	♒	♈	♉	♊ ab 03.00 ♋	♌
12	♑	♒ ab 06.45 ♓	♈	♉ ab 17.11 ♊	♋	♌ ab 13.38 ♍
13	♑ ab 13.06 ♒	♓	♈ ab 05.54 ♉	♊	♋ ab 04.50 ♌	♍
14	♒	♓ ab 16.35 ♈	♉	♊ ab 20.31 ♋	♌	♍ ab 16.28 ♎
15	♒	♈	♉ ab 11.23 ♊	♋	♌ ab 07.38 ♍	♎
16	♒ ab 00.56 ♓	♈	♊	♋ ab 23.20 ♌	♍	♎
17	♓	♈ ab 00.26 ♉	♊ ab 15.10 ♋	♌	♍ ab 12.04 ♎	♎ ab 00.13 ♏
18	♓ ab 11.03 ♈	♉	♋	♌	♎	♏
19	♈	♉ ab 05.51 ♊	♋ ab 17.26 ♌	♌ ab 02.09 ♍	♎ ab 18.26 ♏	♏ ab 09.31 ♐
20	♈ ab 18.31 ♉	♊	♌	♍	♏	♐
21	♉	♊ ab 08.40 ♋	♌ ab 19.01 ♍	♍ ab 05.43 ♎	♏	♐ ab 20.39 ♑
22	♉ ab 22.43 ♊	♋	♍	♎	♏ ab 02.57 ♐	♑
23	♊	♋ ab 07.27 ♌	♍ ab 21.19 ♎	♎ ab 11.00 ♏	♐	♑
24	♊ ab 23.55 ♋	♌	♎	♏	♐ ab 13.38 ♑	♑ ab 08.59 ♒
25	♋	♌ ab 07.43 ♍	♎ ab 01.57 ♏	♏ ab 18.54 ♐	♑	♒
26	♋ ab 23.26 ♌	♍	♏	♐	♑ ab 01.59 ♒	♒ ab 21.41 ♓
27	♌	♍ ab 11.26 ♎	♏	♐	♒	♓
28	♌ ab 23.17 ♍	♎	♏ ab 10.02 ♐	♐ ab 05.39 ♑	♒	♓
29	♍	♎ ab 16.26 ♏	♐	♑	♒ ab 14.30 ♓	♓ ab 09.15 ♈
30	♍	♏	♐ ab 21.21 ♑	♑ ab 18.09 ♒	♓	♈
31	♍ ab 01.35 ♎	♏		♒		♈ ab 17.48 ♉

1939

Tag	Januar Mond im	Februar Mond im	März Mond im	April Mond im	Mai Mond im	Juni Mond im
1	♉	♊ ab 10.22 ♋	♋	♌ ab 05.39 ♍	♎ ab 18.36 ♏	♏ ab 08.15 ♐
2	♉ ab 22.20 ♊	♋	♋ ab 20.30 ♌	♍	♏	♐
3	♊	♋ ab 10.06 ♌	♌	♍ ab 06.49 ♎	♏	♐ ab 16.50 ♑
4	♊ ab 23.20 ♋	♌	♌ ab 20.17 ♍	♎	♏ ab 00.11 ♐	♑
5	♋	♌ ab 09.03 ♍	♍	♎ ab 09.22 ♏	♐	♑ ab 03.41 ♒
6	♋ ab 22.32 ♌	♍	♍ ab 20.26 ♎	♏	♐ ab 08.34 ♑	♒
7	♌	♍ ab 09.30 ♎	♎	♏ ab 14.48 ♐	♑	♒ ab 16.05 ♓
8	♌ ab 22.08 ♍	♎	♎ ab 23.00 ♏	♐	♑ ab 19.41 ♒	♓
9	♍	♎ ab 13.22 ♏	♏	♐ ab 23.47 ♑	♒	♓
10	♍	♏	♏	♑	♒	♓ ab 04.11 ♈
11	♍ ab 00.11 ♎	♏ ab 21.24 ♐	♏ ab 05.23 ♐	♑ ab 11.34 ♒	♒ ab 08.10 ♓	♈
12	♎	♐	♐	♒	♓	♈ ab 13.43 ♉
13	♎ ab 05.54 ♏	♐	♐ ab 15.36 ♑	♒	♓ ab 19.41 ♈	♉
14	♏	♐ ab 08.42 ♑	♑	♒ ab 00.05 ♓	♈	♉ ab 19.33 ♊
15	♏ ab 15.10 ♐	♑	♑	♓	♈	♊
16	♐	♑ ab 22.22 ♒	♑ ab 04.02 ♒	♓	♈ ab 04.28 ♉	♊ ab 22.07 ♋
17	♐	♒	♒	♓ ab 11.14 ♈	♉	♋
18	♐ ab 02.44 ♑	♒ ab 09.52 ♓	♒ ab 16.32 ♓	♈	♉ ab 10.07 ♊	♋ ab 22.58 ♌
19	♑	♓	♓	♈ ab 19.57 ♉	♊	♌
20	♑ ab 15.15 ♒	♓	♓	♉	♊ ab 13.23 ♋	♌ ab 23.57 ♍
21	♒	♓ ab 21.24 ♈	♓ ab 03.41 ♈	♉	♋	♍
22	♒	♈	♈	♉ ab 02.17 ♊	♋	♍
23	♒ ab 03.51 ♓	♈	♈ ab 12.59 ♉	♊	♋ ab 15.34 ♌	♍ ab 02.31 ♎
24	♓	♈ ab 07.19 ♉	♉	♊ ab 06.44 ♋	♌	♎
25	♓ ab 15.42 ♈	♉	♉ ab 20.15 ♊	♋	♌ ab 17.51 ♍	♎ ab 07.25 ♏
26	♈	♉ ab 14.48 ♊	♊	♋ ab 09.55 ♌	♍	♏
27	♈	♊	♊	♌	♍ ab 21.06 ♎	♏
28	♈ ab 01.29 ♉	♊ ab 19.07 ♋	♊ ab 01.20 ♋	♌ ab 12.27 ♍	♎	♏ ab 14.39 ♐
29	♉		♋	♍	♎	♐
30	♉ ab 07.50 ♊		♋ ab 04.15 ♌	♍ ab 15.02 ♎	♎ ab 01.48 ♏	♐ ab 23.54 ♑
31	♊		♌		♏	

Tag	Juli Mond im	August Mond im	September Mond im	Oktober Mond im	November Mond im	Dezember Mond im
1	♑	♒	♓ ab 00.15 ♈	♉	♊ ab 14.42 ♋	♋ ab 00.34 ♌
2	♑	♒ ab 05.42 ♓	♈	♉ ab 02.38 ♊	♋	♌
3	♑ ab 10.54 ♒	♓	♈ ab 11.48 ♉	♊	♋ ab 19.02 ♌	♌ ab 03.23 ♍
4	♒	♓ ab 18.23 ♈	♉	♊	♌	♍
5	♒ ab 23.18 ♓	♈	♉ ab 21.02 ♊	♊ ab 09.17 ♋	♌ ab 21.57 ♍	♍ ab 06.23 ♎
6	♓	♈	♊	♋	♍	♎
7	♓	♈ ab 05.48 ♉	♊	♋ ab 13.10 ♌	♍	♎ ab 09.57 ♏
8	♓ ab 11.50 ♈	♉	♊ ab 02.52 ♋	♌	♍ ab 00.03 ♎	♏
9	♈	♉ ab 14.06 ♊	♋	♌ ab 14.46 ♍	♎	♏ ab 14.33 ♐
10	♈ ab 22.27 ♉	♊	♋ ab 05.12 ♌	♍	♎ ab 02.14 ♏	♐
11	♉	♊ ab 18.21 ♋	♌	♍ ab 15.16 ♎	♏	♐ ab 20.51 ♑
12	♉	♋	♌ ab 05.10 ♍	♎	♏ ab 05.42 ♐	♑
13	♉ ab 05.21 ♊	♋ ab 19.10 ♌	♍	♎ ab 16.19 ♏	♐	♑
14	♊	♌	♍ ab 04.39 ♎	♏	♐ ab 11.42 ♑	♑ ab 05.43 ♒
15	♊ ab 08.16 ♋	♌ ab 18.19 ♍	♎	♏ ab 19.36 ♐	♑	♒
16	♋	♍	♎ ab 05.44 ♏	♐	♑ ab 21.01 ♒	♒ ab 17.14 ♓
17	♋ ab 08.31 ♌	♍ ab 18.04 ♎	♏	♐	♒	♓
18	♌	♎	♏ ab 10.22 ♐	♐ ab 02.22 ♑	♒	♓
19	♌ ab 08.08 ♍	♎ ab 20.20 ♏	♐	♑	♒ ab 09.00 ♓	♓ ab 06.03 ♈
20	♍	♏	♐ ab 18.11 ♑	♑ ab 12.40 ♒	♓	♈
21	♍ ab 09.11 ♎	♏	♑	♒	♓ ab 21.36 ♈	♈ ab 17.32 ♉
22	♎	♏ ab 02.14 ♐	♑	♒	♈	♉
23	♎ ab 13.04 ♏	♐	♑ ab 05.24 ♒	♒ ab 01.06 ♓	♈	♉
24	♏	♐ ab 11.34 ♑	♒	♓	♈ ab 08.23 ♉	♉ ab 01.37 ♊
25	♏ ab 20.10 ♐	♑	♒ ab 18.00 ♓	♓ ab 13.28 ♈	♉	♊
26	♐	♑ ab 23.09 ♒	♓	♈	♉ ab 16.09 ♊	♊ ab 06.03 ♋
27	♐	♒	♓	♈	♊	♋
28	♐ ab 05.51 ♑	♒	♓ ab 06.22 ♈	♈ ab 00.09 ♉	♊ ab 21.12 ♋	♋ ab 08.05 ♌
29	♑	♒ ab 11.43 ♓	♈	♉	♋	♌
30	♑ ab 17.15 ♒	♓	♈ ab 17.29 ♉	♉ ab 08.31 ♊	♋	♌ ab 09.29 ♍
31	♒	♓		♊		♍

1940

Tag	Januar Mond im	Februar Mond im	März Mond im	April Mond im	Mai Mond im	Juni Mond im
1	♍ ab 11.44 ♎	♏	♐	♑ ab 09.14 ♒	♒ ab 03.56 ♓	♈
2	♎	♏ ab 02.36 ♐	♐ ab 16.03 ♑	♑	♓	♈ ab 12.44 ♉
3	♎ ab 15.36 ♏	♐	♑	♒ ab 21.11 ♓	♓ ab 16.52 ♈	♉
4	♏	♐ ab 10.27 ♑	♑	♓	♈	♉ ab 22.50 ♊
5	♏ ab 21.13 ♐	♑	♑ ab 02.08 ♒	♓	♈	♊
6	♐	♑ ab 20.22 ♒	♒	♓ ab 10.10 ♈	♈ ab 05.13 ♉	♊
7	♐	♒	♒ ab 14.08 ♓	♈	♉	♊ ab 06.02 ♋
8	♐ ab 04.30 ♑	♒ ab 07.59 ♓	♓	♈ ab 22.39 ♉	♉ ab 15.34 ♊	♋
9	♑	♓	♓	♉	♊	♋ ab 11.01 ♌
10	♑ ab 13.42 ♒	♓ ab 20.50 ♈	♓ ab 03.01 ♈	♉	♊ ab 23.34 ♋	♌
11	♒	♈	♈	♉ ab 09.33 ♊	♋	♌ ab 14.41 ♍
12	♒	♈	♈ ab 15.45 ♉	♊	♋	♍
13	♒ ab 01.03 ♓	♈	♉	♊ ab 18.04 ♋	♋ ab 05.23 ♌	♍ ab 17.44 ♎
14	♓	♈ ab 09.36 ♉	♉	♋	♌	♎
15	♓ ab 13.56 ♈	♉	♉ ab 02.53 ♊	♋ ab 23.44 ♌	♌ ab 09.18 ♍	♎ ab 20.32 ♏
16	♈	♉ ab 20.10 ♊	♊	♌	♍	♏
17	♈	♊	♊ ab 10.57 ♋	♌	♍ ab 11.41 ♎	♏ ab 23.34 ♐
18	♈ ab 02.16 ♉	♊	♋	♌ ab 02.35 ♍	♎	♐
19	♉	♊ ab 02.47 ♋	♋ ab 15.15 ♌	♍	♎ ab 13.12 ♏	♐
20	♉ ab 11.32 ♊	♋	♌	♍ ab 03.23 ♎	♏	♐ ab 03.45 ♑
21	♊	♋ ab 05.19 ♌	♌ ab 16.21 ♍	♎	♏ ab 15.00 ♐	♑
22	♊ ab 16.35 ♋	♌	♍	♎ ab 03.33 ♏	♐	♑ ab 10.15 ♒
23	♋	♌ ab 05.12 ♍	♍ ab 15.48 ♎	♏	♐ ab 18.35 ♑	♒
24	♋ ab 18.11 ♌	♍	♎	♏ ab 04.49 ♐	♑	♒ ab 19.56 ♓
25	♌	♍ ab 04.29 ♎	♎ ab 15.34 ♏	♐	♑	♓
26	♌ ab 18.12 ♍	♎	♏	♐ ab 08.50 ♑	♑ ab 01.19 ♒	♓
27	♍	♎ ab 05.14 ♏	♏ ab 17.31 ♐	♑	♒	♓ ab 08.13 ♈
28	♍ ab 18.43 ♎	♏	♐	♑ ab 16.39 ♒	♒ ab 11.39 ♓	♈
29	♎	♏ ab 08.55 ♐	♐ ab 23.00 ♑	♒	♓	♈ ab 20.53 ♉
30	♎ ab 21.18 ♏		♑	♒	♓	♉
31	♏		♑		♓ ab 00.19 ♈	

Tag	Juli Mond im	August Mond im	September Mond im	Oktober Mond im	November Mond im	Dezember Mond im
1	♉	♋	♌ ab 14.57 ♍	♍ ab 01.47 ♎	♏ ab 12.21 ♐	♐ ab 00.51 ♑
2	♉ ab 07.16 ♊	♋	♍	♎	♐	♑
3	♊	♋ ab 03.20 ♌	♍ ab 14.54 ♎	♎ ab 01.12 ♏	♐ ab 14.23 ♑	♑ ab 05.13 ♒
4	♊ ab 14.11 ♋	♌	♎	♏	♑	♒
5	♋	♌ ab 04.51 ♍	♎ ab 15.17 ♏	♏ ab 01.54 ♐	♑ ab 20.04 ♒	♒ ab 13.36 ♓
6	♋ ab 18.12 ♌	♍	♏	♐	♒	♓
7	♌	♍ ab 05.50 ♎	♏ ab 17.36 ♐	♐ ab 05.29 ♑	♒ ab 05.46 ♓	♓ ab 01.27 ♈
8	♌ ab 20.45 ♍	♎	♐	♑	♓	♈
9	♍	♎ ab 07.46 ♏	♐ ab 22.46 ♑	♑ ab 12.44 ♒	♓ ab 18.13 ♈	♈ ab 14.28 ♉
10	♍ ab 23.07 ♎	♏	♑	♒	♈	♉
11	♎	♏ ab 11.29 ♐	♑	♒ ab 23.18 ♓	♈	♉
12	♎	♐	♑ ab 06.52 ♒	♓	♈ ab 07.13 ♉	♉ ab 02.08 ♊
13	♎ ab 02.07 ♏	♐ ab 17.15 ♑	♒	♓	♉	♊
14	♏	♑	♒ ab 17.26 ♓	♓ ab 11.50 ♈	♉	♊
15	♏ ab 06.05 ♐	♑	♓	♈	♉ ab 19.01 ♊	♊ ab 11.20 ♋
16	♐	♑ ab 01.08 ♒	♓	♈	♊	♋
17	♐ ab 11.18 ♑	♒	♓ ab 05.43 ♈	♈ ab 00.50 ♉	♊	♋ ab 18.17 ♌
18	♑	♒ ab 11.10 ♓	♈	♉	♊ ab 04.53 ♋	♌
19	♑ ab 18.22 ♒	♓	♈ ab 18.46 ♉	♉ ab 13.00 ♊	♋	♌ ab 23.35 ♍
20	♒	♓ ab 23.14 ♈	♉	♊	♋ ab 12.39 ♌	♍
21	♒	♈	♉	♊ ab 23.18 ♋	♌	♍
22	♒ ab 03.59 ♓	♈	♉ ab 07.06 ♊	♋	♌ ab 18.11 ♍	♍ ab 03.37 ♎
23	♓	♈ ab 12.17 ♉	♊	♋	♍	♎
24	♓ ab 16.02 ♈	♉	♊ ab 16.58 ♋	♋ ab 06.51 ♌	♍ ab 21.25 ♎	♎ ab 06.30 ♏
25	♈	♉	♋	♌	♎	♏
26	♈	♉ ab 00.13 ♊	♋ ab 23.09 ♌	♌ ab 11.10 ♍	♎ ab 22.45 ♏	♏ ab 08.37 ♐
27	♈ ab 03.57 ♉	♊	♌	♍	♏	♐
28	♉	♊ ab 08.54 ♋	♌	♍ ab 12.37 ♎	♏ ab 23.19 ♐	♐ ab 10.59 ♑
29	♉ ab 16.04 ♊	♋	♌ ab 01.42 ♍	♎	♐	♑
30	♊	♋ ab 13.32 ♌	♍	♎ ab 12.25 ♏	♐	♑ ab 15.09 ♒
31	♊ ab 23.32 ♋	♌		♏		♒

1941

Tag	Januar Mond im	Februar Mond im	März Mond im	April Mond im	Mai Mond im	Juni Mond im
1	♒ ab 22.35 ♓	♈	♈	♉ ab 10.07 ♊	♊ ab 03.56 ♋	♌
2	♓	♈	♈ ab 14.24 ♉	♊	♋	♌ ab 02.39 ♍
3	♓	♈ ab 06.41 ♉	♉	♊ ab 21.44 ♋	♋ ab 13.34 ♌	♍
4	♓ ab 09.35 ♈	♉	♉	♋	♌	♍ ab 07.17 ♎
5	♈	♉ ab 19.10 ♊	♉ ab 03.12 ♊	♋ ab 06.26 ♌	♌ ab 20.06 ♍	♎
6	♈ ab 22.29 ♉	♊	♊	♌	♍	♎ ab 09.14 ♏
7	♉	♊	♊ ab 14.04 ♋	♌	♍ ab 23.12 ♎	♏
8	♉	♊ ab 04.58 ♋	♋	♌ ab 11.21 ♍	♎	♏ ab 09.24 ♐
9	♉ ab 10.27 ♊	♋	♋ ab 21.19 ♌	♍	♎ ab 23.34 ♏	♐
10	♊	♋ ab 11.08 ♌	♌	♍ ab 12.55 ♎	♏	♐ ab 09.32 ♑
11	♊ ab 19.34 ♋	♌	♌	♎	♏ ab 22.50 ♐	♑
12	♋	♌ ab 14.21 ♍	♉ ab 00.52 ♍	♎ ab 12.32 ♏	♐	♑ ab 11.42 ♒
13	♋	♍	♍	♏	♐ ab 23.04 ♑	♒
14	♋ ab 01.40 ♌	♍ ab 16.08 ♎	♍ ab 01.52 ♎	♏ ab 12.08 ♐	♑	♒ ab 17.34 ♓
15	♌	♎	♎	♐	♑	♓
16	♌ ab 05.46 ♍	♎ ab 17.53 ♏	♎ ab 02.03 ♏	♐ ab 13.39 ♑	♑ ab 02.15 ♒	♓
17	♍	♏	♏	♑	♒	♓ ab 03.31 ♈
18	♍ ab 09.00 ♎	♏ ab 20.37 ♐	♏ ab 03.08 ♐	♑ ab 18.31 ♒	♒ ab 09.34 ♓	♈
19	♎	♐	♐	♒	♓	♈ ab 16.03 ♉
20	♎ ab 12.04 ♏	♐	♐ ab 06.25 ♑	♒ ab 03.07 ♓	♓ ab 20.34 ♈	♉
21	♏	♐ ab 00.54 ♑	♑	♓	♈	♉
22	♏ ab 15.17 ♐	♑	♑ ab 12.34 ♒	♓ ab 14.35 ♈	♈ ab 09.27 ♉	♉ ab 04.45 ♊
23	♐	♑ ab 07.02 ♒	♒	♈	♉	♊
24	♐ ab 19.01 ♑	♒	♒ ab 21.30 ♓	♈	♉ ab 22.10 ♊	♊ ab 15.51 ♋
25	♑	♒ ab 15.19 ♓	♓	♈	♊	♋
26	♑	♓	♓	♈ ab 03.23 ♉	♊	♋
27	♑ ab 00.06 ♒	♓	♓ ab 08.40 ♈	♉	♊ ab 09.37 ♋	♋ ab 00.55 ♌
28	♒	♓ ab 01.55 ♈	♈	♉ ab 16.11 ♊	♋	♌
29	♒ ab 07.35 ♓		♈ ab 21.14 ♉	♊	♋	♌ ab 08.03 ♍
30	♓		♉	♊	♋ ab 19.16 ♌	♍
31	♓ ab 18.02 ♈		♉		♌	

Tag	Juli Mond im	August Mond im	September Mond im	Oktober Mond im	November Mond im	Dezember Mond im
1	♍ ab 13.17 ♎	♏	♑	♒	♈	♉
2	♎	♏ ab 00.50 ♐	♑ ab 13.39 ♒	♒ ab 02.18 ♓	♈	♉
3	♎ ab 16.34 ♏	♐	♒	♓	♈ ab 05.19 ♉	♉ ab 11.38 ♊
4	♏	♐ ab 03.17 ♑	♒ ab 19.52 ♓	♓ ab 11.38 ♈	♉	♊
5	♏ ab 18.14 ♐	♑	♓	♈	♉ ab 17.53 ♊	♊ ab 12.22 ♋
6	♐	♑ ab 06.32 ♒	♓	♈ ab 22.52 ♉	♊	♋
7	♐ ab 19.21 ♑	♒	♓ ab 04.29 ♈	♉	♊	♋ ab 23.43 ♌
8	♑	♒ ab 11.51 ♓	♈	♉	♊ ab 06.26 ♋	♌
9	♑ ab 21.36 ♒	♓	♈ ab 15.32 ♉	♉ ab 11.23 ♊	♋	♌
10	♒	♓ ab 20.13 ♈	♉	♊	♋ ab 17.49 ♌	♌ ab 09.13 ♍
11	♒	♈	♉	♊ ab 23.53 ♋	♌	♍
12	♒ ab 02.42 ♓	♈	♉ ab 04.06 ♊	♋	♌	♍ ab 15.46 ♎
13	♓	♈ ab 07.32 ♉	♊	♋	♌ ab 02.29 ♍	♎
14	♓ ab 11.35 ♈	♉	♊ ab 16.09 ♋	♋ ab 10.29 ♌	♍	♎ ab 18.52 ♏
15	♈	♉ ab 20.10 ♊	♋	♌	♍ ab 07.22 ♎	♏
16	♈ ab 23.30 ♉	♊	♋	♌ ab 17.36 ♍	♎	♏ ab 19.10 ♐
17	♉	♊	♋ ab 01.36 ♌	♍	♎ ab 08.40 ♏	♐
18	♉	♊ ab 07.38 ♋	♌	♍ ab 18.54 ♎	♏	♐ ab 18.27 ♑
19	♉ ab 12.10 ♊	♋	♌ ab 07.29 ♍	♎	♏ ab 07.54 ♐	♑
20	♊	♋ ab 16.16 ♌	♍	♎ ab 21.26 ♏	♐	♑ ab 18.54 ♒
21	♊ ab 23.15 ♋	♌	♍ ab 10.18 ♎	♏	♐ ab 07.12 ♑	♒
22	♋	♌ ab 21.53 ♍	♎	♏ ab 21.01 ♐	♑	♒ ab 22.33 ♓
23	♋	♍	♎ ab 11.24 ♏	♐	♑ ab 08.47 ♒	♓
24	♋ ab 07.48 ♌	♍	♏	♐ ab 21.40 ♑	♒	♓
25	♌	♍ ab 01.22 ♎	♏ ab 12.25 ♐	♑	♒ ab 14.09 ♓	♓ ab 06.24 ♈
26	♌ ab 14.04 ♍	♎	♐	♑	♓	♈
27	♍	♎ ab 03.49 ♏	♐ ab 14.45 ♑	♑ ab 01.03 ♒	♓ ab 23.27 ♈	♈ ab 17.43 ♉
28	♍ ab 18.41 ♎	♏	♑	♒	♈	♉
29	♎	♏ ab 06.13 ♐	♑ ab 19.17 ♒	♒	♈	♉
30	♎ ab 22.09 ♏	♐	♒	♒ ab 07.51 ♓	♈ ab 11.19 ♉	♉ ab 06.27 ♊
31	♏	♐ ab 09.18 ♑		♓ ab 17.38 ♈		♊

1942

Tag	Januar Mond im	Februar Mond im	März Mond im	April Mond im	Mai Mond im	Juni Mond im
1	♊ ab 18.42 ♋	♌	♌ ab 20.58 ♍	♌ ab 05.06 ♍	♎ ab 21.55 ♏	♏ ♐
2	♋	♌ ab 20.58 ♍	♍	♍	♏	♐ ab 18.00 ♒
3	♋	♍	♍	♍ ab 10.23 ♎	♏ ab 23.05 ♐	♐
4	♋ ab 05.33 ♌	♍ ab 03.18 ♎	♎	♎	♐ ab 08.05 ♑	♑ ab 21.14 ♓
5	♌	♎	♎	♎ ab 13.50 ♏	♐	♑
6	♌ ab 14.43 ♍	♎ ab 07.56 ♏	♎	♏	♑ ab 09.56 ♒	♓
7	♍	♏	♏	♐ ab 00.42 ♑	♒	♓ ab 04.11 ♈
8	♍ ab 21.49 ♎	♏	♏ ab 16.28 ♐	♑	♒ ab 14.44 ♓	♈
9	♎	♏ ab 11.07 ♐	♐	♑ ab 03.57 ♒	♓	♈ ab 14.16 ♉
10	♎	♐	♐ ab 19.09 ♑	♒	♓ ab 22.32 ♈	♉
11	♎ ab 02.25 ♏	♐ ab 13.19 ♑	♑	♒ ab 09.20 ♓	♈	♉ ab 02.12 ♊
12	♏	♑	♑ ab 22.31 ♒	♓	♈	♊
13	♏ ab 04.32 ♐	♑ ab 15.28 ♒	♒	♓ ab 16.49 ♈	♈ ab 08.37 ♉	♊
14	♐	♒	♒	♈	♉	♊ ab 14.50 ♋
15	♐ ab 05.07 ♑	♒ ab 18.51 ♓	♒ ab 03.09 ♓	♈	♉ ab 20.15 ♊	♋
16	♑	♓	♓	♈ ab 02.18 ♉	♊	♋ ab 03.20 ♌
17	♑ ab 05.53 ♒	♓	♓ ab 09.41 ♈	♉	♊	♌
18	♒	♓ ab 00.47 ♈	♈	♉	♊ ab 08.49 ♋	♌
19	♒ ab 08.43 ♓	♈	♈ ab 18.39 ♉	♉ ab 13.37 ♊	♋	♌ ab 14.34 ♍
20	♓	♈ ab 09.58 ♉	♉	♊	♋ ab 21.22 ♌	♍
21	♓ ab 15.08 ♈	♉	♉	♊ ab 02.10 ♋	♌	♍ ab 23.05 ♎
22	♈	♉ ab 21.48 ♊	♉ ab 06.01 ♊	♋	♌	♎
23	♈	♊	♊	♋ ab 14.22 ♌	♌ ab 08.08 ♍	♎
24	♈ ab 01.19 ♉	♊	♊ ab 18.33 ♋	♌	♍	♎ ab 03.51 ♏
25	♉	♊ ab 10.16 ♋	♋	♌	♍ ab 15.22 ♎	♏
26	♉ ab 13.44 ♊	♋	♋	♌ ab 00.03 ♍	♎	♏ ab 05.09 ♐
27	♊	♋ ab 21.06 ♌	♋ ab 06.05 ♌	♍	♎ ab 18.32 ♏	♐
28	♊	♌	♌	♍ ab 05.50 ♎	♏	♐ ab 04.30 ♑
29	♊ ab 02.04 ♋		♌ ab 14.37 ♍	♎	♏ ab 18.39 ♐	♑
30	♋		♍	♎ ab 07.59 ♏	♐	♑ ab 04.01 ♒
31	♋ ab 12.37 ♌		♍ ab 19.37 ♎		♐ ab 17.44 ♑	

Tag	Juli Mond im	August Mond im	September Mond im	Oktober Mond im	November Mond im	Dezember Mond im
1	♒	♈	♉ ab 22.41 ♊	♊ ab 19.03 ♋	♌	♍
2	♒ ab 05.46 ♓	♈	♊	♋	♌	♍ ab 19.56 ♎
3	♓	♈ ab 03.48 ♉	♊	♋	♌ ab 02.19 ♍	♎
4	♓ ab 11.11 ♈	♉	♊ ab 11.01 ♋	♋ ab 07.36 ♌	♍	♎
5	♈	♉ ab 14.55 ♊	♋	♌	♍ ab 10.22 ♎	♎ ab 01.07 ♏
6	♈ ab 20.23 ♉	♊	♋ ab 23.16 ♌	♌ ab 18.14 ♍	♎	♏
7	♉	♊	♌	♍	♎ ab 14.27 ♏	♏ ab 02.34 ♐
8	♉	♊ ab 03.31 ♋	♌	♍	♏	♐
9	♉ ab 08.10 ♊	♋	♌ ab 09.31 ♍	♍ ab 01.33 ♎	♏ ab 15.47 ♐	♐ ab 02.07 ♑
10	♊	♋ ab 15.40 ♌	♍	♎	♐	♑
11	♊ ab 20.52 ♋	♌	♍ ab 17.05 ♎	♎ ab 05.47 ♏	♐ ab 16.18 ♑	♑ ab 01.57 ♒
12	♋	♌	♎	♏	♑	♒
13	♋	♌ ab 02.09 ♍	♎ ab 22.19 ♏	♏ ab 08.11 ♐	♑ ab 17.49 ♒	♒ ab 03.56 ♓
14	♋ ab 09.08 ♌	♍	♏	♐	♒	♓
15	♌	♍ ab 08.31 ♎	♏	♐ ab 10.14 ♑	♒ ab 21.28 ♓	♓ ab 07.05 ♈
16	♌ ab 20.09 ♍	♎	♏ ab 01.58 ♐	♑	♓	♈
17	♍	♎ ab 16.38 ♏	♐	♑ ab 13.01 ♒	♓	♈ ab 17.17 ♉
18	♍	♏	♐ ab 04.48 ♑	♒	♓ ab 03.31 ♈	♉
19	♍ ab 05.02 ♎	♏ ab 20.35 ♐	♑	♒ ab 17.05 ♓	♈	♉
20	♎	♐	♑ ab 07.27 ♒	♓	♈ ab 11.38 ♉	♉ ab 03.46 ♊
21	♎ ab 11.02 ♏	♐ ab 22.47 ♑	♒	♓ ab 22.37 ♈	♉	♊
22	♏	♑	♒ ab 10.34 ♓	♈	♉ ab 21.35 ♊	♊ ab 15.46 ♋
23	♏ ab 13.58 ♐	♑	♓	♈	♊	♋
24	♐	♑ ab 00.07 ♒	♓ ab 14.57 ♈	♈ ab 05.52 ♉	♊	♋
25	♐ ab 14.38 ♑	♒	♈	♉	♊ ab 09.17 ♋	♋ ab 04.36 ♌
26	♑	♒ ab 01.56 ♓	♈ ab 21.35 ♉	♉ ab 15.19 ♊	♋	♌
27	♑ ab 14.37 ♒	♓	♉	♊	♋ ab 22.10 ♌	♌ ab 17.11 ♍
28	♒	♓ ab 05.39 ♈	♉	♊	♌	♍
29	♒ ab 15.49 ♓	♈	♉ ab 07.05 ♊	♊ ab 03.00 ♋	♌	♍
30	♓	♈ ab 12.29 ♉	♊	♋	♌ ab 10.30 ♍	♍ ab 03.45 ♎
31	♓ ab 19.56 ♈	♉		♋ ab 15.49 ♌		♎

1943

Tag	Januar Mond im	Februar Mond im	März Mond im	April Mond im	Mai Mond im	Juni Mond im
1	♎ ab 10.40 ♏	♐	♐ ab 08.19 ♑	♒ ab 20.27 ♓	♓ ab 06.40 ♈	♉
2	♏	♐ ab 00.16 ♑	♑	♑	♓ ab 23.18 ♈	♈ ab 11.57 ♉	♉ ab 02.30 ♊
3	♏ ab 13.34 ♐	♑	♑ ab 09.57 ♒	♈	♈ ab 11.57 ♉	♊
4	♐	♑ ab 00.11 ♒	♒	♈	♉	♊ ab 12.46 ♋
5	♐ ab 13.35 ♑	♒	♒ ab 10.55 ♓	♈	♉ ab 19.16 ♊	♋
6	♑	♒ ab 00.08 ♓	♓	♈ ab 03.38 ♉	♊	♌
7	♑ ab 12.42 ♒	♓	♓ ab 12.42 ♈	♉	♊	♋ ab 01.03 ♌
8	♒	♓ ab 02.01 ♈	♈	♉ ab 10.42 ♊	♊ ab 05.17 ♋	♌
9	♒ ab 13.03 ♓	♈	♈ ab 16.54 ♉	♊	♋	♍ ab 14.04 ♍
10	♓	♈ ab 07.18 ♉	♉	♊ ab 21.03 ♋	♋ ab 17.39 ♌	♍
11	♓ ab 16.21 ♈	♉	♉	♋	♌	♍
12	♈	♉ ab 16.25 ♊	♉ ab 00.39 ♊	♋ ab 09.40 ♌	♌ ab 06.22 ♍	♍ ab 01.22 ♎
13	♈ ab 23.22 ♉	♊	♊	♌	♍	♎
14	♉	♊	♊ ab 11.51 ♋	♌	♍	♎ ab 08.59 ♏
15	♉	♊ ab 04.25 ♋	♋	♌ ab 21.59 ♍	♍ ab 16.45 ♎	♏
16	♉ ab 09.39 ♊	♋	♋	♍	♎	♐ ab 12.36 ♐
17	♊	♋ ab 17.19 ♌	♋ ab 00.41 ♌	♍	♎ ab 23.20 ♏	♐
18	♊ ab 21.54 ♋	♌	♌	♍ ab 07.41 ♎	♏	♐ ab 13.30 ♑
19	♋	♌	♌ ab 12.43 ♍	♎	♏	♑
20	♋	♌ ab 05.20 ♍	♍	♎ ab 14.04 ♏	♏ ab 02.33 ♐	♑ ab 13.34 ♒
21	♋ ab 10.44 ♌	♍	♍ ab 22.21 ♎	♏	♐	♒
22	♌	♍ ab 15.30 ♎	♎	♏ ab 17.57 ♐	♐ ab 04.00 ♑	♓ ab 14.37 ♓
23	♌ ab 23.03 ♍	♎	♎	♐	♑	♓
24	♍	♎ ab 23.25 ♏	♎ ab 05.23 ♏	♐ ab 20.40 ♑	♑ ab 05.23 ♒	♈ ab 17.53 ♈
25	♍	♏	♏	♑	♒	♈
26	♍ ab 09.47 ♎	♏ ab 04.59 ♐	♏ ab 10.24 ♐	♑ ab 23.21 ♒	♒ ab 07.58 ♓	♈ ab 23.52 ♉
27	♎	♐	♐	♒	♓	♉
28	♎ ab 17.51 ♏	♐	♐ ab 14.05 ♑	♒	♓ ab 12.17 ♈	♊
29	♏		♑	♒ ab 02.36 ♓	♈	♉ ab 08.27 ♊
30	♏ ab 22.34 ♐		♑ ab 17.57 ♒	♓	♈ ab 18.25 ♉	♊
31	♐		♒		♉	

Tag	Juli Mond im	August Mond im	September Mond im	Oktober Mond im	November Mond im	Dezember Mond im
1	♊ ab 19.14 ♋	♌	♍ ab 20.34 ♎	♎ ab 12.05 ♏	♐	♑ ab 14.02 ♒
2	♋	♌	♎	♏	♐ ab 04.37 ♑	♒
3	♋	♌ ab 02.46 ♍	♎ ab 19.03 ♏	♐	♑	♒ ab 16.36 ♓
4	♋ ab 07.40 ♌	♍	♏	♐ ab 23.11 ♑	♑ ab 08.10 ♒	♓
5	♌	♍ ab 14.52 ♎	♏	♑	♒	♓ ab 20.00 ♈
6	♌ ab 20.45 ♍	♎	♏ ab 13.39 ♐	♑	♒ ab 11.16 ♓	♈
7	♍	♎	♐	♑ ab 02.40 ♒	♓	♈
8	♍	♎ ab 00.40 ♏	♐ ab 18.14 ♑	♒	♓ ab 14.11 ♈	♈ ab 00.30 ♉
9	♍ ab 08.45 ♎	♏	♑	♒	♈	♉
10	♎	♏ ab 07.09 ♐	♑ ab 20.18 ♒	♒ ab 04.45 ♓	♈ ab 17.33 ♉	♉ ab 06.33 ♊
11	♎ ab 17.41 ♏	♐	♒	♓	♉	♊
12	♏	♐ ab 10.10 ♑	♒ ab 20.47 ♓	♓ ab 06.12 ♈	♉ ab 22.32 ♊	♊ ab 14.47 ♋
13	♏ ab 22.37 ♐	♑	♓	♈	♊	♋
14	♐	♑ ab 10.37 ♒	♓ ab 21.09 ♈	♈ ab 08.26 ♉	♊	♋
15	♐	♒	♈	♉	♊ ab 06.23 ♋	♋ ab 01.37 ♌
16	♐ ab 00.07 ♑	♒ ab 10.07 ♓	♈ ab 23.15 ♉	♉ ab 13.07 ♊	♋	♌
17	♑ ab 23.46 ♒	♓	♉	♊	♋ ab 17.28 ♌	♌ ab 14.23 ♍
18	♒	♓ ab 10.33 ♈	♉	♊ ab 21.28 ♋	♌	♍
19	♒ ab 23.31 ♓	♈	♉ ab 04.43 ♊	♋	♌	♍
20	♓	♈ ab 13.40 ♉	♊	♋	♌ ab 06.22 ♍	♍ ab 02.56 ♎
21	♓	♉	♊ ab 14.11 ♋	♋ ab 09.13 ♌	♍	♎
22	♓ ab 01.09 ♈	♉ ab 20.35 ♊	♋	♌	♍ ab 18.19 ♎	♎ ab 12.46 ♏
23	♈	♊	♋	♌ ab 22.10 ♍	♎	♏
24	♈ ab 05.53 ♉	♊	♋ ab 02.34 ♌	♍	♎	♏ ab 18.44 ♐
25	♉	♊ ab 07.07 ♋	♌	♍	♎ ab 03.09 ♏	♐
26	♉ ab 14.04 ♊	♋	♌ ab 15.31 ♍	♍ ab 09.38 ♎	♏	♐ ab 21.24 ♑
27	♊	♋ ab 19.50 ♌	♍	♎	♏ ab 08.35 ♐	♑
28	♊	♌	♍	♎ ab 18.15 ♏	♐	♑ ab 22.21 ♒
29	♊ ab 01.04 ♋	♌	♍ ab 02.57 ♎	♏	♐ ab 11.43 ♑	♒
30	♋	♌ ab 08.47 ♍	♎	♏	♑	♒ ab 23.17 ♓
31	♋ ab 13.43 ♌	♍		♏ ab 00.15 ♐		♓

1944

Tag	Januar Mond im	Februar Mond im	März Mond im	April Mond im	Mai Mond im	Juni Mond im
1	♓	♉	♉ ab 01.06 ♊	♋	♌	♎
2	♓ ab 01.34 ♈	♉ ab 18.18 ♊	♊	♋ ab 03.54 ♌	♌ ab 01.05 ♍	♎ ab 08.32 ♏
3	♈	♊	♊ ab 09.38 ♋	♌	♍	♏
4	♈ ab 05.59 ♉	♊	♋	♌ ab 17.49 ♍	♍ ab 13.40 ♎	♏ ab 16.28 ♐
5	♉	♊ ab 03.40 ♋	♋ ab 21.20 ♌	♍	♎	♐
6	♉ ab 12.45 ♊	♋	♌	♍	♎ ab 00.18 ♏	♐ ab 21.41 ♑
7	♊	♋ ab 15.20 ♌	♌	♍ ab 06.22 ♎	♏	♑
8	♊ ab 21.48 ♋	♌	♌ ab 10.19 ♍	♎	♏ ab 08.27 ♐	♑
9	♋	♌	♍	♎ ab 17.12 ♏	♐	♑ ab 01.13 ♒
10	♋	♌ ab 04.08 ♍	♍ ab 22.55 ♎	♏	♐ ab 14.33 ♑	♒
11	♋ ab 08.58 ♌	♍	♎	♏	♑	♒ ab 03.59 ♓
12	♌	♍ ab 16.55 ♎	♎	♏ ab 02.03 ♐	♑	♓
13	♌ ab 21.39 ♍	♎	♎ ab 10.12 ♏	♐	♑ ab 19.10 ♒	♓ ab 06.41 ♈
14	♍	♎	♏	♐ ab 08.56 ♑	♒	♈
15	♍	♎ ab 04.24 ♏	♏ ab 19.31 ♐	♑	♒ ab 22.35 ♓	♈ ab 09.52 ♉
16	♍ ab 10.29 ♎	♏	♐	♑ ab 13.46 ♒	♓	♉
17	♎	♏ ab 13.15 ♐	♐	♒	♓	♉
18	♎ ab 21.28 ♏	♐	♐ ab 02.14 ♑	♒ ab 16.28 ♓	♓ ab 01.04 ♈	♉ ab 14.11 ♊
19	♏	♐ ab 18.33 ♑	♑	♓	♈	♊
20	♏	♑	♑ ab 05.55 ♒	♓ ab 17.36 ♈	♈ ab 03.16 ♉	♊ ab 20.29 ♋
21	♏ ab 04.54 ♐	♑ ab 20.27 ♒	♒	♈	♉	♋
22	♐	♒	♒ ab 06.59 ♓	♈ ab 18.29 ♉	♉ ab 06.27 ♊	♋
23	♐ ab 08.27 ♑	♒ ab 20.09 ♓	♓	♉	♊	♋ ab 05.26 ♌
24	♑	♓	♓ ab 06.42 ♈	♉ ab 20.59 ♊	♊ ab 12.04 ♋	♌
25	♑ ab 09.10 ♒	♓ ab 19.31 ♈	♈	♊	♋	♌ ab 16.58 ♍
26	♒	♈	♈ ab 07.01 ♉	♊	♋ ab 21.05 ♌	♍
27	♒ ab 08.48 ♓	♈ ab 20.36 ♉	♉	♊ ab 02.49 ♋	♌	♍
28	♓	♉	♉ ab 09.59 ♊	♋	♌	♍ ab 05.40 ♎
29	♓ ab 09.15 ♈	♉	♊	♋ ab 12.36 ♌	♌ ab 08.59 ♍	♎
30	♈		♊ ab 17.00 ♋	♌	♍	♎ ab 17.11 ♏
31	♈ ab 12.07 ♉		♋		♍ ab 21.38 ♎	

Tag	Juli Mond im	August Mond im	September Mond im	Oktober Mond im	November Mond im	Dezember Mond im
1	♏	♐ ab 16.43 ♑	♒	♓ ab 16.30 ♈	♉	♊ ab 16.17 ♋
2	♏	♑	♒ ab 06.15 ♓	♈	♉ ab 02.29 ♊	♋
3	♏ ab 01.39 ♐	♑ ab 19.11 ♒	♓	♈ ab 14.46 ♉	♊	♋ ab 22.53 ♌
4	♐	♒	♓ ab 05.27 ♈	♉	♊ ab 06.05 ♋	♌
5	♐ ab 06.42 ♑	♒ ab 19.35 ♓	♈	♉ ab 16.00 ♊	♋	♌
6	♑	♓	♈ ab 05.29 ♉	♊	♋ ab 13.45 ♌	♌ ab 09.04 ♍
7	♑ ab 09.14 ♒	♓ ab 19.44 ♈	♉	♊ ab 20.57 ♋	♌	♍
8	♒	♈	♉ ab 08.14 ♊	♋	♌	♍ ab 21.29 ♎
9	♒ ab 10.39 ♓	♈ ab 21.20 ♉	♊	♋	♌ ab 00.59 ♍	♎
10	♓	♉	♊ ab 14.47 ♋	♋ ab 06.04 ♌	♍	♎
11	♓ ab 12.19 ♈	♉	♋	♌	♍ ab 13.45 ♎	♎ ab 09.42 ♏
12	♈	♉ ab 01.39 ♊	♋	♌ ab 18.05 ♍	♎	♏
13	♈ ab 15.17 ♉	♊	♋ ab 00.51 ♌	♍	♎	♏ ab 19.51 ♐
14	♉	♊ ab 09.04 ♋	♌	♍	♎ ab 01.48 ♏	♐
15	♉ ab 20.12 ♊	♋	♌ ab 13.01 ♍	♍ ab 06.56 ♎	♏	♐
16	♊	♋ ab 19.08 ♌	♍	♎	♏ ab 12.02 ♐	♐ ab 03.22 ♑
17	♊	♌	♍	♎ ab 19.04 ♏	♐	♑
18	♊ ab 03.22 ♋	♌	♍ ab 01.48 ♎	♏	♐ ab 20.20 ♑	♑ ab 08.44 ♒
19	♋	♌ ab 07.01 ♍	♎	♏	♑	♒
20	♋ ab 12.51 ♌	♍	♎ ab 14.11 ♏	♏ ab 05.50 ♐	♑	♒ ab 12.40 ♓
21	♌	♍ ab 19.46 ♎	♏	♐	♑ ab 02.47 ♒	♓
22	♌	♎	♏	♐ ab 14.49 ♑	♒	♓ ab 15.43 ♈
23	♌ ab 00.25 ♍	♎	♏ ab 01.17 ♐	♑	♒ ab 07.19 ♓	♈
24	♍	♎ ab 08.13 ♏	♐	♑ ab 21.19 ♒	♓	♈ ab 18.25 ♉
25	♍ ab 13.08 ♎	♏	♐ ab 09.56 ♑	♒	♓ ab 09.57 ♈	♉
26	♎	♏ ab 18.52 ♐	♑	♒	♈	♉ ab 21.26 ♊
27	♎	♐	♑ ab 15.10 ♒	♒ ab 00.54 ♓	♈ ab 11.23 ♉	♊
28	♎ ab 01.17 ♏	♐	♒	♓	♉	♊
29	♏	♐ ab 02.13 ♑	♒ ab 16.58 ♓	♓ ab 01.54 ♈	♉ ab 12.55 ♊	♊ ab 01.44 ♋
30	♏ ab 10.50 ♐	♑	♓	♈	♊	♋
31	♐	♑ ab 05.45 ♒		♈ ab 01.45 ♉		♋ ab 08.20 ♌

1945

Tag	Januar Mond im	Februar Mond im	März Mond im	April Mond im	Mai Mond im	Juni Mond im
1	♌	♍ ab 13.46 ♎	♎	♏	♐ ab 21.40 ♑	♒
2	♌ ab 17.49 ♍	♎		♎ ab 07.33 ♏	♑	♒ ab 17.26 ♓
3	♍	♎	♎ ab 07.33 ♏	♐	♑	♓
4	♍	♎ ab 02.23 ♏	♏	♐ ab 15.52 ♑	♑ ab 06.06 ♒	♓ ab 20.51 ♈
5	♍ ab 05.44 ♎	♏	♏ ab 21.45 ♐	♑	♒	♈
6	♎	♏ ab 13.58 ♐	♐	♑ ab 23.29 ♒	♒ ab 11.21 ♓	♈ ab 22.24 ♉
7	♎ ab 18.13 ♏	♐	♐	♒	♓	♉
8	♏	♐ ab 22.30 ♑	♐ ab 07.38 ♑	♒	♓ ab 13.25 ♈	♉ ab 23.15 ♊
9	♏	♑	♑	♒ ab 03.11 ♓	♈	♊
10	♏ ab 04.56 ♐	♑	♑ ab 13.40 ♒	♓	♈ ab 13.25 ♉	♊
11	♐	♑ ab 03.12 ♒	♒	♓ ab 03.36 ♈	♉	♊ ab 01.02 ♋
12	♐ ab 12.28 ♑	♒	♒ ab 15.50 ♓	♈	♉ ab 13.12 ♊	♋
13	♑	♒ ab 04.53 ♓	♓	♈ ab 02.40 ♉	♊	♋ ab 05.20 ♌
14	♑ ab 16.57 ♒	♓	♓ ab 15.33 ♈	♉	♊ ab 14.51 ♋	♌
15	♒	♓ ab 05.13 ♈	♈	♉ ab 02.31 ♊	♋	♌ ab 13.08 ♍
16	♒ ab 19.28 ♓	♈	♈ ab 14.55 ♉	♊	♋ ab 19.57 ♌	♍
17	♓	♈ ab 06.05 ♉	♉	♊ ab 05.14 ♋	♌	♍
18	♓ ab 21.21 ♈	♉	♉ ab 16.05 ♊	♋	♌	♍ ab 00.07 ♎
19	♈	♉ ab 09.01 ♊	♊	♋ ab 11.52 ♌	♌ ab 04.56 ♍	♎
20	♈ ab 23.48 ♉	♊	♊ ab 20.32 ♋	♌	♍	♎ ab 12.36 ♏
21	♉	♊ ab 14.43 ♋	♋	♌ ab 22.04 ♍	♍ ab 16.43 ♎	♏
22	♉	♋	♋	♍	♎	♏
23	♉ ab 03.35 ♊	♋ ab 22.59 ♌	♋ ab 04.32 ♌	♍	♍ ab 08.15 ♎	♏ ab 00.28 ♐
24	♊	♌	♌	♍ ab 15.11 ♍	♎	♐
25	♊ ab 07.05 ♋	♌	♌ ab 15.11 ♍	♎	♎ ab 05.21 ♏	♐ ab 10.15 ♑
26	♋	♌ ab 07.14 ♍	♍	♎ ab 22.53 ♏	♏	♑
27	♋ ab 16.33 ♌	♍	♍	♏	♏ ab 17.12 ♐	♑ ab 17.37 ♒
28	♌	♍ ab 20.57 ♎	♍ ab 03.15 ♎	♏	♐	♒
29	♌		♎	♏ ab 08.56 ♐	♐ ab 03.25 ♑	♒ ab 22.52 ♓
30	♌ ab 02.09 ♍		♎ ab 15.50 ♏	♐	♑	♓
31	♍				♑ ab 11.35 ♒	

Tag	Juli Mond im	August Mond im	September Mond im	Oktober Mond im	November Mond im	Dezember Mond im
1	♓	♉	♋	♌	♍ ab 11.08 ♎	♎ ab 05.43 ♏
2	♓ ab 02.30 ♈	♉ ab 13.24 ♊	♋	♌ ab 18.34 ♍	♎	♏
3	♈	♊	♋ ab 05.20 ♌	♍	♎ ab 23.30 ♏	♏ ab 18.30 ♐
4	♈ ab 05.05 ♉	♊ ab 17.23 ♋	♌	♍ ab 05.17 ♎	♏	♐
5	♉	♋	♌ ab 13.37 ♍	♎	♏	♐
6	♉ ab 07.20 ♊	♋ ab 22.53 ♌	♍	♎ ab 17.24 ♏	♏ ab 12.19 ♐	♐ ab 06.24 ♑
7	♊	♌	♍ ab 23.49 ♎	♏	♐	♑
8	♊ ab 10.11 ♋	♌	♎	♏	♐	♑ ab 16.35 ♒
9	♋	♌ ab 06.24 ♍	♎	♏	♐ ab 00.36 ♑	♒
10	♋ ab 14.44 ♌	♍	♎ ab 11.48 ♏	♏ ab 06.18 ♐	♑	♒
11	♌	♍ ab 16.21 ♎	♏	♐	♑ ab 10.59 ♒	♒ ab 00.21 ♓
12	♌ ab 21.58 ♍	♎	♏	♐ ab 18.33 ♑	♒	♓
13	♍	♎	♏ ab 00.38 ♐	♑	♒ ab 18.05 ♓	♓ ab 05.16 ♈
14	♍	♎ ab 04.25 ♏	♐	♑	♓	♈
15	♍ ab 08.13 ♎	♏	♐ ab 12.12 ♑	♑ ab 04.07 ♒	♓ ab 21.25 ♈	♈ ab 07.30 ♉
16	♎	♏ ab 16.56 ♐	♑	♒	♈	♉
17	♎ ab 20.29 ♏	♐	♑ ab 19.20 ♒	♒ ab 09.34 ♓	♈ ab 21.48 ♉	♉ ab 08.03 ♊
18	♏	♐	♒	♓	♉	♊
19	♏	♐ ab 03.31 ♑	♒ ab 23.19 ♓	♓ ab 11.09 ♈	♉ ab 21.03 ♊	♊ ab 08.28 ♋
20	♏ ab 08.36 ♐	♑	♓	♈	♊	♋
21	♐	♑ ab 08.33 ♒	♓	♈ ab 10.31 ♉	♊ ab 21.14 ♋	♋ ab 10.31 ♌
22	♐ ab 18.29 ♑	♒	♓ ab 00.11 ♈	♉	♋	♌
23	♑	♒ ab 14.05 ♓	♈ ab 23.54 ♉	♉ ab 09.50 ♊	♋	♌ ab 15.44 ♍
24	♑	♓	♉	♊	♋ ab 00.12 ♌	♍
25	♑ ab 01.17 ♒	♓ ab 15.30 ♈	♉	♊ ab 11.11 ♋	♌	♍
26	♒	♈	♉ ab 00.32 ♊	♋	♌ ab 07.00 ♍	♍ ab 00.45 ♎
27	♒ ab 05.27 ♓	♈ ab 16.34 ♉	♊	♋ ab 15.56 ♌	♍	♎
28	♓	♉	♊ ab 03.39 ♋	♌	♍ ab 17.19 ♎	♎ ab 12.43 ♏
29	♓ ab 08.08 ♈	♉ ab 18.47 ♊	♋	♌	♎	♏
30	♈	♊	♋ ab 09.47 ♌	♌ ab 00.12 ♍	♎	♏
31	♈ ab 10.29 ♉	♊ ab 23.00 ♋		♍		♏ ab 01.33 ♐

180

1946

Tag	Januar Mond im	Februar Mond im	März Mond im	April Mond im	Mai Mond im	Juni Mond im
1	♐	♑ ab 06.24 ♒	♒	♓ ab 10.17 ♈	♉	♊ ab 08.29 ♋
2	♐ ab 13.11 ♑	♒	♒ ab 21.25 ♓	♈	♉ ab 22.04 ♊	♋
3	♑	♒ ab 12.33 ♓	♓	♈ ab 10.57 ♉	♊	♋ ab 09.40 ♌
4	♑ ab 22.38 ♒	♓	♓	♉	♊ ab 22.23 ♋	♌
5	♒	♓ ab 16.38 ♈	♓ ab 00.24 ♈	♉ ab 11.25 ♊	♋	♌ ab 13.57 ♍
6	♒	♈	♈	♊	♋	♍
7	♓ ab 05.47 ♓	♈ ab 19.47 ♉	♈ ab 02.09 ♉	♊ ab 13.21 ♋	♋ ab 01.05 ♌	♍ ab 21.57 ♎
8	♓	♉	♉	♋	♌	♎
9	♓ ab 10.56 ♈	♉ ab 22.46 ♊	♉ ab 04.12 ♊	♋ ab 17.38 ♌	♌ ab 06.58 ♍	♎
10	♈	♊	♊	♌	♍	♎ ab 09.05 ♏
11	♈ ab 14.26 ♉	♊	♊ ab 07.29 ♋	♌	♍ ab 15.54 ♎	♏
12	♉	♊ ab 01.59 ♋	♋	♌ ab 00.21 ♍	♎	♏ ab 21.51 ♐
13	♉ ab 16.43 ♊	♋	♋ ab 12.15 ♌	♍	♎	♐
14	♊	♋ ab 05.51 ♌	♌	♍ ab 10.14 ♎	♎ ab 03.09 ♏	♐
15	♊ ab 18.33 ♋	♌	♌ ab 18.33 ♍	♎	♏	♐ ab 10.40 ♑
16	♋	♌ ab 11.03 ♍	♍	♎ ab 21.04 ♏	♏ ab 15.46 ♐	♑
17	♋ ab 21.04 ♌	♍	♍	♏	♐	♑ ab 22.16 ♒
18	♌	♍ ab 18.36 ♎	♍ ab 02.41 ♎	♏	♐	♒
19	♌	♎	♎	♏ ab 09.30 ♐	♐ ab 04.42 ♑	♒
20	♌ ab 01.41 ♍	♎	♎ ab 13.05 ♏	♐	♑	♓ ab 07.43 ♓
21	♍	♎ ab 05.05 ♏	♏	♐ ab 22.29 ♑	♑ ab 16.32 ♒	♓
22	♍ ab 09.32 ♎	♏	♏	♑	♒	♓ ab 14.20 ♈
23	♎	♏ ab 17.41 ♐	♏ ab 01.31 ♐	♑	♒	♈
24	♎ ab 20.40 ♏	♐	♐	♑ ab 09.57 ♒	♒ ab 01.39 ♓	♈ ab 17.56 ♉
25	♏	♐	♐ ab 14.18 ♑	♒	♓	♉
26	♏	♐ ab 06.02 ♑	♑	♒ ab 17.55 ♓	♓ ab 07.05 ♈	♉ ab 19.08 ♊
27	♏ ab 09.28 ♐	♑	♑	♓	♈	♊
28	♐	♑ ab 15.35 ♒	♑ ab 00.51 ♒	♓ ab 21.46 ♈	♈ ab 09.04 ♉	♊ ab 19.11 ♋
29	♐ ab 21.18 ♑		♒	♈	♉	♋
30	♑		♒ ab 07.26 ♓	♈ ab 22.31 ♉	♉ ab 08.55 ♊	♋ ab 19.48 ♌
31	♑		♓		♊	

Tag	Juli Mond im	August Mond im	September Mond im	Oktober Mond im	November Mond im	Dezember Mond im
1	♌	♍ ab 14.05 ♎	♏	♐	♑ ab 11.37 ♒	♒ ab 05.30 ♓
2	♌ ab 22.45 ♍	♎	♏ ab 19.32 ♐	♐ ab 16.30 ♑	♒	♓
3	♍	♎ ab 23.23 ♏	♐	♑	♒ ab 21.32 ♓	♓ ab 13.06 ♈
4	♍	♏	♐	♑	♓	♈
5	♍ ab 05.21 ♎	♏	♐ ab 08.24 ♑	♑ ab 04.28 ♒	♓	♈ ab 16.49 ♉
6	♎	♏ ab 11.37 ♐	♑	♒	♓ ab 03.28 ♈	♉
7	♎ ab 15.42 ♏	♐	♑ ab 19.42 ♒	♒ ab 12.09 ♓	♈	♉ ab 17.30 ♊
8	♏	♐	♒	♓	♈ ab 05.49 ♉	♊
9	♏	♐ ab 00.24 ♑	♒	♓ ab 17.05 ♈	♉	♊ ab 16.50 ♋
10	♏ ab 04.21 ♐	♑	♒ ab 03.46 ♓	♈	♉ ab 06.08 ♊	♋
11	♐	♑ ab 11.24 ♒	♓	♈ ab 19.21 ♉	♊	♋ ab 16.47 ♌
12	♐ ab 17.06 ♑	♒	♓ ab 08.49 ♈	♉	♊ ab 06.16 ♋	♌
13	♑	♒ ab 19.41 ♓	♈	♉ ab 20.37 ♊	♋	♌ ab 19.09 ♍
14	♑	♓	♈ ab 12.04 ♉	♊	♋ ab 07.53 ♌	♍
15	♑ ab 04.17 ♒	♓	♉	♊ ab 22.23 ♋	♌	♍
16	♒	♓ ab 01.37 ♈	♉ ab 14.46 ♊	♋	♌ ab 12.05 ♍	♍ ab 01.06 ♎
17	♒ ab 13.16 ♓	♈	♊	♋	♍	♎ ab 10.43 ♏
18	♓	♈ ab 06.00 ♉	♊ ab 17.42 ♋	♋ ab 01.35 ♌	♍ ab 19.13 ♎	♏
19	♓ ab 19.59 ♈	♉	♋	♌	♎	♏ ab 22.49 ♐
20	♈	♉ ab 09.23 ♊	♋ ab 21.13 ♌	♌ ab 06.36 ♍	♎ ab 04.58 ♏	♐
21	♈	♊	♌	♍	♏	♐
22	♈ ab 00.36 ♉	♊ ab 12.07 ♋	♌	♍ ab 13.34 ♎	♏	♐ ab 11.51 ♑
23	♉	♋	♌ ab 01.38 ♍	♎	♏ ab 16.44 ♐	♑
24	♉ ab 03.19 ♊	♋ ab 14.38 ♌	♍	♎ ab 22.41 ♏	♐	♑
25	♊	♌	♍ ab 07.40 ♎	♏	♐	♑ ab 00.30 ♒
26	♊ ab 04.44 ♋	♌ ab 17.54 ♍	♎	♏	♐ ab 05.40 ♑	♒
27	♋	♍	♎ ab 16.13 ♏	♏ ab 10.04 ♐	♑	♒
28	♋ ab 05.58 ♌	♍ ab 23.15 ♎	♏	♐	♑ ab 18.30 ♒	♒ ab 11.44 ♓
29	♌	♎	♏	♐ ab 23.00 ♑	♒	♓
30	♌ ab 08.33 ♍	♎	♏ ab 03.33 ♐	♑	♒	♓ ab 20.31 ♈
31	♍	♎ ab 07.50 ♏		♑		♈

1947

Tag	Januar Mond im	Februar Mond im	März Mond im	April Mond im	Mai Mond im	Juni Mond im
1	♈	♊	♊ ab 21.59 ♋	♌	♍ ab 21.24 ♎	♏
2	♈ ab 02.06 ♉	♊ ab 14.39 ♋	♋	♌ ab 09.31 ♍	♎	♏ ab 21.45 ♐
3	♉	♋	♋	♍	♎	♐
4	♉ ab 04.26 ♊	♋ ab 15.02 ♌	♋	♍ ab 13.40 ♎	♎ ab 04.36 ♏	♐
5	♊	♌	♌	♎	♏	♐ ab 09.52 ♑
6	♊ ab 04.28 ♋	♌ ab 15.42 ♍	♌ ab 01.47 ♍	♎ ab 20.57 ♏	♏ ab 14.10 ♐	♑
7	♋	♍	♍	♏	♐	♑ ab 22.38 ♒
8	♋ ab 03.54 ♌	♍ ab 18.40 ♎	♍ ab 04.51 ♎	♏	♐ ab 01.55 ♑	♒
9	♌	♎	♎	♏ ab 06.13 ♐	♑	♒
10	♌ ab 04.45 ♍	♎	♎ ab 10.51 ♏	♐	♑	♑ ab 10.47 ♓
11	♍	♎ ab 01.29 ♏	♏	♐ ab 18.09 ♑	♑ ab 15.41 ♒	♓
12	♍ ab 08.54 ♎	♏	♏ ab 20.34 ♐	♑	♒	♓ ab 20.34 ♈
13	♎	♏ ab 12.16 ♐	♐	♑	♒	♈
14	♎ ab 17.16 ♏	♐	♐	♑ ab 06.52 ♒	♒ ab 03.21 ♓	♈
15	♏	♐ ab 01.12 ♑	♐ ab 09.01 ♑	♒	♓	♈ ab 02.46 ♉
16	♏	♑	♑	♒ ab 17.48 ♓	♓ ab 11.57 ♈	♉
17	♏ ab 05.03 ♐	♑	♑ ab 21.36 ♒	♓	♈	♉ ab 05.22 ♊
18	♐	♑ ab 13.39 ♒	♒	♓	♈ ab 16.52 ♉	♊
19	♐ ab 18.11 ♑	♒	♒	♓ ab 01.26 ♈	♉	♊ ab 05.33 ♋
20	♑	♒ ab 23.58 ♓	♒ ab 07.58 ♓	♈	♉ ab 18.52 ♊	♋
21	♑	♓	♓	♈ ab 05.56 ♉	♊	♋ ab 05.07 ♌
22	♑ ab 06.37 ♒	♓	♓ ab 15.23 ♈	♉	♊ ab 19.27 ♋	♌
23	♒	♓ ab 07.58 ♈	♈	♉ ab 08.28 ♊	♋	♌ ab 06.02 ♍
24	♒ ab 17.23 ♓	♈	♈ ab 20.29 ♉	♊	♋ ab 20.18 ♌	♍
25	♓	♈ ab 14.08 ♉	♉	♊ ab 10.23 ♋	♌	♍ ab 09.52 ♎
26	♓	♉	♉	♋	♌ ab 22.50 ♍	♎
27	♓ ab 02.11 ♈	♉ ab 18.47 ♊	♉ ab 01.16 ♊	♋ ab 12.44 ♌	♍	♎ ab 17.17 ♏
28	♈	♊	♊	♌	♍	♏
29	♈ ab 08.46 ♉		♊ ab 03.26 ♋	♌ ab 16.15 ♍	♍ ab 03.54 ♎	♏
30	♉		♋	♍	♎	♏ ab 02.46 ♐
31	♉ ab 12.52 ♊		♋ ab 06.22 ♌		♎ ab 11.43 ♏	

Tag	Juli Mond im	August Mond im	September Mond im	Oktober Mond im	November Mond im	Dezember Mond im
1	♐	♑ ab 09.50 ♒	♓	♈	♊	♋
2	♐ ab 15.03 ♑	♒	♓ ab 14.03 ♈	♈ ab 04.16 ♉	♊ ab 18.32 ♋	♋ ab 03.30 ♌
3	♑	♒ ab 21.49 ♓	♈	♉	♋	♌
4	♑	♓	♈ ab 22.11 ♉	♉ ab 09.44 ♊	♋ ab 21.04 ♌	♌ ab 05.24 ♍
5	♑ ab 03.50 ♒	♓	♉	♊	♌	♍
6	♒	♓ ab 08.20 ♈	♉	♊ ab 12.47 ♋	♌ ab 23.55 ♍	♍ ab 09.14 ♎
7	♒ ab 16.03 ♓	♈	♉ ab 04.19 ♊	♋	♍	♎
8	♓	♈ ab 16.44 ♉	♊	♋ ab 15.42 ♌	♍	♎ ab 15.25 ♏
9	♓	♉	♊ ab 08.12 ♋	♌	♍ ab 03.43 ♎	♏
10	♓ ab 02.35 ♈	♉ ab 22.18 ♊	♋	♌ ab 17.57 ♍	♎	♏ ab 23.50 ♐
11	♈	♊	♋ ab 10.03 ♌	♍	♎ ab 07.03 ♏	♐
12	♈ ab 10.12 ♉	♊	♌	♍ ab 20.32 ♎	♏	♐
13	♉	♊ ab 00.50 ♋	♌ ab 10.51 ♍	♎	♏ ab 16.34 ♐	♐ ab 10.14 ♑
14	♉ ab 14.17 ♊	♋	♍	♎	♐	♑
15	♊	♋ ab 01.07 ♌	♍ ab 12.17 ♎	♎ ab 00.46 ♏	♐	♑ ab 22.16 ♒
16	♊ ab 15.15 ♋	♌	♎ ab 16.11 ♏	♏ ab 07.53 ♐	♐ ab 02.37 ♑	♒
17	♋	♌ ab 00.49 ♍	♏	♐	♑	♒
18	♋ ab 14.35 ♌	♍	♏	♐	♑ ab 14.45 ♒	♒ ab 10.59 ♓
19	♌	♍ ab 02.04 ♎	♏ ab 23.50 ♐	♐ ab 18.14 ♑	♒	♓
20	♌ ab 14.19 ♍	♎	♐	♑	♒	♓ ab 22.37 ♈
21	♍	♎ ab 06.45 ♏	♐	♑	♒ ab 03.17 ♓	♈
22	♍ ab 16.34 ♎	♏	♐ ab 10.58 ♑	♑ ab 06.39 ♒	♓	♈
23	♎ ab 22.41 ♏	♏ ab 15.35 ♐	♑	♒	♓ ab 13.54 ♈	♈ ab 07.12 ♉
24	♏	♐	♑ ab 23.38 ♒	♒ ab 18.46 ♓	♈	♉
25	♏	♐	♒	♓	♈ ab 21.06 ♉	♉ ab 11.47 ♊
26	♏	♐ ab 03.31 ♑	♒	♓	♉	♊
27	♏ ab 08.41 ♐	♑	♒ ab 11.25 ♓	♓ ab 04.31 ♈	♉	♊ ab 13.03 ♋
28	♐	♑ ab 16.18 ♒	♓	♈	♉ ab 00.56 ♊	♋
29	♐ ab 21.02 ♑	♒	♓ ab 20.59 ♈	♈ ab 11.16 ♉	♊	♋ ab 12.42 ♌
30	♑	♒	♈	♉	♊ ab 02.31 ♋	♌
31	♑	♒ ab 04.04 ♓		♉ ab 15.36 ♊		♌ ab 12.47 ♍

1948

Tag	Januar Mond im	Februar Mond im	März Mond im	April Mond im	Mai Mond im	Juni Mond im
1	♍	♎ ab 03.28 ♏	♏ ab 18.42 ♐	♑	♒	♓ ab 17.55 ♈
2	♍ ab 15.10 ♎	♏	♐	♑	♒ ab 21.44 ♓	♈
3	♎	♏ ab 11.26 ♐	♐	♑ ab 00.19 ♒	♓	♈
4	♎ ab 20.51 ♏	♐	♐ ab 04.51 ♑	♒	♓ ab 09.29 ♈	♈ ab 03.44 ♉
5	♏	♐ ab 22.30 ♑	♑	♒ ab 12.56 ♓	♈	♉ ab 10.07 ♊
6	♏	♑	♑ ab 17.15 ♒	♓	♈ ab 18.48 ♉	♊
7	♏ ab 05.41 ♐	♑	♒	♓	♉	♊ ab 13.29 ♋
8	♐	♑ ab 10.59 ♒	♒	♓ ab 00.29 ♈	♉	♋
9	♐ ab 16.41 ♑	♒	♒ ab 05.54 ♓	♈	♉ ab 01.20 ♊	♋ ab 15.12 ♌
10	♑	♒ ab 23.37 ♓	♓	♈ ab 07.59 ♉	♊	♌
11	♑	♓	♓ ab 17.33 ♈	♉	♊ ab 05.39 ♋	♌ ab 16.49 ♍
12	♑ ab 04.54 ♒	♓	♈	♉ ab 17.20 ♊	♋	♍
13	♒	♓ ab 11.38 ♈	♈	♊	♋ ab 08.39 ♌	♍ ab 19.34 ♎
14	♒ ab 17.36 ♓	♈	♈ ab 03.41 ♉	♊ ab 22.42 ♋	♌	♎
15	♓	♈ ab 22.09 ♉	♉	♋	♌ ab 11.15 ♍	♎
16	♓	♉	♉ ab 11.46 ♊	♋	♍	♎ ab 00.04 ♏
17	♓ ab 05.44 ♈	♉	♊	♋ ab 02.16 ♌	♍ ab 14.07 ♎	♏
18	♈	♉ ab 05.56 ♊	♊ ab 17.14 ♋	♌	♎	♏ ab 06.29 ♐
19	♈ ab 15.43 ♉	♊	♋	♌ ab 05.31 ♍	♎	♐
20	♉	♊ ab 10.09 ♋	♋ ab 19.58 ♌	♍	♎ ab 17.56 ♏	♐
21	♉ ab 22.02 ♊	♋	♌	♍ ab 07.17 ♎	♏	♐ ab 14.51 ♑
22	♊	♋ ab 11.07 ♌	♌ ab 20.43 ♍	♎	♏ ab 23.22 ♐	♑
23	♊	♌	♍	♎ ab 09.50 ♏	♐	♑
24	♊ ab 00.24 ♋	♌ ab 10.23 ♍	♍ ab 21.02 ♎	♏	♐	♑ ab 01.16 ♒
25	♋	♍	♎	♏ ab 14.32 ♐	♐ ab 07.08 ♑	♒
26	♋	♍ ab 10.06 ♎	♎ ab 22.50 ♏	♐	♑	♒ ab 13.24 ♓
27	♌ ab 22.56 ♍	♎	♏	♐ ab 22.22 ♑	♑ ab 17.31 ♒	♓
28	♍	♎ ab 12.24 ♏	♏	♑	♒	♓
29	♍ ab 23.30 ♎	♏	♏ ab 03.47 ♐	♑	♒	♓ ab 01.56 ♈
30	♎		♐	♑ ab 09.16 ♒	♒ ab 05.46 ♓	♈
31	♎		♐ ab 12.34 ♑		♓	

Tag	Juli Mond im	August Mond im	September Mond im	Oktober Mond im	November Mond im	Dezember Mond im
1	♈ ab 12.40 ♉	♊	♌	♍	♏	♐
2	♉	♊ ab 09.21 ♋	♌ ab 20.21 ♍	♍ ab 06.30 ♎	♏ ab 19.11 ♐	♐ ab 10.17 ♑
3	♉ ab 19.48 ♊	♋	♍	♎	♐	♑
4	♊	♋ ab 10.14 ♌	♍ ab 19.36 ♎	♎ ab 05.59 ♏	♐	♑ ab 18.32 ♒
5	♊ ab 23.07 ♋	♌	♎	♏	♐ ab 00.40 ♑	♒
6	♋	♌ ab 09.33 ♍	♎ ab 20.35 ♏	♏ ab 08.55 ♐	♑	♒
7	♋ ab 23.53 ♌	♍	♏	♐	♑ ab 09.42 ♒	♒ ab 05.46 ♓
8	♌	♍ ab 09.30 ♎	♏	♐ ab 15.31 ♑	♒	♓
9	♌	♎	♏ ab 00.52 ♐	♑	♒ ab 21.34 ♓	♓ ab 18.30 ♈
10	♌ ab 00.04 ♍	♎ ab 11.57 ♏	♐	♑ ab 01.43 ♒	♓	♈
11	♍	♏	♐ ab 08.57 ♑	♒	♓	♈
12	♍ ab 01.31 ♎	♏ ab 17.50 ♐	♑	♒	♓ ab 10.13 ♈	♈ ab 06.09 ♉
13	♎	♐	♑ ab 19.59 ♒	♒ ab 14.04 ♓	♈	♉
14	♎ ab 05.28 ♏	♐	♒	♓	♈ ab 21.24 ♉	♉ ab 14.44 ♊
15	♏	♐ ab 02.52 ♑	♒	♓	♉	♊
16	♏ ab 12.11 ♐	♑	♒ ab 08.27 ♓	♓ ab 02.37 ♈	♉	♊ ab 20.01 ♋
17	♐	♑ ab 14.03 ♒	♓	♈	♉ ab 06.02 ♊	♋
18	♐ ab 21.14 ♑	♒	♓ ab 21.02 ♈	♈ ab 13.54 ♉	♊	♋ ab 23.03 ♌
19	♑	♒	♈	♉	♊ ab 12.12 ♋	♌
20	♑	♒ ab 02.23 ♓	♈	♉ ab 23.15 ♊	♋	♌
21	♑ ab 08.03 ♒	♓	♈ ab 08.46 ♉	♊	♋ ab 16.33 ♌	♌ ab 01.19 ♍
22	♒	♓ ab 15.06 ♈	♉	♊	♌	♍
23	♒ ab 20.13 ♓	♈	♉ ab 18.40 ♊	♊ ab 06.22 ♋	♌ ab 19.49 ♍	♍ ab 04.00 ♎
24	♓	♈	♊	♋	♍	♎
25	♓	♈ ab 03.04 ♉	♊	♋ ab 11.10 ♌	♍ ab 22.33 ♎	♎ ab 07.39 ♏
26	♓ ab 08.58 ♈	♉	♊ ab 01.46 ♋	♌	♎	♏
27	♈	♉ ab 12.40 ♊	♋	♌ ab 13.54 ♍	♎	♏ ab 12.29 ♐
28	♈ ab 20.34 ♉	♊	♋ ab 05.35 ♌	♍	♎ ab 01.19 ♏	♐
29	♉	♊ ab 18.34 ♋	♌	♍ ab 15.16 ♎	♏	♐ ab 18.47 ♑
30	♉	♋	♌ ab 06.41 ♍	♎	♏ ab 04.52 ♐	♑
31	♉ ab 05.02 ♊	♋ ab 20.42 ♌		♎ ab 16.32 ♏		♑

1949

Tag	Januar Mond im	Februar Mond im	März Mond im	April Mond im	Mai Mond im	Juni Mond im
1	♑ ab 03.08 ♒	♓	♓ ab 16.36 ♈	♉	♊	♋ ab 02.36 ♌
2	♒	♓ ab 10.05 ♈	♈	♉ ab 23.03 ♊	♊ ab 14.44 ♋	♌
3	♒ ab 13.59 ♓	♈	♈ ab 05.33 ♉	♊	♋	♌ ab 06.54 ♍
4	♓	♈ ab 22.57 ♉	♉	♊ ab 08.10 ♋	♋ ab 21.12 ♌	♍
5	♓	♉	♉	♋	♌	♍ ab 09.58 ♎
6	♓ ab 02.41 ♈	♉	♉ ab 17.06 ♊	♋	♌	♎
7	♈	♉ ab 09.41 ♊	♊	♋ ab 14.00 ♌	♌ ab 01.12 ♍	♎ ab 12.14 ♏
8	♈ ab 15.03 ♉	♊	♊	♌	♍	♏
9	♉	♊ ab 16.23 ♋	♊ ab 01.22 ♋	♌ ab 16.32 ♍	♍ ab 03.07 ♎	♏ ab 14.24 ♐
10	♉	♋	♋	♍	♎	♐
11	♉ ab 00.31 ♊	♋ ab 19.01 ♌	♋ ab 05.34 ♌	♍ ab 17.48 ♎	♎ ab 03.54 ♏	♐ ab 17.40 ♑
12	♊	♌	♌	♎	♏	♑
13	♊ ab 05.57 ♋	♌ ab 19.06 ♍	♌ ab 06.24 ♍	♎ ab 07.28 ♏	♏ ab 04.57 ♐	♑ ab 23.27 ♒
14	♋	♍	♍	♏	♐	♒
15	♋ ab 08.08 ♌	♍ ab 18.44 ♎	♍ ab 05.40 ♎	♏ ab 18.24 ♐	♐ ab 07.57 ♑	♒
16	♌	♎	♎	♐	♑	♒ ab 08.39 ♓
17	♌ ab 08.52 ♍	♎ ab 19.53 ♏	♎ ab 05.26 ♏	♐ ab 22.16 ♑	♑ ab 14.19 ♒	♓
18	♍	♏	♏	♑	♒	♓ ab 20.45 ♈
19	♍ ab 10.03 ♎	♏ ab 23.50 ♐	♏ ab 07.31 ♐	♑	♒	♈
20	♎	♐	♐	♑ ab 06.00 ♒	♒ ab 00.26 ♓	♈
21	♎ ab 13.00 ♏	♐	♐ ab 13.05 ♑	♒	♓	♈ ab 09.31 ♉
22	♏	♐ ab 06.51 ♑	♑	♒ ab 17.08 ♓	♓ ab 13.02 ♈	♉
23	♏ ab 18.09 ♐	♑	♑ ab 22.11 ♒	♓	♈	♉ ab 20.20 ♊
24	♐	♑ ab 16.26 ♒	♒	♓	♈	♊
25	♐	♒	♒	♓ ab 06.01 ♈	♈ ab 01.42 ♉	♊
26	♐ ab 01.22 ♑	♒	♒ ab 09.50 ♓	♈	♉	♊ ab 04.02 ♋
27	♑	♒ ab 03.54 ♓	♓	♈ ab 18.41 ♉	♉ ab 12.27 ♊	♋
28	♑ ab 10.27 ♒	♓	♓ ab 22.42 ♈	♉	♊	♋ ab 09.01 ♌
29	♒		♈	♉	♊ ab 20.39 ♋	♌
30	♒ ab 21.27 ♓		♈	♉ ab 05.48 ♊	♋	♌ ab 12.27 ♍
31	♓		♈ ab 11.30 ♉		♋	

Tag	Juli Mond im	August Mond im	September Mond im	Oktober Mond im	November Mond im	Dezember Mond im
1	♍	♏	♐ ab 14.05 ♑	♑ ab 03.14 ♒	♓	♈
2	♍ ab 15.22 ♎	♏	♑	♒	♓ ab 06.35 ♈	♈ ab 02.22 ♉
3	♎	♏ ab 03.25 ♐	♑ ab 21.37 ♒	♒ ab 12.20 ♓	♈	♉
4	♎ ab 18.22 ♏	♐	♒	♓	♈ ab 19.37 ♉	♉ ab 14.29 ♊
5	♏	♐ ab 08.36 ♑	♒	♓	♉	♊
6	♏ ab 21.45 ♐	♑	♒ ab 07.27 ♓	♓ ab 00.28 ♈	♉	♊
7	♐	♑ ab 15.34 ♒	♓	♈	♉ ab 07.55 ♊	♊ ab 00.32 ♋
8	♐	♒	♓ ab 19.14 ♈	♈ ab 13.27 ♉	♊	♋
9	♐ ab 02.03 ♑	♒	♈	♉	♊ ab 18.35 ♋	♋ ab 08.28 ♌
10	♑	♒ ab 00.46 ♓	♈	♉	♋	♌
11	♑ ab 08.09 ♒	♓	♈ ab 08.13 ♉	♉ ab 02.03 ♊	♋	♌ ab 14.32 ♍
12	♒	♓ ab 12.20 ♈	♉	♊	♋ ab 03.01 ♌	♍
13	♒ ab 17.02 ♓	♈	♉ ab 20.47 ♊	♊ ab 12.51 ♋	♌	♍ ab 18.45 ♎
14	♓	♈	♊	♋	♌ ab 08.43 ♍	♎
15	♓	♈ ab 01.18 ♉	♊	♋ ab 20.35 ♌	♍	♎ ab 21.14 ♏
16	♓ ab 04.43 ♈	♉	♊ ab 06.52 ♋	♌	♍ ab 11.36 ♎	♏
17	♈	♉ ab 13.23 ♊	♋ ab 13.05 ♌	♌ ab 00.43 ♍	♎	♏ ab 22.32 ♐
18	♈ ab 17.36 ♉	♊	♌	♍	♎ ab 12.19 ♏	♐
19	♉	♊ ab 22.15 ♋	♌	♍	♏	♐
20	♉	♋	♌ ab 15.34 ♍	♍ ab 01.48 ♎	♏ ab 12.16 ♐	♐ ab 23.25 ♑
21	♉ ab 04.58 ♊	♋	♍	♎	♐	♑
22	♊	♋ ab 03.06 ♌	♍ ab 15.42 ♎	♎ ab 01.19 ♏	♐ ab 13.20 ♑	♑ ab 03.25 ♒
23	♊ ab 12.52 ♋	♌	♎	♏	♑	♒
24	♋	♌ ab 04.56 ♍	♎ ab 15.21 ♏	♏ ab 01.08 ♐	♑ ab 17.25 ♒	♒ ab 10.20 ♓
25	♋ ab 17.19 ♌	♍	♏	♐	♒	♓
26	♌	♍ ab 05.25 ♎	♏ ab 16.22 ♐	♐ ab 03.11 ♑	♒	♓ ab 21.05 ♈
27	♌ ab 19.36 ♍	♎	♐	♑	♒ ab 01.36 ♓	♈
28	♍	♎ ab 06.20 ♏	♐ ab 20.07 ♑	♑ ab 08.51 ♒	♓	♈
29	♍ ab 21.20 ♎	♏	♑	♒	♓ ab 13.18 ♈	♈ ab 07.58 ♉
30	♎	♏ ab 09.01 ♐	♑	♒ ab 18.22 ♓	♈	♉
31	♎ ab 23.44 ♏	♐		♓		♉ ab 22.13 ♊

1950

Tag	Januar Mond im	Februar Mond im	März Mond im	April Mond im	Mai Mond im	Juni Mond im
1	♊	♋ ab 23.34 ♌	♋ ab 09.31 ♌	♍	♎ ab 12.38 ♏	♐ ab 22.27 ♑
2	♊	♌	♌	♍ ab 01.41 ♎	♏	♑
3	♊ ab 07.57 ♋	♌	♌ ab 13.25 ♍	♎	♏ ab 11.51 ♐	♑
4	♋	♌ ab 03.37 ♍	♍	♎ ab 01.36 ♏	♐	♑ ab 00.18 ♒
5	♋ ab 14.58 ♌	♍	♍ ab 15.01 ♎	♏	♐ ab 12.08 ♑	♒
6	♌	♍ ab 06.19 ♎	♎	♏ ab 01.37 ♐	♑	♒ ab 05.58 ♓
7	♌ ab 20.06 ♍	♎	♎ ab 15.56 ♏	♐	♑ ab 15.22 ♒	♓
8	♍	♎ ab 08.51 ♏	♏	♐ ab 03.30 ♑	♒	♓ ab 15.44 ♈
9	♍	♏	♏ ab 17.38 ♐	♑	♒ ab 22.34 ♓	♈
10	♍ ab 00.09 ♎	♏ ab 11.52 ♐	♐	♑ ab 08.25 ♒	♓	♈
11	♎	♐	♐ ab 21.07 ♑	♒	♓	♈ ab 04.13 ♉
12	♎ ab 03.28 ♏	♐ ab 15.45 ♑	♑	♒ ab 16.38 ♓	♓ ab 09.18 ♈	♉
13	♏	♑	♑	♓	♈	♉ ab 17.05 ♊
14	♏ ab 06.16 ♐	♑ ab 20.58 ♒	♑ ab 02.53 ♒	♓	♈ ab 21.59 ♉	♊
15	♐	♒	♒	♓ ab 03.32 ♈	♉	♊
16	♐ ab 09.07 ♑	♒	♒ ab 11.00 ♓	♈	♉	♊ ab 04.45 ♋
17	♑	♒ ab 04.11 ♓	♓	♈ ab 16.00 ♉	♉ ab 10.53 ♊	♋
18	♑ ab 13.07 ♒	♓	♓ ab 21.21 ♈	♉	♊	♋ ab 14.38 ♌
19	♒	♓ ab 14.01 ♈	♈	♉	♊ ab 22.51 ♋	♌
20	♒ ab 19.42 ♓	♈	♈	♉ ab 04.55 ♊	♋	♌ ab 22.32 ♍
21	♓	♈	♈ ab 09.33 ♉	♊	♋	♍
22	♓	♈ ab 02.12 ♉	♉	♊ ab 17.02 ♋	♋ ab 09.07 ♌	♍
23	♓ ab 05.38 ♈	♉	♉ ab 22.28 ♊	♋	♌	♍ ab 04.10 ♎
24	♈	♉ ab 15.03 ♊	♊	♋	♌ ab 16.51 ♍	♎
25	♈ ab 18.08 ♉	♊	♊	♋ ab 02.58 ♌	♍	♎ ab 07.19 ♏
26	♉	♊	♊ ab 10.17 ♋	♌	♍ ab 21.26 ♎	♏
27	♉	♊ ab 02.03 ♋	♋	♌ ab 09.30 ♍	♎	♏ ab 08.26 ♐
28	♉ ab 06.43 ♊	♋	♋ ab 19.05 ♌	♍	♎ ab 23.01 ♏	♐
29	♊		♌	♍ ab 12.25 ♎	♏	♐ ab 08.49 ♑
30	♊ ab 16.50 ♋		♌	♎	♏ ab 22.44 ♐	♑
31	♋		♌ ab 00.01 ♍		♐	

Tag	Juli Mond im	August Mond im	September Mond im	Oktober Mond im	November Mond im	Dezember Mond im
1	♑ ab 10.20 ♒	♓	♈ ab 03.19 ♉	♊	♋	♌ ab 22.54 ♍
2	♒	♓ ab 08.03 ♈	♉	♊	♋ ab 06.38 ♌	♍
3	♒ ab 14.52 ♓	♈	♉ ab 15.46 ♊	♊ ab 12.00 ♋	♌	♍
4	♓	♈ ab 19.06 ♉	♊	♋	♌ ab 15.21 ♍	♍ ab 05.29 ♎
5	♓ ab 23.25 ♈	♉	♊	♋ ab 22.40 ♌	♍	♎
6	♈	♉	♊ ab 03.54 ♋	♌	♍ ab 20.11 ♎	♎ ab 08.20 ♏
7	♈	♉ ab 07.44 ♊	♋	♌	♎	♏
8	♈ ab 11.14 ♉	♊	♋ ab 13.34 ♌	♌ ab 05.54 ♍	♎ ab 21.29 ♏	♏ ab 08.17 ♐
9	♉	♊ ab 19.27 ♋	♌	♍	♏	♐
10	♉	♋	♌ ab 19.55 ♍	♍ ab 09.29 ♎	♏ ab 20.52 ♐	♐ ab 07.17 ♑
11	♉ ab 00.02 ♊	♋	♍	♎	♐	♑
12	♊	♋ ab 04.37 ♌	♍ ab 23.28 ♎	♎ ab 10.31 ♏	♐ ab 20.26 ♑	♑ ab 07.35 ♒
13	♊ ab 11.34 ♋	♌	♎	♏	♑	♒
14	♋	♌ ab 11.04 ♍	♎	♏ ab 10.44 ♐	♑ ab 22.15 ♒	♒ ab 11.11 ♓
15	♋ ab 20.53 ♌	♍	♎ ab 01.27 ♏	♐	♒	♓
16	♌	♍ ab 15.31 ♎	♏	♐ ab 11.56 ♑	♒	♓ ab 18.59 ♈
17	♌	♎	♏ ab 03.13 ♐	♑	♒ ab 03.39 ♓	♈
18	♌ ab 04.06 ♍	♎ ab 18.49 ♏	♐	♑ ab 15.27 ♒	♓	♈
19	♍	♏	♐ ab 05.49 ♑	♒	♓ ab 12.40 ♈	♈ ab 06.10 ♉
20	♍ ab 09.34 ♎	♏ ab 21.36 ♐	♑	♒ ab 21.53 ♓	♈	♉
21	♎	♐	♑ ab 10.00 ♒	♓	♈	♉ ab 18.50 ♊
22	♎ ab 13.27 ♏	♐	♒	♓	♈ ab 00.08 ♉	♊
23	♏	♐ ab 00.23 ♑	♒ ab 16.10 ♓	♓ ab 06.59 ♈	♉	♊
24	♏ ab 15.56 ♐	♑	♓	♈	♉ ab 12.39 ♊	♊ ab 07.18 ♋
25	♐	♑ ab 03.53 ♒	♓	♈ ab 18.03 ♉	♊	♋
26	♐ ab 17.40 ♑	♒	♓ ab 00.32 ♈	♉	♊	♋ ab 18.46 ♌
27	♑	♒ ab 09.02 ♓	♈	♉	♊ ab 01.14 ♋	♌
28	♑ ab 19.56 ♒	♓	♈ ab 11.09 ♉	♉ ab 06.23 ♊	♋	♌ ab 04.42 ♍
29	♒	♓ ab 16.45 ♈	♉	♊	♋ ab 13.02 ♌	♌
30	♒	♈	♉ ab 23.27 ♊	♊ ab 19.04 ♋	♌	♍
31	♒ ab 00.19 ♓	♈		♋		♍ ab 12.20 ♎

1951

Tag	Januar Mond im	Februar Mond im	März Mond im	April Mond im	Mai Mond im	Juni Mond im
1	♎	♏ ab 02.17 ♐	♐	♒	♓	♈ ab 03.34 ♉
2	♎ ab 16.58 ♏	♐	♐ ab 10.30 ♑	♒ ab 23.45 ♓	♓ ab 12.27 ♈	♉
3	♏	♐ ab 03.53 ♑	♑	♓	♈	♉ ab 15.03 ♊
4	♏ ab 18.39 ♐	♑	♑ ab 13.11 ♒	♓	♈ ab 21.47 ♉	♊
5	♐	♑ ab 05.04 ♒	♒	♓ ab 06.16 ♈	♉	♊
6	♐ ab 18.32 ♑	♒	♒ ab 16.46 ♓	♈	♉	♊ ab 03.32 ♋
7	♑	♒ ab 07.29 ♓	♓	♈ ab 14.53 ♉	♉ ab 08.51 ♊	♋
8	♑ ab 18.36 ♒	♓	♓ ab 22.16 ♈	♉	♊	♋ ab 16.12 ♌
9	♒	♓ ab 12.43 ♈	♈	♉	♊ ab 21.13 ♋	♌
10	♒ ab 20.56 ♓	♈	♈	♉ ab 01.41 ♊	♋	♌
11	♓	♈ ab 21.34 ♉	♈ ab 06.33 ♉	♊	♋	♌ ab 03.47 ♍
12	♓	♉	♉	♊ ab 14.05 ♋	♋ ab 09.50 ♌	♍
13	♓ ab 03.06 ♈	♉	♉ ab 17.36 ♊	♋	♌	♍ ab 12.31 ♎
14	♈	♉ ab 07.29 ♊	♊	♋	♌ ab 20.44 ♍	♎
15	♈ ab 13.11 ♉	♊	♊	♋ ab 02.18 ♌	♍	♎ ab 17.17 ♏
16	♉	♊ ab 21.52 ♋	♊ ab 06.06 ♋	♌	♍	♏
17	♉	♋	♋	♌ ab 12.07 ♍	♍ ab 04.06 ♎	♏ ab 18.27 ♐
18	♉ ab 01.36 ♊	♋	♋ ab 17.45 ♌	♍	♎	♐
19	♊	♋ ab 09.01 ♌	♌	♍ ab 18.14 ♎	♎ ab 07.24 ♏	♐ ab 17.38 ♑
20	♊ ab 14.06 ♋	♌	♌	♎	♏	♑
21	♋	♌ ab 17.43 ♍	♌ ab 02.39 ♍	♎ ab 20.55 ♏	♏ ab 07.44 ♐	♑ ab 17.04 ♒
22	♋	♍	♍	♏	♐	♒
23	♋ ab 01.12 ♌	♍	♍ ab 08.21 ♎	♏ ab 21.40 ♐	♐ ab 07.08 ♑	♒ ab 18.50 ♓
24	♌	♍ ab 00.01 ♎	♎	♐	♑	♓
25	♌ ab 10.26 ♍	♎	♎ ab 11.36 ♏	♐ ab 22.20 ♑	♑ ab 07.42 ♒	♓
26	♍	♎ ab 04.21 ♏	♏	♑	♒	♓ ab 00.14 ♈
27	♍ ab 17.46 ♎	♏	♏ ab 13.41 ♐	♑	♒ ab 11.06 ♓	♈
28	♎	♏ ab 07.50 ♐	♐	♑ ab 00.23 ♒	♓	♈ ab 09.18 ♉
29	♎ ab 23.04 ♏		♐ ab 15.51 ♑	♒	♓ ab 17.54 ♈	♉
30	♏		♑	♒ ab 05.14 ♓	♈	♉ ab 20.52 ♊
31	♏		♑ ab 19.03 ♒		♈	

Tag	Juli Mond im	August Mond im	September Mond im	Oktober Mond im	November Mond im	Dezember Mond im
1	♊	♋	♍	♎	♏ ab 06.20 ♐	♑
2	♊	♋ ab 04.06 ♌	♍ ab 19.24 ♎	♏	♐	♑ ab 16.45 ♒
3	♊ ab 09.28 ♋	♌	♎	♎ ab 19.24 ♏	♐ ab 07.40 ♑	♒
4	♋	♌ ab 15.19 ♍	♎ ab 06.32 ♏	♏	♑	♒ ab 19.06 ♓
5	♋ ab 22.01 ♌	♍	♏	♏ ab 22.49 ♐	♑ ab 09.43 ♒	♓
6	♌	♍	♏ ab 12.49 ♐	♐	♒	♓
7	♋	♍ ab 00.35 ♎	♐	♐ ab 01.30 ♑	♒ ab 13.23 ♓	♓ ab 00.18 ♈
8	♌ ab 09.36 ♍	♎	♐ ab 17.12 ♑	♑	♓	♈
9	♍	♎ ab 07.24 ♏	♑	♑ ab 04.19 ♒	♓ ab 18.53 ♈	♈ ab 08.05 ♉
10	♍ ab 19.05 ♎	♏	♑ ab 20.07 ♒	♒	♈	♉
11	♎	♏ ab 11.31 ♐	♒	♒ ab 07.47 ♓	♈	♉ ab 17.54 ♊
12	♎	♐	♒ ab 22.12 ♓	♓	♈ ab 02.08 ♉	♊
13	♎ ab 01.19 ♏	♐ ab 13.19 ♑	♓	♓ ab 12.20 ♈	♉	♊
14	♏	♑	♒ ab 00.22 ♓	♈	♉ ab 11.16 ♊	♊ ab 05.23 ♋
15	♏ ab 04.03 ♐	♑ ab 13.53 ♒	♓	♈ ab 18.37 ♉	♊	♋
16	♐	♒	♓ ab 03.48 ♈	♉	♊ ab 22.28 ♋	♋ ab 18.05 ♌
17	♐ ab 04.15 ♑	♒ ab 14.53 ♓	♈	♉	♋	♌
18	♑	♓	♈ ab 09.42 ♉	♉ ab 03.22 ♊	♋	♌
19	♑ ab 03.42 ♒	♓ ab 17.59 ♈	♉	♊	♋ ab 11.12 ♌	♌ ab 06.53 ♍
20	♒	♈	♉ ab 18.47 ♊	♊ ab 14.43 ♋	♌	♍
21	♒ ab 04.29 ♓	♈	♊	♋	♌ ab 23.36 ♍	♍ ab 17.41 ♎
22	♓	♈ ab 00.27 ♉	♊	♋	♍	♎
23	♓ ab 08.22 ♈	♉	♊ ab 06.35 ♋	♋ ab 03.25 ♌	♍	♎
24	♈	♉ ab 10.28 ♊	♋	♌	♍ ab 09.09 ♎	♎ ab 00.39 ♏
25	♈ ab 16.07 ♉	♊	♋ ab 19.08 ♌	♌ ab 15.02 ♍	♎ ab 14.32 ♏	♏ ab 03.27 ♐
26	♉	♊ ab 22.45 ♋	♌	♍	♏	♐
27	♉	♋	♌	♍ ab 23.26 ♎	♏	♐
28	♉ ab 03.06 ♊	♋	♌ ab 06.06 ♍	♎	♏ ab 16.20 ♐	♐ ab 03.24 ♑
29	♊	♋ ab 11.10 ♌	♍	♎	♐	♑
30	♊ ab 15.43 ♋	♌	♍ ab 14.09 ♎	♎ ab 04.10 ♏	♐ ab 16.23 ♑	♑ ab 02.36 ♒
31	♋	♌ ab 22.00 ♍		♏		♒

1952

Tag	Januar Mond im	Februar Mond im	März Mond im	April Mond im	Mai Mond im	Juni Mond im
1	♒ ab 03.11 ♓	♈ ab 20.51 ♉	♉	♊ ab 08.39 ♋	♋ ab 05.13 ♌	♍
2	♓	♉	♉ ab 13.37 ♊	♋	♌	♍ ab 13.26 ♎
3	♓ ab 06.42 ♈	♉	♊	♋ ab 21.10 ♌	♌ ab 17.58 ♍	♎
4	♈	♉ ab 05.55 ♊	♊	♌	♍	♎ ab 21.20 ♏
5	♈ ab 13.44 ♉	♊	♊ ab 00.41 ♋	♌	♍	♏
6	♉	♊ ab 17.44 ♋	♋	♌ ab 09.41 ♍	♍ ab 04.39 ♎	♏
7	♉ ab 23.43 ♊	♋	♋ ab 13.31 ♌	♍	♎	♏ ab 01.21 ♐
8	♊	♋	♌	♍ ab 19.56 ♎	♎ ab 11.49 ♏	♐
9	♊	♋ ab 06.36 ♌	♌	♎	♏	♐ ab 02.47 ♑
10	♊ ab 11.35 ♋	♌	♌ ab 01.52 ♍	♎	♏ ab 15.51 ♐	♑
11	♋	♌ ab 19.02 ♍	♍	♎ ab 03.14 ♏	♐	♑ ab 03.27 ♒
12	♋	♍	♍ ab 12.17 ♎	♏	♐ ab 18.09 ♑	♒
13	♋ ab 00.20 ♌	♍	♎	♏ ab 08.08 ♐	♑	♒ ab 05.01 ♓
14	♌	♍ ab 06.01 ♎	♎ ab 20.21 ♏	♐	♑ ab 20.15 ♒	♓
15	♌ ab 13.01 ♍	♎	♏	♐ ab 11.42 ♑	♒	♓ ab 08.29 ♈
16	♍	♎ ab 14.45 ♏	♏	♑	♒ ab 23.06 ♓	♈
17	♍	♏	♏ ab 02.16 ♐	♑ ab 14.44 ♒	♓	♈ ab 14.11 ♉
18	♍ ab 00.20 ♎	♏ ab 20.43 ♐	♐	♒	♓	♉
19	♎	♐	♐ ab 06.20 ♑	♒ ab 17.41 ♓	♓ ab 03.07 ♈	♉ ab 22.04 ♊
20	♎ ab 08.44 ♏	♐ ab 23.50 ♑	♑	♓	♈	♊
21	♏	♑	♑ ab 08.55 ♒	♓ ab 20.57 ♈	♈ ab 08.30 ♉	♊
22	♏ ab 13.22 ♐	♑	♒	♈	♉	♊ ab 08.04 ♋
23	♐	♑ ab 00.49 ♒	♒ ab 10.39 ♓	♈	♉ ab 15.38 ♊	♋
24	♐ ab 14.39 ♑	♒	♓	♈ ab 01.15 ♉	♊	♋ ab 20.03 ♌
25	♑	♒ ab 01.01 ♓	♓ ab 12.34 ♈	♉	♊	♌
26	♑ ab 14.07 ♒	♓	♈	♉ ab 07.41 ♊	ab c01.06 ♋	♌
27	♒	♓ ab 02.12 ♈	♈ ab 16.06 ♉	♊	♋	♌ ab 09.07 ♍
28	♒ ab 13.46 ♓	♈	♉	♊ ab 17.06 ♋	♋ ab 13.00 ♌	♍
29	♓	♈ ab 06.02 ♉	♉ ab 22.36 ♊	♋	♌	♍ ab 21.19 ♎
30	♓ ab 15.38 ♈		♊	♋	♌	♎
31	♈		♊		♌ ab 01.57 ♍	

Tag	Juli Mond im	August Mond im	September Mond im	Oktober Mond im	November Mond im	Dezember Mond im
1	♎	♐	♑ ab 10.03 ♒	♓	♈ ab 07.59 ♉	♊
2	♎ ab 06.26 ♏	♐ ab 23.28 ♑	♒	♓ ab 20.34 ♈	♉	♊
3	♏	♑	♒ ab 10.00 ♓	♈	♉ ab 12.02 ♊	♊ ab 04.09 ♋
4	♏ ab 11.27 ♐	♑ ab 23.41 ♒	♓	♈ ab 22.06 ♉	♊	♋
5	♐	♒	♓ ab 09.58 ♈	♉	♊ ab 19.13 ♋	♋ ab 14.23 ♌
6	♐ ab 13.03 ♑	♒ ab 23.05 ♓	♈	♉	♋	♌
7	♑	♓	♈ ab 11.48 ♉	♉ ab 02.15 ♊	♋	♌
8	♑ ab 12.55 ♒	♓ ab 23.34 ♈	♉	♊	♋ ab 05.57 ♌	♌ ab 02.58 ♍
9	♒	♈	♉ ab 17.06 ♊	♊ ab 10.16 ♋	♌	♍
10	♒ ab 13.00 ♓	♈	♊	♋	♌ ab 18.47 ♍	♍ ab 15.36 ♎
11	♓	♈ ab 02.46 ♉	♊	♋ ab 21.51 ♌	♍	♎
12	♓ ab 14.56 ♈	♉	♊ ab 02.24 ♋	♌	♍	♎ ab 01.39 ♏
13	♈	♉ ab 09.37 ♊	♋	♌	♍ ab 06.58 ♎	♏
14	♈ ab 19.46 ♉	♊	♋ ab 14.39 ♌	♌ ab 10.51 ♍	♎ ab 16.19 ♏	♏ ab 08.00 ♐
15	♉	♊ ab 19.53 ♋	♌	♍	♏	♐
16	♉	♋	♌	♍ ab 22.45 ♎	♏	♐
17	♉ ab 03.38 ♊	♋	♌ ab 03.42 ♍	♎	♏ ab 22.34 ♐	♐ ab 11.18 ♑
18	♊	♋ ab 08.19 ♌	♍	♎	♐	♑
19	♊ ab 14.05 ♋	♌	♍ ab 15.42 ♎	♎ ab 08.10 ♏	♐	♑ ab 13.03 ♒
20	♋	♌ ab 21.23 ♍	♎	♏	♐ ab 02.41 ♑	♒
21	♋	♍	♎	♏ ab 15.12 ♐	♑	♒ ab 14.46 ♓
22	♋ ab 02.21 ♌	♍	♎ ab 01.44 ♏	♐	♑ ab 05.52 ♒	♓
23	♌	♍ ab 09.42 ♎	♏	♐ ab 20.29 ♑	♒	♓ ab 17.30 ♈
24	♌ ab 15.25 ♍	♎	♏ ab 09.33 ♐	♑	♒ ab 08.55 ♓	♈
25	♍	♎ ab 20.11 ♏	♐	♑	♓	♈ ab 21.46 ♉
26	♍	♏	♐ ab 15.06 ♑	♑ ab 00.28 ♒	♓ ab 12.10 ♈	♉
27	♍ ab 03.54 ♎	♏	♑	♒	♈	♉
28	♎	♏ ab 03.54 ♐	♑ ab 18.25 ♒	♒ ab 03.23 ♓	♈ ab 15.55 ♉	♉ ab 03.48 ♊
29	♎ ab 14.05 ♏	♐	♒	♓	♉	♊
30	♏	♐ ab 08.24 ♑	♒ ab 19.53 ♓	♓ ab 05.35 ♈	♉ ab 20.53 ♊	♊ ab 11.54 ♋
31	♏ ab 20.38 ♐	♑		♈		♋

1953

Tag	Januar Mond im	Februar Mond im	März Mond im	April Mond im	Mai Mond im	Juni Mond im
1	♋ ab 22.18 ♌	♍	♍	♎ ab 06.20 ♏	♐	♑ ab 15.46 ♒
2	♌	♍	♍ ab 12.41 ♎	♏	♐	♒
3	♌	♍ ab 06.32 ♎	♎	♏ ab 15.59 ♐	♐ ab 04.55 ♑	♒ ab 19.12 ♓
4	♌ ab 10.41 ♍	♎	♎ ab 00.31 ♏	♐	♑	♓
5	♍	♎ ab 18.21 ♏	♏	♐ ab 23.29 ♑	♑ ab 10.13 ♒	♓ ab 22.02 ♈
6	♍ ab 23.37 ♎	♏	♏ ab 10.20 ♐	♑	♒	♈
7	♎	♏	♐	♑ ab 04.28 ♒	♒ ab 13.47 ♓	♈
8	♎	♏ ab 03.21 ♐	♐ ab 17.10 ♑	♒	♓	♈ ab 00.42 ♉
9	♎ ab 10.44 ♏	♐	♑	♒ ab 06.50 ♓	♓ ab 15.49 ♈	♉
10	♏	♐ ab 08.32 ♑	♑	♓	♈	♉ ab 04.03 ♊
11	♏ ab 18.15 ♐	♑	♑ ab 20.38 ♒	♓ ab 07.19 ♈	♈ ab 17.12 ♉	♊
12	♐	♑ ab 10.17 ♒	♒	♈	♉	♊ ab 09.18 ♋
13	♐ ab 21.55 ♑	♒	♒ ab 21.17 ♓	♈ ab 07.32 ♉	♉ ab 19.27 ♊	♋
14	♑	♒ ab 09.58 ♓	♓	♉	♊	♋ ab 17.28 ♌
15	♑ ab 22.58 ♒	♓	♓ ab 20.39 ♈	♉ ab 09.27 ♊	♊ ab 00.17 ♋	♌
16	♒	♓ ab 09.31 ♈	♈	♊	♋	♌ ab 04.37 ♍
17	♒ ab 23.07 ♓	♈	♈ ab 20.45 ♉	♊ ab 14.53 ♋	♋ ab 08.47 ♌	♍
18	♓	♈ ab 10.51 ♉	♉	♋	♌	♍ ab 17.17 ♎
19	♓	♉	♉ ab 23.35 ♊	♋	♌ ab 20.31 ♍	♎
20	♓ ab 00.09 ♈	♉ ab 15.27 ♊	♊	♋ ab 00.27 ♌	♍	♎
21	♈	♊	♊	♌	♍	♎ ab 04.58 ♏
22	♈ ab 03.21 ♉	♊ ab 23.48 ♋	♊ ab 06.30 ♋	♌ ab 12.53 ♍	♍ ab 09.16 ♎	♏
23	♉	♋	♋	♍	♎	♏ ab 13.48 ♐
24	♉ ab 09.21 ♊	♋	♋ ab 17.15 ♌	♍	♎ ab 20.33 ♏	♐
25	♊	♋ ab 11.06 ♌	♌	♍ ab 01.41 ♎	♏	♐ ab 19.29 ♑
26	♊ ab 18.07 ♋	♌	♌	♎	♏	♑
27	♋	♌ ab 23.51 ♍	♌ ab 06.04 ♍	♎ ab 12.52 ♏	♏ ab 05.09 ♐	♑ ab 22.52 ♒
28	♋	♍	♍	♏	♐	♒
29	♋ ab 05.06 ♌		♍ ab 18.52 ♎	♏ ab 21.53 ♐	♐ ab 11.17 ♑	♒
30	♌		♎	♐	♑	
31	♌ ab 17.36 ♍		♎		♑	

Tag	Juli Mond im	August Mond im	September Mond im	Oktober Mond im	November Mond im	Dezember Mond im
1	♒ ab 01.09 ♓	♈ ab 11.57 ♉	♊	♋ ab 19.54 ♌	♍	♎ ab 22.31 ♏
2	♓	♉	♊ ab 04.30 ♋	♌	♍ ab 02.51 ♎	♏
3	♓ ab 03.24 ♈	♉ ab 16.11 ♊	♋	♌	♎	♏
4	♈	♊	♋ ab 14.05 ♌	♌ ab 07.41 ♍	♎	♏
5	♈ ab 06.24 ♉	♊ ab 23.00 ♋	♌	♍	♎ ab 15.12 ♏	♏ ab 09.09 ♐
6	♉	♋	♌	♍ ab 20.28 ♎	♏	♐
7	♉ ab 10.43 ♊	♋	♌ ab 01.48 ♍	♎	♏	♐ ab 17.33 ♑
8	♊	♋ ab 08.16 ♌	♍	♎ ab 08.57 ♏	♏ ab 02.07 ♐	♑
9	♊ ab 16.55 ♋	♌	♍ ab 14.28 ♎	♏	♐	♑
10	♋	♌ ab 19.34 ♍	♎	♏	♐ ab 11.19 ♑	♒
11	♋	♍	♎	♏ ab 20.20 ♐	♑	♒
12	♋ ab 01.28 ♌	♍	♎ ab 03.06 ♏	♐	♑ ab 18.31 ♒	♒ ab 04.47 ♓
13	♌	♍ ab 08.09 ♎	♏	♐	♒	♓
14	♌ ab 12.29 ♍	♎	♏ ab 14.32 ♐	♐ ab 05.52 ♑	♒ ab 23.18 ♓	♓ ab 08.07 ♈
15	♍	♎ ab 20.44 ♏	♐	♑	♓	♈
16	♍	♏	♐ ab 23.21 ♑	♑ ab 12.35 ♒	♓	♈ ab 10.23 ♉
17	♍ ab 01.04 ♎	♏	♑	♒	♓ ab 01.36 ♈	♉
18	♎	♏ ab 07.30 ♐	♑	♒ ab 15.56 ♓	♈	♉ ab 12.28 ♊
19	♎ ab 13.17 ♏	♐	♑ ab 04.30 ♒	♓	♈ ab 02.15 ♉	♊
20	♏	♐ ab 14.53 ♑	♒ ab 06.07 ♓	♓ ab 16.27 ♈	♉	♊ ab 15.40 ♋
21	♏ ab 22.59 ♐	♑	♓	♈	♉ ab 02.55 ♊	♋
22	♐	♑ ab 18.29 ♒	♓ ab 05.31 ♈	♈ ab 15.47 ♉	♊	♋ ab 21.23 ♌
23	♐	♒	♈	♉	♊ ab 05.32 ♋	♌
24	♐ ab 05.07 ♑	♒ ab 19.12 ♓	♈ ab 04.45 ♉	♉ ab 16.05 ♊	♋	♌
25	♑	♓	♉	♊	♋ ab 11.41 ♌	♌ ab 06.24 ♍
26	♑ ab 08.03 ♒	♓ ab 18.46 ♈	♉ ab 06.01 ♊	♊ ab 19.24 ♋	♌	♍
27	♒	♈	♊	♋	♌ ab 21.41 ♍	♍ ab 18.11 ♎
28	♒ ab 09.07 ♓	♈ ab 19.11 ♉	♊ ab 10.57 ♋	♋ ab 02.55 ♌	♍	♎
29	♓	♉	♋	♌	♍	♎
30	♓ ab 09.56 ♈	♉ ab 22.07 ♊	♋	♌	♍ ab 10.06 ♎	♎ ab 06.43 ♏
31	♈	♊		♌ ab 14.05 ♍		♏

1954

Tag	Januar Mond im	Februar Mond im	März Mond im	April Mond im	Mai Mond im	Juni Mond im
1	♏ ab 17.40 ♐	♑	♑ ab 03.07 ♒	♓ ab 16.40 ♈	♈	♊
2	♐	♑ ab 16.38 ♒	♒	♈	♈ ab 02.43 ♉	♊ ab 13.46 ♋
3	♐	♒	♒	♈	♉	♋
4	♐ ab 01.46 ♑	♒ ab 19.04 ♓	♒ ab 05.33 ♓	♈ ab 15.43 ♉	♉ ab 02.07 ♊	♋ ab 17.35 ♌
5	♑	♓	♓	♉	♊	♌
6	♑ ab 07.10 ♒	♓ ab 20.15 ♈	♓ ab 05.41 ♈	♉ ab 15.40 ♊	♊ ab 03.30 ♋	♌
7	♒	♈	♈	♊	♋	♌ ab 01.07 ♍
8	♒ ab 10.43 ♓	♈ ab 21.47 ♉	♈ ab 05.33 ♉	♊ ab 18.29 ♋	♋ ab 08.29 ♌	♍
9	♓	♉	♉	♋	♌	♍ ab 11.59 ♎
10	♓ ab 13.27 ♈	♉	♉ ab 07.07 ♊	♋ ab 01.06 ♌	♌ ab 17.23 ♍	♎
11	♈	♉ ab 00.55 ♊	♊	♌	♍	♎
12	♈ ab 16.10 ♉	♊	♊ ab 11.38 ♋	♌	♍	♎ ab 00.30 ♏
13	♉	♊ ab 06.10 ♋	♋	♌ ab 11.03 ♍	♍ ab 05.04 ♎	♏
14	♉ ab 19.30 ♊	♋	♋ ab 19.17 ♌	♍	♎	♏ ab 12.38 ♐
15	♊	♋ ab 13.36 ♌	♌	♍ ab 22.58 ♎	♎ ab 17.42 ♏	♐
16	♊	♌	♌	♎	♏	♐ ab 23.06 ♑
17	♊ ab 00.01 ♋	♌ ab 23.01 ♍	♌ ab 05.22 ♍	♎	♏	♑
18	♋	♍	♍	♎ ab 11.33 ♏	♏ ab 05.54 ♐	♑
19	♋ ab 06.25 ♌	♍	♍ ab 16.58 ♎	♏	♐	♑ ab 07.26 ♒
20	♌	♍ ab 10.15 ♎	♎	♏ ab 23.55 ♐	♐ ab 16.49 ♑	♒
21	♌ ab 15.14 ♍	♎	♎ ab 05.27 ♏	♐	♑	♒ ab 13.37 ♓
22	♍	♎ ab 22.44 ♏	♏	♐	♑ ab 01.49 ♒	♓
23	♍	♏	♏	♐ ab 11.12 ♑	♑ ab 01.49 ♒	♓ ab 17.44 ♈
24	♍ ab 02.30 ♎	♏	♏ ab 17.57 ♐	♑	♒	♈
25	♎	♏ ab 11.01 ♐	♐	♑ ab 20.03 ♒	♒ ab 08.09 ♓	♈ ab 20.09 ♉
26	♎ ab 15.04 ♏	♐	♐	♒	♓	♉
27	♏	♐ ab 20.58 ♑	♐ ab 04.56 ♑	♒	♓ ab 11.32 ♈	♉ ab 21.42 ♊
28	♏	♑	♑	♒ ab 01.22 ♓	♈	♊
29	♏ ab 02.43 ♐		♑ ab 12.38 ♒	♓	♈ ab 12.34 ♉	♊ ab 23.36 ♋
30	♐		♒	♓ ab 03.09 ♈	♉	
31	♐ ab 11.27 ♑		♒ ab 16.17 ♓		♉ ab 12.41 ♊	

Tag	Juli Mond im	August Mond im	September Mond im	Oktober Mond im	November Mond im	Dezember Mond im
1	♋	♍	♎ ab 23.49 ♏	♏ ab 19.42 ♐	♑	♒
2	♋ ab 03.17 ♌	♍	♏	♐	♑	♒ ab 15.39 ♓
3	♌	♍ ab 04.14 ♎	♏	♐ ab 08.05 ♑	♑ ab 01.23 ♒	♓
4	♌ ab 09.56 ♍	♎	♏ ab 12.33 ♐	♑	♒	♓ ab 20.35 ♈
5	♍	♎ ab 16.03 ♏	♐	♑	♒ ab 08.35 ♓	♈
6	♍ ab 19.54 ♎	♏	♐	♑ ab 17.46 ♒	♓	♈ ab 22.23 ♉
7	♎	♏	♐ ab 00.10 ♑	♒	♓ ab 11.43 ♈	♉
8	♎	♏ ab 04.33 ♐	♑	♒ ab 23.17 ♓	♈	♉ ab 22.17 ♊
9	♎ ab 08.04 ♏	♐	♑ ab 08.31 ♒	♓	♈ ab 11.49 ♉	♊
10	♏	♐ ab 15.21 ♑	♒	♓	♉	♊ ab 22.07 ♋
11	♏ ab 20.19 ♐	♑	♒ ab 12.55 ♓	♓ ab 00.59 ♈	♉ ab 10.51 ♊	♋
12	♐	♑ ab 22.55 ♒	♓	♈	♊	♋ ab 23.49 ♌
13	♐	♒	♓ ab 14.23 ♈	♈ ab 00.32 ♉	♊ ab 11.00 ♋	♌
14	♐ ab 06.40 ♑	♒	♈	♉	♋	♌
15	♑	♒ ab 03.17 ♓	♈ ab 14.45 ♉	♉ ab 00.10 ♊	♋ ab 14.03 ♌	♌ ab 04.54 ♍
16	♑ ab 14.20 ♒	♓	♉	♊	♌	♍
17	♒	♓ ab 05.38 ♈	♉ ab 15.55 ♊	♊ ab 01.50 ♋	♌ ab 20.53 ♍	♍ ab 13.52 ♎
18	♒ ab 19.33 ♓	♈	♊	♋	♍	♎
19	♓	♈ ab 07.26 ♉	♊ ab 19.13 ♋	♋ ab 06.41 ♌	♍	♎
20	♓ ab 23.06 ♈	♉	♋	♌	♍ ab 07.03 ♎	♎ ab 01.44 ♏
21	♈	♉ ab 09.57 ♊	♋ ab 01.04 ♌	♌ ab 14.45 ♍	♎	♏
22	♈	♊	♌	♍	♎ ab 19.13 ♏	♏ ab 14.35 ♐
23	♈ ab 01.53 ♉	♊ ab 13.50 ♋	♌ ab 09.11 ♍	♍	♏	♐
24	♉	♋	♍	♍ ab 01.12 ♎	♏	♐
25	♉ ab 04.31 ♊	♋ ab 19.23 ♌	♍ ab 19.11 ♎	♎ ab 13.11 ♏	♏ ab 08.02 ♐	♐ ab 02.41 ♑
26	♊	♌	♎	♏	♐	♑
27	♊ ab 07.42 ♋	♌	♎	♏	♐ ab 20.24 ♑	♑ ab 13.01 ♒
28	♋	♌ ab 02.44 ♍	♎	♏	♑	♒
29	♋ ab 12.11 ♌	♍	♎ ab 06.52 ♏	♏ ab 01.59 ♐	♑	♒ ab 21.10 ♓
30	♌	♍ ab 12.12 ♎	♏	♐	♑ ab 07.20 ♒	♓
31	♌ ab 18.50 ♍	♎		♐ ab 14.37 ♑		♓

1955

Tag	Januar Mond im	Februar Mond im	März Mond im	April Mond im	Mai Mond im	Juni Mond im
1	♓ ab 02.57 ♈	♉ ab 15.03 ♊	♊	♋ ab 09.21 ♌	♍	♎ ab 21.54 ♏
2	♈	♊	♊ ab 23.40 ♋	♌	♍	♏
3	♈ ab 06.25 ♉	♊ ab 17.37 ♋	♋	♌ ab 15.31 ♍	♍ ab 05.26 ♎	♏
4	♉	♋	♋	♍	♎	♏ ab 10.24 ♐
5	♉ ab 08.05 ♊	♋ ab 20.29 ♌	♋ ab 03..49 ♌	♍ ab 23.34 ♎	♎ ab 16.04 ♏	♐
6	♊	♌	♌	♎	♏	♐ ab 23.21 ♑
7	♊ ab 09.01 ♋	♌	♌ ab 09.09 ♍	♎	♏	♑
8	♋	♌ ab 00.43 ♍	♍	♎ ab 09.38 ♏	♏ ab 04.19 ♐	♑
9	♋ ab 10.42 ♌	♍	♍ ab 16.20 ♎	♏	♐	♑ ab 11.30 ♒
10	♌	♍ ab 07.34 ♎	♎	♏ ab 21.42 ♐	♐ ab 17.19 ♑	♒
11	♌ ab 14.43 ♍	♎	♎	♐	♑	♒ ab 21.32 ♓
12	♍	♎ ab 17.39 ♏	♎ ab 02.05 ♏	♐	♑ ab 05.30 ♒	♓
13	♍ ab 22.15 ♎	♏	♏	♐ ab 10.41 ♑	♒	♓
14	♎	♏	♏ ab 14.14 ♐	♑	♒	♓ ab 04.24 ♈
15	♎	♏ ab 06.08 ♐	♐	♑ ab 22.20 ♒	♒ ab 14.54 ♓	♈
16	♎ ab 09.15 ♏	♐	♐	♒	♓	♈ ab 07.50 ♉
17	♏	♐ ab 18.35 ♑	♐ ab 03.02 ♑	♒	♓ ab 20.21 ♈	♉
18	♏ ab 22.02 ♐	♑	♑	♒ ab 06.29 ♓	♈	♉ ab 08.37 ♊
19	♐	♑	♑ ab 13.47 ♒	♓	♈ ab 22.12 ♉	♊
20	♐	♑ ab 04.33 ♒	♒	♓ ab 10.30 ♈	♉	♊ ab 08.16 ♋
21	♐ ab 10.10 ♑	♒	♒ ab 20.45 ♓	♈	♉ ab 21.57 ♊	♋
22	♑	♒ ab 11.10 ♓	♓	♈ ab 11.30 ♉	♊	♋ ab 08.37 ♌
23	♑ ab 19.59 ♒	♓	♓	♉	♊ ab 21.33 ♋	♌
24	♒	♓ ab 15.06 ♈	♓ ab 00.10 ♈	♉ ab 11.24 ♊	♋	♌ ab 11.27 ♍
25	♒	♈	♈	♊	♋ ab 22.53 ♌	♍
26	♒ ab 03.11 ♓	♈ ab 17.47 ♉	♈ ab 01.32 ♉	♊ ab 12.09 ♋	♌	♍ ab 17.56 ♎
27	♓	♉	♉	♋	♌	♎
28	♓ ab 08.20 ♈	♉ ab 20.24 ♊	♉ ab 02.42 ♊	♋ ab 15.09 ♌	♌ ab 03.16 ♍	♎
29	♈		♊	♌	♍	♎ ab 04.05 ♏
30	♈ ab 12.06 ♉		♊ ab 05.06 ♋	♌ ab 20.58 ♍	♍ ab 11.08 ♎	♏
31	♉		♋		♎	

Tag	Juli Mond im	August Mond im	September Mond im	Oktober Mond im	November Mond im	Dezember Mond im
1	♏ ab 16.34 ♐	♑	♒ ab 16.23 ♓	♓ ab 06.47 ♈	♉ ab 20.23 ♊	♊ ab 06.47 ♋
2	♐	♑ ab 23.52 ♒	♓	♈	♊	♋
3	♐	♒	♓ ab 22.24 ♈	♈ ab 09.52 ♉	♊ ab 21.12 ♋	♋ ab 07.08 ♌
4	♐ ab 05.30 ♑	♒	♈	♉	♋	♌
5	♑	♒ ab 09.04 ♓	♈	♉ ab 12.00 ♊	♋ ab 23.20 ♌	♌ ab 09.50 ♍
6	♑ ab 17.19 ♒	♓	♈ ab 02.37 ♉	♊	♌	♍
7	♒	♓ ab 16.00 ♈	♉	♊ ab 14.23 ♋	♌	♍ ab 15.49 ♎
8	♒	♈	♉ ab 05.59 ♊	♋	♌ ab 03.37 ♍	♎
9	♒ ab 03.09 ♓	♈ ab 21.03 ♉	♊	♋ ab 17.42 ♌	♍	♎ ab 01.00 ♏
10	♓	♉	♊ ab 09.01 ♋	♌	♍ ab 10.16 ♎	♏
11	♓ ab 10.33 ♈	♉	♋	♌ ab 22.12 ♍	♎	♏ ab 12.34 ♐
12	♈	♉ ab 00.34 ♊	♋ ab 12.02 ♌	♍	♎ ab 19.13 ♏	♐
13	♈ ab 15.21 ♉	♊	♌	♍	♏	♐
14	♉	♊ ab 02.51 ♋	♌ ab 15.34 ♍	♍ ab 04.14 ♎	♏	♐ ab 01.24 ♑
15	♉ ab 17.43 ♊	♋	♍	♎	♏ ab 06.17 ♐	♑
16	♊	♋ ab 04.34 ♌	♍ ab 20.36 ♎	♎ ab 12.24 ♏	♐	♑ ab 14.20 ♒
17	♊ ab 18.30 ♋	♌	♎	♏ ab 23.08 ♐	♐ ab 18.59 ♑	♒
18	♋	♌ ab 06.58 ♍	♎ ab 04.19 ♏	♐	♑	♒
19	♋ ab 19.04 ♌	♍	♏	♐	♑	♒ ab 02.02 ♓
20	♌	♍ ab 11.34 ♎	♏	♐ ab 11.52 ♑	♑ ab 07.59 ♒	♓
21	♌ ab 21.07 ♍	♎	♎ ab 15.12 ♐	♑	♒	♓ ab 11.06 ♈
22	♍	♎ ab 19.38 ♏	♐	♑	♒ ab 19.11 ♓	♈
23	♍	♏	♐	♑ ab 00.33 ♒	♓	♈ ab 16.33 ♉
24	♍ ab 02.16 ♎	♏	♐ ab 04.01 ♑	♒	♓	♉
25	♎	♏ ab 07.04 ♐	♑	♒ ab 10.38 ♓	♓ ab 02.48 ♈	♉ ab 18.33 ♊
26	♎ ab 11.19 ♏	♐	♑ ab 16.08 ♒	♓	♈	♊
27	♏	♐ ab 19.57 ♑	♒	♓ ab 16.46 ♈	♈ ab 06.27 ♉	♊
28	♏ ab 23.24 ♐	♑	♒	♈	♉	♊ ab 18.18 ♋
29	♐	♑	♒ ab 01.13 ♓	♈	♉ ab 07.11 ♊	♋
30	♐	♑ ab 07.36 ♒	♓	♈ ab 19.30 ♉	♊	♋ ab 17.37 ♌
31	♐ ab 12.19 ♑	♒		♉		♌

1956

Tag	Januar Mond im	Februar Mond im	März Mond im	April Mond im	Mai Mond im	Juni Mond im
1	♌ ab 18.31 ♍	♏	♏	♐ ab 05.38 ♑	♑	♓
2		♎ ab 14.34 ♏	♏		♑ ab 02.28 ♒	♓
3	♍ ab 22.44 ♎	♏	♏ ab 0910 ♐		♒	♓ ab 08.05 ♈
4	♎	♏	♐	♑ ab 18.25 ♒	♒ ab 14.16 ♓	♈
5		♏ ab 01.13 ♐	♐ ab 21.33 ♑	♒	♓	♈ ab 14.22 ♉
6	♎ ab 07.00 ♏	♐	♑	♒	♓ ab 23.06 ♈	♉
7	♏	♐ ab 14.09 ♑	♑	♒ ab 05.38 ♓	♈	♉ ab 17.10 ♊
8	♏ ab 18.33 ♐	♑	♑ ab 10.20 ♒	♓	♈	♊
9	♐	♑	♒	♓ ab 13.47 ♈	♈ ab 04.24 ♉	♊ ab 17.42 ♋
10		♑ ab 02.52 ♒	♒ ab 21.12 ♓	♈	♉	♋
11	♐ ab 07.34 ♑	♒	♓	♈ ab 19.04 ♉	♉ ab 07.01 ♊	♋ ab 17.45 ♌
12	♑	♒ ab 13.52 ♓	♓	♉	♊	♌
13	♑ ab 20.20 ♒	♓	♓ ab 05.27 ♈	♉ ab 22.31 ♊	♊ ab 08.21 ♋	♌ ab 19.04 ♍
14	♒	♓ ab 22.49 ♈	♈	♊	♋	♍
15		♈	♈ ab 11.32 ♉	♊	♋ ab 09.52 ♌	♍ ab 22.59 ♎
16	♒ ab 07.48 ♓	♈	♉	♊ ab 01.15 ♋	♌	♎
17	♓	♈ ab 05.49 ♉	♉ ab 16.12 ♊	♋	♌ ab 12.40 ♍	♎
18	♓ ab 17.18 ♈	♉	♊	♋ ab 04.01 ♌	♍	♎ ab 06.03 ♏
19	♈	♉ ab 10.51 ♊	♊ ab 19.48 ♋	♌	♍ ab 17.26 ♎	♏
20	♈	♊	♋	♌ ab 07.17 ♍	♎	♏ ab 15.56 ♐
21	♈ ab 00.12 ♉	♊ ab 13.50 ♋	♋ ab 22.31 ♌	♍	♎	♐
22	♉	♋	♌	♍ ab 11.37 ♎	♎ ab 00.27 ♏	♐
23	♉ ab 04.06 ♊	♋ ab 15.11 ♌	♌	♎	♏	♐ ab 03.43 ♑
24	♊	♌	♌ ab 00.53 ♍	♎ ab 17.45 ♏	♏ ab 09.47 ♐	♑
25	♊ ab 05.20 ♋	♌ ab 16.05 ♍	♍	♏	♐	♑ ab 16.26 ♒
26	♋	♍	♍ ab 04.00 ♎	♏	♐ ab 21.12 ♑	♒
27	♋ ab 05.07 ♌	♍ ab 18.21 ♎	♎	♏ ab 02.26 ♐	♑	♒
28	♌	♎	♎ ab 09.19 ♏	♐	♑	♒ ab 04.55 ♓
29	♌ ab 05.18 ♍	♎ ab 23.45 ♏	♏	♐ ab 13.45 ♑	♑ ab 09.52 ♒	♓
30	♍		♏ ab 17.56 ♐	♑	♒	♓ ab 15.43 ♈
31	♍ ab 07.56 ♎		♐		♒ ab 22.10 ♓	

Tag	Juli Mond im	August Mond im	September Mond im	Oktober Mond im	November Mond im	Dezember Mond im
1	♈	♉ ab 12.16 ♊	♋	♌ ab 09.25 ♍	♎ ab 23.25 ♏	♏ ab 13.59 ♐
2	♈ ab 23.26 ♉	♊	♋ ab 00.14 ♌	♍	♏	♐
3	♉	♊ ab 14.33 ♋	♌	♍ ab 11.02 ♎	♏	♐ ab 23.36 ♑
4	♉	♋	♌ ab 00.21 ♍	♎	♏ ab 05.57 ♐	♑
5	♉ ab 03.26 ♊	♋ ab 14.27 ♌	♍	♎ ab 14.19 ♏	♐	♑
6	♊	♌	♍ ab 01.05 ♎	♏	♐ ab 15.24 ♑	♑ ab 11.17 ♒
7	♊ ab 04.20 ♋	♌ ab 13.50 ♍	♎	♏ ab 20.46 ♐	♑	♒
8	♋	♍	♎ ab 04.27 ♏	♐	♑	♒ ab 23.57 ♓
9	♋ ab 03.42 ♌	♍ ab 14.51 ♎	♏	♐	♑ ab 03.20 ♒	♓
10	♌	♎	♏ ab 11.46 ♐	♐ ab 06.48 ♑	♒	♓
11	♌ ab 03.35 ♍	♎ ab 19.21 ♏	♐	♑	♒ ab 15.51 ♓	♓ ab 11.37 ♈
12	♍	♏	♐ ab 22.46 ♑	♑ ab 19.10 ♒	♓	♈
13	♍ ab 05.55 ♎	♏	♑	♒	♓	♈ ab 20.16 ♉
14	♎	♏ ab 04.00 ♐	♑	♒	♓ ab 02.37 ♈	♉
15	♎ ab 11.57 ♏	♐	♑ ab 11.28 ♒	♒ ab 07.25 ♓	♈	♉
16	♏	♐ ab 15.48 ♑	♒	♓	♈ ab 10.13 ♉	♉ ab 01.07 ♊
17	♏ ab 21.38 ♐	♑	♒ ab 23.34 ♓	♓ ab 17.36 ♈	♉	♊
18	♐	♑	♓	♈	♉ ab 14.45 ♊	♊ ab 02.52 ♋
19	♐	♑ ab 04.38 ♒	♓	♈	♊	♋
20	♐ ab 09.41 ♑	♒	♓ ab 09.48 ♈	♈ ab 01.08 ♉	♊ ab 17.18 ♋	♋ ab 03.12 ♌
21	♑	♒ ab 16.48 ♓	♈	♉	♋	♌
22	♑ ab 22.29 ♒	♓	♈ ab 18.01 ♉	♉ ab 06.29 ♊	♋ ab 19.10 ♌	♌ ab 03.56 ♍
23	♒	♓	♉	♊	♌	♍
24	♒	♓ ab 03.30 ♈	♉	♊ ab 10.24 ♋	♌ ab 21.32 ♍	♍ ab 06.39 ♎
25	♒ ab 10.51 ♓	♈	♉ ab 00.25 ♊	♋	♍	♎
26	♓	♈ ab 12.24 ♉	♊	♋ ab 13.27 ♌	♍	♎ ab 12.09 ♏
27	♓ ab 21.54 ♈	♉	♊ ab 05.00 ♋	♌	♍ ab 01.11 ♎	♏
28	♈	♉ ab 19.00 ♊	♋	♌ ab 16.10 ♍	♎	♏ ab 20.20 ♐
29	♈	♊	♋ ab 07.49 ♌	♍	♎ ab 06.35 ♏	♐
30	♈ ab 06.41 ♉	♊ ab 22.52 ♋	♌	♍ ab 19.10 ♎	♏	♐
31	♉	♋		♎		♐ ab 06.37 ♑

1957

Tag	Januar Mond im	Februar Mond im	März Mond im	April Mond im	Mai Mond im	Juni Mond im
1	♑	♒ ab 13.21 ♓	♓	♈	♉ ab 14.47 ♊	♋
2	♑ ab 18.25 ♒	♓	♓	♈ ab 00.11 ♉	♊	♋ ab 05.46 ♌
3	♒	♓	♓ ab 07.31 ♈	♉	♊ ab 20.09 ♋	♌
4	♒	♓ ab 01.42 ♈	♈	♉ ab 08.31 ♊	♋	♌ ab 08.00 ♍
5	♒ ab 07.05 ♓	♈	♈ ab 18.21 ♉	♊	♋ ab 23.54 ♌	♍
6	♓	♈ ab 12.38 ♉	♉	♊ ab 14.38 ♋	♌	♍ ab 10.46 ♎
7	♓ ab 19.23 ♈	♉	♉	♋	♌	♎
8	♈	♉ ab 20.35 ♊	♉ ab 03.04 ♊	♋ ab 18.25 ♌	♌ ab 02.37 ♍	♎ ab 14.41 ♏
9	♈	♊	♊	♌	♍	♏
10	♈ ab 05.27 ♉	♊	♊ ab 08.45 ♋	♌ ab 20.13 ♍	♍ ab 04.58 ♎	♏ ab 20.10 ♐
11	♉	♊ ab 00.39 ♋	♋	♍	♎	♐
12	♉ ab 11.44 ♊	♋	♋ ab 11.12 ♌	♍ ab 21.09 ♎	♎ ab 07.49 ♏	♐ ab 03.37 ♑
13	♊	♋ ab 01.19 ♌	♌	♎	♏	♑
14	♊ ab 14.06 ♋	♌	♌ ab 11.20 ♍	♎ ab 22.46 ♏	♏ ab 12.14 ♐	♑ ab 13.24 ♒
15	♋	♌ ab 00.17 ♍	♍	♏	♐	♒
16	♋ ab 13.51 ♌	♍ ab 23.50 ♎	♍ ab 10.59 ♎	♏	♐ ab 19.14 ♑	♒
17	♌	♎	♎	♏ ab 02.43 ♐	♑	♒ ab 01.15 ♓
18	♌ ab 13.04 ♍	♎	♎ ab 12.15 ♏	♐	♑	♓
19	♍	♎ ab 02.06 ♏	♏	♐ ab 10.09 ♑	♑ ab 05.13 ♒	♓ ab 13.46 ♈
20	♍ ab 13.55 ♎	♏	♏ ab 16.54 ♐	♑	♒	♈
21	♎	♏ ab 08.23 ♐	♐	♑ ab 20.54 ♒	♒ ab 17.21 ♓	♈
22	♎ ab 18.03 ♏	♐	♐	♒	♓	♈ ab 00.39 ♉
23	♏	♐ ab 18.27 ♑	♐ ab 01.35 ♑	♒	♓	♉
24	♏	♑	♑	♒ ab 09.23 ♓	♓ ab 05.34 ♈	♉
25	♏ ab 01.52 ♐	♑	♑ ab 13.18 ♒	♓	♈	♉ ab 08.07 ♊
26	♐	♑ ab 06.43 ♒	♒	♓ ab 21.22 ♈	♈ ab 15.43 ♉	♊
27	♐ ab 12.33 ♑	♒	♒	♈	♉	♊ ab 12.01 ♋
28	♑	♒ ab 19.25 ♓	♒ ab 02.00 ♓	♈	♉ ab 22.47 ♊	♋
29	♑		♓	♈ ab 07.18 ♉	♊	♋ ab 13.31 ♌
30	♑ ab 00.42 ♒		♓ ab 13.55 ♈	♉	♊	♌
31	♒		♈		♊ ab 03.06 ♋	

Tag	Juli Mond im	August Mond im	September Mond im	Oktober Mond im	November Mond im	Dezember Mond im
1	♌ ab 14.24 ♍	♎	♐	♑	♒ ab 10.19 ♓	♓ ab 06.57 ♈
2	♍	♎ ab 02.01 ♏	♐ ab 22.06 ♑	♑ ab 15.04 ♒	♓	♈
3	♍ ab 16.17 ♎	♏	♑	♒	♓ ab 23.00 ♈	♈ ab 18.48 ♉
4	♎	♏ ab 07.48 ♐	♑	♒	♈	♉
5	♎ ab 20.10 ♏	♐	♑ ab 08.50 ♒	♒ ab 03.18 ♓	♈	♉
6	♏	♐ ab 16.24 ♑	♒	♓	♈ ab 10.38 ♉	♉ ab 04.01 ♊
7	♏	♑	♒ ab 21.04 ♓	♓ ab 15.57 ♈	♉	♊
8	♏ ab 02.21 ♐	♑	♓	♈	♉ ab 20.09 ♊	♊ ab 10.16 ♋
9	♐	♑ ab 03.02 ♒	♓	♈	♊	♋
10	♐ ab 10.35 ♑	♒	♓ ab 09.45 ♈	♈ ab 03.48 ♉	♊	♋ ab 14.24 ♌
11	♑	♒ ab 15.02 ♓	♈	♉	♊ ab 03.24 ♋	♌
12	♑ ab 20.43 ♒	♓	♈ ab 21.56 ♉	♉ ab 14.01 ♊	♋	♌ ab 17.29 ♍
13	♒	♓	♉	♊	♋ ab 08.37 ♌	♍
14	♒	♓ ab 03.48 ♈	♉	♊ ab 21.55 ♋	♌	♍ ab 20.23 ♎
15	♒ ab 08.33 ♓	♈	♉ ab 08.27 ♊	♋	♌ ab 12.07 ♍	♎
16	♓	♈ ab 16.01 ♉	♊	♋	♍	♎ ab 23.36 ♏
17	♓ ab 21.15 ♈	♉	♊ ab 15.50 ♋	♋ ab 03.00 ♌	♍ ab 14.26 ♎	♏
18	♈	♉	♋	♌	♎	♏
19	♈	♉ ab 01.52 ♊	♋ ab 19.31 ♌	♌ ab 05.24 ♍	♎ ab 16.18 ♏	♏ ab 03.31 ♐
20	♈ ab 08.58 ♉	♊	♌	♍	♏	♐
21	♉	♊ ab 07.49 ♋	♌ ab 20.12 ♍	♍ ab 06.04 ♎	♏ ab 18.52 ♐	♐ ab 08.47 ♑
22	♉ ab 17.34 ♊	♋	♍	♎	♐	♑
23	♊	♋ ab 09.51 ♌	♍ ab 19.33 ♎	♎ ab 06.31 ♏	♐ ab 23.30 ♑	♑ ab 16.19 ♒
24	♊ ab 22.05 ♋	♌	♎	♏	♑	♒
25	♋	♌ ab 09.26 ♍	♎ ab 19.41 ♏	♏ ab 08.34 ♐	♑	♒ ab 02.41 ♓
26	♋ ab 23.17 ♌	♍	♏	♐	♑ ab 07.17 ♒	♓
27	♌	♍ ab 08.42 ♎	♏ ab 22.28 ♐	♐ ab 13.41 ♑	♒	♓
28	♌ ab 23.00 ♍	♎	♐	♑	♒ ab 18.16 ♓	♓ ab 15.13 ♈
29	♍	♎ ab 09.48 ♏	♐	♑ ab 22.33 ♒	♓	♈
30	♍ ab 23.20 ♎	♏	♐ ab 05.00 ♑	♒	♓	♈
31	♎	♏ ab 14.08 ♐		♒		♈ ab 03.38 ♉

1958

Tag	Januar Mond im	Februar Mond im	März Mond im	April Mond im	Mai Mond im	Juni Mond im
1	♉	♊ ab 05.41 ♋	♋	♌ ab 07.01 ♍	♎	♏ ab 03.54 ♏
2	♉ ab 13.22 ♊	♋	♋ ab 19.27 ♌	♍	♎ ab 17.15 ♎	♐
3	♊	♋ ab 08.38 ♌	♌	♍ ab 06.54 ♎	♏	♐ ab 06.23 ♐
4	♊ ab 19.22 ♋	♌	♌ ab 20.15 ♍	♎	♏ ab 17.44 ♏	♑
5	♋	♌ ab 09.11 ♍	♍	♎ ab 06.17 ♏	♐	♑ ab 11.34 ♑
6	♋ ab 22.22 ♌	♍	♍ ab 19.36 ♎	♏	♐ ab 20.21 ♐	♒
7	♌	♍ ab 09.24 ♎	♎	♏ ab 07.07 ♐	♑	♒ ab 20.24 ♒
8	♌ ab 23.59 ♍	♎	♎ ab 19.35 ♏	♐	♑ ab 02.30 ♑	♓
9	♍	♎ ab 11.04 ♏	♏	♐ ab 11.01 ♑	♒	♓
10	♍	♏	♏ ab 21.57 ♐	♑	♒	♓ ab 08.21 ♈
11	♍ ab 01.52 ♎	♏ ab 15.12 ♐	♐	♑ ab 18.42 ♒	♒ ab 12.27 ♒	♈
12	♎	♐	♐	♒	♓	♈ ab 21.13 ♈
13	♎ ab 05.03 ♏	♐ ab 21.56 ♑	♐ ab 03.37 ♑	♒	♓	♉
14	♏	♑	♑	♒ ab 05.39 ♓	♓ ab 00.58 ♓	♉
15	♏ ab 09.50 ♐	♑	♑ ab 12.28 ♒	♓	♈	♉ ab 08.31 ♊
16	♐	♑ ab 06.52 ♒	♒	♓ ab 18.23 ♈	♈ ab 13.50 ♈	♊
17	♐ ab 16.13 ♑	♒	♒ ab 23.42 ♓	♈	♉	♊ ab 17.04 ♋
18	♑	♒ ab 17.40 ♓	♓	♈	♉	♋
19	♑	♓	♓	♈ ab 07.17 ♉	♉ ab 01.14 ♊	♋ ab 23.04 ♌
20	♑ ab 00.23 ♒	♓	♓ ab 12.17 ♈	♉	♊	♌
21	♒	♓ ab 06.02 ♈	♈	♉ ab 19.03 ♊	♊ ab 10.23 ♊	♌
22	♒ ab 10.42 ♓	♈	♈	♊	♋	♌ ab 03.23 ♍
23	♓	♈ ab 19.05 ♉	♈ ab 01.16 ♉	♊	♋ ab 17.15 ♋	♍
24	♓ ab 23.03 ♈	♉	♉	♊ ab 04.47 ♋	♌	♍ ab 06.43 ♎
25	♈	♉	♉ ab 13.20 ♊	♋	♌ ab 22.00 ♌	♎
26	♈	♉ ab 06.53 ♊	♊	♋ ab 11.44 ♌	♍	♎ ab 09.31 ♏
27	♈ ab 11.57 ♉	♊	♊ ab 22.53 ♋	♌	♍	♏
28	♉	♊ ab 15.17 ♋	♋	♌ ab 15.41 ♍	♍ ab 00.56 ♍	♏ ab 12.12 ♐
29	♉ ab 22.48 ♊		♋	♍	♎	♐
30	♊		♋ ab 04.46 ♌	♍ ab 17.07 ♎	♎ ab 02.34 ♏	♐ ab 15.33 ♑
31	♊		♌		♏	

Tag	Juli Mond im	August Mond im	September Mond im	Oktober Mond im	November Mond im	Dezember Mond im
1	♑	♒ ab 13.12 ♓	♈	♉	♊ ab 09.09 ♋	♌
2	♑ ab 20.45 ♒	♓	♈ ab 20.24 ♉	♉ ab 15.51 ♊	♋	♌
3	♒	♓	♉	♊	♋ ab 18.08 ♌	♌ ab 06.18 ♍
4	♒	♓ ab 00.15 ♈	♉	♊	♌	♍
5	♒ ab 04.57 ♓	♈	♉ ab 09.07 ♊	♊ ab 03.01 ♋	♌ ab 23.46 ♍	♍ ab 10.31 ♎
6	♓	♈ ab 13.05 ♉	♊	♋	♍	♎
7	♓ ab 16.18 ♈	♉	♊ ab 19.23 ♋	♋ ab 10.51 ♌	♍	♎ ab 12.29 ♏
8	♈	♉	♋	♌	♍ ab 02.17 ♎	♏
9	♈	♉ ab 01.17 ♊	♋	♌ ab 14.50 ♍	♎	♏ ab 13.02 ♐
10	♈ ab 05.10 ♉	♊	♋ ab 01.42 ♌	♍	♎ ab 02.30 ♏	♐
11	♉	♊ ab 10.26 ♋	♌	♍ ab 15.44 ♎	♏	♐ ab 13.47 ♑
12	♉ ab 16.47 ♊	♋	♌ ab 04.20 ♍	♎	♏ ab 02.03 ♐	♑
13	♊	♋ ab 15.44 ♌	♍	♎ ab 15.12 ♏	♐	♑ ab 16.38 ♒
14	♊	♌	♍ ab 04.45 ♎	♏	♐ ab 02.55 ♑	♒
15	♊ ab 01.16 ♋	♌ ab 18.07 ♍	♎	♏ ab 15.09 ♐	♑	♒ ab 23.12 ♓
16	♋	♍	♎ ab 04.50 ♏	♐	♑ ab 06.53 ♒	♓
17	♋ ab 06.31 ♌	♍ ab 19.17 ♎	♏	♐ ab 17.23 ♑	♒	♓
18	♌	♎	♏ ab 06.17 ♐	♑	♒ ab 14.57 ♓	♓ ab 09.46 ♈
19	♌ ab 09.42 ♍	♎ ab 20.50 ♏	♐	♑ ab 23.04 ♒	♓	♈
20	♍	♏	♐ ab 10.13 ♑	♒	♓	♈ ab 22.38 ♉
21	♍ ab 12.12 ♎	♏ ab 23.48 ♐	♑	♒	♓ ab 02.29 ♈	♉
22	♎	♐	♑ ab 17.04 ♒	♒ ab 08.20 ♓	♈	♉
23	♎ ab 14.58 ♏	♐	♒	♓	♈ ab 15.31 ♉	♉ ab 11.09 ♊
24	♏	♐ ab 04.39 ♑	♒	♓ ab 20.11 ♈	♉	♊
25	♏ ab 18.26 ♐	♑	♒ ab 02.34 ♓	♈	♉	♊ ab 21.33 ♋
26	♐	♑ ab 11.28 ♒	♓	♈	♉ ab 04.01 ♊	♋
27	♐ ab 22.53 ♑	♒	♓ ab 14.08 ♈	♈ ab 09.08 ♉	♊	♋
28	♑	♒ ab 20.25 ♓	♈	♉	♊ ab 14.52 ♋	♋ ab 05.34 ♌
29	♑	♓	♈	♉ ab 21.50 ♊	♋	♌
30	♑ ab 04.53 ♒	♓	♈ ab 02.58 ♉	♊	♋ ab 23.41 ♌	♌ ab 11.41 ♍
31	♒	♓ ab 07.36 ♈		♊		♍

1959

Tag	Januar Mond im	Februar Mond im	März Mond im	April Mond im	Mai Mond im	Juni Mond im
1	♍ ab 16.22 ♎	♏	♏ ab 09.33 ♐	♑ ab 23.42 ♒	♒ ab 12.59 ♓	♈
2	♎	♏ ab 04.11 ♐	♐	♒	♓	♈ ab 17.37 ♉
3	♎ ab 19.42 ♏	♐	♐ ab 13.06 ♑	♒	♓ ab 23.19 ♈	♉
4	♏	♐ ab 07.29 ♑	♑	♒ ab 07.23 ♓	♈	♉ ab 06.36 ♊
5	♏ ab 21.56 ♐	♑	♑ ab 18.17 ♒	♓	♈	♊
6	♐	♑ ab 11.41 ♒	♒	♓ ab 17.33 ♈	♈ ab 11.39 ♉	♊
7	♐ ab 23.50 ♑	♒	♒	♈	♉	♊ ab 18.44 ♋
8	♑	♒ ab 17.51 ♓	♒ ab 01.26 ♓	♈	♉	♋
9	♑	♓	♓	♈ ab 05.32 ♉	♉ ab 00.35 ♊	♋
10	♑ ab 02.52 ♒	♓	♓ ab 10.54 ♈	♉	♊	♋ ab 05.19 ♌
11	♒	♓ ab 02.55 ♈	♈	♉ ab 18.25 ♊	♊ ab 12.57 ♋	♌
12	♒ ab 08.40 ♓	♈	♈ ab 22.37 ♉	♊	♋	♌ ab 13.51 ♍
13	♓	♈ ab 14.48 ♉	♉	♊	♋ ab 23.41 ♌	♍
14	♓ ab 18.10 ♈	♉	♉	♊ ab 06.48 ♋	♌	♍ ab 19.42 ♎
15	♈	♉	♉ ab 11.31 ♊	♋	♌	♎
16	♈	♉ ab 03.40 ♊	♊	♋ ab 16.55 ♌	♌ ab 07.38 ♍	♎ ab 22.39 ♏
17	♈ ab 06.33 ♉	♊	♊ ab 23.28 ♋	♌	♍	♏
18	♉	♊ ab 14.51 ♋	♋	♌ ab 23.28 ♍	♍ ab 12.07 ♎	♏ ab 23.15 ♐
19	♉ ab 19.16 ♊	♋	♋	♍	♎	♐
20	♊	♋ ab 22.38 ♌	♋ ab 08.23 ♌	♍	♎ ab 13.25 ♏	♐ ab 23.02 ♑
21	♊	♌	♌	♍ ab 02.19 ♎	♏	♑
22	♊ ab 05.47 ♋	♌	♌ ab 13.28 ♍	♎	♏ ab 12.51 ♐	♑
23	♋	♌ ab 03.06 ♍	♍	♎ ab 02.34 ♏	♐	♑ ab 00.01 ♒
24	♋ ab 13.14 ♌	♍	♍ ab 15.27 ♎	♏	♐ ab 12.24 ♑	♒
25	♌	♍ ab 05.29 ♎	♎	♏ ab 01.59 ♐	♑	♒ ab 04.10 ♓
26	♌ ab 18.14 ♍	♎	♎ ab 15.54 ♏	♐	♑ ab 14.10 ♒	♓
27	♍	♎ ab 07.15 ♏	♏	♐ ab 02.33 ♑	♒	♓ ab 12.28 ♈
28	♍ ab 21.55 ♎	♏	♏ ab 16.32 ♐	♑	♒ ab 19.43 ♓	♈
29	♎		♐	♑ ab 05.56 ♒	♓	♈
30	♎		♐ ab 18.49 ♑	♒	♓	♈ ab 00.11 ♉
31	♎ ab 01.06 ♏		♑		♓ ab 05.19 ♈	

Tag	Juli Mond im	August Mond im	September Mond im	Oktober Mond im	November Mond im	Dezember Mond im
1	♉	♊ ab 08.24 ♋	♌	♍ ab 23.09 ♎	♏	♐ ab 21.11 ♑
2	♉ ab 13.06 ♊	♋	♌ ab 09.31 ♍	♎	♏ ab 11.02 ♐	♑
3	♊	♋ ab 18.10 ♌	♍	♎	♐	♑ ab 21.35 ♒
4	♊	♌	♍ ab 13.57 ♎	♎ ab 00.54 ♏	♐ ab 11.05 ♑	♒
5	♊ ab 01.04 ♋	♌	♎	♏	♑	♒
6	♋	♌ ab 01.30 ♍	♎ ab 16.53 ♏	♏ ab 01.55 ♐	♑ ab 13.14 ♒	♒ ab 01.17 ♓
7	♋ ab 11.08 ♌	♍	♏	♐	♒	♓
8	♌	♍ ab 06.57 ♎	♏ ab 19.21 ♐	♐ ab 03.39 ♑	♒ ab 18.36 ♓	♓ ab 09.00 ♈
9	♌ ab 19.16 ♍	♎	♐	♑	♓	♈
10	♍	♎ ab 11.00 ♏	♐ ab 22.05 ♑	♑ ab 07.13 ♒	♓	♈ ab 19.58 ♉
11	♍	♏	♑	♒	♓ ab 03.10 ♈	♉
12	♍ ab 01.27 ♎	♏ ab 13.59 ♐	♑	♒ ab 13.06 ♓	♈	♉
13	♎	♐	♑ ab 01.44 ♒	♓	♈ ab 14.05 ♉	♉ ab 08.25 ♊
14	♎ ab 05.34 ♏	♐ ab 16.19 ♑	♒	♓ ab 21.20 ♈	♉	♊
15	♏	♑	♒ ab 06.54 ♓	♈	♉	♊ ab 21.01 ♋
16	♏ ab 07.42 ♐	♑ ab 18.54 ♒	♓	♈	♉ ab 02.17 ♊	♋
17	♐	♒	♓ ab 14.17 ♈	♈ ab 07.40 ♉	♊	♋
18	♐ ab 08.42 ♑	♒ ab 23.00 ♓	♈	♉	♊ ab 14.57 ♋	♋ ab 08.58 ♌
19	♑	♓	♈	♉ ab 19.40 ♊	♋	♌
20	♑ ab 10.05 ♒	♓	♈ ab 00.13 ♉	♊	♋	♌ ab 19.30 ♍
21	♒	♓ ab 05.52 ♈	♉	♊	♋ ab 03.04 ♌	♍
22	♒ ab 13.41 ♓	♈	♉ ab 12.16 ♊	♊ ab 08.23 ♋	♌	♍
23	♓	♈ ab 15.59 ♉	♊	♋	♌ ab 13.08 ♍	♍ ab 03.29 ♎
24	♓ ab 20.54 ♈	♉	♊	♋ ab 20.04 ♌	♍	♎
25	♈	♉	♊ ab 00.50 ♋	♌	♍ ab 19.42 ♎	♎ ab 08.01 ♏
26	♈	♉ ab 04.19 ♊	♋	♌	♎	♏
27	♈ ab 07.44 ♉	♊	♋ ab 11.37 ♌	♌ ab 04.49 ♍	♎ ab 22.22 ♏	♏ ab 09.16 ♐
28	♉	♊ ab 16.34 ♋	♌	♍	♏	♐
29	♉ ab 20.24 ♊	♋	♌ ab 19.04 ♍	♍ ab 09.42 ♎	♏ ab 22.12 ♐	♐ ab 08.38 ♑
30	♊	♋	♍	♎	♐	♑
31	♊	♋ ab 02.34 ♌		♎ ab 11.14 ♏		♑ ab 08.15 ♒

1960

Tag	Januar Mond im	Februar Mond im	März Mond im	April Mond im	Mai Mond im	Juni Mond im
1		♓ ab 01.40 ♈	♈ ab 19.19 ♉	♊		♌ ab 17.38 ♍
2	♒ ab 10.19 ♓	♈	♉	♊	♋ ab 22.59 ♌	♍
3	♓	♈ ab 10.17 ♉	♉	♊ ab 02.46 ♋	♌	♍
4	♓ ab 16.22 ♈	♉	♉ ab 06.08 ♊	♋	♌	♍ ab 02.32 ♎
5	♈	♉ ab 21.59 ♊	♊	♋ ab 15.01 ♌	♌ ab 09.59 ♍	♎
6	♈	♊	♊ ab 18.37 ♋	♌	♍	♎ ab 07.20 ♏
7	♈ ab 02.23 ♉	♊	♋	♌	♍ ab 17.31 ♎	♏
8	♉	♊ ab 10.38 ♋	♋	♌ ab 01.02 ♍	♎	♏ ab 08.31 ♐
9	♉ ab 14.46 ♊	♋	♋ ab 06.25 ♌	♍	♎ ab 21.07 ♏	♐
10	♊	♋ ab 22.09 ♌	♌	♍ ab 07.36 ♎	♏	♐ ab 07.48 ♑
11	♊	♌	♌ ab 15.48 ♍	♎	♏ ab 21.56 ♐	♑
12	♊ ab 03.24 ♋	♌	♍	♎ ab 11.02 ♏	♐	♑ ab 07.23 ♒
13	♋	♌ ab 07.35 ♍	♍ ab 22.20 ♎	♏	♐ ab 21.51 ♑	♒
14	♋ ab 15.00 ♌	♍	♎	♏ ab 12.38 ♐	♑	♒ ab 09.18 ♓
15	♌	♍ ab 14.56 ♎	♎ ab 02.38 ♏	♐	♑ ab 22.52 ♒	♓
16	♌	♎	♎ ab 02.38 ♏	♐ ab 14.01 ♑	♒	♓ ab 14.43 ♈
17	♌ ab 01.04 ♍	♎ ab 20.24 ♏	♏	♑	♒	♈
18	♍	♏	♏ ab 05.38 ♐	♑ ab 16.32 ♒	♒ ab 02.24 ♓	♈ ab 23.34 ♉
19	♍ ab 09.15 ♎	♏	♐	♒	♓	♉
20	♎	♏ ab 00.12 ♐	♐ ab 08.15 ♑	♒ ab 20.56 ♓	♓ ab 08.56 ♈	♉
21	♎ ab 15.00 ♏	♐	♑	♓	♈	♉ ab 10.46 ♊
22	♏	♐ ab 02.40 ♑	♑ ab 11.10 ♒	♓	♈ ab 18.00 ♉	♊
23	♏ ab 18.03 ♐	♑	♒	♓ ab 03.23 ♈	♉	♊ ab 23.10 ♋
24	♐	♑ ab 04.33 ♒	♒ ab 15.02 ♓	♈	♉	♋
25	♐ ab 19.00 ♑	♒	♓	♈ ab 11.51 ♉	♉ ab 04.55 ♊	♋
26	♑	♒ ab 07.04 ♓	♓ ab 20.30 ♈	♉	♊	♋ ab 11.52 ♌
27	♑ ab 19.19 ♒	♓	♈	♉ ab 22.17 ♊	♊ ab 17.07 ♋	♌
28	♒	♓ ab 11.38 ♈	♈	♊	♋	♌ ab 23.53 ♍
29	♒ ab 20.57 ♓	♈	♈ ab 04.14 ♉	♊	♋	♍
30	♓		♉	♊ ab 10.23 ♋	♋ ab 05.51 ♌	♍
31	♓		♉ ab 14.32 ♊		♌	

Tag	Juli Mond im	August Mond im	September Mond im	Oktober Mond im	November Mond im	Dezember Mond im
1	♍ ab 09.47 ♎	♏	♑	♒ ab 23.15 ♓	♈	♉
2	♎	♏ ab 03.05 ♐	♑ ab 13.36 ♒	♓	♈ ab 16.28 ♉	♉ ab 08.01 ♊
3	♎ ab 16.09 ♏	♐	♒	♓	♉	♊
4	♏	♐ ab 04.26 ♑	♒ ab 14.51 ♓	♓ ab 02.47 ♈	♉	♊ ab 18.53 ♋
5	♏ ab 18.43 ♐	♑	♓	♈	♉ ab 00.45 ♊	♋
6	♐	♑ ab 04.21 ♒	♓ ab 17.26 ♈	♈ ab 08.09 ♉	♊	♋
7	♐ ab 18.35 ♑	♒	♈	♉	♊ ab 11.26 ♋	♋ ab 07.22 ♌
8	♑	♒ ab 04.43 ♓	♈ ab 22.45 ♉	♉ ab 16.17 ♊	♋	♌
9	♑ ab 17.43 ♒	♓	♉	♊	♋	♌ ab 20.14 ♍
10	♒	♓ ab 07.22 ♈	♉	♊	♋	♍
11	♒ ab 18.19 ♓	♈	♉ ab 07.32 ♊	♊ ab 03.19 ♋	♋	♍
12	♓	♈ ab 13.36 ♉	♊	♋	♌ ab 12.24 ♍	♍ ab 07.11 ♎
13	♓ ab 22.07 ♈	♉	♊ ab 19.11 ♋	♋ ab 15.55 ♌	♍	♎
14	♈	♉ ab 23.30 ♊	♋	♌	♍ ab 22.08 ♎	♎ ab 14.14 ♏
15	♈	♊	♋	♌	♎	♏
16	♈ ab 05.49 ♉	♊	♋ ab 07.47 ♌	♌ ab 03.41 ♍	♎	♏ ab 17.07 ♐
17	♉	♊ ab 11.43 ♋	♌	♍	♎ ab 03.54 ♏	♐
18	♉ ab 16.41 ♊	♋	♌ ab 19.07 ♍	♍ ab 12.33 ♎	♏	♐ ab 17.17 ♑
19	♊	♋	♍	♎	♏ ab 06.17 ♐	♑
20	♊	♋ ab 00.18 ♌	♍	♎ ab 18.06 ♏	♐	♑ ab 16.49 ♒
21	♊ ab 05.09 ♋	♌	♍ ab 03.59 ♎	♏	♐ ab 07.03 ♑	♒
22	♋	♌ ab 11.42 ♍	♎	♏ ab 21.16 ♐	♑	♒ ab 17.48 ♓
23	♋ ab 17.46 ♌	♍	♎ ab 10.18 ♏	♐	♑ ab 08.05 ♒	♓
24	♌	♍ ab 21.20 ♎	♏	♐ ab 23.29 ♑	♒	♓ ab 21.35 ♈
25	♌	♎	♏ ab 14.42 ♐	♑	♒ ab 10.50 ♓	♈
26	♌ ab 05.32 ♍	♎	♐	♑	♓	♈
27	♍	♎ ab 04.24 ♏	♐ ab 17.54 ♑	♑ ab 01.58 ♒	♓ ab 15.51 ♈	♈ ab 04.31 ♉
28	♍ ab 15.34 ♎	♏	♑	♒	♈	♉
29	♎	♏ ab 09.20 ♐	♑ ab 20.33 ♒	♒ ab 05.27 ♓	♈ ab 23.00 ♉	♉ ab 14.02 ♊
30	♎ ab 22.55 ♏	♐	♒	♓	♉	♊
31	♏	♐ ab 12.09 ♑		♓ ab 10.12 ♈		♊

1961

Tag	Januar Mond im	Februar Mond im	März Mond im	April Mond im	Mai Mond im	Juni Mond im
1	♊ ab 01.22 ♋	♌	♌ ab 15.12 ♍	♎ ab 17.37 ♏	♏	♐
2	♋	♌ ab 08.49 ♍	♍	♏	♏ ab 06.25 ♐	♐ ab 18.45 ♒
3	♋ ab 13.54 ♌	♍	♍	♏	♐	♒
4	♌	♍ ab 20.28 ♎	♍ ab 02.22 ♎	♏ ab 23.34 ♐	♐ ab 09.40 ♑	♒ ab 20.51 ♓
5	♌	♎	♎	♐	♑	♓
6	♌ ab 02.49 ♍	♎	♎ ab 11.24 ♏	♐	♑ ab 12.24 ♒	♓
7	♍	♎ ab 05.51 ♏	♏	♐ ab 03.52 ♑	♒	♓ ab 00.24 ♈
8	♍ ab 14.32 ♎	♏	♏ ab 18.04 ♐	♑	♒ ab 15.23 ♓	♈
9	♎	♏ ab 12.02 ♐	♐	♑ ab 07.03 ♒	♓	♈ ab 05.38 ♉
10	♎ ab 23.09 ♏	♐	♐ ab 22.19 ♑	♒	♓ ab 18.56 ♈	♉
11	♏	♐ ab 14.51 ♑	♑	♒ ab 09.32 ♓	♈	♉ ab 12.41 ♊
12	♏	♑	♑	♓	♈ ab 23.26 ♉	♊
13	♏ ab 03.41 ♐	♑ ab 15.15 ♒	♑ ab 00.29 ♒	♓ ab 11.56 ♈	♉	♊ ab 21.50 ♋
14	♐	♒	♒	♈	♉	♋
15	♐ ab 04.42 ♑	♒ ab 14.53 ♓	♒ ab 01.27 ♓	♈ ab 15.17 ♉	♉ ab 05.35 ♊	♋
16	♑	♓	♓	♉	♊	♋ ab 09.16 ♌
17	♑ ab 03.56 ♒	♓ ab 15.41 ♈	♓ ab 02.33 ♈	♉ ab 20.55 ♊	♊ ab 14.17 ♋	♌
18	♒	♈	♈	♊	♋	♌
19	♒ ab 03.32 ♓	♈ ab 19.22 ♉	♈ ab 05.26 ♉	♊	♋	♌ ab 22.12 ♍
20	♓	♉	♉	♊ ab 05.50 ♋	♋ ab 01.45 ♌	♍
21	♓ ab 05.27 ♈	♉	♉ ab 11.33 ♊	♋	♌	♍ ab 10.32 ♎
22	♈	♉ ab 02.52 ♊	♊	♋ ab 17.43 ♌	♌ ab 14.39 ♍	♎
23	♈ ab 10.52 ♉	♊	♊ ab 21.23 ♋	♌	♍	♎ ab 19.51 ♏
24	♉	♊ ab 13.49 ♋	♋	♌	♍	♏
25	♉ ab 19.50 ♊	♋	♋	♌ ab 06.31 ♍	♍ ab 02.18 ♎	♏
26	♊	♋	♋ ab 09.49 ♌	♍	♎	♏ ab 01.06 ♐
27	♊	♋ ab 02.35 ♌	♌	♍ ab 17.35 ♎	♎ ab 10.35 ♏	♐
28	♊ ab 07.22 ♋	♌	♌ ab 22.30 ♍	♎	♏	♐ ab 03.00 ♑
29	♋		♍	♎	♏ ab 15.11 ♐	♑
30	♋ ab 20.06 ♌		♍	♎ ab 01.27 ♏	♐	♑ ab 03.18 ♒
31	♌		♍ ab 09.22 ♎		♐ ab 17.21 ♑	

Tag	Juli Mond im	August Mond im	September Mond im	Oktober Mond im	November Mond im	Dezember Mond im
1	♒	♈	♉ ab 06.53 ♊	♋	♌	♍
2	♒ ab 03.53 ♓	♈ ab 17.19 ♉	♊	♋ ab 10.44 ♌	♌ ab 07.18 ♍	♍ ab 04.08 ♎
3	♓	♉	♊ ab 16.01 ♋	♌	♍	♎
4	♓ ab 06.12 ♈	♉	♋	♌	♍ ab 19.43 ♎	♎ ab 14.30 ♏
5	♈	♉ ab 00.04 ♊	♋	♌ ab 23.46 ♍	♎	♏
6	♈ ab 11.02 ♉	♊	♋ ab 04.01 ♌	♍	♎ ab 05.41 ♏	♏ ab 21.25 ♐
7	♉	♊ ab 09.57 ♋	♌	♍	♏	♐
8	♉ ab 18.28 ♊	♋	♌ ab 17.05 ♍	♍ ab 12.04 ♎	♏	♐
9	♊	♋ ab 22.00 ♌	♍	♎	♏ ab 12.51 ♐	♐ ab 01.31 ♑
10	♊	♌	♍	♎ ab 22.20 ♏	♐	♑
11	♊ ab 04.13 ♋	♌	♍ ab 05.34 ♎	♏	♐ ab 18.00 ♑	♑ ab 04.12 ♒
12	♋	♌ ab 11.01 ♍	♎	♏	♑	♒
13	♋ ab 15.57 ♌	♍	♎ ab 16.23 ♏	♏ ab 06.21 ♐	♑ ab 22.00 ♒	♒ ab 06.42 ♓
14	♌	♍ ab 23.44 ♎	♏	♐	♒	♓
15	♌	♎	♏	♐ ab 12.24 ♑	♒	♓ ab 09.45 ♈
16	♌ ab 04.55 ♍	♎	♏ ab 00.55 ♐	♑	♒ ab 01.19 ♓	♈
17	♍	♎ ab 10.45 ♏	♐	♑ ab 16.37 ♒	♓	♈ ab 13.39 ♉
18	♍ ab 17.39 ♎	♏	♐ ab 06.42 ♑	♒	♓ ab 04.11 ♈	♉
19	♎	♏ ab 18.44 ♐	♑	♒ ab 19.10 ♓	♈	♉ ab 18.48 ♊
20	♎	♐	♑ ab 09.44 ♒	♓	♈ ab 07.03 ♉	♊
21	♎ ab 04.05 ♏	♐ ab 23.08 ♑	♒	♓ ab 20.36 ♈	♉	♊
22	♏	♑	♒ ab 10.36 ♓	♈	♉ ab 10.59 ♊	♊ ab 01.50 ♋
23	♏ ab 10.42 ♐	♑	♓	♈ ab 22.07 ♉	♊	♋
24	♐	♑ ab 00.26 ♒	♓ ab 10.40 ♈	♉	♊ ab 17.21 ♋	♋ ab 11.26 ♌
25	♐ ab 13.29 ♑	♒	♈	♉	♋	♌
26	♑	♒ ab 00.03 ♓	♈ ab 11.42 ♉	♉ ab 01.25 ♊	♋	♌ ab 23.30 ♍
27	♑ ab 13.42 ♒	♓ ab 23.49 ♈	♉	♊	♋ ab 03.02 ♌	♍
28	♒	♈	♉ ab 15.32 ♊	♊ ab 08.03 ♋	♌	♍
29	♒ ab 13.13 ♓	♈	♊	♋	♌ ab 15.26 ♍	♍ ab 12.27 ♎
30	♓	♈ ab 01.37 ♉	♊ ab 23.20 ♋	♋ ab 18.30 ♌	♍	♎
31	♓ ab 13.56 ♈	♉		♌		♎ ab 23.42 ♏

1962

Tag	Januar Mond im	Februar Mond im	März Mond im	April Mond im	Mai Mond im	Juni Mond im
1	♏	♐ ab 22.10 ♑	♐ ab 07.39 ♑	♒ ab 21.43 ♓	♓ ab 07.12 ♈	♉ ab 18.41 ♊
2	♏	♑	♑	♓	♈	♊
3	♏ ab 07.24 ♐	♑ ab 23.57 ♒	♑ ab 10.52 ♒	♓ ab 21.42 ♈	♈ ab 07.50 ♉	♊ ab 22.57 ♋
4	♐	♒	♒	♈	♉	♋
5	♐ ab 11.24 ♑	♒ ab 23.53 ♓	♒ ab 11.17 ♓	♈ ab 21.26 ♉	♉ ab 09.17 ♊	♋
6	♑	♓	♓	♉	♊	♋ ab 06.24 ♌
7	♑ ab 13.00 ♒	♓ ab 23.51 ♈	♓ ab 10.32 ♈	♉	♊ ab 13.28 ♋	♌
8	♒	♈	♈	♉ ab 23.00 ♊	♋	♌ ab 17.13 ♍
9	♒ ab 13.54 ♓	♈	♈ ab 10.40 ♉	♊	♋ ab 21.36 ♌	♍
10	♓	♈ ab 01.35 ♉	♉	♊ ab 04.12 ♋	♌	♍
11	♓ ab 15.34 ♈	♉	♉ ab 13.36 ♊	♋	♌	♍ ab 05.51 ♎
12	♈	♉ ab 06.19 ♊	♊	♋ ab 13.37 ♌	♌ ab 09.12 ♍	♎
13	♈ ab 19.02 ♉	♊	♊ ab 20.26 ♋	♌	♍	♎ ab 17.45 ♏
14	♉	♊ ab 14.20 ♋	♋	♌	♍ ab 22.03 ♎	♏
15	♉	♋	♋	♌ ab 01.57 ♍	♎	♏
16	♉ ab 00.42 ♊	♋ ab 06.56 ♌	♋	♍	♎	♏ ab 03.04 ♐
17	♊	♌ ab 01.04 ♌	♋ ab 06.56 ♌	♍ ab 14.54 ♎	♎ ab 09.43 ♏	♐
18	♊ ab 08.40 ♋	♌	♌ ab 19.33 ♍	♎	♏	♐ ab 09.30 ♑
19	♋	♌ ab 13.27 ♍	♍	♎	♏ ab 19.03 ♐	♑
20	♋ ab 18.50 ♌	♍	♍	♎ ab 02.37 ♏	♐	♑ ab 13.49 ♒
21	♌	♍	♍ ab 08.29 ♎	♏	♐	♒
22	♌	♍ ab 02.22 ♎	♎	♏ ab 12.27 ♐	♐ ab 02.09 ♑	♒ ab 16.59 ♓
23	♌ ab 06.54 ♍	♎	♎ ab 20.29 ♏	♐	♑	♓
24	♍	♎ ab 14.37 ♏	♏	♐ ab 20.20 ♑	♑ ab 07.31 ♒	♓ ab 19.43 ♈
25	♍ ab 19.52 ♎	♏	♏	♑	♒	♈
26	♎	♏	♏ ab 06.49 ♐	♑ ab 02.08 ♒	♒ ab 11.30 ♓	♈ ab 22.35 ♉
27	♎	♏ ab 00.47 ♐	♐	♒	♓	♉
28	♎ ab 07.55 ♏	♐ ab 14.46 ♑	♐ ab 14.46 ♑	♒ ab 05.40 ♓	♓ ab 14.15 ♈	♉
29	♏		♑	♓	♈	♉ ab 02.10 ♊
30	♏ ab 17.00 ♐		♑ ab 19.44 ♒	♓	♈ ab 16.17 ♉	♊
31	♐		♒		♉	

Tag	Juli Mond im	August Mond im	September Mond im	Oktober Mond im	November Mond im	Dezember Mond im
1	♊ ab 07.19 ♋	♌	♍ ab 04.01 ♎	♏	♐	♑ ab 15.26 ♒
2	♋	♌ ab 08.58 ♍	♎	♏	♐ ab 02.18 ♑	♒
3	♋ ab 14.56 ♌	♍	♎ ab 16.47 ♏	♏ ab 10.40 ♐	♑	♒ ab 20.54 ♓
4	♌	♍ ab 21.18 ♎	♏	♐	♑ ab 10.03 ♒	♓
5	♌	♎	♏	♐ ab 20.35 ♑	♒	♓
6	♌ ab 01.23 ♍	♎	♏ ab 04.27 ♐	♑	♒ ab 14.53 ♓	♓ ab 00.18 ♈
7	♍	♎ ab 09.56 ♏	♐	♑	♓	♈
8	♍ ab 13.48 ♎	♏	♐ ab 13.20 ♑	♑ ab 03.22 ♒	♓ ab 16.46 ♈	♈ ab 02.00 ♉
9	♎	♏ ab 20.49 ♐	♑	♒	♈	♉
10	♎	♐	♑ ab 18.27 ♒	♒ ab 06.29 ♓	♈ ab 16.45 ♉	♉ ab 03.08 ♊
11	♎ ab 02.06 ♏	♐	♒	♓	♉	♊
12	♏	♐ ab 04.18 ♑	♒ ab 20.02 ♓	♓ ab 06.41 ♈	♉ ab 16.44 ♊	♊ ab 05.22 ♋
13	♏ ab 12.01 ♐	♑	♓	♈	♊	♋
14	♐	♑ ab 08.08 ♒	♓ ab 19.33 ♈	♈ ab 05.44 ♉	♊ ab 18.49 ♋	♋ ab 10.21 ♌
15	♐ ab 18.32 ♑	♒	♈ ab 19.01 ♉	♉	♋	♌
16	♑	♒ ab 09.17 ♓	♉	♉ ab 05.51 ♊	♋	♌ ab 19.00 ♍
17	♑ ab 22.08 ♒	♓	♉	♊	♋ ab 00.40 ♌	♍
18	♒	♓ ab 09.26 ♈	♉ ab 20.29 ♊	♊ ab 09.05 ♋	♌	♍
19	♒	♈	♊	♋	♌ ab 10.34 ♍	♍ ab 06.42 ♎
20	♒ ab 00.01 ♓	♈ ab 10.20 ♉	♊	♋ ab 16.31 ♌	♍	♎
21	♓	♉	♊ ab 01.26 ♋	♌	♍ ab 22.58 ♎	♎ ab 19.18 ♏
22	♓ ab 01.34 ♈	♉ ab 13.28 ♊	♋	♋ ab 10.07 ♌	♎	♏
23	♈	♊	♋ ab 10.07 ♌	♌ ab 03.32 ♍	♎	♏
24	♈ ab 03.57 ♉	♊ ab 19.34 ♋	♌	♍	♎ ab 11.34 ♏	♏ ab 06.33 ♐
25	♉	♋	♌ ab 21.31 ♍	♍ ab 16.14 ♎	♏	♐
26	♉ ab 07.57 ♊	♋	♍	♎	♏ ab 22.44 ♐	♐ ab 15.19 ♑
27	♊	♋ ab 04.30 ♌	♍	♎	♐	♑
28	♊ ab 14.01 ♋	♌	♍ ab 10.08 ♎	♎ ab 04.49 ♏	♐	♑ ab 21.43 ♒
29	♋	♌ ab 15.36 ♍	♎	♏	♐ ab 08.01 ♑	♒
30	♋ ab 22.21 ♌	♍	♎ ab 22.49 ♏	♏ ab 16.20 ♐	♑	♒
31	♌	♍		♐		♒ ab 02.21 ♓

1963

Tag	Januar Mond im	Februar Mond im	März Mond im	April Mond im	Mai Mond im	Juni Mond im
1	♓	♉	♉ ab 22.39 ♊	♋	♌	♍ ab 01.10 ♎
2	♓ ab 05.48 ♈	♉ ab 17.03 ♊	♊	♋ ab 15.46 ♌	♌ ab 07.13 ♍	♎
3	♈	♊	♊	♌	♍	♎ ab 13.39 ♏
4	♈ ab 08.34 ♉	♊ ab 21.41 ♋	♊ ab 03.08 ♋	♌	♍ ab 18.43 ♎	♏
5	♉	♋	♋	♌ ab 01.21 ♍	♎	♏
6	♉ ab 11.14 ♊	♋	♋ ab 10.15 ♌	♍	♎	♏ ab 02.01 ♐
7	♊	♋ ab 04.06 ♌	♌	♍ ab 12.50 ♎	♎ ab 07.16 ♏	♐
8	♊ ab 14.42 ♋	♌	♌ ab 19.34 ♍	♎	♏	♐ ab 13.07 ♑
9	♋	♌ ab 12.36 ♍	♍	♎	♏ ab 19.43 ♐	♑
10	♋ ab 20.01 ♌	♍	♍	♎ ab 01.14 ♏	♐	♑ ab 22.22 ♒
11	♌	♍ ab 23.19 ♎	♍ ab 06.35 ♎	♏	♐	♒
12	♌	♎	♎	♏ ab 13.49 ♐	♐ ab 07.14 ♑	♒
13	♌ ab 04.08 ♍	♎ ab 11.39 ♏	♎ ab 18.52 ♏	♐	♑	♒ ab 05.21 ♓
14	♍	♏	♏	♐	♑ ab 16.52 ♒	♓
15	♍ ab 15.05 ♎	♏	♏	♐ ab 01.27 ♑	♒	♓ ab 09.47 ♈
16	♎	♏ ab 23.58 ♐	♏ ab 07.27 ♐	♑	♒ ab 23.32 ♓	♈
17	♎	♐	♐	♑ ab 10.35 ♒	♓	♈ ab 11.55 ♉
18	♎ ab 03.36 ♏	♐	♐ ab 18.35 ♑	♒	♓	♉
19	♏	♐ ab 10.01 ♑	♑	♒ ab 15.54 ♓	♓ ab 02.48 ♈	♉ ab 12.44 ♊
20	♏ ab 15.21 ♐	♑	♑	♓	♈	♊
21	♐	♑ ab 16.24 ♒	♑ ab 02.22 ♒	♓ ab 17.30 ♈	♈ ab 03.22 ♉	♊ ab 13.47 ♋
22	♐	♒	♒	♈	♉	♋
23	♐ ab 00.24 ♑	♒ ab 19.18 ♓	♒ ab 06.05 ♓	♈ ab 16.51 ♉	♉ ab 02.54 ♊	♋ ab 16.45 ♌
24	♑	♓	♓	♉	♊	♌
25	♑ ab 06.14 ♒	♓ ab 20.06 ♈	♓ ab 06.38 ♈	♉ ab 16.07 ♊	♊ ab 03.29 ♋	♌ ab 22.57 ♍
26	♒	♈	♈	♊	♋	♍
27	♒ ab 09.35 ♓	♈ ab 20.39 ♉	♈ ab 05.57 ♉	♊ ab 17.28 ♋	♋ ab 06.59 ♌	♍
28	♓	♉	♉	♋	♌	♍ ab 08.41 ♎
29	♓ ab 11.44 ♈		♉ ab 06.13 ♊	♋ ab 22.25 ♌	♌ ab 14.22 ♍	♎
30	♈		♊	♌	♍	♎ ab 20.48 ♏
31	♈ ab 13.55 ♉		♊ ab 09.14 ♋		♍	

Tag	Juli Mond im	August Mond im	September Mond im	Oktober Mond im	November Mond im	Dezember Mond im
1	♏	♐	♒	♓	♈ ab 01.43 ♉	♊
2	♏	♐ ab 04.13 ♑	♒	♓ ab 14.48 ♈	♉	♊ ab 11.45 ♋
3	♏ ab 09.12 ♐	♑	♒ ab 02.38 ♓	♈	♉ ab 00.49 ♊	♋
4	♐	♑ ab 12.26 ♒	♓	♈ ab 14.50 ♉	♊	♋ ab 13.20 ♌
5	♐ ab 20.03 ♑	♒	♓ ab 04.53 ♈	♉	♊ ab 01.09 ♋	♌
6	♑	♒ ab 17.46 ♓	♈	♉ ab 14.59 ♊	♋	♌ ab 18.27 ♍
7	♑	♓	♈ ab 06.03 ♉	♊	♋ ab 04.24 ♌	♍
8	♑ ab 04.37 ♒	♓ ab 21.07 ♈	♉	♊ ab 17.01 ♋	♌	♍
9	♒	♈	♉ ab 07.46 ♊	♋	♌ ab 11.14 ♍	♍ ab 03.22 ♎
10	♒ ab 10.53 ♓	♈ ab 23.38 ♉	♊	♋ ab 21.55 ♌	♍	♎
11	♓	♉	♊ ab 11.08 ♋	♌	♍ ab 21.08 ♎	♎ ab 15.05 ♏
12	♓ ab 15.17 ♈	♉	♋	♌	♎	♏
13	♈	♉ ab 02.16 ♊	♋ ab 16.30 ♌	♌ ab 05.35 ♍	♎	♏
14	♈ ab 18.15 ♉	♊	♌	♍	♎ ab 08.57 ♏	♏ ab 03.54 ♐
15	♉	♊ ab 05.40 ♋	♌ ab 23.48 ♍	♍ ab 15.25 ♎	♏	♐
16	♉ ab 20.28 ♊	♋	♍	♎	♏ ab 21.40 ♐	♐ ab 16.22 ♑
17	♊	♋ ab 10.17 ♌	♍	♎	♐	♑
18	♊ ab 22.45 ♋	♌	♍ ab 09.00 ♎	♎ ab 02.53 ♏	♐	♑
19	♋	♌ ab 16.41 ♍	♎	♏	♐ ab 10.23 ♑	♑ ab 03.29 ♒
20	♋	♍	♎ ab 20.11 ♏	♏ ab 15.33 ♐	♑	♒
21	♋ ab 02.16 ♌	♍	♏	♐	♑ ab 21.52 ♒	♒ ab 12.29 ♓
22	♌	♍ ab 01.26 ♎	♏	♐	♒	♓
23	♌ ab 08.07 ♍	♎	♏ ab 08.50 ♐	♐ ab 04.21 ♑	♒	♓ ab 18.41 ♈
24	♍	♎ ab 12.39 ♏	♐	♑	♒ ab 06.33 ♓	♈
25	♍ ab 17.03 ♎	♏	♐ ab 21.16 ♑	♑ ab 15.21 ♒	♓	♈ ab 21.58 ♉
26	♎	♏	♑	♒	♓ ab 11.25 ♈	♉
27	♎	♏ ab 01.16 ♐	♑	♒ ab 22.37 ♓	♈	♉ ab 22.59 ♊
28	♎ ab 04.39 ♏	♐	♑ ab 07.04 ♒	♓	♈ ab 12.50 ♉	♊
29	♏	♐ ab 12.58 ♑	♒	♓	♉	♊ ab 23.07 ♋
30	♏ ab 17.08 ♐	♑	♒ ab 12.47 ♓	♓ ab 01.41 ♈	♉ ab 12.15 ♊	♋
31	♐	♑ ab 21.38 ♒		♈		♋

1964

Tag	Januar Mond im	Februar Mond im	März Mond im	April Mond im	Mai Mond im	Juni Mond im
1	♋ ab 00.09 ♌	♍ ab 20.26 ♎		♏ ab 10.41 ♐	♐ ab 06.43 ♑	
2	♌		♎ ab 14.54 ♏	♐	♑	≈ ab 12.02 ♓
3	♌ ab 03.48 ♍	♎	♏	♐ ab 23.37 ♑	♑ ab 19.07 ≈	♓
4	♍	♎ ab 06.13 ♏	♏	♑	≈	♓ ab 19.03 ♈
5	♍ ab 11.10 ♎	♏	♏ ab 02.47 ♐	♑	≈	♈
6	♎	♏ ab 18.36 ♐	♐	♑ ab 11.25 ≈	≈ ab 04.44 ♓	♈ ab 22.20 ♉
7	♎ ab 22.04 ♏	♐	♐ ab 15.36 ♑	≈	♓	♉
8	♏	♐	♑	≈ ab 19.47 ♓	♓ ab 10.16 ♈	♉ ab 22.50 ♊
9	♏	♐ ab 07.11 ♑	♑	♓	♈	♊
10	♏ ab 10.50 ♐	♑	♑ ab 02.36 ≈	♓	♈ ab 12.09 ♉	♊ ab 22.17 ♋
11	♐	♑ ab 17.40 ≈	≈	♓ ab 00.09 ♈	♉	♋
12	♐ ab 23.14 ♑	≈	≈ ab 10.06 ♓	♈	♉ ab 12.02 ♊	♋ ab 23.35 ♌
13	♑	≈	♓	♈ ab 01.37 ♉	♊	♌
14	♑	≈ ab 01.09 ♓	♓ ab 14.16 ♈	♉	♊ ab 11.54 ♋	♌
15	♑ ab 09.48 ≈	♓	♈	♉ ab 02.06 ♊	♋	♌ ab 01.28 ♍
16	≈	♓ ab 06.10 ♈	♈ ab 16.31 ♉	♊	♋ ab 13.32 ♌	♍
17	≈ ab 18.04 ♓	♈	♉	♊ ab 03.24 ♋	♌	♍ ab 07.54 ♎
18	♓	♈ ab 09.45 ♉	♉ ab 18.26 ♊	♋	♌ ab 18.03 ♍	♎
19	♓	♉	♊	♋ ab 06.40 ♌	♍	♎ ab 17.50 ♏
20	♓ ab 00.11 ♈	♉ ab 12.48 ♊	♊ ab 21.12 ♋	♌	♍	♏
21	♈	♊	♋	♌ ab 12.18 ♍	♍ ab 01.42 ♎	♏
22	♈ ab 04.24 ♉	♊ ab 15.50 ♋	♋	♍	♎	♏ ab 06.04 ♐
23	♉	♋	♋ ab 01.15 ♌	♍ ab 20.09 ♎	♎ ab 11.58 ♏	♐
24	♉ ab 07.05 ♊	♋ ab 19.11 ♌	♌	♎	♏	♐ ab 19.02 ♑
25	♊	♌	♌ ab 06.42 ♍	♎	♏	♑
26	♊ ab 08.52 ♋	♌ ab 23.30 ♍	♍	♎ ab 06.01 ♏	♏ ab 00.04 ♐	♑ ab 07.22 ≈
27	♋	♍	♍ ab 13.48 ♎	♏	♐	≈
28	♋ ab 10.46 ♌	♍	♎	♏ ab 17.46 ♐	♐ ab 13.01 ♑	≈ ab 17.57 ♓
29	♌	♍ ab 05.47 ♎	♎ ab 23.04 ♏	♐	♑	♓
30	♌ ab 14.09 ♍		♏	♐	♑ ab 01.33 ≈	
31	♍		♏		≈	

Tag	Juli Mond im	August Mond im	September Mond im	Oktober Mond im	November Mond im	Dezember Mond im
1	♓	♉	♊ ab 01.14 ♋	♌	♍ ab 01.25 ♎	♏
2	♓ ab 01.53 ♈	♉ ab 16.29 ♊	♋	♌ ab 13.43 ♍	♎	♏
3	♈	♊	♋ ab 03.37 ♌	♍	♎ ab 09.25 ♏	♏ ab 02.24 ♐
4	♈ ab 06.43 ♉	♊ ab 18.13 ♋	♌	♍ ab 18.45 ♎	♏	♐
5	♉	♋	♌ ab 06.13 ♍	♎	♏ ab 19.44 ♐	♐ ab 14.54 ♑
6	♉ ab 08.43 ♊	♋ ab 19.11 ♌	♍	♎	♐	♑
7	♊	♌	♍ ab 10.20 ♎	♎ ab 01.57 ♏	♐	♑
8	♊ ab 08.57 ♋	♌ ab 20.51 ♍	♎	♏	♐ ab 08.06 ♑	♑ ab 03.58 ≈
9	♋	♍	♎ ab 17.20 ♏	♏ ab 12.03 ♐	♑	≈
10	♋ ab 09.01 ♌	♍	♏	♐	♑ ab 21.09 ≈	≈ ab 16.00 ♓
11	♌	♍ ab 00.52 ♎	♏	♐	≈	♓
12	♌ ab 10.45 ♍	♎	♏ ab 03.48 ♐	♐ ab 00.32 ♑	≈	♓
13	♍	♎ ab 08.32 ♏	♐	♑	≈ ab 08.29 ♓	♓ ab 01.13 ♈
14	♍ ab 15.42 ♎	♏	♐ ab 16.31 ♑	♑ ab 13.16 ≈	♓	♈
15	♎	♏ ab 19.45 ♐	♑	≈	♓ ab 16.11 ♈	♈ ab 06.33 ♉
16	♎	♐	♑	≈ ab 23.33 ♓	♈	♉
17	♎ ab 00.33 ♏	♐	♑ ab 04.48 ≈	♓	♈ ab 19.57 ♉	♉ ab 08.22 ♊
18	♏	♐ ab 08.39 ♑	≈	♓	♉	♊
19	♏ ab 12.29 ♐	♑	≈ ab 14.23 ♓	♓ ab 06.05 ♈	♉ ab 20.59 ♊	♊ ab 08.03 ♋
20	♐	♑ ab 20.40 ≈	♓	♈	♊	♋
21	♐ ab 01.27 ♑	≈	♓ ab 20.44 ♈	♈ ab 09.25 ♉	♊ ab 21.04 ♋	♋ ab 07.31 ♌
22	♑	≈	♈	♉	♋	♌
23	♑ ab 13.31 ≈	≈ ab 06.14 ♓	♈	♉ ab 11.04 ♊	♋ ab 21.59 ♌	♌ ab 08.42 ♍
24	≈	♓	♈ ab 00.47 ♉	♊	♌	♍
25	≈	♓ ab 13.16 ♈	♉	♊ ab 12.38 ♋	♌	♍ ab 13.05 ♎
26	≈ ab 23.36 ♓	♈	♉ ab 03.47 ♊	♋	♌ ab 01.03 ♍	♎
27	♓	♈ ab 18.24 ♉	♊	♋ ab 15.14 ♌	♍	♎ ab 21.12 ♏
28	♓	♉	♊ ab 06.40 ♋	♌	♍ ab 06.55 ♎	♏
29	♓ ab 07.26 ♈	♉ ab 22.16 ♊	♋	♌ ab 19.26 ♍	♎	♏
30	♈	♊	♋ ab 09.53 ♌	♍	♎ ab 15.31 ♏	♏ ab 08.21 ♐
31	♈ ab 13.01 ♉	♊		♍		♐

1965

Tag	Januar Mond im	Februar Mond im	März Mond im	April Mond im	Mai Mond im	Juni Mond im
1	♐ ab 21.07 ♑	♒	♒	♓ ab 03.19 ♈	♉	♊ ab 08.06 ♋
2	♑	♒	♒ ab 10.39 ♓	♈	♉ ab 21.27 ♊	♋
3	♑	♒ ab 03.56 ♓	♓	♈ ab 09.29 ♉	♊	♋ ab 08.47 ♌
4	♑ ab 10.05 ♒	♓	♓ ab 19.45 ♈	♉	♊ ab 23.39 ♋	♌
5	♒	♓ ab 13.44 ♈	♈	♉ ab 13.55 ♊	♋	♌ ab 10.34 ♍
6	♒ ab 22.07 ♓	♈	♈	♊	♋	♍
7	♓	♈ ab 21.24 ♉	♈ ab 02.50 ♉	♊ ab 17-25 ♋	♋ ab 01.50 ♌	♍ ab 14.30 ♎
8	♓	♉	♉	♋	♌	♎
9	♓ ab 08.09 ♈	♉	♉ ab 08.15 ♊	♋ ab 20.24 ♌	♌ ab 04.48 ♍	♎ ab 21.04 ♏
10	♈	♉ ab 02.37 ♊	♊	♌	♍	♏
11	♈ ab 15.11 ♉	♊	♊ ab 12.03 ♋	♌ ab 23.15 ♍	♍ ab 09.05 ♎	♏
12	♉	♊ ab 05.14 ♋	♋	♍	♎	♏ ab 06.10 ♐
13	♉ ab 18.49 ♊	♋	♋ ab 14.23 ♌	♍	♎ ab 15.10 ♏	♐
14	♊	♋ ab 05.55 ♌	♌	♍ ab 02.39 ♎	♏	♐ ab 17.21 ♑
15	♊ ab 19.35 ♋	♌	♌ ab 15.56 ♍	♎	♏ ab 23.32 ♐	♑
16	♋	♌ ab 06.06 ♍	♍	♎ ab 07.42 ♏	♐	♑
17	♋ ab 18.58 ♌	♍	♍ ab 18.04 ♎	♏	♐	♑ ab 05.52 ♒
18	♌	♍ ab 07.46 ♎	♎	♏ ab 15.32 ♐	♐ ab 10.20 ♑	♒
19	♌ ab 18.55 ♍	♎	♎ ab 22.33 ♏	♐	♑	♒ ab 18.29 ♓
20	♍	♎ ab 12.46 ♏	♏	♐	♑ ab 22.51 ♒	♓
21	♍ ab 21.28 ♎	♏	♏	♐ ab 02.24 ♑	♒	♓
22	♎	♏ ab 21.58 ♐	♏ ab 06.37 ♐	♑	♒	♓ ab 05.30 ♈
23	♎	♐	♐	♑ ab 15.05 ♒	♒ ab 11.15 ♓	♈
24	♎ ab 04.01 ♏	♐ ab 10.17 ♑	♐ ab 18.07 ♑	♒	♓	♈ ab 13.17 ♉
25	♏	♑	♑	♒	♓ ab 21.19 ♈	♉
26	♏ ab 14.33 ♐	♑	♑	♒ ab 03.03 ♓	♈	♉ ab 17.19 ♊
27	♐	♑ ab 23.15 ♒	♑ ab 06.59 ♒	♓	♈	♊
28	♐	♒	♒	♓ ab 12.11 ♈	♈ ab 03.49 ♉	♊ ab 18.20 ♋
29	♐ ab 03.22 ♑		♒ ab 18.32 ♓	♈	♉	♋
30	♑		♓	♈ ab 18.04 ♉	♉ ab 06.59 ♊	♋ ab 17.59 ♌
31	♑ ab 16.18 ♒		♓		♊	

Tag	Juli Mond im	August Mond im	September Mond im	Oktober Mond im	November Mond im	Dezember Mond im
1	♌	♍ ab 04.35 ♎	♏	♐ ab 19.29 ♑	♒	♓
2	♌ ab 18.12 ♍	♎	♏ ab 01.00 ♐	♑	♒ ab 04.23 ♓	♓
3	♍	♎ ab 09.21 ♏	♐	♑	♓	♓ ab 00.23 ♈
4	♍ ab 20.43 ♎	♏	♐ ab 11.52 ♑	♑ ab 07.49 ♒	♓	♈
5	♎	♏ ab 17.50 ♐	♑	♒	♓ ab 15.22 ♈	♈ ab 09.12 ♉
6	♎	♐	♑	♒ ab 20.14 ♓	♈	♉
7	♎ ab 02.38 ♏	♐	♑ ab 00.34 ♒	♓	♈ ab 23.30 ♉	♉ ab 14.28 ♊
8	♏	♐ ab 05.23 ♑	♒	♓	♉	♊
9	♏ ab 11.54 ♐	♑	♒ ab 12.57 ♓	♓ ab 06.54 ♈	♉	♊ ab 16.57 ♋
10	♐	♑ ab 18.10	♓	♈	♉ ab 04.55 ♊	♋
11	♐ ab 23.29 ♑	♒	♓ ab 23.50 ♈	♈ ab 15.17 ♉	♊	♋ ab 18.09 ♌
12	♑	♒	♈	♉	♊ ab 08.30 ♋	♌
13	♑	♒ ab 06.38 ♓	♈	♉ ab 21.40 ♊	♋	♌ ab 19.36 ♍
14	♑ ab 12.08 ♒	♓	♈ ab 08.57 ♉	♊	♋ ab 11.14 ♌	♍
15	♒	♓ ab 17.57 ♈	♉	♊	♌	♍ ab 22.34 ♎
16	♒	♈	♉ ab 16.07 ♊	♊ ab 02.27 ♋	♌ ab 13.55 ♍	♎
17	♒ ab 00.45 ♓	♈	♊	♋	♍	♎ ab 03.41 ♏
18	♓	♈ ab 03.28 ♉	♊ ab 21.01 ♋	♋ ab 05.52 ♌	♍ ab 17.11 ♎	♏
19	♓ ab 12.13 ♈	♉	♋	♌	♎	♏
20	♈	♉ ab 10.21 ♊	♋ ab 23.36 ♌	♌ ab 08.14 ♍	♎ ab 21.37 ♏	♏ ab 11.02 ♐
21	♈ ab 21.15 ♉	♊	♌	♍	♏	♐
22	♉	♊ ab 14.05 ♋	♌	♍ ab 10.21 ♎	♏	♐ ab 20.27 ♑
23	♉	♋	♌ ab 00.30 ♍	♎	♏ ab 03.57 ♐	♑
24	♉ ab 02.49 ♊	♋ ab 15.02 ♌	♍	♎ ab 13.32 ♏	♐	♑
25	♊	♌	♍ ab 01.16 ♎	♏	♐ ab 12.46 ♑	♑ ab 07.45 ♒
26	♊ ab 04.54 ♋	♌ ab 14.37 ♍	♎	♏ ab 19.10 ♐	♑	♒
27	♋	♍	♎ ab 03.47 ♏	♐	♑	♒ ab 20.18 ♓
28	♋ ab 04.38 ♌	♍ ab 14.53 ♎	♏	♐	♑ ab 00.04 ♒	♓
29	♌	♎	♏ ab 09.43 ♐	♐ ab 04.05 ♑	♒	♓
30	♌ ab 03.55 ♍	♎ ab 17.54 ♏	♐	♑	♒ ab 12.40 ♓	♓ ab 08.40 ♈
31	♍	♏		♑ ab 15.50 ♒		♈

1966

Tag	Januar Mond im	Februar Mond im	März Mond im	April Mond im	Mai Mond im	Juni Mond im
1	♈ ab 18.47 ♉	♊	♊	♌	♍ ab 20.31 ♎	♏
2	♉	♊ ab 14.41 ♋	♊ ab 23.48 ♋	♌ ab 11.31 ♍	♎	♏ ab 10.39 ♐
3	♉	♋	♋	♍	♎ ab 22.24 ♏	♐
4	♉ ab 01.07 ♊	♋ ab 15.14 ♌	♋ ab 01.57 ♌	♍ ab 11.40 ♎	♏	♐ ab 17.11 ♑
5	♊	♌	♌	♎	♏	♑
6	♊ ab 03.41 ♋	♌ ab 14.12 ♍	♌ ab 01.37 ♍	♎ ab 12.31 ♏	♏ ab 01.53 ♐	♑
7	♋	♍	♍	♏	♐	♑ ab 02.21 ♒
8	♋ ab 03.50 ♌	♍ ab 13.51 ♎	♍ ab 00.49 ♎	♏ ab 15.54 ♐	♐ ab 08.13 ♑	♒
9	♌	♎	♎	♐	♑	♒ ab 13.57 ♓
10	♌ ab 03.35 ♍	♎ ab 16.15 ♏	♎ ab 01.47 ♏	♐ ab 23.02 ♑	♑ ab 17.52 ♒	♓
11	♍	♏	♏	♑	♒	♓
12	♍ ab 04.53 ♎	♏ ab 22.34 ♐	♏ ab 06.19 ♐	♑	♒ ab 05.55 ♓	♓ ab 02.27 ♈
13	♎	♐	♐	♑ ab 09.43 ♒	♓	♈
14	♎ ab 09.09 ♏	♐	♐ ab 14.56 ♑	♒	♓	♈ ab 13.30 ♉
15	♏	♐ ab 08.26 ♑	♑	♒ ab 22.14 ♓	♓ ab 18.16 ♈	♉
16	♏ ab 16.40 ♐	♑	♑ ab 02.35 ♒	♓	♈	♉ ab 21.27 ♊
17	♐	♑ ab 20.26 ♒	♒	♓	♈	♊
18	♐	♒	♒	♓ ab 10.28 ♈	♈ ab 04.50 ♉	♊
19	♐ ab 02.45 ♑	♒	♒ ab 15.19 ♓	♈	♉	♊ ab 02.06 ♋
20	♑	♒ ab 09.06 ♓	♓	♈ ab 21.01 ♉	♉ ab 12.40 ♊	♋
21	♑ ab 14.27 ♒	♓	♓	♉	♊	♋ ab 04.29 ♌
22	♒	♓ ab 21.31 ♈	♓ ab 03.34 ♈	♉	♊ ab 18.01 ♋	♌
23	♒	♈	♈	♉ ab 05.28 ♊	♋	♌ ab 06.08 ♍
24	♒ ab 02.59 ♓	♈	♈ ab 14.32 ♉	♊	♋ ab 21.37 ♌	♍
25	♓	♈ ab 08.54 ♉	♉	♊ ab 11.48 ♋	♌	♍ ab 08.23 ♎
26	♓ ab 15.33 ♈	♉	♉ ab 23.42 ♊	♋	♌	♎
27	♈	♉ ab 18.03 ♊	♊	♋ ab 16.10 ♌	♌ ab 00.23 ♍	♎ ab 12.04 ♏
28	♈	♊	♊	♌	♍	♏
29	♈ ab 02.43 ♉		♊ ab 06.24 ♋	♌ ab 18.50 ♍	♍ ab 03.00 ♎	♏ ab 17.32 ♐
30	♉		♋	♍	♎	♐
31	♉ ab 10.44 ♊		♋ ab 10.12 ♌		♎ ab 06.12 ♏	

Tag	Juli Mond im	August Mond im	September Mond im	Oktober Mond im	November Mond im	Dezember Mond im
1	♐	♒	♓ ab 23.28 ♈	♈ ab 17.48 ♉	♊	♋
2	♐ ab 00.52 ♑	♒	♈	♉	♊ ab 18.43 ♋	♋ ab 06.02 ♌
3	♑	♒ ab 04.36 ♓	♈	♉	♋	♌
4	♑ ab 10.15 ♒	♓	♈ ab 12.00 ♉	♉ ab 04.44 ♊	♋	♌ ab 09.49 ♍
5	♒	♓ ab 17.15 ♈	♉	♊	♋ ab 00.37 ♌	♍
6	♒ ab 21.40 ♓	♈	♉ ab 22.53 ♊	♊ ab 13.13 ♋	♌	♍ ab 12.44 ♎
7	♓	♈	♊	♋	♌ ab 04.10 ♍	♎
8	♓	♈ ab 05.38 ♉	♊	♋ ab 18.25 ♌	♍	♎ ab 15.18 ♏
9	♓ ab 10.16 ♈	♉	♊ ab 06.27 ♋	♌	♍ ab 05.55 ♎	♏
10	♈	♉ ab 15.39 ♊	♋ ab 10.01 ♌	♌ ab 20.27 ♍	♎	♏ ab 18.14 ♐
11	♈ ab 22.04 ♉	♊	♌	♍	♎ ab 06.54 ♏	♐
12	♉	♊ ab 21.42 ♋	♌ ab 10.26 ♍	♍ ab 20.30 ♎	♏	♐ ab 22.31 ♑
13	♉	♋	♍	♎	♏ ab 08.37 ♐	♑
14	♉ ab 06.52 ♊	♋ ab 23.51 ♌	♍ ab 09.33 ♎	♎ ab 20.22 ♏	♐	♑
15	♊	♌	♎	♏	♐ ab 12.37 ♑	♑ ab 05.20 ♒
16	♊ ab 11.45 ♋	♌ ab 23.35 ♍	♎ ab 09.35 ♏	♏ ab 22.00 ♐	♑	♒
17	♋	♍	♏	♐	♑ ab 20.04 ♒	♒ ab 15.18 ♓
18	♋ ab 13.28 ♌	♍ ab 23.06 ♎	♏ ab 12.22 ♐	♐	♒	♓
19	♌	♎	♐	♐ ab 02.56 ♑	♒	♓
20	♌ ab 13.47 ♍	♎	♐ ab 18.53 ♑	♑	♒ ab 06.53 ♓	♓ ab 03.40 ♈
21	♍	♎ ab 00.25 ♏	♑	♑ ab 11.41 ♒	♓	♈
22	♍ ab 14.39 ♎	♏	♑	♒	♓ ab 19.32 ♈	♈ ab 16.08 ♉
23	♎	♏ ab 04.51 ♐	♑ ab 04.48 ♒	♒ ab 23.21 ♓	♈	♉
24	♎ ab 17.32 ♏	♐	♒	♓	♈	♉ ab 02.14 ♊
25	♏	♐ ab 12.37 ♑	♒ ab 16.49 ♓	♓	♈ ab 07.37 ♉	♊
26	♏ ab 23.05 ♐	♑	♓	♓ ab 12.04 ♈	♉	♊
27	♐	♑ ab 22.56 ♒	♓	♈	♉ ab 17.31 ♊	♊ ab 08.59 ♋
28	♐	♒	♓ ab 05.30 ♈	♈	♊	♋
29	♐ ab 07.05 ♑	♒	♈	♈ ab 00.06 ♉	♊	♋ ab 12.58 ♌
30	♑	♒ ab 10.49 ♓	♈	♉	♊ ab 00.50 ♋	♌
31	♑ ab 17.02 ♒	♓		♉ ab 10.28 ♊		♌ ab 15.34 ♍

1967

Tag	Januar Mond im	Februar Mond im	März Mond im	April Mond im	Mai Mond im	Juni Mond im
1	♍	♎ ab 02.44 ♏	♏	♐ ab 01.11 ♑	♒	♓ ab 21.07 ♈
2	♍ ab 18.04 ♎	♏	♏ ab 12.53 ♐	♑	♒	♈
3	♎	♏ ab 06.56 ♐	♐	♑ ab 08.49 ♒	♒ ab 01.48 ♓	♈
4	♎ ab 21.17 ♏	♐	♐ ab 18.36 ♑	♒	♓	♈ ab 10.05 ♉
5	♏	♐ ab 13.11 ♑	♑	♒ ab 19.29 ♓	♓ ab 14.10 ♈	♉
6	♏	♑	♑	♓	♈	♉ ab 21.53 ♊
7	♏ ab 01.28 ♐	♑ ab 21.17 ♒	♑ ab 03.04 ♒	♓	♈	♊
8	♐	♒	♒	♓ ab 07.57 ♈	♈ ab 03.10 ♉	♊
9	♐ ab 06.54 ♑	♒	♒ ab 13.42 ♓	♈	♉	♊ ab 07.18 ♋
10	♑	♒ ab 07.19 ♓	♓	♈ ab 20.57 ♉	♉ ab 15.09 ♊	♋
11	♑ ab 14.06 ♒	♓	♓	♉	♊	♋ ab 14.19 ♌
12	♒	♓ ab 19.17 ♈	♓ ab 01.53 ♈	♉ ab 09.15 ♊	ab c01.11 ♋	♌
13	♒ ab 23.45 ♓	♈	♈	♊	♋	♌ ab 19.24 ♍
14	♓	♈	♈ ab 14.55 ♉	♊	♋	♍
15	♓	♈ ab 08.19 ♉	♉	♊ ab 19.37 ♋	♋ ab 08.49 ♌	♍ ab 22.59 ♎
16	♓ ab 11.48 ♈	♉	♉	♋	♌	♎
17	♈	♉ ab 20.16 ♊	♉ ab 03.20 ♊	♋	♌ ab 13.52 ♍	♎
18	♈	♊	♊	♋ ab 02.55 ♌	♍	♎ ab 01.26 ♏
19	♈ ab 00.40 ♉	♊ ab 04.48 ♋	♊ ab 13.10 ♋	♌	♍ ab 16.31 ♎	♏
20	♉	♋	♋	♌ ab 06.43 ♍	♎	♏ ab 03.20 ♐
21	♉ ab 11.39 ♊	♋ ab 09.05 ♌	♋ ab 19.04 ♌	♍	♎ ab 17.30 ♏	♐
22	♊	♌	♌	♍ ab 07.42 ♎	♏	♐ ab 05.47 ♑
23	♊ ab 18.51 ♋	♌ ab 10.04 ♍	♌ ab 21.09 ♍	♎	♏ ab 18.06 ♐	♑
24	♋	♍	♍	♎ ab 07.19 ♏	♐	♑ ab 10.11 ♒
25	♋ ab 22.21 ♌	♍	♍ ab 20.51 ♎	♏	♐ ab 19.59 ♑	♒
26	♌	♍ ab 09.45 ♎	♎	♏ ab 07.27 ♐	♑	♒ ab 17.50 ♓
27	♌ ab 23.37 ♍	♎	♎ ab 20.11 ♏	♐	♑	♓
28	♍	♎ ab 10.10 ♏	♏	♐ ab 09.54 ♑	♑ ab 00.44 ♒	♓
29	♍		♏ ab 21.09 ♐	♑	♒	♓ ab 04.53 ♈
30	♍ ab 00.33 ♎		♐	♑ ab 15.58 ♒	♒ ab 09.19 ♓	♈
31			♐		♓	

Tag	Juli Mond im	August Mond im	September Mond im	Oktober Mond im	November Mond im	Dezember Mond im
1	♈ ab 17.43 ♉	♊	♋ ab 15.09 ♌	♌ ab 04.39 ♍	♎ ab 16.27 ♏	♏ ab 03.11 ♐
2	♉	♊ ab 23.32 ♋	♌	♍	♏	♐
3	♉	♋	♌ ab 18.08 ♍	♍ ab 05.35 ♎	♏ ab 15.52 ♐	♐ ab 03.25 ♑
4	♉ ab 05.39 ♊	♋	♍	♎	♐	♑
5	♊	♋ ab 05.27 ♌	♍ ab 19.04 ♎	♎ ab 05.15 ♏	♐ ab 16.45 ♑	♑ ab 05.57 ♒
6	♊ ab 14.48 ♋	♌	♎	♏	♑	♒
7	♋	♌ ab 08.36 ♍	♎ ab 19.45 ♏	♏ ab 05.33 ♐	♑ ab 20.46 ♒	♒ ab 12.20 ♓
8	♋ ab 20.59 ♌	♍	♏	♐	♒	♓
9	♌	♍ ab 10.35 ♎	♏ ab 21.40 ♐	♐ ab 08.04 ♑	♒	♓ ab 22.44 ♈
10	♌	♎	♐	♑	♒ ab 04.43 ♓	♈
11	♌ ab 01.08 ♍	♎ ab 12.45 ♏	♐	♑ ab 13.46 ♒	♓	♈ ab 11.32 ♉
12	♍	♏	♐ ab 01.43 ♑	♒	♓ ab 15.59 ♈	♉
13	♍ ab 04.20 ♎	♏ ab 15.53 ♐	♑	♒ ab 22.38 ♓	♈	♉
14	♎	♐	♑ ab 08.09 ♒	♓	♈	♉ ab 00.19 ♊
15	♎ ab 07.18 ♏	♐ ab 20.19 ♑	♒	♓	♈ ab 04.53 ♉	♊
16	♏	♑	♒ ab 16.53 ♓	♓ ab 09.58 ♈	♉	♊
17	♏ ab 10.23 ♐	♑	♓	♈	♉ ab 17.41 ♊	♊ ab 11.23 ♋
18	♐	♑ ab 02.17 ♒	♓ ab 03.47 ♈	♈ ab 22.42 ♉	♊	♋
19	♐ ab 14.00 ♑	♒	♈	♉	♊	♋ ab 20.21 ♌
20	♑	♒ ab 10.18 ♓	♈	♉	♊ ab 05.13 ♋	♌
21	♑ ab 19.00 ♒	♓	♈ ab 16.21 ♉	♉ ab 11.39 ♊	♋	♌
22	♒	♓ ab 20.48 ♈	♉	♊	♋ ab 14.48 ♌	♌ ab 03.22 ♍
23	♒	♈	♉	♊ ab 23.28 ♋	♌	♍
24	♒ ab 02.29 ♓	♈	♉ ab 05.22 ♊	♋	♌ ab 21.46 ♍	♍ ab 08.27 ♎
25	♓	♈ ab 09.22 ♉	♊	♋	♍	♎
26	♓ ab 13.01 ♈	♉	♊ ab 16.46 ♋	♋ ab 08.41 ♌	♍	♎ ab 11.36 ♏
27	♈	♉ ab 22.09 ♊	♋	♌	♍ ab 01.49 ♎	♏
28	♈	♊	♋	♌ ab 14.20 ♍	♎	♏ ab 13.10 ♐
29	♈ ab 01.41 ♉	♊	♋ ab 00.42 ♌	♍	♎ ab 03.14 ♏	♐
30	♉	♊ ab 08.35 ♋	♌	♍ ab 16.32 ♎	♏	♐ ab 14.11 ♑
31	♉ ab 14.01 ♊	♋		♎		♑

1968

Tag	Januar Mond im	Februar Mond im	März Mond im	April Mond im	Mai Mond im	Juni Mond im
1	♑ ab 16.24 ♒	♓	♓ ab 00.15 ♈	♉	♊	♌
2	♒	♓ ab 15.40 ♈	♈	♉ ab 07.41 ♊	♊ ab 02.50 ♋	♌
3	♒ ab 21.36 ♓	♈	♈ ab 11.28 ♉	♊	♋	♌ ab 04.53 ♍
4	♓	♈	♉	♊ ab 20.13 ♋	♋ ab 13.54 ♌	♍
5	♓	♈ ab 03.16 ♉	♉	♋	♌	♍ ab 10.50 ♎
6	♓ ab 06.46 ♈	♉	♉ ab 00.17 ♊	♋	♌ ab 21.59 ♍	♎
7	♈	♉ ab 16.09 ♊	♊	♋ ab 06.29 ♌	♍	♎ ab 13.31 ♏
8	♈ ab 19.03 ♉	♊	♊ ab 12.22 ♋	♌	♍ ab 02.21 ♎	♏
9	♉	♊	♋	♌ ab 13.04 ♍	♎	♏ ab 13.43 ♐
10	♉	♊ ab 03.35 ♋	♋ ab 21.28 ♌	♍	♎	♐
11	♉ ab 07.55 ♊	♋	♌	♍ ab 16.01 ♎	♎ ab 03.30 ♏	♐ ab 13.06 ♑
12	♊	♋ ab 11.50 ♌	♌	♎	♏	♑
13	♊ ab 18.54 ♋	♌	♌ ab 02.52 ♍	♎ ab 16.32 ♏	♏ ab 02.54 ♐	♑ ab 13.47 ♒
14	♋	♌ ab 17.03 ♍	♍	♏	♐	♒
15	♋	♍	♍ ab 05.24 ♎	♏ ab 16.24 ♐	♐ ab 02.31 ♑	♒ ab 17.43 ♓
16	♋ ab 03.10 ♌	♍ ab 20.22 ♎	♎	♐	♑	♓
17	♌	♎	♎ ab 06.34 ♏	♐ ab 17.23 ♑	♑ ab 04.22 ♒	♓
18	♌ ab 09.11 ♍	♎ ab 23.00 ♏	♏	♑	♒	♓ ab 01.50 ♈
19	♍	♏	♏ ab 07.54 ♐	♑ ab 20.58 ♒	♒ ab 09.53 ♓	♈
20	♍ ab 13.48 ♎	♏	♐	♒	♓	♈ ab 13.26 ♉
21	♎	♏ ab 01.48 ♐	♐ ab 10.35 ♑	♒	♓ ab 19.15 ♈	♉
22	♎ ab 17.28 ♏	♐	♑	♒ ab 03.46 ♓	♈	♉ ab 02.23 ♊
23	♏	♐ ab 05.12 ♑	♑ ab 15.17 ♒	♓	♈ ab 07.16 ♉	♊
24	♏ ab 20.24 ♐	♑	♒	♓ ab 13.33 ♈	♉	♊ ab 14.43 ♋
25	♐	♑ ab 09.37 ♒	♒ ab 22.16 ♓	♈	♉ ab 20.13 ♊	♋
26	♐ ab 22.57 ♑	♒	♓	♈ ab 01.23 ♉	♊	♋
27	♑	♒ ab 15.43 ♓	♓	♉	♊	♋ ab 01.31 ♌
28	♑	♓	♓ ab 07.32 ♈	♉ ab 14.12 ♊	♊ ab 08.43 ♋	♌
29	♑ ab 02.06 ♒	♓	♈	♊	♋	♌
30	♒		♈ ab 18.55 ♉	♊	♋ ab 19.54 ♌	♌ ab 10.27 ♍
31	♒ ab 07.16 ♓		♉		♌	

Tag	Juli Mond im	August Mond im	September Mond im	Oktober Mond im	November Mond im	Dezember Mond im
1	♍	♎ ab 03.12 ♏	♐ ab 14.22 ♑	♒	♓ ab 17.51 ♈	♈ ab 09.58 ♉
2	♍ ab 17.10 ♎	♏	♑	♒ ab 04.21 ♓	♈	♉
3	♎	♏ ab 06.11 ♐	♑ ab 17.20 ♒	♓	♈ ab 04.02 ♉	♉ ab 22.06 ♊
4	♎ ab 21.21 ♏	♐	♒	♓ ab 11.36 ♈	♉	♊
5	♏	♐ ab 07.58 ♑	♒ ab 21.28 ♓	♈	♉ ab 15.48 ♊	♊ ab 10.44 ♋
6	♏ ab 23.05 ♐	♑	♓	♈ ab 21.07 ♉	♊	♋
7	♐	♑ ab 09.38 ♒	♓ ab 03.50 ♈	♉	♊	♋ ab 23.03 ♌
8	♐ ab 23.24 ♑	♒	♈	♉	♊ ab 04.27 ♋	♌
9	♑	♒ ab 12.46 ♓	♈ ab 13.06 ♉	♉ ab 08.44 ♊	♋	♌
10	♑	♓	♉	♊	♋ ab 16.45 ♌	♌ ab 10.00 ♍
11	♑ ab 00.04 ♒	♓ ab 18-54 ♈	♉	♊ ab 21.24 ♋	♌	♍
12	♒	♈	♉ ab 00.55 ♊	♋	♌	♍ ab 18.09 ♎
13	♒ ab 03.03 ♓	♈	♊	♋	♌ ab 02.55 ♍	♎
14	♓	♈ ab 04.36 ♉	♊ ab 13.29 ♋	♋ ab 09.09 ♌	♍	♎ ab 22.32 ♏
15	♓ ab 09.52 ♈	♉	♋	♌	♍ ab 09.27 ♎	♏
16	♈	♉ ab 16.52 ♊	♋	♌ ab 17.59 ♍	♎	♏ ab 23.28 ♐
17	♈ ab 20.31 ♉	♊	♋ ab 00.26 ♌	♍	♎ ab 12.06 ♏	♐
18	♉	♊	♌	♍ ab 23.06 ♎	♏	♐ ab 22.33 ♑
19	♉	♊ ab 05.16 ♋	♌ ab 08.16 ♍	♎	♏ ab 12.04 ♐	♑
20	♉ ab 09.13 ♊	♋	♍	♎	♐	♑ ab 22.00 ♒
21	♊	♋ ab 15.40 ♌	♍ ab 13.00 ♎	♎ ab 01.06 ♏	♐ ab 11.20 ♑	♒
22	♊ ab 21.32 ♋	♌	♎	♏	♑	♒
23	♋	♌ ab 23.21 ♍	♎ ab 15.39 ♏	♏ ab 01.33 ♐	♑ ab 12.03 ♒	♒ ab 00.01 ♓
24	♋	♍	♏	♐	♒	♓
25	♋ ab 07.55 ♌	♍ ab 04.45 ♎	♏ ab 17.31 ♐	♐ ab 02.14 ♑	♒ ab 15.53 ♓	♓ ab 06.03 ♈
26	♌	♎	♐	♑	♓	♈
27	♌ ab 16.10 ♍	♎	♐ ab 19.45 ♑	♑ ab 04.43 ♒	♓ ab 23.26 ♈	♈ ab 15.57 ♉
28	♍	♎ ab 08.39 ♏	♑	♒	♈	♉
29	♍ ab 22.33 ♎	♏	♑ ab 23.11 ♒	♒ ab 09.55 ♓	♈	♉
30	♎	♏ ab 11.41 ♐	♒	♓	♈	♉ ab 04.12 ♊
31	♎	♐		♓		♊

1969

Tag	Januar Mond im	Februar Mond im	März Mond im	April Mond im	Mai Mond im	Juni Mond im
1	♊	♋ ab 11.29 ♌	♌	♍ ab 21.04 ♎	♎ ab 10.50 ♏	♐ ab 22.07 ♑
2	♊ ab 16.53 ♋	♌	♌	♎	♏	♑
3	♋	♌ ab 21.41 ♍	♌ ab 05.07 ♍	♎	♏ ab 12.19 ♐	♑ ab 22.04 ♒
4	♋	♍	♍	♎ ab 01.23 ♏	♐	♒
5	♋ ab 04.55 ♌	♍	♍ ab 12.34 ♎	♏	♐ ab 12.57 ♑	♒
6	♌	♍ ab 06.01 ♎	♎	♏ ab 03.58 ♐	♑	♒ ab 00.14 ♓
7	♌ ab 15.43 ♍	♎	♎ ab 17.57 ♏	♐	♑ ab 14.28 ♒	♓
8	♍	♎ ab 12.19 ♏	♏	♐ ab 06.05 ♑	♒	♓ ab 05.37 ♈
9	♍	♏	♏ ab 21.48 ♐	♑	♒ ab 18.05 ♓	♈
10	♍ ab 00.33 ♎	♏ ab 16.24 ♐	♐	♑ ab 08.47 ♒	♓	♈ ab 14.06 ♉
11	♎	♐	♐	♒	♓	♉
12	♎ ab 06.32 ♏	♐ ab 18.29 ♑	♐ ab 00.41 ♑	♒ ab 12.42 ♓	♓ ab 00.09 ♈	♉
13	♏	♑	♑	♓	♈	♉ ab 00.49 ♊
14	♏ ab 09.19 ♐	♑ ab 19.31 ♒	♑ ab 03.10 ♒	♓ ab 18.14 ♈	♈ ab 08.29 ♉	♊
15	♐	♒	♒	♈	♉	♊ ab 12.53 ♋
16	♐ ab 09.40 ♑	♒ ab 21.04 ♓	♒ ab 06.04 ♓	♈	♉ ab 18.42 ♊	♋
17	♑	♓	♓	♈ ab 01.44 ♉	♊	♋
18	♑ ab 09.17 ♒	♓	♓ ab 10.27 ♈	♉	♊	♋ ab 01.36 ♌
19	♒	♓ ab 00.49 ♈	♈	♉ ab 11.29 ♊	♊ ab 06.31 ♋	♌
20	♒ ab 10.21 ♓	♈	♈ ab 17.21 ♉	♊	♋	♌ ab 13.54 ♍
21	♓	♈ ab 08.02 ♉	♉	♊ ab 23.18 ♋	♋ ab 19.13 ♌	♍
22	♓ ab 14.44 ♈	♉	♉	♋	♌	♍
23	♈	♉ ab 18.42 ♊	♉ ab 03.13 ♊	♋	♌	♍ ab 00.04 ♎
24	♈ ab 23.13 ♉	♊	♊	♋ ab 11.51 ♌	♌ ab 07.07 ♍	♎
25	♉	♊	♊ ab 15.19 ♋	♌	♍	♎ ab 06.31 ♏
26	♉	♊ ab 07.12 ♋	♋	♌ ab 22.57 ♍	♍ ab 16.08 ♎	♏
27	♉ ab 10.54 ♊	♋	♋	♍	♎	♏ ab 09.00 ♐
28	♊	♋ ab 19.12 ♌	♋ ab 03.37 ♌	♍	♎ ab 21.06 ♏	♐
29	♊ ab 23.37 ♋		♌	♍ ab 06.44 ♎	♏	♐ ab 08.45 ♑
30	♋		♌ ab 13.54 ♍	♎	♏ ab 22.31 ♐	♑
31	♋		♍		♐	

Tag	Juli Mond im	August Mond im	September Mond im	Oktober Mond im	November Mond im	Dezember Mond im
1	♑ ab 07.50 ♒	♓ ab 20.55 ♈	♉	♊	♋ ab 12.35 ♌	♌ ab 09.14 ♍
2	♒	♈	♉ ab 20.24 ♊	♊ ab 15.53 ♋	♌	♍
3	♒ ab 08.27 ♓	♈	♊	♋	♌	♍ ab 20.17 ♎
4	♓	♈ ab 03.02 ♉	♊	♋	♌ ab 01.01 ♍	♎
5	♓ ab 12.17 ♈	♉	♊ ab 07.58 ♋	♋ ab 04.26 ♌	♍	♎
6	♈	♉ ab 12.50 ♊	♋	♌	♍ ab 10.59 ♎	♎ ab 03.31 ♏
7	♈ ab 19.54 ♉	♊	♋ ab 20.37 ♌	♌ ab 16.22 ♍	♎	♏
8	♉	♊	♌	♍	♎ ab 17.18 ♏	♏ ab 06.43 ♐
9	♉	♊ ab 00.58 ♋	♌	♍	♏	♐
10	♉ ab 06.32 ♊	♋	♌ ab 08.21 ♍	♍ ab 01.49 ♎	♏ ab 20.31 ♐	♐ ab 07.21 ♑
11	♊	♋ ab 13.39 ♌	♍	♎	♐	♑
12	♊ ab 18.48 ♋	♌	♍ ab 18.02 ♎	♎ ab 08.19 ♏	♐ ab 22.09 ♑	♑ ab 07.28 ♒
13	♋	♌	♎	♏	♑	♒
14	♋	♌ ab 01.33 ♍	♎ ab 01.26 ♏	♏ ab 12.34 ♐	♑ ab 23.53 ♒	♒ ab 08.57 ♓
15	♋ ab 07.30 ♌	♍	♏	♐	♒	♓
16	♌	♍ ab 11.51 ♎	♏ ab 06.43 ♐	♐ ab 15.36 ♑	♒	♓ ab 12.56 ♈
17	♌ ab 19.43 ♍	♎	♐	♑	♒ ab 02.53 ♓	♈
18	♍	♎ ab 19.54 ♏	♐ ab 10.14 ♑	♑ ab 18.22 ♒	♓	♈ ab 19.36 ♉
19	♍	♏	♑	♒	♓ ab 07.32 ♈	♉
20	♍ ab 06.20 ♎	♏	♑	♒ ab 21.26 ♓	♈	♉
21	♎	♏ ab 01.13 ♐	♑ ab 12.32 ♒	♓	♈ ab 13.53 ♉	♉ ab 04.28 ♊
22	♎ ab 14.04 ♏	♐	♒	♓	♉	♊
23	♏	♐ ab 03.49 ♑	♒ ab 14.23 ♓	♓ ab 01.18 ♈	♉ ab 21.59 ♊	♊ ab 15.09 ♋
24	♏ ab 18.11 ♐	♑	♓	♈	♊	♋
25	♐	♑ ab 04.36 ♒	♓ ab 16.56 ♈	♈ ab 06.33 ♉	♊	♋
26	♐ ab 19.10 ♑	♒	♈	♉	♊ ab 08.11 ♋	♋ ab 03.22 ♌
27	♑	♒ ab 05.04 ♓	♈ ab 21.29 ♉	♉ ab 14.01 ♊	♋	♌
28	♑ ab 18.35 ♒	♓	♉	♊	♋ ab 20.23 ♌	♌ ab 16.21 ♍
29	♒	♓ ab 06.58 ♈	♉	♊ ab 00.13 ♋	♌	♍
30	♒ ab 18.31 ♓	♈	♉ ab 05.06 ♊	♋	♌	♍
31	♓	♈ ab 11.51 ♉		♋		♍ ab 04.19 ♎

1970

Tag	Januar Mond im	Februar Mond im	März Mond im	April Mond im	Mai Mond im	Juni Mond im
1	♎	♏ ab 02.50 ♐	♐	♒	♓ ab 10.33 ♈	♉
2	♎ ab 13.04 ♏	♐	♐ ab 13.55 ♑	♒	♈	♉ ab 03.10 ♊
3	♏	♐ ab 05.22 ♑	♑	♒ ab 01.01 ♓	♈ ab 14.05 ♉	♊
4	♏ ab 17.33 ♐	♑	♑ ab 15.35 ♒	♓	♉	♊ ab 11.26 ♋
5	♐	♑ ab 05.20 ♒	♒	♓ ab 02.32 ♈	♉ ab 19.18 ♊	♋
6	♐ ab 18.30 ♑	♒	♒ ab 15.49 ♓	♈	♊	♋ ab 22.17 ♌
7	♑	♒ ab 04.38 ♓	♓	♈ ab 05.03 ♉	♊	♌
8	♑ ab 17.48 ♒	♓	♓ ab 16.17 ♈	♉	♉ ab 10.02 ♊	♌
9	♒	♓ ab 05.18 ♈	♈	♉ ab 10.02 ♊	♊ ab 03.17 ♋	♌
10	♒ ab 17.37 ♓	♈	♈ ab 18.44 ♉	♊	♋	♌ ab 11.02 ♍
11	♓	♈ ab 09.00 ♉	♉	♊ ab 18.34 ♋	♋ ab 14.22 ♌	♍
12	♓ ab 19.48 ♈	♉	♉	♋	♌	♍ ab 23.28 ♎
13	♈	♉ ab 16.30 ♊	♉ ab 00.37 ♊	♋	♌	♎
14	♈	♊	♊	♋ ab 06.16 ♌	♌ ab 03.11 ♍	♎
15	♈ ab 01.21 ♉	♊	♊ ab 10.19 ♋	♌	♍	♎ ab 09.02 ♏
16	♉	♊ ab 03.17 ♋	♋	♌ ab 19.08 ♍	♍ ab 15.03 ♎	♏
17	♉ ab 10.07 ♊	♋	♋ ab 22.40 ♌	♍	♎	♏ ab 14.39 ♐
18	♊	♋ ab 15.54 ♌	♌	♍	♎ ab 23.50 ♏	♐
19	♊ ab 21.14 ♋	♌	♌	♍ ab 06.35 ♎	♏	♐ ab 17.05 ♑
20	♋	♌	♌ ab 11.30 ♍	♎	♏	♑
21	♋	♌ ab 04.42 ♍	♍	♎ ab 15.16 ♏	♏ ab 05.12 ♐	♑ ab 18.01 ♒
22	♋ ab 09.41 ♌	♍	♍ ab 22.57 ♎	♏	♐	♒
23	♌	♍ ab 16.30 ♎	♎	♏ ab 21.15 ♐	♐ ab 08.14 ♑	♒ ab 19.12 ♓
24	♌ ab 22.33 ♍	♎	♎	♐	♑	♓
25	♍	♎	♎ ab 08.11 ♏	♐ ab 01.27 ♑	♑ ab 10.26 ♒	♓ ab 21.53 ♈
26	♍	♎ ab 02.24 ♏	♏	♑	♒	♈
27	♍ ab 10.43 ♎	♏	♏ ab 15.07 ♐	♑ ab 04.44 ♒	♒ ab 12.59 ♓	♈
28	♎	♏ ab 09.39 ♐	♐	♒	♓	♈ ab 02.35 ♉
29	♎ ab 20.35 ♏		♐ ab 20.01 ♑	♒ ab 07.38 ♓	♓ ab 16.27 ♈	♉
30	♏		♑	♓	♈	♉ ab 09.25 ♊
31	♏		♑ ab 23.09 ♒		♈ ab 21.04 ♉	

Tag	Juli Mond im	August Mond im	September Mond im	Oktober Mond im	November Mond im	Dezember Mond im
1	♊	♋ ab 11.45 ♌	♍	♎	♏ ab 03.25 ♐	♑
2	♊ ab 18.21 ♋	♌	♍ ab 19.26 ♎	♎ ab 12.36 ♏	♐	♑ ab 19.45 ♒
3	♋	♌	♎	♏	♐ ab 09.33 ♑	♒
4	♋	♌ ab 00.35 ♍	♎	♏ ab 21.32 ♐	♑	♒ ab 22.56 ♓
5	♋ ab 05.26 ♌	♍	♎ ab 06.55 ♏	♐	♑ ab 14.11 ♒	♓
6	♌	♍ ab 13.33 ♎	♏	♐	♒	♓
7	♌ ab 18.12 ♍	♎	♏ ab 15.59 ♐	♐ ab 04.11 ♑	♒ ab 17.33 ♓	♓ ab 02.04 ♈
8	♍	♎	♐	♑	♓	♈
9	♍	♎ ab 00.57 ♏	♐ ab 21.52 ♑	♑ ab 08.26 ♒	♓ ab 19.52 ♈	♈ ab 05.25 ♉
10	♍ ab 07.03 ♎	♏	♑	♒	♈	♉
11	♎	♏ ab 09.08 ♐	♑	♒ ab 10.31 ♓	♈ ab 21.51 ♉	♉ ab 09.34 ♊
12	♎ ab 17.41 ♏	♐	♑ ab 00.34 ♒	♓	♉	♊
13	♏	♐ ab 13.25 ♑	♒	♓ ab 11.13 ♈	♉	♊ ab 15.33 ♋
14	♏	♑	♒ ab 00.58 ♓	♈	♉ ab 00.49 ♊	♋
15	♏ ab 00.26 ♐	♑ ab 14.31 ♒	♓	♈ ab 12.00 ♉	♊	♋
16	♐	♒	♓ ab 00.36 ♈	♉	♊ ab 06.24 ♋	♋ ab 00.22 ♌
17	♐ ab 03.20 ♑	♒ ab 14.02 ♓	♈	♉ ab 14.44 ♊	♋	♌
18	♑	♓	♈ ab 01.21 ♉	♊	♋ ab 15.36 ♌	♌ ab 12.05 ♍
19	♑ ab 03.45 ♒	♓ ab 13.51 ♈	♉	♊ ab 20.59 ♋	♌	♍
20	♒	♈	♉ ab 05.02 ♊	♋	♌	♍
21	♒ ab 03.37 ♓	♈ ab 15.46 ♉	♊	♋ ab 07.13 ♌	♌ ab 03.50 ♍	♍ ab 01.02 ♎
22	♓	♉	♊ ab 12.41 ♋	♌	♍	♎
23	♓ ab 04.43 ♈	♉ ab 21.04 ♊	♋	♌	♍ ab 16.40 ♎	♎ ab 12.28 ♏
24	♈	♊	♋ ab 23.55 ♌	♌ ab 19.58 ♍	♎	♏
25	♈ ab 08.19 ♉	♊	♌	♍	♎	♏ ab 20.28 ♐
26	♉	♊ ab 05.59 ♋	♌	♍	♎ ab 03.25 ♏	♐
27	♉ ab 14.53 ♊	♋	♌ ab 12.54 ♍	♍ ab 08.37 ♎	♏	♐
28	♊	♋ ab 17.39 ♌	♍	♎	♏ ab 11.03 ♐	♐ ab 01.02 ♑
29	♊	♌	♍	♎ ab 19.15 ♏	♐	♑
30	♊ ab 00.14 ♋	♌	♍ ab 01.34 ♎	♏	♐ ab 16.06 ♑	♑ ab 03.24 ♒
31	♋	♌ ab 06.36 ♍		♏		♒

1971

Tag	Januar Mond im	Februar Mond im	März Mond im	April Mond im	Mai Mond im	Juni Mond im
1	♒ ab 05.08 ♓	♈ ab 16.49 ♉	♈ ab 00.55 ♉	♊ ab 17.51 ♋	♋ ab 10.35 ♌	♍
2	♓	♉	♉	♋	♌	♍ ab 18.27 ♎
3	♓ ab 07.27 ♈	♉ ab 21.35 ♊	♉ ab 04.02 ♊	♋	♌ ab 22.04 ♍	♎
4	♈	♊	♊	♋ ab 03.06 ♌	♍	♋ ab 06.37 ♏
5	♈ ab 11.01 ♉	♊	♊ ab 10.48 ♋	♌	♍	♏
6	♉	♊ ab 05.07 ♋	♋	♌ ab 15.17 ♍	♍ ab 11.00 ♎	♏
7	♉ ab 16.09 ♊	♋	♋ ab 20.56 ♌	♍	♎	♏ ab 16.29 ♐
8	♊	♋ ab 15.07 ♌	♌	♍	♎ ab 23.04 ♏	♐
9	♊ ab 23.09 ♋	♌	♌	♍ ab 04.17 ♎	♏	♐ ab 23.46 ♑
10	♋	♌	♌ ab 09.11 ♍	♎	♏	♑
11	♋	♌ ab 02.58 ♍	♍	♎ ab 16.28 ♏	♏ ab 09.08 ♐	♑
12	♋ ab 08.25 ♌	♍	♍ ab 22.06 ♎	♏	♐	♑ ab 05.03 ♒
13	♌	♍ ab 15.51 ♎	♎	♏	♐ ab 17.10 ♑	♒
14	♌ ab 19.58 ♍	♎	♎	♏ ab 03.04 ♐	♑	♒ ab 09.02 ♓
15	♍	♎	♎ ab 10.32 ♏	♐	♑ ab 23.20 ♒	♓
16	♍	♎ ab 04.22 ♏	♏	♐ ab 11.39 ♑	♒	♓ ab 12.06 ♈
17	♍ ab 08.54 ♎	♏	♏ ab 21.24 ♐	♑	♒	♈
18	♎	♏ ab 14.46 ♐	♐	♑ ab 17.46 ♒	♒ ab 03.40 ♓	♈ ab 14.39 ♉
19	♎ ab 21.04 ♏	♐	♐	♒	♓	♉
20	♏	♐ ab 21.37 ♑	♐ ab 05.38 ♑	♒ ab 21.08 ♓	♓ ab 06.12 ♈	♉ ab 17.24 ♊
21	♏	♑	♑	♓	♈	♊
22	♏ ab 06.16 ♐	♑	♑ ab 10.29 ♒	♓ ab 22.09 ♈	♈ ab 07.32 ♉	♊ ab 21.31 ♋
23	♐	♑ ab 00.44 ♒	♒	♈	♉	♋
24	♐ ab 11.33 ♑	♒	♒ ab 12.08 ♓	♈ ab 22.07 ♉	♉ ab 09.02 ♊	♋
25	♑	♒ ab 01.01 ♓	♓	♉	♊	♋ ab 04.13 ♌
26	♑ ab 13.37 ♒	♓	♓ ab 11.46 ♈	♉ ab 22.59 ♊	♊ ab 12.27 ♋	♌
27	♒	♓ ab 00.30 ♈	♈	♊	♋	♌ ab 14.07 ♍
28	♒ ab 14.02 ♓	♈	♈ ab 11.16 ♉	♊	♋ ab 19.17 ♌	♍
29	♓		♉	♊ ab 02.44 ♋	♌	♍
30	♓ ab 14.37 ♈		♉ ab 12.44 ♊	♋	♌	♍ ab 02.23 ♎
31	♈		♊		♌ ab 05.49 ♍	

Tag	Juli Mond im	August Mond im	September Mond im	Oktober Mond im	November Mond im	Dezember Mond im
1	♎	♏ ab 09.50 ♐	♑	♒ ab 20.37 ♓	♈	♉ ab 17.26 ♊
2	♎ ab 14.47 ♏	♐	♑ ab 08.05 ♒	♓	♈ ab 06.56 ♉	♊
3	♏	♐ ab 17.32 ♑	♒	♓ ab 20.41 ♈	♉	♊ ab 18.52 ♋
4	♏	♑	♒ ab 09.51 ♓	♈	♉ ab 06.28 ♊	♋
5	♏ ab 00.59 ♐	♑ ab 21.47 ♒	♓	♈ ab 19.42 ♉	♊	♋ ab 23.17 ♌
6	♐	♒	♓ ab 09.44 ♈	♉	♊ ab 08.15 ♋	♌
7	♐ ab 08.04 ♑	♒ ab 23.35 ♓	♈	♉ ab 19.54 ♊	♋	♌
8	♑	♓	♈ ab 09.38 ♉	♊	♋ ab 13.57 ♌	♌ ab 07.41 ♍
9	♑ ab 12.27 ♒	♓	♉	♊ ab 23.11 ♋	♌	♍
10	♒	♓ ab 00.27 ♈	♉ ab 11.26 ♊	♋	♌ ab 23.45 ♍	♍ ab 19.20 ♎
11	♒ ab 15.15 ♓	♈	♊	♋	♍	♎
12	♓	♈ ab 01.56 ♉	♊ ab 16.21 ♋	♋ ab 06.31 ♌	♍	♎
13	♓ ab 17.33 ♈	♉	♋	♌ ab 17.17 ♍	♍ ab 12.06 ♎	♎ ab 08.02 ♏
14	♈	♉ ab 05.11 ♊	♋	♍	♎	♏
15	♈ ab 20.11 ♉	♊	♋ ab 00.38 ♌	♍	♎ ab 00.50 ♏	♏ ab 19.38 ♐
16	♉	♊ ab 10.50 ♋	♌	♍ ab 05.48 ♎	♏	♐
17	♉ ab 23.47 ♊	♋	♌ ab 11.29 ♍	♎	♏ ab 12.30 ♐	♐ ab 05.08 ♑
18	♊	♋ ab 18.58 ♌	♍	♎ ab 18.31 ♏	♐	♑
19	♊	♌	♍ ab 23.48 ♎	♏	♐	♑ ab 12.33 ♒
20	♊ ab 04.57 ♋	♌	♎	♏	♐ ab 22.37 ♑	♒
21	♋	♌ ab 05.19 ♍	♎	♏ ab 06.32 ♐	♑	♒ ab 18.10 ♓
22	♋ ab 12.17 ♌	♍	♎ ab 12.34 ♏	♐	♑	♓
23	♌	♍ ab 17.23 ♎	♏	♐ ab 17.06 ♑	♑ ab 06.53 ♒	♓ ab 22.10 ♈
24	♌ ab 22.10 ♍	♎	♏	♑	♒	♈
25	♍	♎	♏ ab 00.44 ♐	♑	♒ ab 12.48 ♓	♈
26	♍	♎ ab 06.10 ♏	♐	♑ ab 01.12 ♒	♓	♈ ab 00.46 ♉
27	♍ ab 10.12 ♎	♏	♐ ab 10.53 ♑	♒	♓ ab 16.04 ♈	♉
28	♎	♏ ab 17.57 ♐	♑	♒ ab 05.47 ♓	♈	♈ ab 02.39 ♉
29	♎ ab 22.51 ♏	♐	♑ ab 17.39 ♒	♓	♈ ab 17.09 ♉	♉
30	♏	♐	♒	♓	♉	♉
31	♏	♐ ab 02.55 ♑		♓ ab 07.27 ♈		♊ ab 05.02 ♋

1972

Tag	Januar Mond im	Februar Mond im	März Mond im	April Mond im	Mai Mond im	Juni Mond im
1	♋	♌ ab 01.56 ♍	♍ ab 20.01 ♎	♏	♐	♑ ab 13.16 ♒
2	♋ ab 09.22 ♌	♍	♎	♏	♐ ab 21.29 ♑	♒
3	♌	♍ ab 12.07 ♎	♎	♏ ab 03.28 ♐	♑	♒ ab 20.53 ♓
4	♌ ab 16.51 ♍	♎	♎ ab 08.01 ♏	♐	♑	♓
5	♍	♎	♏	♐ ab 15.21 ♑	♑ ab 07.36 ♒	♓
6	♍	♎ ab 00.18 ♏	♏ ab 20.37 ♐	♑	♒	♓ ab 01.28 ♈
7	♍ ab 03.34 ♎	♏	♐	♑	♒ ab 14.28 ♓	♈
8	♎	♏ ab 12.38 ♐	♐	♑ ab 00.38 ♒	♓	♈ ab 03.15 ♉
9	♎ ab 16.04 ♏	♐	♐ ab 07.50 ♑	♒	♓ ab 17.35 ♈	♉
10	♏	♐ ab 22.51 ♑	♑	♒ ab 05.58 ♓	♈	♉ ab 03.25 ♊
11	♏	♑	♑ ab 15.43 ♒	♓	♈ ab 17.48 ♉	♊
12	♏ ab 03.58 ♐	♑	♒	♓ ab 07.33 ♈	♉	♊ ab 03.45 ♋
13	♐	♑ ab 05.37 ♒	♒ ab 19.40 ♓	♈	♉ ab 16.48 ♊	♋
14	♐ ab 13.26 ♑	♒	♓	♈ ab 06.55 ♉	♊	♋ ab 06.10 ♌
15	♑	♒ ab 09.11 ♓	♓ ab 20.38 ♈	♉	♊ ab 17.17 ♋	♌
16	♑ ab 20.04 ♒	♓	♈	♉ ab 06.17 ♊	♋	♌ ab 12.04 ♍
17	♒	♓ ab 10.51 ♈	♈ ab 20.28 ♉	♊	♋ ab 20.38 ♌	♍
18	♒	♈	♉	♊ ab 07.47 ♋	♌	♍ ab 21.39 ♎
19	♒ ab 00.29 ♓	♈ ab 12.12 ♉	♉ ab 21.13 ♊	♋	♌	♎
20	♓	♉	♊	♋ ab 12.47 ♌	♌ ab 03.57 ♍	♎
21	♓ ab 03.36 ♈	♉ ab 14.36 ♊	♊	♌	♍	♎ ab 09.43 ♏
22	♈	♊	♊ ab 00.27 ♋	♌ ab 21.25 ♍	♍ ab 14.37 ♎	♏
23	♈ ab 06.18 ♉	♊ ab 18.53 ♋	♋	♍	♎	♏ ab 22.15 ♐
24	♉	♋	♋ ab 06.47 ♌	♍	♎	♐
25	♉ ab 09.14 ♊	♋	♌	♍ ab 08.35 ♎	♎ ab 03.01 ♏	♐
26	♊	♋ ab 01.15 ♌	♌ ab 15.48 ♍	♎	♏	♐ ab 09.37 ♑
27	♊ ab 13.02 ♋	♌	♍	♎ ab 20.56 ♏	♏ ab 15.34 ♐	♑
28	♋	♌ ab 09.40 ♍	♍	♏	♐	♑ ab 19.03 ♒
29	♋ ab 18.22 ♌	♍	♍ ab 02.42 ♎	♏	♐	♒
30	♌		♎	♏ ab 09.31 ♐	♐ ab 03.13 ♑	♒
31	♌		♎ ab 14.49 ♏		♑	

Tag	Juli Mond im	August Mond im	September Mond im	Oktober Mond im	November Mond im	Dezember Mond im
1	♒ ab 02.19 ♓	♈ ab 15.58 ♉	♊	♋ ab 13.26 ♌	♍	♎
2	♓	♉	♊ ab 03.12 ♋	♌	♍ ab 11.28 ♎	♎ ab 04.43 ♏
3	♓ ab 07.23 ♈	♉ ab 18.34 ♊	♋	♌ ab 20.31 ♍	♎	♏
4	♈	♊	♋ ab 07.54 ♌	♍	♎ ab 22.47 ♏	♏ ab 17.23 ♐
5	♈ ab 10.25 ♉	♊ ab 21.18 ♋	♌	♍	♏	♏
6	♉	♋	♌ ab 14.16 ♍	♍ ab 05.35 ♎	♏	♐
7	♉ ab 12.05 ♊	♋	♍	♎	♏ ab 11.17 ♐	♐ ab 06.07 ♑
8	♊	♋ ab 00.57 ♌	♍ ab 22.37 ♎	♎ ab 16.28 ♏	♐	♑
9	♊ ab 13.30 ♋	♌	♎	♏	♐	♑ ab 17.54 ♒
10	♋	♌ ab 06.23 ♍	♎	♏	♐ ab 00.12 ♑	♒
11	♋ ab 16.06 ♌	♍	♎ ab 09.16 ♏	♏ ab 04.53 ♐	♑	♒
12	♌	♍ ab 14.28 ♎	♏	♐	♑ ab 12.03 ♒	♒ ab 03.33 ♓
13	♌ ab 21.17 ♍	♎	♏ ab 21.43 ♐	♐ ab 17.45 ♑	♒	♓
14	♍	♎ ab 01.20 ♏	♐	♑	♒ ab 20.57 ♓	♓ ab 10.00 ♈
15	♍	♏	♐	♑	♓	♈
16	♍ ab 05.59 ♎	♏ ab 13.50 ♐	♐ ab 10.08 ♑	♑ ab 04.52 ♒	♓	♈ ab 13.00 ♉
17	♎	♐	♑	♒	♓ ab 01.45 ♈	♉
18	♎ ab 17.17 ♏	♐	♑ ab 20.05 ♒	♒ ab 12.13 ♓	♈	♉ ab 13.25 ♊
19	♏	♐	♒	♓	♈ ab 02.53 ♉	♊
20	♏	♐ ab 01.38 ♑	♒	♓ ab 15.23 ♈	♉	♊ ab 12.57 ♋
21	♏ ab 05.47 ♐	♑	♒ ab 02.10 ♓	♈	♉ ab 02.06 ♊	♋
22	♐	♑ ab 10.44 ♒	♓	♈ ab 15.38 ♉	♊	♋ ab 13.35 ♌
23	♐ ab 17.11 ♑	♒	♓ ab 04.35 ♈	♉	♊ ab 01.32 ♋	♌
24	♑	♒ ab 16.29 ♓	♈	♉ ab 15.03 ♊	♋	♌ ab 17.03 ♍
25	♑	♓	♈ ab 05.28 ♉	♊	♋ ab 03.12 ♌	♍
26	♑ ab 02.08 ♒	♓ ab 19.41 ♈	♉	♊ ab 15.45 ♋	♌	♍
27	♒	♈	♉ ab 06.15 ♊	♋	♌ ab 08.25 ♍	♍ ab 00.22 ♎
28	♒ ab 08.29 ♓	♈ ab 21.43 ♉	♊	♋ ab 19.15 ♌	♍	♎
29	♓	♉	♊ ab 08.39 ♋	♌	♍ ab 17.16 ♎	♎ ab 11.11 ♏
30	♓ ab 12.51 ♈	♉ ab 23.56 ♊	♋	♌	♎	♏
31	♈	♊		♌ ab 02.00 ♍		♏ ab 23.52 ♐

1973

Tag	Januar Mond im	Februar Mond im	März Mond im	April Mond im	Mai Mond im	Juni Mond im
1	♐	♑	♑ ab 15.23 ♒	♓	♓ ab 13.49 ♈	♊
2	♐	♑ ab 06.56 ♒	♒	♓ ab 23.32 ♓	♈	♊ ab 12.22 ♋
3	♐ ab 12.31 ♑	♒	♒ ab 23.32 ♓	♈	♈	♋
4	♑	♒ ab 15.23 ♓	♓	♈ ab 15.59 ♉	♉ ab 02.16 ♊	♋ ab 12.50 ♌
5	♑ ab 23.48 ♒	♓	♓	♉	♊	♌
6	♒	♓ ab 21.29 ♈	♓ ab 04.38 ♈	♉ ab 17.13 ♊	♊ ab 02.36 ♋	♌ ab 15.52 ♍
7	♒	♈	♈	♊	♋	♍
8	♒ ab 09.03 ♓	♈	♈ ab 07.51 ♉	♊ ab 19.05 ♋	♋ ab 04.37 ♌	♍ ab 22.16 ♎
9	♓	♈ ab 01.54 ♉	♉	♋	♌	♎
10	♓ ab 15.58 ♈	♉	♉ ab 10.31 ♊	♋ ab 22.32 ♌	♌ ab 09.13 ♍	♎
11	♈	♉ ab 05.11 ♊	♊	♌	♍	♎ ab 07.52 ♏
12	♈ ab 20.25 ♉	♊	♊ ab 13.30 ♋	♌	♍ ab 16.31 ♎	♏
13	♉	♊ ab 07.45 ♋	♋	♌ ab 03.47 ♍	♎	♏ ab 19.43 ♐
14	♉ ab 22.42 ♊	♋	♋ ab 17.08 ♌	♍	♎ ab 02.10 ♏	♐
15	♊	♋ ab 10.13 ♌	♌	♍ ab 10.51 ♎	♏	♐ ab 08.37 ♑
16	♊ ab 23.39 ♋	♌	♌ ab 21.43 ♍	♎	♏ ab 13.42 ♐	♑
17	♋	♌ ab 13.32 ♍	♍	♎ ab 19.52 ♏	♐	♑
18	♋	♍	♍	♏	♐	♑ ab 21.20 ♒
19	♋ ab 00.41 ♌	♍ ab 18.59 ♎	♍ ab 03.49 ♎	♏	♐ ab 02.31 ♑	♒
20	♌	♎	♎	♏ ab 07.02 ♐	♑	♒
21	♌ ab 03.24 ♍	♎	♎ ab 12.16 ♏	♐	♑	♒ ab 08.29 ♓
22	♍	♎ ab 03.36 ♏	♏	♐ ab 19.50 ♑	♑ ab 15.18 ♒	♓
23	♍ ab 09.17 ♎	♏	♏ ab 23.27 ♐	♑	♒	♓ ab 16.49 ♈
24	♎	♏ ab 15.15 ♐	♐	♑	♒	♈
25	♎ ab 18.53 ♏	♐	♐	♑ ab 08.22 ♒	♒ ab 02.06 ♓	♈ ab 21.38 ♉
26	♏	♐	♐ ab 12.16 ♑	♒	♓	♉
27	♏	♐ ab 04.04 ♑	♑	♒ ab 18.10 ♓	♓ ab 09.15 ♈	♉ ab 23.18 ♊
28	♏ ab 07.11 ♐	♑	♑	♓	♈	♊
29	♐		♑ ab 00.13 ♒	♓ ab 23.54 ♈	♈ ab 12.28 ♉	♊ ab 23.09 ♋
30	♐ ab 19.55 ♑		♒	♈	♉	♋
31	♑		♒ ab 08.55 ♓		♉ ab 12.53 ♊	

Tag	Juli Mond im	August Mond im	September Mond im	Oktober Mond im	November Mond im	Dezember Mond im
1	♋ ab 22.56 ♌	♍	♎ ab 06.18 ♏	♏ ab 00.48 ♐	♑	♒
2	♌	♍ ab 14.13 ♎	♏	♐	♑ ab 09.59 ♒	♒ ab 05.33 ♓
3	♌	♎	♏ ab 16.25 ♐	♐ ab 13.03 ♑	♒	♓
4	♌ ab 00.31 ♍	♎ ab 21.36 ♏	♐	♑	♒ ab 21.27 ♓	♓ ab 14.51 ♈
5	♍	♏	♐	♑	♓	♈
6	♍ ab 05.24 ♎	♏	♐ ab 05.02 ♑	♑ ab 01.49 ♒	♓	♈ ab 20.09 ♉
7	♎	♏ ab 08.37 ♐	♑	♒	♓ ab 05.20 ♈	♉
8	♎ ab 14.06 ♏	♐	♑ ab 17.31 ♒	♒ ab 12.24 ♓	♈	♉ ab 21.58 ♊
9	♏	♐ ab 21.30 ♑	♒	♓	♈ ab 09.26 ♉	♊
10	♏	♑	♒	♓ ab 19.29 ♈	♉	♊ ab 21.52 ♋
11	♏ ab 01.48 ♐	♑	♒ ab 03.41 ♓	♈	♉ ab 11.00 ♊	♋
12	♐	♑ ab 09.53 ♒	♓	♈ ab 23.37 ♉	♊	♋ ab 21.45 ♌
13	♐ ab 14.46 ♑	♒	♓ ab 10.57 ♈	♉	♊ ab 11.47 ♋	♌
14	♑	♒ ab 20.15 ♓	♈	♉	♋	♌ ab 23.21 ♍
15	♑	♓	♈ ab 16.00 ♉	♉ ab 02.09 ♊	♋ ab 13.20 ♌	♍
16	♑ ab 03.15 ♒	♓	♉	♊	♌	♍
17	♒	♓ ab 04.16 ♈	♉ ab 19.48 ♊	♊ ab 04.29 ♋	♌ ab 16.42 ♍	♍ ab 03.54 ♎
18	♒ ab 14.08 ♓	♈	♊	♋	♍	♎
19	♓	♈ ab 10.14 ♉	♊ ab 23.02 ♋	♋ ab 07.25 ♌	♍ ab 22.16 ♎	♎ ab 11.44 ♏
20	♓ ab 22.44 ♈	♉	♋	♌	♎	♏
21	♈	♉ ab 14.27 ♊	♋ ab 01.57 ♌	♌ ab 11.19 ♍	♎ ab 06.07 ♏	♏ ab 22.20 ♐
22	♈	♊	♌	♍	♏	♐
23	♈ ab 04.41 ♉	♊ ab 17.08 ♋	♌	♍ ab 16.29 ♎	♏	♐
24	♉	♋	♌ ab 04.59 ♍	♎	♏ ab 16.11 ♐	♐ ab 10.42 ♑
25	♉ ab 07.59 ♊	♋ ab 18.50 ♌	♍	♎ ab 23.28 ♏	♐	♑
26	♊	♌	♍ ab 09.01 ♎	♏	♐	♑ ab 23.43 ♒
27	♊ ab 09.11 ♋	♌ ab 20.34 ♍	♎	♏	♐ ab 04.13 ♑	♒
28	♋	♍	♎ ab 15.19 ♏	♏ ab 08.58 ♐	♑	♒
29	♋ ab 09.30 ♌	♍ ab 23.53 ♎	♏	♐	♑ ab 17.18 ♒	♒ ab 12.10 ♓
30	♌	♎		♐ ab 20.58 ♑	♒	♓
31	♌ ab 10.35 ♍	♎		♑		♓ ab 22.35 ♈

1974

Tag	Januar Mond im	Februar Mond im	März Mond im	April Mond im	Mai Mond im	Juni Mond im
1	♈	♉ ab 17.54 ♊	♉ ab 00.11 ♊	♋ ab 12.41 ♌	♍	♎ ab 11.12 ♏
2	♈	♊	♊	♌	♍	♏
3	♈ ab 05.38 ♉	♊ ab 20.06 ♋	♊ ab 04.00 ♋	♌ ab 14.57 ♍	♍ ab 00.40 ♎	♏ ab 20.22 ♐
4	♉	♋	♋	♍	♎	♐
5	♉ ab 09.00 ♊	♋ ab 20.12 ♌	♋ ab 05.49 ♌	♍ ab 17.23 ♎	♎ ab 05.44 ♏	♐
6	♊	♌	♌	♎	♏	♐ ab 06.49 ♑
7	♊ ab 09.29 ♋	♌ ab 19.52 ♍	♌ ab 06.34 ♍	♎ ab 21.26 ♏	♏ ab 13.06 ♐	♑
8	♋	♍	♍	♏	♐	♑ ab 19.03
9	♋ ab 08.43 ♌	♍ ab 21.11 ♎	♍ ab 07.52 ♎	♏	♐ ab 23.16 ♑	♒
10	♌	♎	♎	♏ ab 04.28 ♐	♑	♒
11	♌ ab 08.42 ♍	♎	♎ ab 11.40 ♏	♐	♑	♒ ab 07.44 ♓
12	♍	♎ ab 01.58 ♏	♏	♐ ab 14.57 ♑	♑ ab 11.35 ♒	♓
13	♍ ab 11.22 ♎	♏	♏ ab 19.21 ♐	♑	♒	♓ ab 18.53 ♈
14	♎	♏ ab 11.02 ♐	♐	♑	♒	♈
15	♎ ab 17.55 ♏	♐	♐	♑ ab 03.35 ♒	♒ ab 00.04 ♓	♈
16	♏	♐ ab 23.16 ♑	♐ ab 06.42 ♑	♒	♓	♈ ab 02.47 ♉
17	♏	♑	♑	♒ ab 15.45 ♓	♓ ab 10.12 ♈	♉
18	♏ ab 04.13 ♐	♑	♑ ab 19.39 ♒	♓	♈	♉ ab 06.59 ♊
19	♐	♑ ab 12.21 ♒	♒	♓	♈ ab 17.11 ♉	♊
20	♐ ab 16.48 ♑	♒	♒	♓ ab 01.21 ♈	♉	♊ ab 08.22 ♋
21	♑	♒	♓ ab 07.34 ♈	♈	♉ ab 20.55 ♊	♋
22	♑	♒ ab 00.16 ♓	♈	♈ ab 07.54 ♉	♊	♋ ab 08.30 ♌
23	♑ ab 05.50 ♒	♓	♈ ab 17.03 ♉	♉	♊ ab 22.46 ♋	♌
24	♒	♓ ab 10.13 ♈	♉	♉ ab 12.11 ♊	♋	♌ ab 09.12 ♍
25	♒ ab 18.01 ♓	♈	♉	♊	♋	♍
26	♓	♈ ab 18.12 ♉	♉ ab 00.10 ♊	♊ ab 15.18 ♋	♋ ab 00.13 ♌	♍ ab 11.58 ♎
27	♓	♉	♊	♋	♌	♎
28	♓ ab 04.32 ♈	♉	♉ ab 05.34 ♊	♋ ab 18.04 ♌	♌ ab 02.26 ♍	♎ ab 17.41 ♏
29	♈		♊	♌	♍	♏
30	♈ ab 12.42 ♉		♊ ab 09.40 ♋	♌ ab 21.01 ♍	♍ ab 06.17 ♎	♏
31	♉		♋		♎	

Tag	Juli Mond im	August Mond im	September Mond im	Oktober Mond im	November Mond im	Dezember Mond im
1	♏ ab 02.21 ♐	♑	♒ ab 02.30 ♓	♈	♉ ab 19.24 ♊	♊ ab 07.22 ♋
2	♐	♑ ab 07.47 ♒	♓	♈	♊	♋
3	♐ ab 13.20 ♑	♒	♓ ab 13.59 ♈	♈ ab 05.40 ♉	♊	♋ ab 09.32 ♌
4	♑	♒ ab 20.27 ♓	♈	♉	♊ ab 00.02 ♋	♌
5	♑	♓	♈ ab 23.51 ♉	♉ ab 13.01 ♊	♋	♌ ab 11.41 ♍
6	♑ ab 01.42 ♒	♓	♉	♊	♋ ab 03.31 ♌	♍
7	♒	♓ ab 08.16 ♈	♉	♊ ab 18.31 ♋	♌	♍ ab 14.43 ♎
8	♒ ab 14.26 ♓	♈	♉ ab 07.37 ♊	♋	♌ ab 06.19 ♍	♎
9	♓	♈ ab 18.13 ♉	♊	♋ ab 22.03 ♌	♍	♎ ab 19.41 ♏
10	♓	♉	♊ ab 12.40 ♋	♌	♍ ab 08.59 ♎	♏
11	♓ ab 02.11 ♈	♉	♋	♌ ab 23.57 ♍	♎	♏
12	♈	♉ ab 01.16 ♊	♋ ab 14.55 ♌	♍	♎ ab 12.24 ♏	♏ ab 01.35 ♐
13	♈ ab 11.22 ♉	♊	♌	♍	♏	♐
14	♉	♊ ab 04.49 ♋	♌ ab 15.13 ♍	♍ ab 01.11 ♎	♏ ab 17.40 ♐	♐ ab 10.04 ♑
15	♉ ab 16.55 ♊	♋	♍	♎	♐	♑
16	♊	♋ ab 05.27 ♌	♍ ab 15.18 ♎	♎ ab 03.24 ♏	♐ ab 01.42 ♑	♑ ab 20.49 ♒
17	♊ ab 18.57 ♋	♌	♎	♏	♑	♒
18	♋	♌ ab 04.43 ♍	♎ ab 17.15 ♏	♏ ab 08.15 ♐	♑ ab 12.39 ♒	♒ ab 09.13 ♓
19	♋ ab 18.44 ♌	♍	♏	♐	♒	♓
20	♌	♍ ab 04.45 ♎	♏ ab 22.47 ♐	♐ ab 16.45 ♑	♒	♓ ab 21.36 ♈
21	♌ ab 18.10 ♍	♎	♐	♑	♒ ab 01.12 ♓	♈
22	♍	♎ ab 07.38 ♏	♐	♑	♓	♈
23	♍ ab 19.20 ♎	♏	♐ ab 08.22 ♑	♑ ab 04.21 ♒	♓ ab 13.00 ♈	♈ ab 07.45 ♉
24	♎	♏ ab 14.35 ♐	♑	♒	♈	♉
25	♎ ab 23.46 ♏	♐	♑ ab 20.39 ♒	♒ ab 16.57 ♓	♈ ab 22.05 ♉	♉ ab 14.16 ♊
26	♏	♐	♒	♓	♉	♊
27	♏	♐ ab 01.16 ♑	♒	♓	♉	♊
28	♏ ab 08.00 ♐	♑	♒ ab 09.15 ♓	♓ ab 04.14 ♈	♉	♉ ab 17.16 ♊
29	♐	♑ ab 13.53 ♒	♓	♈	♉ ab 03.59 ♊	♊
30	♐ ab 19.11 ♑	♒	♓ ab 20.26 ♈	♈ ab 13.01 ♉	♊	♋ ab 18.05 ♌
31	♑	♒		♉		♌

1975

Tag	Januar Mond im	Februar Mond im	März Mond im	April Mond im	Mai Mond im	Juni Mond im
1	♌ ab 18.33 ♍	♎	♎ ab 15.34 ♏	♐	♑	♒ ab 02.33 ♓
2	♍	♎ ab 06.54 ♏	♏	♐ ab 12.09 ♑	♑ ab 06.34 ♒	♓
3	♍ ab 20.22 ♎	♏	♏ ab 20.06 ♐	♑	♒	♓ ab 15.02 ♈
4	♎	♏ ab 13.11 ♐	♐	♑ ab 22.46 ♒	♒ ab 18.35 ♓	♈
5	♎	♐	♐	♒	♓	♈
6	♎ ab 00.39 ♏	♐ ab 22.43 ♑	♐ ab 04.40 ♑	♒	♓	♈ ab 02.19 ♉
7	♏	♑	♑	♒ ab 11.17 ♓	♓ ab 07.03 ♈	♉
8	♏ ab 07.40 ♐	♑ ab 10.17 ♒	♑ ab 16.10 ♒	♓	♈	♉ ab 10.50 ♊
9	♐	♑ ab 10.17 ♒	♒	♓ ab 23.45 ♈	♈ ab 18.04 ♉	♊
10	♐ ab 16.59 ♑	♒	♒	♈	♉	♊ ab 16.22 ♋
11	♑	♒ ab 22.46 ♓	♒ ab 04.50 ♓	♈	♉	♋
12	♑	♓	♓	♈ ab 10.54 ♉	♉ ab 02.45 ♊	♋ ab 19.46 ♌
13	♑ ab 04.04 ♒	♓	♓ ab 17.19 ♈	♉	♊	♌
14	♒	♓ ab 11.23 ♈	♈	♉ ab 20.15 ♊	♊ ab 09.08 ♋	♌ ab 22.11 ♍
15	♒ ab 16.24 ♓	♈	♈	♊	♋	♍
16	♓	♈ ab 23.10 ♉	♈ ab 04.53 ♉	♊	♋ ab 13.39 ♌	♍
17	♓	♉	♉	♊ ab 03.28 ♋	♌	♍ ab 00.41 ♎
18	♓ ab 05.04 ♈	♉ ab 08.35 ♊	♉ ab 14.44 ♊	♋	♌ ab 16.46 ♍	♎
19	♈	♊	♊	♋ ab 08.15 ♌	♍	♎ ab 04.00 ♏
20	♈ ab 16.22 ♉	♊	♊ ab 21.49 ♋	♌	♍ ab 19.06 ♎	♏
21	♉	♊ ab 14.19 ♋	♋	♌ ab 10.43 ♍	♎	♏ ab 08.35 ♐
22	♉	♋	♋	♍	♎ ab 21.26 ♏	♐
23	♉ ab 00.23 ♊	♋ ab 16.14 ♌	♋ ab 01.32 ♌	♍ ab 11.42 ♎	♏	♐ ab 14.57 ♑
24	♊	♌	♌	♎	♏	♑
25	♊ ab 04.21 ♋	♌ ab 15.38 ♍	♌ ab 02.22 ♍	♎ ab 12.40 ♏	♏ ab 00.52 ♐	♑ ab 23.34 ♒
26	♋	♍	♍	♏	♐	♒
27	♋ ab 05.01 ♌	♍ ab 14.39 ♎	♍ ab 01.52 ♎	♏ ab 15.20 ♐	♐ ab 06.31 ♑	♒
28	♌	♎	♎	♐	♑	♒ ab 10.34 ♓
29	♌ ab 04.14 ♍		♎ ab 02.08 ♏	♐ ab 21.09 ♑	♑ ab 15.10 ♒	♓
30	♍		♏	♑	♒	♓ ab 23.03 ♈
31	♍ ab 04.14 ♎		♏ ab 05.10 ♐		♒	

Tag	Juli Mond im	August Mond im	September Mond im	Oktober Mond im	November Mond im	Dezember Mond im
1	♈	♉	♋	♌	♎	♏
2	♈	♉ ab 05.03 ♊	♋	♌ ab 11.04 ♍	♎ ab 21.08 ♏	♏ ab 08.34 ♐
3	♈ ab 10.55 ♉	♊	♋ ab 00.09 ♌	♍	♏	♐
4	♉	♊ ab 11.18 ♋	♌	♍ ab 10.39 ♎	♏ ab 22.11 ♐	♐ ab 11.59 ♑
5	♉ ab 19.59 ♊	♋	♌ ab 00.30 ♍	♎	♐	♑
6	♊	♋ ab 13.44 ♌	♍ ab 23.38 ♎	♎ ab 10.09 ♏	♐	♑ ab 18.13 ♒
7	♊	♌	♍	♏	♐ ab 01.46 ♑	♒
8	♊ ab 01.24 ♋	♌ ab 13.54 ♍	♎ ab 23.46 ♏	♏ ab 11.36 ♐	♑	♒
9	♋	♍	♏	♐	♑ ab 09.00 ♒	♒ ab 03.52 ♓
10	♋ ab 03.51 ♌	♍ ab 13.52 ♎	♏	♐ ab 16.29 ♑	♒	♓
11	♌	♎	♏ ab 02.41 ♐	♑	♒ ab 19.43 ♓	♓ ab 16.07 ♈
12	♌ ab 04.56 ♍	♎ ab 15.31 ♏	♐	♑	♓	♈
13	♍	♏	♐ ab 09.12 ♑	♑ ab 01.10 ♒	♓	♈
14	♍ ab 06.22 ♎	♏ ab 20.00 ♐	♑	♒	♓ ab 08.18 ♈	♈ ab 04.40 ♉
15	♎	♐	♑ ab 18.52 ♒	♒ ab 12.41 ♓	♈	♉
16	♎ ab 09.24 ♏	♐	♒	♓	♈ ab 20.38 ♉	♉ ab 15.13 ♊
17	♏	♐ ab 03.26 ♑	♒	♓ ab 01.21 ♈	♉	♊
18	♏ ab 14.33 ♐	♑	♒ ab 06.32 ♓	♈	♉	♊ ab 22.50 ♋
19	♐	♑ ab 13.10 ♒	♓	♈	♉ ab 07.15 ♊	♋
20	♐ ab 21.46 ♑	♒	♓ ab 19.08 ♈	♈ ab 13.44 ♉	♊	♋
21	♑	♒	♈	♉	♊ ab 15.37 ♋	♋ ab 03.54 ♌
22	♑	♒ ab 00.33 ♓	♈	♉	♋	♌
23	♑ ab 06.56 ♒	♓	♈ ab 07.44 ♉	♉ ab 00.52 ♊	♋ ab 21.49 ♌	♌ ab 07.28 ♍
24	♒	♓ ab 13.03 ♈	♉	♊	♌	♍
25	♒ ab 17.59 ♓	♈	♉ ab 19.14 ♊	♊ ab 09.58 ♋	♌	♍ ab 10.28 ♎
26	♓	♈	♊	♋	♌ ab 02.05 ♍	♎
27	♓	♈ ab 01.45 ♉	♊	♋ ab 16.20 ♌	♍	♎ ab 13.29 ♏
28	♓ ab 06.28 ♈	♉	♊ ab 04.08 ♋	♌	♍ ab 04.48 ♎	♏
29	♈	♉ ab 12.54 ♊	♋	♌ ab 19.47 ♍	♎	♏ ab 16.53 ♐
30	♈ ab 18.54 ♉	♊	♋ ab 09.21 ♌	♍	♎ ab 06.37 ♏	♐
31	♉	♊ ab 20.36 ♋		♍ ab 20.56 ♎		♐ ab 21.17 ♑

1976

Tag	Januar Mond im	Februar Mond im	März Mond im	April Mond im	Mai Mond im	Juni Mond im
1	♑	♒ ab 20.47 ♓	♓	♈ ab 10.35 ♉	♉ ab 05.06 ♊	♋
2	♑	♓	♓ ab 15.23 ♈	♉	♊	♋ ab 05.38 ♌
3	♑ ab 03.34 ♒	♓	♈	♉ ab 23.16 ♊	♊ ab 15.54 ♋	♌
4	♒	♓ ab 08.18 ♈	♈	♊	♋	♌ ab 11.22 ♍
5	♒ ab 12.36 ♓	♈	♈ ab 04.19 ♉	♊	♋	♍
6	♓	♈ ab 21.14 ♉	♉	♊ ab 10.07 ♋	♋ ab 00.10 ♌	♍ ab 15.00 ♎
7	♓	♉	♉ ab 16.56 ♊	♋	♌	♎
8	♓ ab 00.22 ♈	♉	♊	♋ ab 17.37 ♌	♌ ab 05.22 ♍	♎ ab 16.59 ♏
9	♈	♉ ab 09.17 ♊	♊	♌	♍	♏
10	♈ ab 13.10 ♉	♊	♊ ab 02.59 ♋	♌ ab 21.16 ♍	♍ ab 07.40 ♎	♏ ab 18.07 ♐
11	♉	♊ ab 17.59 ♋	♋	♍	♎	♐
12	♉	♋	♋ ab 08.56 ♌	♍ ab 21.55 ♎	♎ ab 08.03 ♏	♐ ab 19.46 ♑
13	♉ ab 00.20 ♊	♋ ab 22.33 ♌	♌	♎	♏	♑
14	♊	♌	♌ ab 10.59 ♍	♎ ab 21.15 ♏	♏ ab 08.05 ♐	♑ ab 23.32 ♒
15	♊ ab 08.01 ♋	♌ ab 00.00 ♍	♍	♏	♐	♒
16	♋	♍	♍ ab 10.45 ♎	♏ ab 21.16 ♐	♐ ab 09.32 ♑	♒
17	♋ ab 12.16 ♌	♍	♎	♐	♑	♒ ab 06.44 ♓
18	♌	♍ ab 00.15 ♎	♎ ab 10.18 ♏	♐ ab 23.44 ♑	♑ ab 14.03 ♒	♓
19	♌ ab 14.26 ♍	♎	♏	♑	♒	♓ ab 17.33 ♈
20	♍	♎ ab 01.14 ♏	♏ ab 11.34 ♐	♑	♒ ab 22.27 ♓	♈
21	♍ ab 16.11 ♎	♏	♐	♑ ab 05.48 ♒	♓	♈
22	♎	♏ ab 04.19 ♐	♐ ab 15.49 ♑	♒	♓	♈ ab 06.22 ♉
23	♎ ab 18.49 ♏	♐	♑	♒ ab 15.28 ♓	♓ ab 10.08 ♈	♉
24	♏	♐ ab 09.55 ♑	♑ ab 23.20 ♒	♓	♈	♉ ab 18.37 ♊
25	♏ ab 22.52 ♐	♑	♒	♓	♈ ab 23.08 ♉	♊
26	♐	♑ ab 17.49 ♒	♒	♓ ab 03.37 ♈	♉	♊
27	♐	♒	♒ ab 09.34 ♓	♈	♉	♊ ab 04.30 ♋
28	♐ ab 04.25 ♑	♒	♓	♈ ab 16.38 ♉	♉ ab 11.23 ♊	♋
29	♑	♒ ab 03.42 ♓	♓ ab 21.38 ♈	♉	♊	♋ ab 11.40 ♌
30	♑ ab 11.35 ♒		♈	♉ ab 21.40 ♊	♊	♌
31	♒		♈		♊	

Tag	Juli Mond im	August Mond im	September Mond im	Oktober Mond im	November Mond im	Dezember Mond im
1	♌ ab 16.47 ♍	♎	♐	♑	♓	♈
2	♍	♎ ab 04.56 ♏	♐ ab 17.30 ♑	♑ ab 04.50 ♒	♓	♈
3	♍ ab 20.35 ♎	♏	♑	♒	♓ ab 05.46 ♈	♈ ab 00.42 ♉
4	♎	♏ ab 08.04 ♐	♑ ab 23.21 ♒	♒ ab 13.10 ♓	♈	♉
5	♎ ab 23.34 ♏	♐	♒	♓	♈ ab 18.24 ♉	♉ ab 13.39 ♊
6	♏	♐ ab 11.55 ♑	♒	♓ ab 23.50 ♈	♉	♊
7	♏	♑	♒ ab 07.12 ♓	♈	♉	♊
8	♏ ab 02.06 ♐	♑ ab 16.58 ♒	♓	♈	♉ ab 07.22 ♊	♊ ab 01.22 ♋
9	♐	♒	♓ ab 17.19 ♈	♈ ab 12.12 ♉	♊	♋
10	♐ ab 04.50 ♑	♒	♈	♉	♊ ab 19.29 ♋	♋ ab 11.13 ♌
11	♑	♒ ab 00.01 ♓	♈	♉	♋	♌
12	♑ ab 08.54 ♒	♓	♈ ab 05.31 ♉	♉ ab 01.15 ♊	♋	♌ ab 18.56 ♍
13	♒	♓ ab 09.50 ♈	♉	♊	♋ ab 05.37 ♌	♍
14	♒ ab 15.37 ♓	♈	♉ ab 18.33 ♊	♊ ab 13.25 ♋	♌	♍ ab 00.14 ♎
15	♓	♈ ab 22.06 ♉	♊	♋	♌ ab 12.47 ♍	♎
16	♓	♉	♊	♋ ab 22.50 ♌	♍	♎
17	♓ ab 01.40 ♈	♉	♊ ab 06.07 ♋	♌	♍ ab 16.35 ♎	♎ ab 03.03 ♏
18	♈	♉ ab 11.55 ♊	♋	♌	♎	♏
19	♈ ab 14.12 ♉	♊	♋ ab 14.11 ♌	♌ ab 04.25 ♍	♎ ab 17.32 ♏	♏ ab 03.55 ♐
20	♉	♊	♌	♍	♏	♐
21	♉ ab 02.41 ♊	♊ ab 21.34 ♋	♌ ab 18.17 ♍	♍ ab 06.27 ♎	♏ ab 17.04 ♐	♐ ab 04.12 ♑
22	♉ ab 02.41 ♊	♋	♍	♎	♐	♑
23	♊	♋ ab 04.31 ♌	♍ ab 19.28 ♎	♎ ab 06.18 ♏	♐ ab 17.04 ♑	♑ ab 05.49 ♒
24	♊ ab 12.40 ♋	♌	♎	♏	♑	♒
25	♋	♌ ab 08.04 ♍	♎ ab 19.34 ♏	♏ ab 05.49 ♐	♑ ab 19.31 ♒	♒ ab 10.37 ♓
26	♋ ab 19.19 ♌	♍	♏	♐	♒	♓
27	♌	♍ ab 09.42 ♎	♏ ab 20.22 ♐	♐ ab 06.56 ♑	♒	♓ ab 19.32 ♈
28	♌ ab 23.24 ♍	♎	♐	♑	♒ ab 01.48 ♓	♈
29	♍	♎ ab 11.06 ♏	♐ ab 23.14 ♑	♑ ab 11.06 ♒	♓	♈
30	♍	♏	♑	♒	♓ ab 12.02 ♈	♈ ab 07.44 ♉
31	♍ ab 02.14 ♎	♏ ab 13.29 ♐		♒ ab 18.54 ♓		♉

1977

Tag	Januar Mond im	Februar Mond im	März Mond im	April Mond im	Mai Mond im	Juni Mond im
1	♉ ab 20.43 ♊	♋	♋	♌ ab 02.26 ♍	♎	♏ ab 03.55 ♐
2	♊	♋	♋ ab 10.26 ♌	♍	♎ ab 17.24 ♏	♐
3	♊	♋ ab 01.12 ♌	♌	♍ ab 05.40 ♎	♏	♐ ab 04.08 ♑
4	♊ ab 08.13 ♋	♌	♌ ab 16.19 ♍	♎	♏ ab 16.59 ♐	♑
5	♋	♌ ab 07.18 ♍	♍	♎ ab 06.40 ♏	♐	♑ ab 03.44 ♒
6	♋ ab 17.21 ♌	♍	♍ ab 19.35 ♎	♏	♐ ab 16.55 ♑	♒
7	♌	♍ ab 11.37 ♎	♎	♏ ab 07.09 ♐	♑	♒ ab 07.36 ♓
8	♌	♎	♎ ab 21.38 ♏	♐	♑ ab 19.00 ♒	♓
9	♌ ab 00.24 ♍	♎ ab 15.05 ♏	♏	♐ ab 08.41 ♑	♒	♓ ab 15.35 ♈
10	♍	♏	♏ ab 23.42 ♐	♑	♒	♈
11	♍ ab 05.48 ♎	♏ ab 18.12 ♐	♐	♑ ab 12.24 ♒	♒ ab 00.30 ♓	♈
12	♎	♐	♐	♒	♓	♈ ab 02.57 ♉
13	♎ ab 09.45 ♏	♐ ab 21.14 ♑	♐ ab 02.40 ♑	♒ ab 18.50 ♓	♓ ab 09.30 ♈	♉
14	♏	♑	♑	♓	♈	♉ ab 15.50 ♊
15	♏ ab 12.19 ♐	♑ ab 07.01 ♒	♑ ab 07.01 ♒	♓	♈ ab 21.05 ♉	♊
16	♐	♑ ab 00.46 ♒	♒	♓ ab 03.53 ♈	♉	♊
17	♐ ab 14.03 ♑	♒	♒ ab 13.06 ♓	♈	♉	♊ ab 04.29 ♋
18	♑	♒ ab 05.45 ♓	♓	♈ ab 15.03 ♉	♉ ab 09.51 ♊	♋
19	♑ ab 16.13 ♒	♓	♓ ab 21.24 ♈	♉	♊	♋ ab 15.54 ♌
20	♒	♓ ab 13.23 ♈	♈	♉	♊ ab 22.36 ♋	♌
21	♒ ab 19.31 ♓	♈	♈	♉ ab 03.38 ♊	♋	♌
22	♓	♈	♈ ab 08.06 ♉	♊	♋	♌ ab 01.30 ♍
23	♓	♈ ab 00.07 ♉	♉	♊ ab 16.26 ♋	♋ ab 10.14 ♌	♍
24	♓ ab 04.20 ♈	♉	♉ ab 20.39 ♊	♋	♌	♍ ab 08.36 ♎
25	♈	♉ ab 12.51 ♊	♊	♋	♌ ab 19.32 ♍	♎
26	♈ ab 15.42 ♉	♊	♊	♋ ab 03.44 ♌	♍	♎ ab 12.43 ♏
27	♉	♊	♊ ab 09.17 ♋	♌	♍	♏
28	♉	♊ ab 01.03 ♋	♋	♌ ab 11.53 ♍	♍ ab 01.29 ♎	♏ ab 14.03 ♐
29	♉ ab 04.38 ♊		♋ ab 19.41 ♌	♍	♎	♐
30	♊		♌	♍ ab 16.13 ♎	♎ ab 03.57 ♏	♐ ab 13.49 ♑
31	♊ ab 16.21 ♋		♌		♏	

Tag	Juli Mond im	August Mond im	September Mond im	Oktober Mond im	November Mond im	Dezember Mond im
1	♑	♒ ab 02.24 ♓	♈	♉ ab 21.34 ♊	♋	♌
2	♑ ab 13.57 ♒	♓	♈ ab 01.52 ♉	♊	♋	♌
3	♒	♓ ab 07.55 ♈	♉	♊	♋ ab 06.04 ♌	♌ ab 00.06 ♍
4	♒ ab 16.32 ♓	♈	♉ ab 13.28 ♊	♊ ab 10.10 ♋	♌	♍
5	♓	♈ ab 16.19 ♉	♊	♋	♌ ab 16.17 ♍	♍ ab 08.18 ♎
6	♓ ab 23.04 ♈	♉	♊	♋ ab 21.58 ♌	♍	♎
7	♈	♉	♊ ab 02.04 ♋	♌	♍ ab 22.52 ♎	♎ ab 12.34 ♏
8	♈	♉ ab 05.30 ♊	♋	♌	♎	♏
9	♈ ab 09.34 ♉	♊	♋ ab 13.14 ♌	♌ ab 06.59 ♍	♎	♏ ab 13.22 ♐
10	♉	♊ ab 18.05 ♋	♌	♍	♎ ab 01.43 ♏	♐
11	♉ ab 22.16 ♊	♋	♌ ab 21.35 ♍	♍ ab 12.30 ♎	♏	♐ ab 12.27 ♑
12	♊	♋	♍	♎	♏ ab 02.04 ♐	♑
13	♊	♋ ab 04.57 ♌	♍ ab 03.08 ♎	♎ ab 15.11 ♏	♐	♑ ab 12.00 ♒
14	♊ ab 10.50 ♋	♌	♎	♏	♐ ab 01.51 ♑	♒
15	♋	♌ ab 13.26 ♍	♎ ab 06.46 ♏	♏ ab 16.28 ♐	♑	♒ ab 14.10 ♓
16	♋ ab 21.52 ♌	♍	♏	♐	♑ ab 03.01 ♒	♓
17	♌	♍ ab 19.50 ♎	♏ ab 09.29 ♐	♐ ab 17.51 ♑	♒	♓ ab 20.12 ♈
18	♌	♎	♐	♑	♒ ab 06.59 ♓	♈
19	♌ ab 06.59 ♍	♎	♐ ab 12.05 ♑	♑ ab 20.37 ♒	♓	♈
20	♍	♎ ab 00.36 ♏	♑	♒	♓ ab 14.14 ♈	♈ ab 05.55 ♉
21	♍ ab 14.10 ♎	♏	♑ ab 15.13 ♒	♒ ab 01.27 ♓	♈	♉ ab 17.52 ♊
22	♎	♏ ab 04.03 ♐	♒	♓	♈	♉
23	♎ ab 19.14 ♏	♐	♒ ab 19.30 ♓	♓ ab 08.35 ♈	♈ ab 00.10 ♉	♊
24	♏	♐ ab 06.31 ♑	♓	♈	♉	♊
25	♏ ab 22.05 ♐	♑	♓	♈ ab 17.54 ♉	♉ ab 11.49 ♊	♊ ab 06.31 ♋
26	♐	♑ ab 08.41 ♒	♓	♉	♊	♋
27	♐ ab 23.15 ♑	♒	♓ ab 01.41 ♈	♉	♊	♋ ab 18.52 ♌
28	♑	♒ ab 11.47 ♓	♈	♉ ab 05.09 ♊	♊ ab 00.21 ♋	♌
29	♑	♓	♈ ab 10.22 ♉	♊	♋	♌
30	♑ ab 00.05 ♒	♓ ab 17.12 ♈	♉	♊	♋ ab 12.54 ♌	♌ ab 06.14 ♍
31	♒	♈		♊ ab 17.41 ♋		♍

1978

Tag	Januar Mond im	Februar Mond im	März Mond im	April Mond im	Mai Mond im	Juni Mond im
1	♍ ab 15.32 ♎	♏	♏ ab 14.03 ♐	♑	♒ ab 10.01 ♓	♈
2	♎	♏ ab 08.14 ♐	♐	♑ ab 01.06 ♒	♓	♈ ab 04.51 ♉
3	♎ ab 21.36 ♏	♐	♐ ab 16.59 ♑	♒	♓ ab 15.28 ♈	♉
4	♏	♐ ab 09.51 ♑	♑	♒ ab 04.21 ♓	♈	♉ ab 14.54 ♊
5	♏	♑	♑ ab 18.51 ♒	♓	♈ ab 22.53 ♉	♊
6	♏ ab 00.04 ♐	♑ ab 10.05 ♒	♒	♓ ab 08.52 ♈	♉	♊ ab 02.31 ♋
7	♐ ab 23.55 ♑	♒	♒ ab 20.46 ♓	♈	♉	♋
8	♑	♒ ab 10.48 ♓	♓	♈ ab 15.22 ♉	♉ ab 08.19 ♊	♋ ab 15.08 ♌
9	♑ ab 23.06 ♒	♓	♓	♉	♊	♌
10	♒	♓ ab 13.57 ♈	♓ ab 00.09 ♈	♉	♊ ab 19.42 ♋	♌
11	♒ ab 23.51 ♓	♈	♈	♉ ab 00.28 ♊	♋	♌ ab 03.35 ♍
12	♓	♈ ab 20.51 ♉	♈ ab 06.19 ♉	♊	♋	♍
13	♓	♉	♉	♊ ab 12.00 ♋	♋ ab 08.18 ♌	♍
14	♓ ab 04.06 ♈	♉	♉ ab 15.49 ♊	♋	♌	♍ ab 13.56 ♎
15	♈	♉ ab 07.25 ♊	♊	♋	♌ ab 20.16 ♍	♎
16	♈ ab 12.31 ♉	♊	♊ ab 03.50 ♋	♋ ab 00.31 ♌	♍	♎ ab 20.29 ♏
17	♉	♊ ab 19.56 ♋	♋	♌	♍ ab 05.25 ♎	♏
18	♉	♋	♋ ab 16.13 ♌	♌ ab 11.45 ♍	♎	♏ ab 23.02 ♐
19	♉ ab 00.07 ♊	♋	♌	♍	♎ ab 10.39 ♏	♐
20	♊	♋ ab 08.10 ♌	♌	♍ ab 19.54 ♎	♏	♐ ab 22.53 ♑
21	♊ ab 12.51 ♋	♌	♌ ab 02.50 ♍	♎	♏ ab 12.32 ♐	♑ ab 22.08 ♒
22	♋	♌ ab 18.40 ♍	♍	♎ ab 00.40 ♏	♐	♒
23	♋	♍	♍ ab 10.42 ♎	♏	♐ ab 12.42 ♑	♒ ab 22.58 ♓
24	♋ ab 01.03 ♌	♍	♎	♏ ab 03.01 ♐	♑	♓
25	♌	♍ ab 03.04 ♎	♎ ab 16.02 ♏	♐	♑ ab 13.11 ♒	♓
26	♌ ab 11.57 ♍	♎	♏	♐ ab 04.28 ♑	♒	♓ ab 02.54 ♈
27	♍	♎ ab 09.29 ♏	♏	♑	♒ ab 15.37 ♓	♈
28	♍ ab 21.08 ♎	♏	♏ ab 19.38 ♐	♑ ab 06.29 ♒	♓	♈ ab 10.22 ♉
29	♎		♐	♒	♓ ab 20.53 ♈	♉
30	♎		♐ ab 22.24 ♑	♒	♈	♉
31	♎ ab 04.04 ♏		♑		♈	

Tag	Juli Mond im	August Mond im	September Mond im	Oktober Mond im	November Mond im	Dezember Mond im
1	♉ ab 20.38 ♊	♋	♌ ab 21.47 ♍	♍ ab 15.17 ♎	♏	♐ ab 21.45 ♑
2	♊	♋	♍	♎	♏ ab 11.04 ♐	♑
3	♊	♋ ab 03.11 ♌	♍	♎ ab 22.49 ♏	♐	♑ ab 22.36 ♒
4	♊ ab 08.34 ♋	♌	♍ ab 08.16 ♎	♏	♐ ab 13.41 ♑	♒
5	♋	♌ ab 15.30 ♍	♎	♏	♑	♒
6	♋ ab 21.14 ♌	♍	♎ ab 16.39 ♏	♏ ab 04.07 ♐	♑ ab 16.04 ♒	♒ ab 00.37 ♓
7	♌	♍	♏	♐	♒	♓
8	♌	♍ ab 02.30 ♎	♏ ab 22.40 ♐	♐ ab 07.53 ♑	♒ ab 19.07 ♓	♓ ab 04.40 ♈
9	♌ ab 09.45 ♍	♎	♐	♑	♓	♈
10	♍	♎ ab 11.12 ♏	♐	♑ ab 10.43 ♒	♓ ab 23.12 ♈	♈ ab 10.51 ♉
11	♍ ab 20.49 ♎	♏	♐ ab 02.20 ♑	♒	♈	♉
12	♎	♏ ab 16.43 ♐	♑	♒ ab 13.13 ♓	♈	♉ ab 18.55 ♊
13	♎	♐	♑ ab 04.09 ♒	♓	♈ ab 04.36 ♉	♊
14	♎ ab 04.48 ♏	♐ ab 19.04 ♑	♒	♓ ab 16.07 ♈	♉	♊
15	♏	♑	♒ ab 05.10 ♓	♈	♉ ab 11.45 ♊	♊ ab 04.51 ♋
16	♏ ab 08.50 ♐	♑ ab 19.16 ♒	♓	♈ ab 20.23 ♉	♊	♋
17	♐	♒	♓ ab 06.51 ♈	♉	♊ ab 21.17 ♋	♋ ab 16.38 ♌
18	♐ ab 07.34 ♑	♒ ab 19.05 ♓	♈	♉	♋	♌
19	♑	♓	♈ ab 10.44 ♉	♉ ab 03.08 ♊	♋	♌
20	♑ ab 08.42 ♒	♓ ab 20.30 ♈	♉	♊	♋ ab 09.10 ♌	♌ ab 05.35 ♍
21	♒	♈	♉ ab 17.57 ♊	♊ ab 12.53 ♋	♌	♍
22	♒ ab 08.27 ♓	♈	♊	♋	♌ ab 21.58 ♍	♍ ab 17.41 ♎
23	♓	♈ ab 01.06 ♉	♊	♋	♍	♎
24	♓ ab 10.47 ♈	♉	♊ ab 04.32 ♋	♋ ab 01.05 ♌	♍	♎ ab 02.33 ♏
25	♈	♉ ab 09.32 ♊	♋	♌	♍ ab 09.08 ♎	♏
26	♈ ab 16.51 ♉	♊	♋ ab 17.02 ♌	♌ ab 13.33 ♍	♎	♏ ab 07.08 ♐
27	♉	♊ ab 21.00 ♋	♌	♍	♎ ab 16.39 ♏	♐
28	♉	♋	♌	♍ ab 23.52 ♎	♏	♐
29	♉ ab 02.31 ♊	♋	♌ ab 05.12 ♍	♎	♏ ab 20.24 ♐	♐ ab 08.16 ♑
30	♊	♋ ab 09.40 ♌	♍	♎	♐	♑
31	♊ ab 14.29 ♋	♌		♎ ab 06.53 ♏		♑ ab 07.45 ♒

1979

Tag	Januar Mond im	Februar Mond im	März Mond im	April Mond im	Mai Mond im	Juni Mond im
1	♒	♈	♈	♊	♋	♌ ab 23.41 ♍
2	♒ ab 08.09 ♓	♈ ab 23.04 ♉	♈ ab 08.10 ♉	♊	♋ ab 02.57 ♌	♍
3	♓	♉	♉	♊ ab 07.24 ♋	♌	♍
4	♓ ab 10.42 ♈	♉	♉ ab 13.59 ♊	♋	♌	♍ ab 12.12 ♎
5	♈	♉ ab 06.34 ♊	♊	♋ ab 18.58 ♌	♌ ab 15.42 ♍	♎
6	♈ ab 16.18 ♉	♊	♊ ab 23.35 ♋	♌	♍	♎ ab 22.06 ♏
7	♉	♊ ab 17.06 ♋	♋	♌	♍	♏
8	♉	♋	♋	♌ ab 07.53 ♍	♍ ab 03.48 ♎	♏
9	♉ ab 00.43 ♊	♋	♋ ab 11.48 ♌	♍	♎	♏ ab 04.15 ♐
10	♊	♋ ab 05.26 ♌	♌	♍ ab 19.46 ♎	♎ ab 13.11 ♏	♐
11	♊ ab 11.15 ♋	♌	♌	♎	♏	♐ ab 7.24 ♑
12	♋	♌ ab 18.18 ♍	♌ ab 00.43 ♍	♎	♏ ab 19.25 ♐	♑
13	♋ ab 23.17 ♌	♍	♍	♎ ab 05.16 ♏	♐	♑ ab 09.07 ♒
14	♌	♍	♍ ab 12.42 ♎	♏	♐ ab 23.26 ♑	♒
15	♌	♍ ab 06.38 ♎	♎	♏ ab 12.19 ♐	♑	♒ ab 10.57 ♓
16	♌ ab 12.11 ♍	♎	♎ ab 22.50 ♏	♐	♑	♓
17	♍	♎ ab 17.13 ♏	♏	♐ ab 17.24 ♑	♑ ab 02.26 ♒	♓ ab 13.53 ♈
18	♍	♏	♏	♑	♒	♈
19	♍ ab 00.41 ♎	♏	♏ ab 06.39 ♐	♑ ab 21.03 ♒	♒ ab 05.19 ♓	♈ ab 18.19 ♉
20	♎	♏ ab 00.52 ♐	♐	♒	♓	♉
21	♎ ab 10.51 ♏	♐	♐ ab 11.57 ♑	♒ ab 23.42 ♓	♓ ab 08.31 ♈	♉
22	♏	♐ ab 05.01 ♑	♑	♓	♈	♉ ab 00.23 ♊
23	♏ ab 17.09 ♐	♑	♑ ab 14.53 ♒	♓	♈ ab 12.21 ♉	♊
24	♐	♑ ab 06.13 ♒	♒	♓ ab 01.52 ♈	♉	♊ ab 08.25 ♋
25	♐ ab 19.28 ♑	♒	♒ ab 16.05 ♓	♈	♉ ab 17.29 ♊	♋
26	♑	♒ ab 05.53 ♓	♓	♈ ab 04.28 ♉	♊	♋ ab 18.48 ♌
27	♑ ab 19.13 ♒	♓	♓ ab 16.48 ♈	♉	♊	♌
28	♒	♓ ab 05.55 ♈	♈	♉ ab 08.49 ♊	♊ ab 00.51 ♋	♌
29	♒ ab 18.26 ♓		♈ ab 18.37 ♉	♊	♋	♌ ab 07.15 ♍
30	♓		♉	♊ ab 16.12 ♋	♋ ab 11.09 ♌	♍
31	♓ ab 19.12 ♈		♉ ab 23.09 ♊		♌	

Tag	Juli Mond im	August Mond im	September Mond im	Oktober Mond im	November Mond im	Dezember Mond im
1	♍ ab 20.09 ♎	♏	♐ ab 12.34 ♑	♒	♓ ab 11.10 ♈	♉
2	♎	♏ ab 23.06 ♐	♑	♒	♈	♉
3	♎ ab 06.58 ♏	♐	♑ ab 15.00 ♒	♒ ab 01.24 ♓	♈ ab 12.17 ♉	♉ ab 00.03 ♊
4	♏	♐	♒	♓	♉	♊
5	♏	♐ ab 03.23 ♑	♒ ab 15.04 ♓	♓ ab 01.29 ♈	♉ ab 14.26 ♊	♊ ab 05.02 ♋
6	♏ ab 13.56 ♐	♑	♓	♈	♊	♋
7	♐	♑ ab 04.29 ♒	♓ ab 14.30 ♈	♈ ab 01.45 ♉	♊ ab 19.24 ♋	♋ ab 13.10 ♌
8	♐ ab 17.08 ♑	♒	♈	♉	♋	♌
9	♑	♒ ab 04.06 ♓	♈ ab 15.13 ♉	♉ ab 04.08 ♊	♋	♌
10	♑ ab 18.00 ♒	♓	♉	♊ ab 10.10 ♋	♋ ab 04.15 ♌	♌ ab 00.33 ♍
11	♒	♓ ab 04.11 ♈	♉ ab 18.55 ♊	♋	♌	♍
12	♒ ab 18.23 ♓	♈	♊	♋	♌ ab 16.21 ♍	♍ ab 13.30 ♎
13	♓	♈ ab 06.22 ♉	♊	♋ ab 20.12 ♌	♍	♎
14	♓ ab 19.58 ♈	♉	♊ ab 02.28 ♋	♌	♍	♎
15	♈	♉ ab 11.42 ♊	♋	♌	♍ ab 05.17 ♎	♎ ab 01.09 ♏
16	♈ ab 23.44 ♉	♊	♋ ab 13.26 ♌	♌ ab 08.52 ♍	♎ ab 16.30 ♏	♏
17	♉	♊ ab 20.18 ♋	♌	♍	♏	♏ ab 09.37 ♐
18	♉	♋	♌	♍ ab 21.45 ♎	♏	♐
19	♉ ab 06.00 ♊	♋	♌ ab 02.16 ♍	♎	♏	♐ ab 14.55 ♑
20	♊	♋ ab 07.29 ♌	♍	♎	♏ ab 00.57 ♐	♑
21	♊ ab 14.41 ♋	♌	♍ ab 15.11 ♎	♎ ab 09.03 ♏	♐ ab 07.02 ♑	♑ ab 18.13 ♒
22	♋	♌ ab 20.12 ♍	♎	♏	♑	♒
23	♋	♍	♎	♏ ab 18.10 ♐	♑ ab 11.37 ♒	♒ ab 20.51 ♓
24	♋ ab 01.31 ♌	♍	♎ ab 02.55 ♏	♐	♒	♓
25	♌	♍ ab 09.14 ♎	♏	♐	♒	♓ ab 23.41 ♈
26	♌ ab 14.02 ♍	♎	♏ ab 12.36 ♐	♐ ab 01.12 ♑	♒ ab 15.18 ♓	♈
27	♍	♎ ab 21.13 ♏	♐	♑	♓	♈
28	♍	♏	♐ ab 19.41 ♑	♑ ab 06.17 ♒	♓ ab 18.17 ♈	♈ ab 03.08 ♉
29	♍ ab 03.07 ♎	♏	♑	♒	♈	♉
30	♎	♏ ab 06.40 ♐	♑ ab 23.50 ♒	♒ ab 09.30 ♓	♈ ab 20.55 ♉	♉ ab 07.33 ♊
31	♎ ab 14.47 ♏	♐		♓		♊

1980

Tag	Januar Mond im	Februar Mond im	März Mond im	April Mond im	Mai Mond im	Juni Mond im
1	♊ ab 13.30 ♋	♌	♍	♎	♏ ab 23.22 ♐	♑
2	♋	♌ ab 16.22 ♍	♍	♎ ab 06.22 ♏	♐	♑ ab 20.30 ♒
3	♋ ab 21.48 ♌	♍	♍ ab 11.41 ♎	♏	♐	♒
4	♌	♍	♎	♏ ab 17.35 ♐	♐ ab 08.15 ♑	♒
5	♌	♍ ab 05.05 ♎	♎	♐	♑	♒ ab 01.11 ♓
6	♌ ab 08.49 ♍	♎	♎ ab 00.23 ♏	♐ ab 02.43 ♑	♑ ab 15.04 ♒	♓
7	♍	♎ ab 17.47 ♏	♏	♑	♒	♓ ab 04.24 ♈
8	♍ ab 21.39 ♎	♏	♏ ab 11.39 ♐	♑	♒ ab 19.34 ♓	♈
9	♎	♏	♐	♑ ab 07.00 ♒	♓	♈ ab 06.30 ♉
10	♎	♏ ab 04.20 ♐	♐ ab 20.03 ♑	♒	♓ ab 21.45 ♈	♉
11	♎ ab 09.56 ♏	♐	♑	♒ ab 12.07 ♓	♈	♉ ab 08.23 ♊
12	♏	♐ ab 11.13 ♑	♑	♓	♈ ab 22.25 ♉	♊
13	♏ ab 19.18 ♐	♑	♑ ab 00.46 ♒	♓ ab 12.41 ♈	♉	♊ ab 11.30 ♋
14	♐	♑ ab 14.20 ♒	♒	♈	♉ ab 23.08 ♊	♋
15	♐	♒	♒ ab 02.11 ♓	♈ ab 12.11 ♉	♊	♋ ab 17.23 ♌
16	♐ ab 00.52 ♑	♒ ab 14.55 ♓	♓	♉	♊	♌
17	♑	♓	♓ ab 01.42 ♈	♉ ab 12.42 ♊	♊ ab 01.53 ♋	♌
18	♑ ab 03.26 ♒	♓ ab 14.43 ♈	♈	♊	♋	♌ ab 02.48 ♍
19	♒	♈	♈ ab 01.14 ♉	♊ ab 16.12 ♋	♋ ab 08.15 ♌	♍
20	♒ ab 04.34 ♓	♈ ab 15.36 ♉	♉	♋	♌	♍ ab 14.56 ♎
21	♓	♉	♉ ab 02.48 ♊	♋ ab 23.53 ♌	♌ ab 18.33 ♍	♎
22	♓ ab 05.52 ♈	♉ ab 18.59 ♊	♊	♌	♍	♎
23	♈	♊	♊ ab 07.56 ♋	♌	♍	♎ ab 03.27 ♏
24	♈ ab 08.32 ♉	♊	♋	♌ ab 11.13 ♍	♍ ab 07.12 ♎	♏
25	♉	♊ ab 01.35 ♋	♋ ab 16.59 ♌	♍	♎	♏ ab 14.02 ♐
26	♉ ab 13.12 ♊	♋	♌	♍	♎ ab 19.37 ♏	♐
27	♊	♋ ab 11.11 ♌	♌ ab 04.53 ♍	♍ ab 00.10 ♎	♏	♐ ab 21.47 ♑
28	♊ ab 20.03 ♋	♌	♍	♎	♏	♑
29	♋	♌ ab 22.54 ♍	♍	♎ ab 12.36 ♏	♏ ab 06.05 ♐	♑
30	♋		♍ ab 17.50 ♎	♏	♐	♑ ab 03.04 ♒
31	♋ ab 05.09 ♌		♎		♐ ab 14.15 ♑	

Tag	Juli Mond im	August Mond im	September Mond im	Oktober Mond im	November Mond im	Dezember Mond im
1	♒	♈	♉ ab 02.51 ♊	♋	♌ ab 13.19 ♍	♍ ab 08.14 ♎
2	♒ ab 06.49 ♓	♈ ab 17.56 ♉	♊	♋ ab 20.58 ♌	♍	♎
3	♓	♉	♊ ab 07.40 ♋	♌	♍ ab 01.32 ♎	♎ ab 21.01 ♏
4	♓ ab 09.47 ♈	♉ ab 21.10 ♊	♋	♌	♎	♏
5	♈	♊	♋ ab 15.23 ♌	♌ ab 07.20 ♍	♎ ab 14.20 ♏	♏
6	♈ ab 12.31 ♉	♊	♌	♍	♏	♏ ab 08.58 ♐
7	♉	♊ ab 02.13 ♋	♌	♍ ab 19.31 ♎	♏	♐
8	♉ ab 15.34 ♊	♋	♌ ab 01.32 ♍	♎	♏ ab 02.26 ♐	♐ ab 19.13 ♑
9	♊	♋ ab 09.24 ♌	♍	♎	♐	♑
10	♊ ab 19.45 ♋	♌	♍ ab 13.23 ♎	♎ ab 08.16 ♏	♐ ab 13.16 ♑	♑ ab 03.37 ♒
11	♋	♌ ab 18.55 ♍	♎	♏	♑	♒
12	♋	♍	♎	♏ ab 20.38 ♐	♑	♒
13	♋ ab 02.03 ♌	♍	♎ ab 02.07 ♏	♐	♑ ab 22.11 ♒	♒ ab 10.04 ♓
14	♌	♍ ab 06.33 ♎	♏	♐	♒	♓
15	♌ ab 11.12 ♍	♎	♏ ab 14.29 ♐	♐ ab 07.37 ♑	♒	♓ ab 14.22 ♈
16	♍	♎ ab 19.16 ♏	♐	♑	♒ ab 04.22 ♓	♈
17	♍ ab 22.56 ♎	♏	♐	♑ ab 15.54 ♒	♓	♈ ab 16.37 ♉
18	♎	♏	♐ ab 00.46 ♑	♒	♓ ab 07.22 ♈	♉
19	♎	♏ ab 07.08 ♐	♑	♒ ab 20.32 ♓	♈	♉ ab 17.40 ♊
20	♎ ab 11.34 ♏	♐	♑ ab 07.31 ♒	♓	♈ ab 07.52 ♉	♊
21	♏	♐ ab 16.12 ♑	♒	♓ ab 21.44 ♈	♉	♊ ab 19.04 ♋
22	♏ ab 22.43 ♐	♑	♒ ab 10.28 ♓	♈	♉ ab 07.28 ♊	♋
23	♐	♑ ab 21.33 ♒	♓	♈ ab 20.56 ♉	♊	♋ ab 22.34 ♌
24	♐	♒	♓ ab 10.38 ♈	♉	♊ ab 08.19 ♋	♌
25	♐ ab 06.45 ♑	♒ ab 23.44 ♓	♈	♉ ab 20.18 ♊	♋	♌
26	♑	♓	♈ ab 09.54 ♉	♊	♋ ab 12.24 ♌	♌ ab 05.33 ♍
27	♑ ab 11.35 ♒	♓	♉	♊ ab 22.01 ♋	♌	♍
28	♒	♓ ab 00.12 ♈	♉ ab 10.22 ♊	♋	♌ ab 20.38 ♍	♍ ab 16.06 ♎
29	♒ ab 14.11 ♓	♈	♊	♋	♍	♎
30	♓	♈ ab 00.42 ♉	♊ ab 13.47 ♋	♋ ab 03.39 ♌	♍	♎ ab 04.37 ♏
31	♓ ab 15.54 ♈	♉		♌		♏

1981

Tag	Januar Mond im	Februar Mond im	März Mond im	April Mond im	Mai Mond im	Juni Mond im
1	♏	♐ ab 11.38 ♑	♑	♒ ab 19.42 ♓	♓ ab 07.58 ♈	♉ ab 17.49 ♊
2	♏ ab 16.43 ♐	♑	♑	♓	♈	♊
3	♐	♑ ab 18.58 ♒	♑ ab 04.51 ♒	♓ ab 21.26 ♈	♈ ab 08.00 ♉	♊ ab 17.39 ♋
4	♐	♒	♒	♈	♉	♋
5	♐ ab 02.42 ♑	♒ ab 23.22 ♓	♒ ab 09.13 ♓	♈ ab 21.05 ♉	♉ ab 09.02 ♊	♋ ab 19.44 ♌
6	♑	♓	♓	♉	♊	♌
7	♑ ab 10.13 ♒	♓	♓ ab 10.49 ♈	♉ ab 20.48 ♊	♊ ab 07.18 ♋	♌
8	♒	♓ ab 02.02 ♈	♈	♊	♋	♌ ab 01.26 ♍
9	♒ ab 15.43 ♓	♈	♈ ab 11.23 ♉	♊ ab 22.34 ♋	♋ ab 10.41 ♌	♍
10	♓	♈ ab 04.11 ♉	♉	♋	♌	♍ ab 10.56 ♎
11	♓ ab 19.44 ♈	♉	♉ ab 12.43 ♊	♋	♌ ab 17.56 ♍	♎
12	♈	♉ ab 06.52 ♊	♊	♋ ab 03.37 ♌	♍	♎ ab 22.55 ♏
13	♈ ab 22.46 ♉	♊	♊ ab 16.06 ♋	♌	♍	♏
14	♉	♊ ab 10.43 ♋	♋	♌ ab 11.57 ♍	♍ ab 04.25 ♎	♏
15	♉	♋	♋ ab 22.03 ♌	♍	♎	♏ ab 11.32 ♐
16	♉ ab 01.18 ♊	♋ ab 16.11 ♌	♌	♍ ab 22.39 ♎	♎ ab 16.38 ♏	♐
17	♊	♌	♌	♎	♏	♐ ab 23.22 ♑
18	♊ ab 04.08 ♋	♌ ab 23.35 ♍	♌ ab 06.20 ♍	♎	♏	♑
19	♋	♍	♍	♎ ab 10.40 ♏	♏ ab 05.15 ♐	♑
20	♋ ab 08.22 ♌	♍	♍ ab 16.31 ♎	♏	♐	♑ ab 09.37 ♒
21	♌	♍ ab 09.13 ♎	♎	♏ ab 23.16 ♐	♐ ab 17.21 ♑	♒
22	♌ ab 15.03 ♍	♎	♎	♐	♑	♒ ab 17.45 ♓
23	♍	♎ ab 20.55 ♏	♎ ab 04.15 ♏	♐	♑	♓
24	♍	♏	♏	♐ ab 11.32 ♑	♑ ab 04.01 ♒	♓ ab 23.19 ♈
25	♍ ab 00.46 ♎	♏	♏ ab 16.52 ♐	♑	♒	♈
26	♎	♏ ab 09.30 ♐	♐	♑ ab 21.58 ♒	♒ ab 12.06 ♓	♈
27	♎ ab 12.49 ♏	♐	♐	♒	♓	♈ ab 02.17 ♉
28	♏	♐ ab 20.47 ♑	♐ ab 04.53 ♑	♒	♓ ab 16.44 ♈	♉
29	♏		♑	♒ ab 04.57 ♓	♈	♉ ab 03.22 ♊
30	♏ ab 01.12 ♐		♑ ab 14.16 ♒	♓	♈ ab 18.11 ♉	♊
31	♐		♒		♉	

Tag	Juli Mond im	August Mond im	September Mond im	Oktober Mond im	November Mond im	Dezember Mond im
1	♊ ab 03.58 ♋	♌ ab 19.55 ♍	♎	♏	♐ ab 13.47 ♑	♑ ab 08.10 ♒
2	♋	♍	♎ ab 22.11 ♏	♏ ab 18.00 ♐	♑	♒
3	♋ ab 05.48 ♌	♍	♏	♐	♑	♒ ab 18.17 ♓
4	♌	♍ ab 03.25 ♎	♏	♐	♑ ab 01.52 ♒	♓
5	♌ ab 10.27 ♍	♎	♏ ab 10.24 ♐	♐ ab 06.50 ♑	♒	♓
6	♍	♎ ab 13.59 ♏	♐	♑	♒ ab 10.53 ♓	♓ ab 00.50 ♈
7	♍ ab 18.43 ♎	♏	♐ ab 22.49 ♑	♑ ab 18.02 ♒	♓	♈
8	♎	♏	♑	♒	♓ ab 15.38 ♈	♈ ab 03.32 ♉
9	♎	♏ ab 02.23 ♐	♑	♒	♈	♉
10	♎ ab 06.03 ♏	♐	♑ ab 08.59 ♒	♒ ab 01.33 ♓	♈ ab 16.45 ♉	♉ ab 03.31 ♊
11	♏	♐ ab 14.21 ♑	♒	♓	♉	♊
12	♏ ab 18.36 ♐	♑	♒ ab 15.35 ♓	♓ ab 05.02 ♈	♉ ab 16.00 ♊	♊ ab 02.41 ♋
13	♐	♑ ab 23.57 ♒	♓	♈	♊	♋
14	♐	♒	♓ ab 18.56 ♈	♈ ab 05.44 ♉	♊ ab 15.38 ♋	♋ ab 03.09 ♌
15	♐ ab 06.20 ♑	♒	♈	♉	♋	♌
16	♑	♒ ab 06.35 ♓	♈ ab 20.31 ♉	♉ ab 05.42 ♊	♋ ab 17.33 ♌	♌ ab 06.39 ♍
17	♑ ab 16.03 ♒	♓	♉	♊	♌	♍
18	♒	♓ ab 10.50 ♈	♉ ab 22.00 ♊	♊ ab 06.53 ♋	♌ ab 22.54 ♍	♍ ab 13.59 ♎
19	♒ ab 23.26 ♓	♈	♊	♋	♍	♎
20	♓	♈ ab 13.44 ♉	♊	♋ ab 10.35 ♌	♍	♎
21	♓	♉	♊ ab 00.40 ♋	♌	♍ ab 07.34 ♎	♎ ab 00.40 ♏
22	♓ ab 04.44 ♈	♉ ab 16.19 ♊	♋	♌ ab 17.06 ♍	♎	♏
23	♈	♊	♋ ab 05.09 ♌	♍	♎ ab 18.37 ♏	♏ ab 13.12 ♐
24	♈ ab 08.19 ♉	♊ ab 19.17 ♋	♌	♍	♏	♐
25	♉	♋	♌ ab 11.29 ♍	♍ ab 01.57 ♎	♏	♐
26	♉ ab 10.42 ♊	♋ ab 23.11 ♌	♍	♎	♏ ab 07.01 ♐	♐ ab 02.00 ♑
27	♊	♌	♍ ab 19.41 ♎	♎ ab 12.39 ♏	♐	♑
28	♊ ab 12.42 ♋	♌	♎	♏	♐ ab 19.54 ♑	♑ ab 13.54 ♒
29	♋	♌ ab 04.32 ♍	♎	♏	♑	♒
30	♋ ab 15.21 ♌	♍	♎ ab 05.54 ♏	♏ ab 00.49 ♐	♑	♑ ab 13.54 ♒
31	♌	♍ ab 12.03 ♎		♐		♒ ab 00.02 ♓

1982

Tag	Januar Mond im	Februar Mond im	März Mond im	April Mond im	Mai Mond im	Juni Mond im
1	♓	♉	♉	♋	♌	♎
2	♓ ab 07.34 ♈	♉ ab 21.21 ♊	♉ ab 02.51 ♊	♋ ab 14.37 ♌	♌ ab 00.46 ♍	♎ ab 22.13 ♏
3	♈	♊	♊	♌	♍	♏
4	♈ ab 12.03 ♉	♊ ab 23.19 ♋	♊ ab 05.49 ♋	♌ ab 19.19 ♍	♍ ab 07.33 ♎	♏
5	♉	♋	♋	♍	♎	♏ ab 09.32 ♐
6	♉ ab 13.49 ♊	♋	♋ ab 08.51 ♌	♍	♎ ab 16.25 ♏	♐
7	♊	♋ ab 00.51 ♌	♌	♍ ab 01.27 ♎	♏	♐ ab 22.13 ♑
8	♊ ab 14.02 ♋	♌	♌ ab 12.28 ♍	♎	♏	♑
9	♋	♌ ab 03.16 ♍	♍	♎ ab 09.34 ♏	♏ ab 03.17 ♐	♑
10	♋ ab 14.22 ♌	♍	♍ ab 17.35 ♎	♏	♐	♑ ab 11.09 ♒
11	♌	♍ ab 08.03 ♎	♎	♏ ab 20.08 ♐	♐ ab 15.50 ♑	♒
12	♌ ab 16.38 ♍	♎	♎ ab 16.17 ♏	♐	♑	♒ ab 22.45 ♓
13	♍	♎ ab 16.17 ♏	♋ ab 01.17 ♏	♐	♑	♓
14	♍ ab 22.18 ♎	♏	♏	♐ ab 08.42 ♑	♑ ab 04.45 ♒	♓
15	♎	♏	♏ ab 12.04 ♐	♑	♒	♓ ab 07.21 ♈
16	♎	♏ ab 03.46 ♐	♐	♑ ab 21.19 ♒	♒ ab 15.47 ♓	♈
17	♎ ab 07.47 ♏	♐	♐	♒	♓	♈ ab 12.07 ♉
18	♏	♐ ab 16.37 ♑	♐ ab 00.48 ♑	♒ ab 07.20 ♓	♓ ab 23.05 ♈	♉
19	♏ ab 20.01 ♐	♑	♑	♓	♈	♉ ab 13.35 ♊
20	♐	♑	♑ ab 12.54 ♒	♓	♈	♊
21	♐	♑ ab 04.16 ♒	♒	♓ ab 13.24 ♈	♈ ab 02.23 ♉	♊ ab 13.13 ♋
22	♐ ab 08.51 ♑	♒	♒ ab 22.02 ♓	♈	♉	♋
23	♑	♒ ab 13.10 ♓	♓	♈ ab 15.59 ♉	♉ ab 02.55 ♊	♋ ab 12.58 ♌
24	♑ ab 20.26 ♒	♓	♓	♉	♊	♌
25	♒	♓ ab 19.18 ♈	♓ ab 03.38 ♈	♉ ab 16.49 ♊	♊ ab 02.39 ♋	♌ ab 14.37 ♍
26	♒	♈	♈	♊	♋	♍
27	♒ ab 05.50 ♓	♈ ab 23.33 ♉	♈ ab 06.40 ♉	♊ ab 17.44 ♋	♋ ab 03.28 ♌	♍ ab 19.31 ♎
28	♓	♉	♉	♋	♌	♎
29	♓ ab 12.59 ♈		♉ ab 08.45 ♊	♋ ab 20.10 ♌	♌ ab 06.44 ♍	♎
30	♈		♊	♌	♍	♎ ab 04.02 ♏
31	♈ ab 18.04 ♉		♊ ab 11.10 ♋		♍ ab 13.03 ♎	

Tag	Juli Mond im	August Mond im	September Mond im	Oktober Mond im	November Mond im	Dezember Mond im
1	♏	♐ ab 10.37 ♑	♒	♓	♉	♊
2	♏ ab 15.26 ♐	♑	♒ ab 17.11 ♓	♓ ab 09.07 ♈	♉	♊ ab 11.58 ♋
3	♐	♑ ab 23.18 ♒	♓	♈	♉ ab 01.23 ♊	♋
4	♐	♒	♓	♈ ab 14.10 ♉	♊	♋ ab 12.27 ♌
5	♐ ab 04.16 ♑	♒	♓ ab 01.25 ♈	♉	♊ ab 03.00 ♋	♌
6	♑	♒ ab 10.24 ♓	♈	♉ ab 17.40 ♊	♋	♌ ab 14.33 ♍
7	♑ ab 17.04 ♒	♓	♈ ab 07.28 ♉	♊	♋ ab 05.11 ♌	♍
8	♒	♓ ab 19.21 ♈	♉	♊ ab 20.40 ♋	♌	♍ ab 19.11 ♎
9	♒	♈	♉ ab 11.58 ♊	♋	♌ ab 08.41 ♍	♎
10	♒ ab 04.36 ♓	♈	♊	♋ ab 23.45 ♌	♍	♎ ab 02.35 ♏
11	♓	♈ ab 02.01 ♉	♊ ab 15.19 ♋	♌	♍ ab 13.46 ♎	♏
12	♓ ab 13.50 ♈	♉	♋	♌	♎	♏ ab 12.28 ♐
13	♈	♉ ab 06.23 ♊	♋ ab 17.47 ♌	♌ ab 03.10 ♍	♎ ab 20.43 ♏	♐
14	♈ ab 20.01 ♉	♊	♌	♍	♏	♐
15	♉	♊ ab 08.41 ♋	♌ ab 19.58 ♍	♍ ab 07.23 ♎	♏	♐ ab 00.16 ♑
16	♉ ab 23.04 ♊	♋	♍	♎	♏ ab 05.52 ♐	♑
17	♊	♋ ab 09.41 ♌	♍ ab 23.04 ♎	♎ ab 13.21 ♏	♐	♑ ab 13.13 ♒
18	♊ ab 23.47 ♋	♌	♎	♏	♐ ab 17.22 ♑	♒
19	♋	♌ ab 10.41 ♍	♎	♏ ab 22.03 ♐	♑	♒
20	♋ ab 23.36 ♌	♍	♎ ab 04.33 ♏	♐	♑	♒ ab 01.57 ♓
21	♌	♍ ab 13.23 ♎	♏	♐	♑ ab 06.21 ♒	♓
22	♌	♎	♏ ab 13.31 ♐	♐ ab 09.39 ♑	♒	♓ ab 12.35 ♈
23	♌ ab 00.21 ♍	♎ ab 19.22 ♏	♐	♑	♒ ab 18.43 ♓	♈
24	♍	♏	♐	♑ ab 22.37 ♒	♓	♈ ab 19.37 ♉
25	♍ ab 03.46 ♎	♏	♐ ab 01.32 ♑	♒	♓	♉
26	♎	♏ ab 05.12 ♐	♑	♒	♓ ab 04.08 ♈	♉
27	♎ ab 10.59 ♏	♐	♑ ab 14.22 ♒	♒ ab 10.13 ♓	♈	♉ ab 22.49 ♊
28	♏	♐ ab 17.42 ♑	♒	♓	♈ ab 09.32 ♉	♊
29	♏ ab 21.48 ♐	♑	♒ ab 01.19 ♓	♓ ab 18.26 ♈	♉	♊ ab 23.13 ♋
30	♐	♑	♓	♈	♉ ab 11.36 ♊	♋
31	♐	♑ ab 06.24 ♒		♈ ab 23.04 ♉		♋ ab 22.34 ♌

1983

Tag	Januar Mond im	Februar Mond im	März Mond im	April Mond im	Mai Mond im	Juni Mond im
1	♌	♍ ab 10.48 ♎	♎	♏ ab 17.21 ♐	♐ ab 13.02 ♑	♒ ab 21.43 ♓
2	♌ ab 22.50 ♍	♎	♎	♐	♑	♓
3	♍	♎ ab 15.33 ♏	♎ ab 00.51 ♏	♐	♑	♓
4	♍	♏	♏	♐ ab 04.30 ♑	♑ ab 01.10 ♒	♓
5	♍ ab 01.45 ♎	♏	♏ ab 08.16 ♐	♑	♒	♓ ab 09.00 ♈
6	♎	♑ ab 00.29 ♐	♐	♑ ab 17.07 ♒	♒ ab 13.44 ♓	♈
7	♎ ab 08.17 ♏	♐	♐ ab 19.30 ♑	♒	♓	♈ ab 17.06 ♉
8	♏	♐ ab 12.34 ♑	♑	♒	♓	♉
9	♏ ab 18.14 ♐	♑	♑	♒ ab 05.31 ♓	♒ ab 00.17 ♈	♉ ab 21.38 ♊
10	♐	♑	♑ ab 08.31 ♒	♓	♈	♊
11	♐	♑ ab 01.41 ♒	♒	♓ ab 15.38 ♈	♈ ab 07.37 ♉	♊ ab 23.33 ♋
12	♐ ab 06.27 ♑	♒	♒ ab 20.48 ♓	♈	♉	♋
13	♑	♒ ab 14.02 ♓	♓	♈ ab 23.00 ♉	♉ ab 12.04 ♊	♋
14	♑ ab 19.27 ♒	♓	♓	♉	♊	♋ ab 00.22 ♌
15	♒	♓	♓ ab 07.01 ♈	♉	♊ ab 14.49 ♋	♌
16	♒	♓ ab 00.47 ♈	♈	♉ ab 04.16 ♊	♋	♌ ab 01.39 ♍
17	♒ ab 08.03 ♓	♈	♈ ab 15.05 ♉	♊	♋ ab 17.02 ♌	♍
18	♓	♈ ab 09.31 ♉	♉	♊ ab 08.15 ♋	♌	♍ ab 04.37 ♎
19	♓ ab 19.09 ♈	♉	♉ ab 21.21 ♊	♋	♌ ab 19.37 ♍	♎
20	♈	♉ ab 15.53 ♊	♊	♋ ab 11.27 ♌	♍	♎ ab 10.00 ♏
21	♈	♊	♊	♌	♍ ab 23.12 ♎	♏
22	♈ ab 03.37 ♉	♊ ab 19.32 ♋	♋	♌ ab 14.12 ♍	♎	♏ ab 17.56 ♐
23	♉	♋	♋ ab 00.53 ♌	♍	♎	♐
24	♉ ab 08.41 ♊	♋ ab 20.47 ♌	♌ ab 04.44 ♍	♍ ab 17.05 ♎	♎ ab 04.18 ♏	♐
25	♊	♌	♌	♎	♏	♐ ab 04.09 ♑
26	♊ ab 10.29 ♋	♌ ab 20.50 ♍	♌ ab 06.19 ♍	♎ ab 21.05 ♏	♏ ab 11.28 ♐	♑
27	♋	♍	♍	♏	♐	♑ ab 16.07 ♒
28	♋ ab 10.11 ♌	♍ ab 21.31 ♎	♍ ab 08.49 ♎	♏	♐ ab 21.08 ♑	♒
29	♌		♎	♏ ab 03.29 ♐	♑	♒
30	♌ ab 09.35 ♍		♎ ab 11.58 ♏	♐	♑ ab 04.52 ♓	
31	♍		♏		♑ ab 09.00 ♒	

Tag	Juli Mond im	August Mond im	September Mond im	Oktober Mond im	November Mond im	Dezember Mond im
1	♓	♈ ab 09.38 ♉	♊	♋ ab 13.55 ♌	♍	♎ ab 10.41 ♏
2	♓ ab 16.48 ♈	♉	♊ ab 04.54 ♋	♌	♍ ab 00.31 ♎	♏
3	♈	♉ ab 16.44 ♊	♋	♌ ab 15.16 ♍	♎	♏ ab 15.57 ♐
4	♈	♊	♋ ab 06.48 ♌	♍	♎ ab 02.54 ♏	♐
5	♈ ab 02.06 ♉	♊ ab 20.10 ♋	♌	♍ ab 15.43 ♎	♏	♐ ab 23.59 ♑
6	♉	♋	♌ ab 06.37 ♍	♎	♏ ab 07.10 ♐	♑
7	♉ ab 07.42 ♊	♋ ab 20.38 ♌	♍	♎ ab 17.07 ♏	♐	♑
8	♊	♌	♍ ab 06.14 ♎	♏	♐ ab 14.32 ♑	♑ ab 09.40 ♒
9	♊ ab 09.51 ♋	♌ ab 19.50 ♍	♎	♏ ab 21.21 ♐	♑	♒
10	♋	♍	♎ ab 07.50 ♏	♐	♑	♒ ab 21.54 ♓
11	♋ ab 09.54 ♌	♍ ab 19.52 ♎	♏	♐	♑ ab 01.11 ♒	♓
12	♌	♎	♏ ab 13.09 ♐	♐ ab 05.31 ♑	♒	♓
13	♌ ab 09.44 ♍	♎ ab 22.45 ♏	♐	♑	♒ ab 13.42 ♓	♓ ab 10.17 ♈
14	♍	♏	♐ ab 22.34 ♑	♑ ab 17.01 ♒	♓	♈
15	♍ ab 11.11 ♎	♏	♑	♒	♓	♈ ab 20.34 ♉
16	♎	♏ ab 05.34 ♐	♑	♒	♓ ab 01.37 ♈	♉
17	♎ ab 15.39 ♏	♐	♑ ab 10.46 ♒	♒ ab 05.42 ♓	♈	♉
18	♏	♐ ab 16.00 ♑	♒	♓	♈ ab 11.07 ♉	♉ ab 03.24 ♊
19	♏ ab 23.32 ♐	♑	♒ ab 23.31 ♓	♓ ab 17.19 ♈	♉	♊
20	♐	♑	♓	♈	♉ ab 17.46 ♊	♊ ab 07.03 ♋
21	♐	♑ ab 04.26 ♒	♓	♈	♊	♋
22	♐ ab 10.12 ♑	♒	♓ ab 11.11 ♈	♈ ab 02.48 ♉	♊ ab 22.11 ♋	♋ ab 08.45 ♌
23	♑	♒ ab 17.11 ♓	♈	♉	♋	♌
24	♑ ab 22.27 ♒	♓	♈ ab 21.13 ♉	♉ ab 10.11 ♊	♋	♌ ab 10.02 ♍
25	♒	♓	♉	♊	♋ ab 01.20 ♌	♍
26	♒	♓ ab 05.09 ♈	♉	♊ ab 15.48 ♋	♌	♍ ab 12.19 ♎
27	♒ ab 11.12 ♓	♈	♉ ab 04.25 ♊	♋	♌ ab 04.03 ♍	♎
28	♓	♈	♊	♋ ab 19.51 ♌	♍	♎ ab 16.27 ♏
29	♓ ab 23.22 ♈	♈ ab 15.38 ♉	♊ ab 10.25 ♋	♌	♍ ab 06.58 ♎	♏
30	♈	♉ ab 23.50 ♊	♋	♌ ab 22.34 ♍	♎	♏ ab 22.45 ♐
31	♈	♊		♍		♐

1984

Tag	Januar Mond im	Februar Mond im	März Mond im	April Mond im	Mai Mond im	Juni Mond im
1	♐	♑ ab 00.12 ♒	♒ ab 18.30 ♓	♈	♉	♊ ab 07.54 ♋
2	♐ ab 07.08 ♑	♒	♓	♈	♉ ab 18.03 ♊	♋
3	♑	♒ ab 12.23 ♓	♓	♈ ab 01.56 ♉	♊	♋ ab 12.20 ♌
4	♑ ab 17.31 ♒	♓	♓ ab 07.08 ♈	♉	♊	♌
5	♒	♓	♈	♉ ab 12.05 ♊	♊ ab 01.27 ♋	♌ ab 15.28 ♍
6	♒	♓ ab 01.05 ♈	♈ ab 19.10 ♉	♊	♋	♍
7	♒ ab 05.35 ♓	♈	♉	♊ ab 20.00 ♋	♋ ab 06.44 ♌	♍ ab 18.04 ♎
8	♓	♈ ab 13.06 ♉	♉	♋	♌	♎
9	♓ ab 18.16 ♈	♉	♉ ab 05.30 ♊	♋	♌ ab 10.03 ♍	♎ ab 20.49 ♏
10	♈	♉ ab 22.40 ♊	♊	♋ ab 01.02 ♌	♍	♏
11	♈	♊	♊ ab 12.49 ♋	♌	♍ ab 11.55 ♎	♏
12	♈ ab 05.37 ♉	♊	♋	♌ ab 03.12 ♍	♎	♏ ab 00.27 ♐
13	♉	♊ ab 04.21 ♋	♋ ab 16.22 ♌	♍	♎ ab 13.23 ♏	♐
14	♉ ab 13.41 ♊	♋	♌	♍ ab 03.30 ♎	♏	♐ ab 05.49 ♑
15	♊	♋ ab 06.10 ♌	♌ ab 16.48 ♍	♎	♏ ab 15.51 ♐	♑
16	♊ ab 17.48 ♋	♌	♍	♎ ab 03.42 ♏	♐	♑ ab 13.42 ♒
17	♋	♌ ab 05.33 ♍	♍ ab 15.52 ♎	♏	♐ ab 20.44 ♑	♒
18	♋ ab 18.50 ♌	♍	♎	♏ ab 05.45 ♐	♑	♒
19	♌	♍ ab 04.40 ♎	♎ ab 15.50 ♏	♐	♑	♒ ab 00.19 ♓
20	♌ ab 18.36 ♍	♎	♏	♐ ab 11.11 ♑	♑ ab 04.56 ♒	♓
21	♍	♎ ab 05.45 ♏	♏ ab 18.42 ♐	♑	♒	♓ ab 12.41 ♈
22	♍ ab 19.08 ♎	♏	♐	♑ ab 20.28 ♒	♒ ab 16.09 ♓	♈
23	♎	♏ ab 10.23 ♐	♐	♒	♓	♈
24	♎ ab 22.05 ♏	♐	♐ ab 01.37 ♑	♒	♓	♈ ab 00.39 ♉
25	♏	♐ ab 18.50 ♑	♑	♒ ab 08.27 ♓	♓ ab 04.40 ♈	♉
26	♏	♑	♑ ab 13.10	♓	♈	♉ ab 10.05 ♊
27	♏ ab 04.13 ♐	♑	♒	♓ ab 21.03 ♈	♈ ab 16.14 ♉	♊
28	♐	♑ ab 06.03 ♒	♒	♈	♉	♊ ab 16.10 ♋
29	♐ ab 13.13 ♑	♒	♒ ab 01.38 ♓	♈	♉	♋
30	♑		♓	♈ ab 08.31 ♉	♉ ab 01.24 ♊	♋ ab 19.31 ♌
31	♑		♓ ab 14.15 ♈		♊	

Tag	Juli Mond im	August Mond im	September Mond im	Oktober Mond im	November Mond im	Dezember Mond im
1	♌	♍ ab 06.04 ♎	♏ ab 18.30 ♐	♐ ab 06.29 ♑	♒	♓
2	♌ ab 21.28 ♍	♎	♐	♑	♓ ab 08.50 ♓	♓ ab 04.43 ♈
3	♍	♎ ab 08.05 ♏	♐	♑ ab 15.04 ♒	♓	♈
4	♍ ab 23.28 ♎	♏	♐ ab 00.56 ♑	♒	♓ ab 21.21 ♈	♈ ab 17.21 ♉
5	♎	♏ ab 12.30 ♐	♑	♒	♈	♉
6	♎	♐	♑ ab 10.12 ♒	♒ ab 02.20 ♓	♈	♉
7	♎ ab 02.29 ♏	♐ ab 19.25 ♑	♒	♓	♈ ab 09.54 ♉	♉ ab 04.25 ♊
8	♏	♑	♒ ab 21.25 ♓	♓ ab 14.52 ♈	♉	♊
9	♏ ab 02.04 ♐	♑	♓	♈	♉ ab 21.11 ♊	♊ ab 12.57 ♋
10	♐	♑ ab 04.26 ♒	♓	♈	♊	♋
11	♐ ab 13.24 ♑	♒	♓ ab 09.47 ♈	♈ ab 03.29 ♉	♊	♋ ab 19.09 ♌
12	♑	♒ ab 15.14 ♓	♈	♉	♊ ab 06.32 ♋	♌
13	♑ ab 21.42 ♒	♓	♈ ab 22.34 ♉	♉ ab 15.15 ♊	♋	♌ ab 23.36 ♍
14	♒	♓	♉	♊	♋ ab 13.34 ♌	♍
15	♒	♓ ab 03.29 ♈	♉	♊	♌	♍
16	♓ ab 08.11 ♓	♈	♉ ab 10.26 ♊	♊ ab 01.01 ♋	♌ ab 18.09 ♍	♍ ab 02.53 ♎
17	♓	♈ ab 16.14 ♉	♊	♋	♍	♎
18	♓ ab 20.27 ♈	♉	♊ ab 19.37 ♋	♋ ab 07.42 ♌	♍ ab 20.30 ♎	♎ ab 05.28 ♏
19	♈	♉	♋	♌	♎	♏
20	♈	♉ ab 03.32 ♊	♋	♌ ab 10.57 ♍	♎ ab 21.31 ♏	♏ ab 07.59 ♐
21	♈ ab 08.53 ♉	♊	♋ ab 00.50 ♌	♍	♏	♐
22	♉	♊ ab 11.21 ♋	♌	♍ ab 11.32 ♎	♏ ab 22.35 ♐	♐ ab 11.22 ♑
23	♉ ab 19.11 ♊	♋	♌ ab 02.20 ♍	♎	♐	♑
24	♊	♋ ab 15.01 ♌	♍	♎ ab 11.09 ♏	♐	♑ ab 16.48 ♒
25	♊	♌	♍ ab 00.42 ♎	♏	♐ ab 01.18 ♑	♒
26	♊ ab 01.45 ♋	♌ ab 15.33 ♍	♎	♏ ab 11.44 ♐	♑	♒ ab 01.19 ♓
27	♋	♍	♎ ab 01.05 ♏	♐	♑ ab 07.07 ♒	♓
28	♋ ab 04.42 ♌	♍ ab 14.58 ♎	♏	♐ ab 15.06 ♑	♒	♓
29	♌	♎	♏ ab 01.33 ♐	♑	♒ ab 16.34 ♓	♓
30	♌ ab 05.30 ♍	♎ ab 15.24 ♏	♐	♑ ab 22.14 ♒	♓	♓ ab 12.50 ♈
31	♍	♏		♒		♈

1985

Tag	Januar Mond im	Februar Mond im	März Mond im	April Mond im	Mai Mond im	Juni Mond im
1	♈ ab 01.37 ♉	♊	♊ ab 16.24 ♋	♌	♍ ab 23.23 ♎	♏
2	♉	♊ ab 07.00 ♋	♋	♌ ab 12.26 ♍	♎	♏ ab 09.34 ♐
3	♉ ab 13.01 ♊	♋	♋ ab 22.29 ♌	♍	♎ ab 23.18 ♏	♐
4	♊	♋ ab 12.03 ♌	♌	♍ ab 12.54 ♎	♏	♐ ab 10.35 ♑
5	♊ ab 21.18 ♋	♌	♌	♎	♏ ab 23.57 ♐	♑
6	♋	♌ ab 14.10 ♍	♌ ab 00.43 ♍	♎ ab 12.11 ♏	♐	♑ ab 13.53 ♒
7	♋	♍	♍	♏	♐	♒
8	♋ ab 02.29 ♌	♍ ab 15.11 ♎	♍ ab 00.48 ♎	♏ ab 12.18 ♐	♐ ab 00.12 ♑	♒ ab 20.47 ♓
9	♌	♎	♎	♐	♑	♓
10	♌ ab 05.40 ♍	♎ ab 16.50 ♏	♎ ab 00.48 ♏	♐ ab 14.58 ♑	♑ ab 04.39 ♒	♓
11	♍	♏	♏	♑	♒	♓ ab 07.25 ♈
12	♍ ab 08.14 ♎	♏ ab 20.10 ♐	♏ ab 02.30 ♐	♑ ab 21.05 ♒	♒ ab 12.57 ♓	♈
13	♎	♐	♐	♒	♓	♈ ab 20.12 ♉
14	♎ ab 11.08 ♏	♐	♐ ab 06.55 ♑	♒	♓	♉
15	♏	♐ ab 01.28 ♑	♑	♓ ab 06.31 ♈	♓ ab 00.26 ♈	♉
16	♏ ab 14.49 ♐	♑	♑ ab 14.12 ♒	♈	♈	♉ ab 08.46 ♊
17	♐	♑ ab 08.37 ♒	♒	♈ ab 18.19 ♉	♈ ab 13.24 ♉	♊
18	♐ ab 19.30 ♑	♒	♒ ab 23.51 ♓	♉	♉	♊ ab 19.23 ♋
19	♑	♒ ab 17.39 ♓	♓	♉	♉	♋
20	♑	♓	♓	♉ ab 07.13 ♊	♉ ab 02.02 ♊	♋
21	♑ ab 01.39 ♒	♓	♓ ab 11.21 ♈	♊	♊	♋ ab 03.33 ♌
22	♒	♓ ab 04.43 ♈	♈	♊ ab 20.01 ♋	♊ ab 13.06 ♋	♌
23	♒ ab 10.03 ♓	♈	♈	♋	♋	♌ ab 09.33 ♍
24	♓	♈ ab 17.28 ♉	♈ ab 00.07 ♉	♋	♋ ab 21.55 ♌	♍
25	♓ ab 21.06 ♈	♉	♉	♋ ab 07.27 ♋	♌	♍ ab 13.48 ♎
26	♈	♉	♉ ab 13.03 ♊	♋	♌	♎
27	♈ ab 09.54 ♉	♉ ab 06.12 ♊	♊	♋ ab 16.11 ♌	♌ ab 04.07 ♍	♎ ab 16.38 ♏
28	♉	♊	♊	♌	♍	♏
29	♉		♊ ab 00.14 ♋	♌ ab 21.25 ♍	♍ ab 07.41 ♎	♏ ab 18.31 ♐
30	♉ ab 22.01 ♊		♋	♍	♎	♐
31	♊		♋ ab 08.52 ♌		♎ ab 09.08 ♏	

Tag	Juli Mond im	August Mond im	September Mond im	Oktober Mond im	November Mond im	Dezember Mond im
1	♐ ab 20.23 ♑	♒	♓ ab 07.43 ♈	♈ ab 01.36 ♉	♊	♋ ab 02.00 ♌
2	♑	♒ ab 14.34 ♓	♈	♉	♊ ab 09.32 ♋	♌
3	♑ ab 23.37 ♒	♓	♈ ab 19.29 ♉	♉ ab 14.37 ♊	♋	♌
4	♒	♓ ab 23.44 ♈	♉	♊	♋ ab 20.04 ♌	♌ ab 10.15 ♍
5	♒	♈	♉	♊	♌	♍
6	♒ ab 05.41 ♓	♈	♉ ab 08.28 ♊	♊ ab 03.00 ♋	♌	♍ ab 15.34 ♎
7	♓	♈ ab 11.42 ♉	♊	♋	♌ ab 03.19 ♍	♎
8	♓ ab 15.21 ♈	♉	♊ ab 20.11 ♋	♋ ab 12.34 ♌	♍	♎ ab 17.57 ♏
9	♈	♉	♋	♌	♍ ab 06.53 ♎	♏
10	♈	♉ ab 00.32 ♊	♋	♌ ab 18.10 ♍	♎	♏ ab 18.14 ♐
11	♈ ab 03.45 ♉	♊	♋ ab 04.28 ♌	♍	♎ ab 07.32 ♏	♐
12	♉	♊ ab 11.29 ♋	♌	♍ ab 20.13 ♎	♏	♐ ab 18.00 ♑
13	♉ ab 16.24 ♊	♋	♌ ab 08.53 ♍	♎	♏ ab 06.53 ♐	♑
14	♊	♋ ab 18.58 ♌	♍	♎ ab 20.14 ♏	♐	♑ ab 19.16 ♒
15	♊	♌	♍ ab 10.35 ♎	♏	♐ ab 06.54 ♑	♒
16	♊ ab 02.55 ♋	♌ ab 23.16 ♍	♎	♏ ab 20.06 ♐	♑	♒ ab 23.51 ♓
17	♋	♍	♎ ab 11.18 ♏	♐	♑ ab 09.26 ♒	♓
18	♋ ab 10.26 ♌	♍	♏	♐ ab 21.36 ♑	♒	♓
19	♌	♍ ab 01.45 ♎	♏ ab 12.41 ♐	♑	♒ ab 15.43 ♓	♓ ab 08.37 ♈
20	♌ ab 15.30 ♍	♎	♐	♑	♓	♈
21	♍	♎ ab 03.52 ♏	♐ ab 15.50 ♑	♑ ab 01.55 ♒	♓	♈ ab 20.41 ♉
22	♍ ab 19.11 ♎	♏	♑	♒	♓ ab 01.43 ♈	♉
23	♎	♏ ab 06.37 ♐	♑ ab 21.12 ♒	♒ ab 09.28 ♓	♈	♉
24	♎ ab 22.17 ♏	♐	♒	♓	♈ ab 14.08 ♉	♉ ab 09.46 ♊
25	♏	♐ ab 10.25 ♑	♒	♓ ab 19.48 ♈	♉	♊
26	♏	♑	♒ ab 04.51 ♓	♈	♉	♊ ab 21.45 ♋
27	♑ ab 01.13 ♐	♑ ab 15.32 ♒	♓	♈	♉ ab 03.09 ♊	♋
28	♐	♒	♓ ab 14.43 ♈	♈ ab 08.00 ♉	♊	♋
29	♐ ab 04.22 ♑	♒ ab 22.26 ♓	♈	♉	♊ ab 15.24 ♋	♋ ab 07.45 ♌
30	♑	♓	♈	♉ ab 21.00 ♊	♋	♌
31	♑ ab 08.26 ♒	♓		♊		♌ ab 15.44 ♍

1986

Tag	Januar Mond im	Februar Mond im	März Mond im	April Mond im	Mai Mond im	Juni Mond im
1	♍	ab 07.20 ♏	♏	♐ ab 01.26 ♑	♒	♓ ab 06.44 ♈
2	♍ ab 21.46 ♎	♏	♏ ab 15.52 ♐	♑	♒ ab 16.31 ♓	♈
3	♎	♏ ab 10.32 ♐	♐	♑ ab 05.12 ♒	♓	♈ ab 17.46 ♉
4	♎	♐	♐ ab 18.57 ♑	♒	♓	♉
5	♎ ab 01.45 ♏	♐ ab 13.02 ♑	♑	♒ ab 11.04 ♓	♓ ab 01.02 ♈	♉
6	♏	♑	♑ ab 22.43 ♒	♓	♈	♉ ab 06.27 ♊
7	♏ ab 03.48 ♐	♑ ab 15.36 ♒	♒	♓ ab 19.13 ♈	♈ ab 12.00 ♉	♊
8	♐	♒	♒	♈	♉	♊ ab 19.18 ♋
9	♐ ab 04.43 ♑	♒ ab 19.33 ♓	♒ ab 03.49 ♓	♈	♉	♋
10	♑	♓	♓	♈ ab 05.37 ♉	♉ ab 00.27 ♊	♋
11	♑ ab 06.02 ♒	♓	♓ ab 11.04 ♈	♉	♊	♋ ab 07.12 ♌
12	♒	♓ ab 02.22 ♈	♈	♉ ab 17.52 ♊	♊ ab 13.19 ♋	♌
13	♒ ab 09.40 ♓	♈	♈ ab 21.05 ♉	♊	♋	♌ ab 17.19 ♍
14	♓	♈ ab 12.39 ♉	♉	♊	♋	♍
15	♓ ab 17.04 ♈	♉	♉	♊ ab 06.43 ♋	♋ ab 01.16 ♌	♍
16	♈	♉ ab 09.24 ♊	♉ ab 09.24 ♊	♋	♌	♍ ab 00.39 ♎
17	♈	♉ ab 01.18 ♊	♊	♋ ab 18.11 ♌	♌ ab 10.46 ♍	♎
18	♈ ab 04.14 ♉	♊	♊ ab 22.05 ♋	♌	♍	♎ ab 04.37 ♏
19	♉	♊ ab 13.40 ♋	♋	♌	♍ ab 16.42 ♎	♏
20	♉ ab 17.13 ♊	♋	♋	♌ ab 02.25 ♍	♎	♏ ab 05.37 ♐
21	♊	♋ ab 23.26 ♌	♋ ab 08.39 ♌	♍	♎ ab 19.03 ♏	♐
22	♊	♌	♌	♍ ab 06.51 ♎	♏	♐ ab 05.01 ♑
23	♊ ab 05.15 ♋	♌	♌ ab 15.40 ♍	♎	♏ ab 18.58 ♐	♑
24	♋	♌ ab 05.59 ♍	♍	♎ ab 08.16 ♏	♐	♑ ab 04.51 ♒
25	♋ ab 14.48 ♌	♍	♍ ab 19.23 ♎	♏	♐ ab 18.16 ♑	♒
26	♌	♍ ab 10.08 ♎	♎	♏ ab 08.17 ♐	♑	♒ ab 07.13 ♓
27	♌ ab 21.52 ♍	♎	♎ ab 21.06 ♏	♐	♑ ab 19.01 ♒	♓
28	♍	♎ ab 13.07 ♏	♏	♐ ab 08.42 ♑	♒	♓ ab 13.35 ♈
29	♍		♏ ab 22.21 ♐	♑	♒ ab 22.55 ♓	♈
30	♍ ab 03.11 ♎		♐	♑ ab 11.07 ♒	♓	♈ ab 23.55 ♉
31	♎		♐		♓	

Tag	Juli Mond im	August Mond im	September Mond im	Oktober Mond im	November Mond im	Dezember Mond im
1	♉	♊	♋ ab 03.09 ♌	♍	♎ ab 15.20 ♏	♏ ab 03.09 ♐
2	♉	♊ ab 08.05 ♋	♌	♍ ab 02.04 ♎	♏	♐
3	♉ ab 12.33 ♊	♋	♌ ab 12.07 ♍	♎	♏ ab 16.20 ♐	♐ ab 02.29 ♑
4	♊	♋ ab 19.27 ♌	♍	♎	♐	♑
5	♊	♌	♍ ab 18.34 ♎	♎ ab 05.36 ♏	♐ ab 16.49 ♑	♑ ab 02.24 ♒
6	♊ ab 01.20 ♋	♌	♎	♏	♑	♒
7	♋	♌ ab 04.45 ♍	♎ ab 23.13 ♏	♏ ab 07.49 ♐	♑ ab 18.29 ♒	♒ ab 04.49 ♓
8	♋ ab 12.57 ♌	♍	♏	♐	♒	♓
9	♌	♍ ab 12.05 ♎	♏	♐ ab 09.53 ♑	♒ ab 22.30 ♓	♓ ab 10.50 ♈
10	♌ ab 22.51 ♍	♎	♏ ab 02.41 ♐	♑	♓	♈
11	♍	♎ ab 17.37 ♏	♐	♑ ab 12.46 ♒	♓	♈ ab 20.11 ♉
12	♍	♏	♐ ab 05.29 ♑	♒	♓ ab 05.15 ♈	♉
13	♍ ab 06.41 ♎	♏ ab 21.18 ♐	♑	♒ ab 17.04 ♓	♈	♉ ab 07.42 ♊
14	♎	♐	♑ ab 08.08 ♒	♓	♈ ab 14.25 ♉	♊
15	♎ ab 11.59 ♏	♐ ab 23.28 ♑	♒	♓ ab 23.14 ♈	♉	♊ ab 20.10 ♋
16	♏	♑	♒ ab 11.28 ♓	♈	♉	♋
17	♏ ab 14.35 ♐	♑	♓	♈	♉ ab 01.27 ♊	♋
18	♐	♑ ab 00.45 ♒	♓ ab 16.34 ♈	♈ ab 07.36 ♉	♊	♋ ab 08.45 ♌
19	♐ ab 15.11 ♑	♒	♈	♉	♊ ab 13.47 ♋	♌
20	♑	♒ ab 02.53 ♓	♈	♉ ab 18.16 ♊	♋	♌ ab 20.31 ♍
21	♑ ab 15.18 ♒	♓	♈ ab 00.26 ♉	♊	♋	♍
22	♒	♓ ab 07.28 ♈	♉	♊	♋ ab 02.26 ♌	♍
23	♒ ab 17.00 ♓	♈	♉ ab 11.14 ♊	♊ ab 06.38 ♋	♌	♍
24	♓	♈ ab 15.37 ♉	♊	♋	♌ ab 13.47 ♍	♍ ab 06.06 ♎
25	♓ ab 22.03 ♈	♉	♊ ab 23.45 ♋	♋ ab 19.03 ♌	♍	♎ ab 12.07 ♏
26	♈	♉	♋	♌	♍ ab 22.00 ♎	♏
27	♈	♉ ab 03.01 ♊	♋	♌	♎	♏
28	♈ ab 07.12 ♉	♊	♋ ab 10.40 ♌	♌ ab 05.21 ♍	♎ ab 02.14 ♏	♏ ab 14.20 ♐
29	♉	♊ ab 15.41 ♋	♌ ab 19.58 ♍	♍	♏	♐
30	♉ ab 19.20 ♊	♋	♍	♍ ab 12.05 ♎	♏	♐ ab 13.55 ♑
31	♊	♋		♎		♑

1987

Tag	Januar Mond im	Februar Mond im	März Mond im	April Mond im	Mai Mond im	Juni Mond im
1	♑ ab 12.54 ♒	♓	♓ ab 13.38 ♈	♉	♊	♋ ab 05.26 ♌
2	♒	♓ ab 03.10 ♈	♈	♉ ab 14.17 ♊	♊ ab 09.40 ♋	♌
3	♒ ab 13.37 ♓	♈	♈ ab 19.12 ♉	♊	♋	♌ ab 17.57 ♍
4	♓	♈ ab 09.54 ♉	♉	♊	♋ ab 22.07 ♌	♍
5	♓ ab 17.52 ♈	♉	♉	♊ ab 01.34 ♋	♌	♍
6	♈	♉ ab 20.24 ♊	♉ ab 04.27 ♊	♋	♌	♍ ab 04.25 ♎
7	♈	♊	♊	♋ ab 14.05 ♌	♌ ab 10.08 ♍	♎
8	♈ ab 02.14 ♉	♊	♊ ab 16.25 ♋	♌	♍	♎ ab 11.07 ♏
9	♉	♊ ab 08.56 ♋	♋	♌	♍ ab 19.30 ♎	♏
10	♉ ab 13.40 ♊	♋	♋	♋ ab 01.29 ♍	♎	♏ ab 13.54 ♐
11	♊	♋ ab 21.22 ♌	♋ ab 04.55 ♌	♍	♎	♐
12	♊	♌	♌	♍ ab 10.06 ♎	♎ ab 00.10 ♏	♐ ab 14.06 ♑
13	♊ ab 02.19 ♋	♌	♌ ab 15.56 ♍	♎	♏	♑
14	♋	♌ ab 08.27 ♍	♍	♎ ab 15.41 ♏	♏ ab 03.42 ♐	♑ ab 13.46 ♒
15	♋ ab 14.46 ♌	♍	♍	♏	♐	♒
16	♌	♍ ab 17.45 ♎	♍ ab 00.35 ♎	♏ ab 19.02 ♐	♐ ab 04.37 ♑	♒ ab 14.55 ♓
17	♌	♎	♎	♐	♑	♓
18	♌ ab 02.16 ♍	♎	♎ ab 06.58 ♏	♐ ab 21.22 ♑	♑ ab 05.43 ♒	♓ ab 18.57 ♈
19	♍	♎ ab 01.05 ♏	♏	♑	♒	♈
20	♍ ab 12.10 ♎	♏	♏ ab 11.33 ♐	♑ ab 23.46 ♒	♒ ab 08.25 ♓	♈
21	♎	♏ ab 06.10 ♐	♐	♒	♓	♈ ab 02.10 ♉
22	♎ ab 19.31 ♏	♐	♐ ab 14.49 ♑	♒	♓ ab 13.24 ♈	♉
23	♏	♐ ab 08.58 ♑	♑	♒ ab 03.03 ♓	♈	♉ ab 11.55 ♊
24	♏ ab 23.36 ♐	♑	♑ ab 17.19 ♒	♓	♈ ab 20.40 ♉	♊
25	♐	♑ ab 10.09 ♒	♒	♓ ab 07.41 ♈	♉	♊ ab 23.23 ♋
26	♐	♒	♒ ab 19.46 ♓	♈	♉	♋
27	♐ ab 00.43 ♑	♒ ab 11.08 ♓	♓	♈ ab 14.07 ♉	♉ ab 05.56 ♊	♋
28	♑	♓	♓ ab 23.13 ♈	♉	♊	♋ ab 11.53 ♌
29	♑ ab 00.18 ♒		♈	♉ ab 22.44 ♊	♊ ab 17.00 ♋	♌
30	♒		♈	♊	♋	♌
31	♒ ab 00.25 ♓		♈ ab 05.47 ♉		♋	

Tag	Juli Mond im	August Mond im	September Mond im	Oktober Mond im	November Mond im	Dezember Mond im
1	♌ ab 00.35 ♍	♎	♐	♑	♓	♈
2	♍	♎ ab 03.10 ♏	♐ ab 19.05 ♑	♑ ab 02.52 ♒	♓ ab 14.41 ♈	♈ ab 02.06 ♉
3	♍ ab 11.56 ♎	♏	♑	♒	♈	♉
4	♎	♏ ab 08.48 ♐	♑ ab 20.22 ♒	♒ ab 04.40 ♓	♈ ab 19.03 ♉	♉ ab 09.14 ♊
5	♎ ab 20.04 ♏	♐	♒	♓	♉	♊
6	♏	♐ ab 10.52 ♑	♒ ab 20.38 ♓	♓ ab 06.36 ♈	♉	♊ ab 18.21 ♋
7	♏	♑	♓	♈	♉ ab 01.17 ♊	♋
8	♏ ab 00.06 ♐	♑ ab 10.38 ♒	♓ ab 21.35 ♈	♈ ab 09.58 ♉	♊	♋
9	♐	♒	♈	♉	♊ ab 10.11 ♋	♋ ab 05.41 ♌
10	♐ ab 00.44 ♑	♒ ab 10.02 ♓	♈	♉ ab 16.04 ♊	♋	♌
11	♑ ab 23.50 ♒	♓	♈ ab 00.58 ♉	♊	♋ ab 21.46 ♌	♌ ab 18.31 ♍
12	♒	♓ ab 11.10 ♈	♉	♊	♌	♍
13	♒ ab 23.37 ♓	♈	♉ ab 07.55 ♊	♊ ab 01.32 ♋	♌	♍ ab 06.41 ♎
14	♓	♈ ab 15.39 ♉	♊	♋	♌ ab 10.30 ♍	♎
15	♓	♉	♊ ab 18.23 ♋	♋ ab 13.35 ♌	♍	♎ ab 15.42 ♏
16	♓ ab 02.01 ♈	♉ ab 00.00 ♊	♋	♌	♍ ab 21.49 ♎	♏
17	♈	♊	♋	♌	♎	♏
18	♈ ab 08.05 ♉	♊	♋ ab 06.51 ♌	♌ ab 02.07 ♍	♎	♏ ab 20.34 ♐
19	♉	♊ ab 11.20 ♋	♌	♍	♎ ab 05.58 ♏	♐
20	♉ ab 17.33 ♊	♋	♌ ab 19.14 ♍	♍ ab 12.51 ♎	♏	♐ ab 22.08 ♑
21	♊	♋ ab 23.59 ♌	♍	♎	♏ ab 10.17 ♐	♑
22	♊	♌	♍	♎ ab 20.42 ♏	♐	♑ ab 22.22 ♒
23	♊ ab 05.14 ♋	♌	♍ ab 05.59 ♎	♏	♐ ab 12.33 ♑	♒
24	♋	♌ ab 12.24 ♍	♎	♏	♑	♒ ab 23.11 ♓
25	♋ ab 17.51 ♌	♍	♎ ab 14.31 ♏	♏ ab 01.58 ♐	♑ ab 14.14 ♒	♓
26	♌	♍ ab 23.36 ♎	♏	♐	♒	♓
27	♌	♎	♏ ab 20.50 ♐	♐ ab 05.34 ♑	♒ ab 16.41 ♓	♓ ab 02.06 ♈
28	♌ ab 06.27 ♍	♎	♐	♑	♓	♈
29	♍	♎ ab 08.50 ♏	♐	♑ ab 08.28 ♒	♓ ab 20.37 ♈	♈ ab 07.37 ♉
30	♍ ab 18.00 ♎	♏	♐ ab 00.09 ♑	♒	♈	♉
31	♎	♏ ab 15.25 ♐		♒ ab 11.20 ♓		♉ ab 15.30 ♊

1988

Tag	Januar Mond im	Februar Mond im	März Mond im	April Mond im	Mai Mond im	Juni Mond im
1	♊	♋ ab 19.07 ♌	♌	♍ ab 09.06 ♎	♎ ab 02.40 ♏	♐ ab 22.59 ♑
2	♊	♌	♌ ab 14.07 ♍	♎	♏	♑
3	♊ ab 01.17 ♋	♌	♍	♎ ab 20.27 ♏	♏ ab 10.53 ♐	♑
4	♋	♌ ab 07.55 ♍	♍	♏	♐	♑ ab 01.35 ♒
5	♋ ab 12.48 ♌	♍	♍ ab 02.33 ♎	♏	♐ ab 15.55 ♑	♒
6	♌	♍ ab 20.37 ♎	♎	♏ ab 04.30 ♐	♑	♒ ab 04.01 ♓
7	♌	♎	♎ ab 13.28 ♏	♐	♑ ab 19.38 ♒	♓
8	♌ ab 01.36 ♍	♎ ab 07.43 ♏	♏	♐ ab 10.20 ♑	♒	♓ ab 07.05 ♈
9	♍	♏	♏ ab 22.00 ♐	♑	♒ ab 22.40 ♓	♈
10	♍ ab 14.18 ♎	♏	♐	♑ ab 14.11 ♒	♓	♈ ab 11.03 ♉
11	♎	♏ ab 15.37 ♐	♐	♒	♓	♉
12	♎	♐	♐ ab 03.32 ♑	♒ ab 16.25 ♓	♓ ab 01.24 ♈	♉ ab 16.15 ♊
13	♎ ab 00.40 ♏	♐ ab 19.37 ♑	♑	♓	♈	♊
14	♏	♑	♑ ab 06.09 ♒	♓ ab 17.48 ♈	♈ ab 04.23 ♉	♊ ab 23.20 ♋
15	♏ ab 06.59 ♐	♑ ab 20.26 ♒	♒	♈	♉	♋
16	♐	♒	♒ ab 06.43 ♓	♈ ab 19.32 ♉	♉ ab 08.32 ♊	♋
17	♐ ab 09.16 ♑	♒ ab 19.45 ♓	♓	♉	♊	♋ ab 08.58 ♌
18	♑	♓	♓ ab 06.46 ♈	♉ ab 23.11 ♊	♊ ab 20.06 ♋	♌
19	♑ ab 09.03 ♒	♓ ab 19.36 ♈	♈	♊	♋	♌ ab 21.04 ♍
20	♒	♈	♈ ab 08.06 ♉	♊	♋	♍
21	♒ ab 08.28 ♓	♈ ab 21.51 ♉	♉	♊ ab 06.05 ♋	♋ ab 00.52 ♌	♍
22	♓	♉	♉ ab 12.22 ♊	♋	♌	♍ ab 09.58 ♎
23	♓ ab 09.32 ♈	♉	♊	♋ ab 16.35 ♌	♌ ab 13.13 ♍	♎
24	♈	♉ ab 03.43 ♊	♊ ab 20.28 ♋	♌	♍	♎ ab 20.59 ♏
25	♈ ab 13.37 ♉	♊	♋	♌	♍	♏
26	♉	♊ ab 13.13 ♋	♋	♌ ab 05.17 ♍	♍ ab 01.50 ♎	♏
27	♉ ab 21.03 ♊	♋	♋ ab 08.55 ♌	♍	♎	♏ ab 04.19 ♐
28	♊	♋	♌	♍ ab 17.38 ♎	♎ ab 12.07 ♏	♐
29	♊	♋ ab 01.13 ♌	♌ ab 21.50 ♍	♎	♏	♐ ab 08.01 ♑
30	♊ ab 07.12 ♋		♍	♎ ab 18.58 ♐	♏	♑
31	♋		♍		♐	

Tag	Juli Mond im	August Mond im	September Mond im	Oktober Mond im	November Mond im	Dezember Mond im
1	♑ ab 09.30 ♒	♓ ab 19.54 ♈	♉	♊ ab 23.39 ♋	♌	♍
2	♒	♈	♉ ab 10.12 ♊	♋	♌	♍
3	♒ ab 10.34 ♓	♈ ab 22.25 ♉	♊	♋	♌ ab 05.03 ♍	♍ ab 01.57 ♎
4	♓	♉	♊ ab 17.38 ♋	♋ ab 09.32 ♌	♍	♎
5	♓ ab 12.38 ♈	♉	♋	♌	♍ ab 18.05 ♎	♎ ab 13.52 ♏
6	♈	♉ ab 03.44 ♊	♋	♌ ab 22.02 ♍	♎	♏
7	♈ ab 16.28 ♉	♊	♋ ab 04.15 ♌	♍	♎	♏ ab 22.56 ♐
8	♉	♊ ab 11.53 ♋	♌	♍	♎ ab 05.47 ♏	♐
9	♉ ab 22.17 ♊	♋	♌ ab 16.49 ♍	♍ ab 11.04 ♎	♏	♐ ab 05.08 ♑
10	♊	♋ ab 22.27 ♌	♍	♎	♏ ab 15.07 ♐	♑
11	♊	♌	♍	♎ ab 22.59 ♏	♐	♑
12	♊ ab 06.09 ♋	♌	♍ ab 05.52 ♎	♏	♐ ab 22.13 ♑	♑ ab 09.26 ♒
13	♋	♌ ab 10.47 ♍	♎	♏	♑	♒
14	♋ ab 16.12 ♌	♍	♎ ab 18.08 ♏	♏ ab 08.59 ♐	♑	♒ ab 12.54 ♓
15	♌	♍ ab 23.53 ♎	♏	♐	♑ ab 03.37 ♒	♓
16	♌	♎	♏	♐ ab 16.45 ♑	♒	♓ ab 16.04 ♈
17	♌ ab 04.18 ♍	♎	♏ ab 04.26 ♐	♑	♒ ab 07.35 ♓	♈
18	♍	♎ ab 12.13 ♏	♐	♑ ab 22.06 ♒	♓	♈ ab 19.12 ♉
19	♍ ab 17.29 ♎	♏	♐ ab 11.46 ♑	♒	♓ ab 10.13 ♈	♉
20	♎	♏ ab 21.56 ♐	♑	♒	♈	♉ ab 22.44 ♊
21	♎	♐	♑ ab 15.44 ♒	♒ ab 00.59 ♓	♈ ab 12.03 ♉	♊
22	♎ ab 05.14 ♏	♐	♒	♓	♉	♊
23	♏	♐ ab 03.50 ♑	♒ ab 16.52 ♓	♓ ab 02.00 ♈	♉ ab 14.13 ♊	♊ ab 03.36 ♋
24	♏ ab 13.43 ♐	♑	♓	♈	♊	♋
25	♐	♑ ab 06.06 ♒	♓ ab 16.30 ♈	♈ ab 02.23 ♉	♊ ab 18.20 ♋	♋ ab 10.58 ♌
26	♐ ab 18.08 ♑	♒	♈	♉	♋	♌
27	♑	♒ ab 06.02 ♓	♈ ab 15.30 ♉	♉ ab 03.56 ♊	♋	♌ ab 21.28 ♍
28	♑ ab 19.26 ♒	♓	♉ ab 17.44 ♊	♊ ab 08.29 ♋	♋ ab 01.53 ♌	♍
29	♒	♓ ab 05.30 ♈	♊	♋	♌	♍
30	♒ ab 19.24 ♓	♈	♊	♋ ab 13.00 ♌	♌ ab 13.00 ♍	♍ ab 10.10 ♎
31	♓	♈ ab 06.23 ♉		♋ ab 17.04 ♌		♎

223

1989

Tag	Januar Mond im	Februar Mond im	März Mond im	April Mond im	Mai Mond im	Juni Mond im
1	♎ ab 22.35 ♏	♐	♐	♑ ab 00.46 ♒	♓	♉
2	♏	♐	♐ ab 09.59 ♑	♒	♓ ab 13.51 ♈	♉
3	♏	♐ ab 00.31 ♑	♑	♒ ab 03.38 ♓	♈	♉ ab 00.03 ♊
4	♏ ab 08.12 ♐	♑	♑ ab 14.37 ♒	♓	♉ ab 13.56 ♊	♊
5	♐	♑ ab 03.52 ♒	♒	♓ ab 03.52 ♈	♊	♊ ab 02.18 ♋
6	♐ ab 14.15 ♑	♒	♒ ab 16.00 ♓	♈	♉ ab 14.04 ♊	♋
7	♑	♒ ab 04.53 ♓	♓	♈ ab 03.08 ♉	♊	♋ ab 07.29 ♌
8	♑ ab 17.31 ♒	♓	♓ ab 15.37 ♈	♉	♊ ab 16.20 ♋	♌
9	♒	♓ ab 05.19 ♈	♈	♉ ab 03.32 ♊	♋	♌ ab 16.30 ♍
10	♒ ab 19.32 ♓	♈	♈ ab 15.26 ♉	♊	♋ ab 22.24 ♌	♍
11	♓	♈ ab 06.46 ♉	♉	♊ ab 06.59 ♋	♌	♍
12	♓ ab 21.37 ♈	♉	♉ ab 17.17 ♊	♋	♌	♍ ab 04.32 ♎
13	♈	♉ ab 10.23 ♊	♊	♋ ab 14.32 ♌	♌ ab 08.31 ♍	♎
14	♈	♊	♊ ab 22.28 ♋	♌	♍	♎ ab 17.12 ♏
15	♈ ab 00.37 ♉	♊ ab 16.41 ♋	♋	♌	♍ ab 21.08 ♎	♏
16	♉	♋	♋	♌ ab 01.40 ♍	♎	♏
17	♉ ab 04.58 ♊	♋	♋ ab 07.14 ♌	♍	♎	♏ ab 04.13 ♐
18	♊	♋ ab 01.34 ♌	♌	♍ ab 14.32 ♎	♎ ab 09.48 ♏	♐
19	♊ ab 10.58 ♋	♌	♌ ab 18.40 ♍	♎	♏	♐ ab 12.42 ♑
20	♋	♌ ab 12.35 ♍	♍	♎	♏ ab 20.53 ♐	♑
21	♋ ab 19.03 ♌	♍	♍	♎ ab 03.14 ♏	♐	♑ ab 18.58 ♒
22	♌	♍	♍ ab 07.25 ♎	♏	♐	♒
23	♌	♍ ab 01.06 ♎	♎	♏ ab 14.39 ♐	♐ ab 05.55 ♑	♒ ab 23.37 ♓
24	♌ ab 05.33 ♍	♎	♎ ab 20.11 ♏	♐	♑	♓
25	♍	♎ ab 13.58 ♏	♏	♐	♑ ab 13.02 ♒	♓
26	♍ ab 18.02 ♎	♏	♏	♐ ab 00.16 ♑	♒	♓ ab 03.07 ♈
27	♎	♏	♏ ab 08.55 ♐	♑	♒ ab 18.14 ♓	♈
28	♎	♏ ab 01.30 ♐	♐	♑ ab 07.34 ♒	♓	♈ ab 05.46 ♉
29	♎ ab 06.50 ♏		♐ ab 18.26 ♑	♒	♓ ab 21.26 ♈	♉
30	♏		♑	♒ ab 12.04 ♓	♈	♉ ab 08.09 ♊
31	♏ ab 17.31 ♐		♑		♈ ab 23.00 ♉	

Tag	Juli Mond im	August Mond im	September Mond im	Oktober Mond im	November Mond im	Dezember Mond im
1	♊	♋ ab 00.42 ♌	♍	♎ ab 21.54 ♏	♐	♑
2	♊ ab 11.20 ♋	♌	♍ ab 03.48 ♎	♏	♐ ab 03.47 ♑	♑ ab 18.43 ♒
3	♋	♌ ab 09.20 ♍	♎	♏	♑	♒
4	♋ ab 16.38 ♌	♍	♎ ab 16.24 ♏	♏ ab 10.30 ♐	♑	♒
5	♌	♍ ab 20.29 ♎	♏	♐	♑ ab 13.10 ♒	♒ ab 01.49 ♓
6	♌	♎	♏	♐ ab 21.46 ♑	♒	♓
7	♌ ab 01.05 ♍	♎	♏ ab 04.52 ♐	♑	♒ ab 19.25 ♓	♓ ab 06.12 ♈
8	♍	♎ ab 09.06 ♏	♐	♑	♓	♈
9	♍ ab 12.31 ♎	♏	♐ ab 15.14 ♑	♑ ab 06.07 ♒	♓ ab 22.09 ♈	♈ ab 08.00 ♉
10	♎	♏ ab 21.03 ♐	♑	♒	♈	♉
11	♎	♐	♑ ab 22.03 ♒	♒ ab 10.38 ♓	♈ ab 22.10 ♉	♉ ab 08.16 ♊
12	♎ ab 01.10 ♏	♐	♒	♓	♉	♊
13	♏	♐ ab 06.17 ♑	♒	♓ ab 11.42 ♈	♉ ab 21.20 ♊	♊ ab 08.50 ♋
14	♏ ab 12.32 ♐	♑	♒ ab 01.08 ♓	♈	♊	♋
15	♐	♑ ab 12.00 ♒	♓	♈ ab 10.53 ♉	♊ ab 21.52 ♋	♋ ab 11.42 ♌
16	♐ ab 21.02 ♑	♒	♓ ab 01.39 ♈	♉	♋	♌
17	♑	♒ ab 14.46 ♓	♈	♉ ab 10.20 ♊	♋	♌ ab 18.20 ♍
18	♑	♓	♈ ab 01.23 ♉	♊	♋ ab 01.46 ♌	♍
19	♑ ab 02.36 ♒	♓ ab 16.00 ♈	♉	♊ ab 12.10 ♋	♌	♍
20	♒	♈	♉ ab 02.17 ♊	♋	♌ ab 09.55 ♍	♍ ab 04.46 ♎
21	♒ ab 06.08 ♓	♈ ab 17.11 ♉	♊	♋ ab 17.48 ♌	♍	♎
22	♓	♉	♊ ab 05.51 ♋	♌	♍ ab 21.26 ♎	♎ ab 17.19 ♏
23	♓ ab 08.41 ♈	♉ ab 19.40 ♊	♋	♌	♎	♏
24	♈	♊	♋ ab 12.45 ♌	♌ ab 03.16 ♍	♎	♏
25	♈ ab 11.11 ♉	♊	♌	♍	♎ ab 10.14 ♏	♏ ab 05.38 ♐
26	♉	♊ ab 00.14 ♋	♌ ab 22.33 ♍	♍ ab 15.12 ♎	♏	♐
27	♉ ab 14.16 ♊	♋	♍	♎	♏ ab 22.31 ♐	♐ ab 16.11 ♑
28	♊	♋ ab 07.12 ♌	♍	♎	♐	♑
29	♊ ab 18.33 ♋	♌	♍ ab 09.16 ♎	♎ ab 03.57 ♏	♐	♑
30	♋	♌ ab 16.30 ♍	♎	♏	♐ ab 09.27 ♑	♑ ab 00.39 ♒
31	♋	♍		♏ ab 16.24 ♐		♒

1990

Tag	Januar Mond im	Februar Mond im	März Mond im	April Mond im	Mai Mond im	Juni Mond im
1	♒ ab 07.11 ♓	♈ ab 20.28 ♉	♈ ab 02.44 ♉	♊ ab 13.51 ♋	♋ ab 01.09 ♌	♍
2	♓	♉	♉	♋	♌	♍ ab 00.32 ♎
3	♓ ab 11.57 ♈	♉ ab 23.13 ♊	♉ ab 04.38 ♊	♋ ab 18.51 ♌	♌ ab 08.19 ♍	♎
4	♈	♊	♊	♌	♍	♎ ab 12.22 ♏
5	♈ ab 15.05 ♉	♊	♊ ab 08.03 ♋	♌	♍ ab 18.29 ♎	♏
6	♉	♊ ab 02.28 ♋	♋	♌ ab 02.43 ♍	♎	♏
7	♉ ab 17.02 ♊	♋	♋ ab 13.25 ♌	♍	♎	♏
8	♊	♋ ab 06.52 ♌	♌	♍ ab 12.45 ♎	♎ ab 06.23 ♏	♏ ab 01.00 ♐
9	♊ ab 18.53 ♋	♌	♌ ab 20.48 ♍	♎	♏	♐ ab 13.13 ♑
10	♋	♌ ab 13.14 ♍	♍	♎	♏ ab 18.57 ♐	♑
11	♋ ab 22.03 ♌	♍	♍	♎ ab 00.19 ♏	♐	♑
12	♌	♍ ab 22.10 ♎	♍ ab 06.10 ♎	♏	♐	♑ ab 00.10 ♒
13	♌	♎	♎	♏ ab 12.49 ♐	♐ ab 07.22 ♑	♒
14	♌ ab 03.58 ♍	♎	♎ ab 17.26 ♏	♐	♑	♒ ab 09.01 ♓
15	♍	♎ ab 09.35 ♏	♏	♐	♑ ab 18.31 ♒	♓
16	♍ ab 13.18 ♎	♏	♏	♐ ab 01.16 ♑	♒	♓ ab 14.56 ♈
17	♎	♏ ab 22.08 ♐	♏ ab 05.57 ♐	♑	♒	♈
18	♎	♐	♐	♑ ab 11.53 ♒	♒ ab 02.55 ♓	♈ ab 17.44 ♉
19	♎	♐	♐ ab 18.02 ♑	♒	♓	♉
20	♎ ab 01.17 ♏	♐ ab 09.31 ♑	♑	♒ ab 18.58 ♓	♓ ab 07.32 ♈	♉ ab 18.15 ♊
21	♏ ab 13.45 ♐	♑	♑	♓	♈	♊
22	♐	♑ ab 17.53 ♒	♑ ab 03.32 ♒	♓ ab 21.59 ♈	♈ ab 08.43 ♉	♊ ab 18.10 ♋
23	♐	♒	♒	♈	♉	♋
24	♐ ab 00.28 ♑	♒ ab 22.50 ♓	♒ ab 09.09 ♓	♈ ab 22.04 ♉	♉ ab 08.01 ♊	♋ ab 19.26 ♌
25	♑	♓	♓	♉	♊	♌
26	♑ ab 08.26 ♒	♓	♓ ab 11.16 ♈	♉ ab 21.13 ♊	♊ ab 07.35 ♋	♌ ab 23.43 ♍
27	♒	♓	♈	♊	♋	♍
28	♒ ab 13.52 ♓	♓ ab 01.17 ♈	♈ ab 11.27 ♉	♊ ab 21.40 ♋	♋ ab 09.30 ♌	♍
29	♓		♉	♋	♌	♍ ab 07.48 ♎
30	♓ ab 17.35 ♈		♉ ab 11.43 ♊		♌ ab 15.09 ♍	♎
31	♈		♊		♍	

Tag	Juli Mond im	August Mond im	September Mond im	Oktober Mond im	November Mond im	Dezember Mond im
1	♎ ab 19.02 ♏	♐	♑ ab 21.52 ♒	♒ ab 14.43 ♓	♈ ab 06.32 ♉	♉ ab 17.23 ♊
2	♏	♐	♒	♓	♉	♊
3	♏	♐ ab 03.09 ♑	♒	♓ ab 18.43 ♈	♉	♊ ab 16.28 ♋
4	♏ ab 07.36 ♐	♑	♒ ab 05.06 ♓	♈	♉ ab 06.07 ♊	♋
5	♐	♑ ab 13.20 ♒	♓	♈ ab 20.07 ♉	♊	♋ ab 17.01 ♌
6	♐ ab 19.40 ♑	♒	♓ ab 09.24 ♈	♉	♊ ab 06.08 ♋	♌
7	♑	♒ ab 20.55 ♓	♈	♉ ab 20.48 ♊	♋	♌ ab 20.40 ♍
8	♑	♓	♈ ab 11.56 ♉	♊	♋ ab 08.25 ♌	♍
9	♑ ab 06.07 ♒	♓	♉	♊ ab 22.30 ♋	♌	♍
10	♒	♓ ab 02.14 ♈	♉ ab 14.06 ♊	♋	♌ ab 13.49 ♍	♍ ab 04.01 ♎
11	♒ ab 14.30 ♓	♈	♊	♋	♍	♎
12	♓	♈ ab 05.56 ♉	♊ ab 16.54 ♋	♋ ab 02.17 ♌	♍ ab 22.09 ♎	♎ ab 14.29 ♏
13	♓ ab 20.37 ♈	♉	♋	♌	♎	♏
14	♈	♉ ab 08.42 ♊	♋ ab 20.53 ♌	♌ ab 08.21 ♍	♎ ab 08.40 ♏	♏ ab 02.45 ♐
15	♈	♊	♌	♍	♏	♐
16	♈ ab 00.30 ♉	♊ ab 11.13 ♋	♌	♍ ab 16.47 ♎	♏ ab 20.40 ♐	♐ ab 15.36 ♑
17	♉	♋	♌ ab 02.19 ♍	♎	♐	♑
18	♉ ab 02.33 ♊	♋ ab 14.12 ♌	♍	♎ ab 02.25 ♏	♐	♑
19	♊	♌	♍ ab 09.35 ♎	♏	♐ ab 09.32 ♑	♑ ab 04.00 ♒
20	♊ ab 03.45 ♋	♌ ab 18.34 ♍	♎	♏ ab 14.10 ♐	♑	♒
21	♋	♍	♎ ab 19.07 ♏	♐	♑ ab 22.08 ♒	♒ ab 14.49 ♓
22	♋ ab 05.30 ♌	♍	♏	♐	♒	♓
23	♌	♍	♏	♐ ab 03.04 ♑	♒	♓ ab 22.46 ♈
24	♌ ab 09.18 ♍	♍ ab 01.18 ♎	♏ ab 06.53 ♐	♑	♒ ab 08.33 ♓	♈
25	♍	♎ ab 10.57 ♏	♐	♑	♓	♈
26	♍ ab 16.19 ♎	♏	♐ ab 19.37 ♑	♒ ab 15.15 ♓	♓ ab 15.07 ♈	♈ ab 03.10 ♉
27	♎	♏ ab 22.58 ♐	♑	♓	♈	♉
28	♎	♐	♑	♓ ab 00.23 ♈	♈ ab 17.38 ♉	♉ ab 04.27 ♊
29	♎ ab 02.40 ♏	♐	♑ ab 06.55 ♒	♈	♉	♊
30	♏	♐ ab 11.24 ♑	♒	♈	♉	♊ ab 04.04 ♋
31	♏ ab 15.01 ♐	♑		♈ ab 05.15 ♈...		♋

1991

Tag	Januar Mond im	Februar Mond im	März Mond im	April Mond im	Mai Mond im	Juni Mond im
1	♋	♍	♍	♏	♐	♑
2	♋ ab 03.55 ♌	♍ ab 21.03 ♎	♍ ab 07.04 ♎	♏ ab 09.00 ♐	♐ ab 04.55 ♑	♑ ab 00.42 ♒
3	♌	♎	♎	♐	♑	♒
4	♌ ab 05.58 ♍	♎ ab 05.02 ♏	♎ ab 14.09 ♏	♐ ab 21.20 ♑	♑ ab 17.52 ♒	♒ ab 12.37 ♓
5	♍	♏	♏	♑	♒	♓
6	♍ ab 11.34 ♎	♏ ab 16.24 ♐	♏ ab 00.36 ♐	♑ ab 10.00 ♒	♒ ab 05.05 ♓	♓ ab 21.26 ♈
7	♎	♐	♐	♒	♓	♈
8	♎ ab 21.00 ♏	♐	♐ ab 13.15 ♑	♒ ab 20.18 ♓	♓ ab 12.35 ♈	♈ ab 02.14 ♉
9	♏	♐ ab 05.17 ♑	♑	♓	♈	♉
10	♏	♑	♑	♓ ab 20.18 ♈	♈ ab 12.35 ♉	♉
11	♏ ab 09.07 ♐	♑	♑ ab 01.32 ♒	♈	♉ ab 16.08 ♊	♉ ab 03.37 ♊
12	♐	♑ ab 17.17 ♒	♒	♈ ab 02.50 ♉	♊	♊
13	♐ ab 22.01 ♑	♒	♒ ab 11.12 ♓	♉	♉ ab 17.03 ♊	♊ ab 03.17 ♋
14	♑	♒	♒ ab 11.12 ♓	♉ ab 06.06 ♊	♊	♋
15	♑ ab 10.05 ♒	♒ ab 03.00 ♓	♓	♊	♊ ab 17.15 ♋	♋ ab 03.11 ♌
16	♒	♓	♓ ab 17.38 ♈	♊	♋	♌
17	♒	♓ ab 10.12 ♈	♈	♊ ab 07.42 ♋	♋ ab 18.31 ♌	♌ ab 05.04 ♍
18	♒ ab 20.24 ♓	♈	♈ ab 21.41 ♉	♋	♌	♍
19	♓	♈ ab 15.25 ♉	♉	♋ ab 09.18 ♌	♌	♍ ab 10.02 ♎
20	♓	♉	♉	♌	♌ ab 22.01 ♍	♎
21	♓ ab 04.28 ♈	♉ ab 19.11 ♊	♉ ab 00.38 ♊	♌ ab 12.05 ♍	♍	♎ ab 18.19 ♏
22	♈	♊	♊	♍	♍	♏
23	♈ ab 10.02 ♉	♊ ab 21.57 ♋	♊ ab 03.28 ♋	♍ ab 16.30 ♎	♎ ab 04.09 ♏	♏
24	♉	♋	♋	♎	♏	♏ ab 05.17 ♐
25	♉ ab 13.07 ♊	♋	♋ ab 06.44 ♌	♎ ab 22.37 ♏	♏ ab 12.42 ♐	♐
26	♊	♋ ab 00.14 ♌	♌	♏	♐	♐ ab 17.50 ♑
27	♊ ab 14.24 ♋	♌	♌ ab 10.42 ♍	♏	♐ ab 23.22 ♑	♑
28	♋	♌ ab 02.51 ♍	♍	♏ ab 06.35 ♐	♑	♑
29	♋ ab 15.04 ♌		♍ ab 15.50 ♎	♐	♑	♑ ab 06.48 ♒
30	♌		♎	♐ ab 16.43 ♑	♑ ab 11.41 ♒	♒
31	♌ ab 16.45 ♍		♎ ab 23.02 ♏		♒	

Tag	Juli Mond im	August Mond im	September Mond im	Oktober Mond im	November Mond im	Dezember Mond im
1	♒ ab 18.52 ♓	♈	♉ ab 04.04 ♊	♋	♌ ab 00.48 ♍	♎
2	♓	♈ ab 17.33 ♉	♊	♋ ab 15.59 ♌	♍	♎ ab 17.34 ♏
3	♓	♉	♊ ab 17.20 ♋	♌	♍ ab 05.13 ♎	♏
4	♓ ab 04.34 ♈	♉ ab 21.55 ♊	♋	♌ ab 18.46 ♍	♎	♏
5	♈	♊	♋ ab 09.14 ♌	♍	♎ ab 11.10 ♏	♏ ab 02.33 ♐
6	♈ ab 10.53 ♉	♊	♌	♍ ab 22.01 ♎	♏	♐
7	♉	♊ ab 23.48 ♋	♌ ab 10.36 ♍	♎	♏ ab 19.22 ♐	♐ ab 13.42 ♑
8	♉ ab 13.43 ♊	♋	♍	♎	♐	♑
9	♊	♋ ab 00.10 ♌	♍ ab 12.52 ♎	♎ ab 03.01 ♏	♐	♑
10	♊ ab 14.04 ♋	♌	♎	♏	♐ ab 06.17 ♑	♑ ab 02.28 ♒
11	♋	♌ ab 00.36 ♍	♎ ab 17.43 ♏	♏ ab 10.59 ♐	♑	♒
12	♋ ab 13.36 ♌	♍	♏	♐	♑ ab 19.07 ♒	♒ ab 15.20 ♓
13	♌	♍ ab 02.53 ♎	♏	♐ ab 22.11 ♑	♒	♓
14	♌ ab 14.13 ♍	♎	♏ ab 02.15 ♐	♑	♒	♓
15	♍	♎ ab 08.35 ♏	♐	♑	♒ ab 07.34 ♓	♓ ab 02.07 ♈
16	♍ ab 17.35 ♎	♏	♐ ab 14.05 ♑	♑ ab 11.05 ♒	♓	♈
17	♎	♏ ab 18.12 ♐	♑	♒	♓ ab 17.08 ♈	♈ ab 09.11 ♉
18	♎	♐	♑	♒ ab 22.54 ♓	♈	♉
19	♎ ab 00.42 ♏	♐	♑ ab 02.59 ♒	♓	♈ ab 20.50 ♉	♉ ab 12.22 ♊
20	♏	♐ ab 06.35 ♑	♒	♓	♉	♊
21	♏ ab 11.17 ♐	♑	♒	♓ ab 14.21 ♈	♉ ab 07.34 ♊	♊ ab 12.55 ♋
22	♐	♑ ab 19.28 ♒	♒	♈	♊	♋
23	♐ ab 23.56 ♑	♒	♓ ab 22.57 ♈	♈ ab 12.56 ♉	♊	♋ ab 12.39 ♌
24	♑	♒	♈	♉	♊ ab 02.26 ♋	♌
25	♑	♒ ab 06.52 ♓	♈	♉ ab 16.10 ♊	♋	♌ ab 13.25 ♍
26	♑ ab 12.50 ♒	♓	♈ ab 05.00 ♉	♊	♋ ab 03.38 ♌	♍
27	♒	♓ ab 16.02 ♈	♉	♊ ab 18.38 ♋	♌	♍ ab 16.38 ♎
28	♒	♈	♉ ab 09.26 ♊	♋	♌ ab 06.13 ♍	♎
29	♒ ab 00.36 ♓	♈ ab 23.01 ♉	♊	♋ ab 21.21 ♌	♍	♎ ab 23.04 ♏
30	♓	♉	♊ ab 12.59 ♋	♌	♍ ab 10.48 ♎	♏
31	♓ ab 10.21 ♈	♉		♌		♏

1992

Tag	Januar Mond im	Februar Mond im	März Mond im	April Mond im	Mai Mond im	Juni Mond im
1	♏ ab 08.31 ♐	♑	♒	♓	♈ ab 21.10 ♉	♊
2	♐	♑ ab 15.10 ♒	♒	♓ ab 05.05 ♈	♉	♊ ab 13.58 ♋
3	♐ ab 20.10 ♑	♒	♒ ab 10.12 ♓	♈	♉	♋
4	♑	♒	♓	♈ ab 13.19 ♉	♉ ab 02.29 ♊	♋ ab 15.36 ♌
5	♑	♒ ab 03.52 ♓	♓ ab 21.08 ♈	♉	♊	♌
6	♑ ab 09.00 ♒	♓	♈	♉ ab 19.34 ♊	♊ ab 06.10 ♋	♌ ab 17.29 ♍
7	♒	♓ ab 15.16 ♈	♈	♊	♋	♍
8	♒ ab 21.53 ♓	♈	♈ ab 06.06 ♉	♊	♋ ab 09.08 ♌	♍ ab 20.34 ♎
9	♓	♈	♉	♊ ab 00.19 ♋	♌	♎
10	♓	♈ ab 00.37 ♉	♉ ab 13.04 ♊	♋	♌ ab 11.57 ♍	♎
11	♓ ab 09.23 ♈	♉	♊	♋ ab 03.47 ♌	♍	♎ ab 01.28 ♏
12	♈	♉ ab 07.09 ♊	♊ ab 17.51 ♋	♌	♍ ab 15.06 ♎	♏
13	♈ ab 18.01 ♉	♊	♋	♌ ab 06.10 ♍	♎	♏ ab 08.30 ♐
14	♉	♊ ab 10.32 ♋	♋ ab 20.21 ♌	♍	♎ ab 19.16 ♏	♐
15	♉ ab 22.56 ♊	♋	♌	♍ ab 08.11 ♎	♏	♐ ab 17.51 ♑
16	♊	♋ ab 11.16 ♌	♌ ab 21.14 ♍	♎	♏ ab 01.23 ♐	♑
17	♊	♌	♍	♎ ab 11.11 ♏	♐	♑
18	♊ ab 00.27 ♋	♌ ab 10.48 ♍	♍ ab 21.56 ♎	♏	♐	♑ ab 05.20 ♒
19	♋ ab 23.58 ♌	♍	♎	♏ ab 16.41 ♐	♐ ab 10.14 ♑	♒
20	♌	♍ ab 11.06 ♎	♎	♐	♑	♒ ab 18.01 ♓
21	♌ ab 23.23 ♍	♎	♎ ab 00.21 ♏	♐	♑ ab 21.44 ♒	♓
22	♍	♎ ab 14.12 ♏	♏	♐ ab 01.41 ♑	♒	♓
23	♍	♏	♏ ab 06.14 ♐	♑	♒	♓ ab 06.04 ♈
24	♍ ab 00.43 ♎	♏ ab 21.27 ♐	♐	♑ ab 13.39 ♒	♒ ab 10.26 ♓	♈
25	♎	♐	♐ ab 16.09 ♑	♒	♓	♈ ab 15.29 ♉
26	♎ ab 05.33 ♏	♐	♑	♒	♓ ab 21.53 ♈	♉
27	♏	♐ ab 08.34 ♑	♑	♒ ab 02.21 ♓	♈	♉ ab 21.15 ♊
28	♏ ab 14.21 ♐	♑	♑ ab 05.45 ♒	♓	♈	♊
29	♐	♑ ab 21.35 ♒	♒	♓ ab 13.14 ♈	♈ ab 06.17 ♉	♊ ab 23.43 ♋
30	♐		♒ ab 18.24 ♓	♈	♉	♋
31	♐ ab 02.08 ♑		♓		♉ ab 11.20 ♊	

Tag	Juli Mond im	August Mond im	September Mond im	Oktober Mond im	November Mond im	Dezember Mond im
1	♋	♍	♏	♐	♑ ab 13.44 ♒	♒ ab 10.24 ♓
2	♋ ab 00.16 ♌	♍ ab 10.18 ♎	♏	♐ ab 18.30 ♑	♒	♓
3	♌	♎	♏ ab 02.51 ♐	♑	♒ ab 02.14 ♓	♓ ab 22.50 ♈
4	♌ ab 00.38 ♍	♎ ab 13.17 ♏	♐	♑	♓	♈
5	♍ ab 02.28 ♎	♏	♐ ab 12.07 ♑	♑ ab 05.54 ♒	♓ ab 14.20 ♈	♈
6	♎	♏ ab 19.58 ♐	♑	♒	♈	♈ ab 09.17 ♉
7	♎	♐	♑	♒ ab 18.39 ♓	♈	♉
8	♎ ab 06.54 ♏	♐	♑ ab 00.09 ♒	♓	♈ ab 00.20 ♉	♉ ab 16.38 ♊
9	♏	♐ ab 06.01 ♑	♒	♓	♉	♊
10	♏ ab 14.18 ♐	♑	♒ ab 12.57 ♓	♓ ab 06.37 ♈	♉ ab 07.50 ♊	♊ ab 21.06 ♋
11	♐	♑ ab 18.17 ♒	♓	♈	♊	♋
12	♐	♒	♓	♈ ab 16.49 ♉	♊	♋ ab 23.48 ♌
13	♐ ab 00.16 ♑	♒	♓ ab 01.03 ♈	♉	♊ ab 13.20 ♋	♌
14	♑	♒ ab 06.52 ♓	♈	♉	♋	♌
15	♑ ab 12.04 ♒	♓	♈ ab 11.48 ♉	♉ ab 01.09 ♊	♋ ab 17.24 ♌	♌ ab 01.57 ♍
16	♒	♓ ab 19.12 ♈	♉	♊	♌	♍
17	♒ ab 00.45 ♓	♈	♉ ab 20.41 ♊	♊ ab 07.37 ♋	♌ ab 20.29 ♍	♍ ab 04.34 ♎
18	♓	♈	♊	♋	♍	♎
19	♓	♈ ab 06.11 ♉	♊	♋ ab 12.02 ♌	♍ ab 23.04 ♎	♎ ab 08.21 ♏
20	♓ ab 13.08 ♈	♉	♊ ab 03.00 ♋	♌	♎	♏
21	♈	♉ ab 14.37 ♊	♋	♌ ab 14.28 ♍	♎ ab 01.53 ♏	♏ ab 13.43 ♐
22	♈ ab 23.37 ♉	♊	♋ ab 06.20 ♌	♍	♏	♐
23	♉	♊ ab 19.37 ♋	♌	♍ ab 15.40 ♎	♏	♐ ab 21.05 ♑
24	♉	♋	♌ ab 07.09 ♍	♎	♏ ab 06.02 ♐	♑
25	♉ ab 06.45 ♊	♋ ab 21.16 ♌	♍	♎ ab 17.05 ♏	♐	♑
26	♊	♌	♍ ab 06.56 ♎	♏	♐ ab 12.39 ♑	♑ ab 06.44 ♒
27	♊ ab 10.09 ♋	♌ ab 20.47 ♍	♎	♏ ab 20.30 ♐	♑	♒
28	♋	♍	♎ ab 06.45 ♏	♐	♑ ab 22.20 ♒	♒ ab 18.29 ♓
29	♋ ab 10.40 ♌	♍ ab 20.12 ♎	♏	♐	♒	♓
30	♌	♎	♏ ab 10.34 ♐	♐ ab 03.19 ♑	♒	♓
31	♌ ab 10.02 ♍	♎ ab 21.39 ♏		♑		♓ ab 07.08 ♈

1993

Tag	Januar Mond im	Februar Mond im	März Mond im	April Mond im	Mai Mond im	Juni Mond im
1		♉ ab 12.15 ♊	♊	♋ ab 16.22 ♌	♌ ab 02.01 ♍	♎ ab 12.23 ♏
2	♈ ab 18.31 ♉	♊	♊	♌	♍ ab 03.21 ♎	♏ ab 15.02 ♐
3	♉	♊ ab 17.57 ♋	♊ ab 03.17 ♋	♌ ab 18.11 ♍	♎	♐
4		♋	♋	♍		♐
5	♉ ab 02.43 ♊	♋ ab 19.52 ♌	♋ ab 06.41 ♌	♍ ab 17.55 ♎	♎ ab 03.58 ♏	♐ ab 19.27 ♑
6	♊	♌	♌	♎	♏	♑
7	♊ ab 07.11 ♋	♌ ab 19.30 ♍	♌ ab 06.53 ♍	♎ ab 17.33 ♏	♏ ab 05.35 ♐	♑
8		♍	♍	♏	♐	♑ ab 02.40 ♒
9	♋ ab 08.50 ♌	♍ ab 18.59 ♎	♍ ab 05.47 ♎	♏ ab 19.11 ♐	♐ ab 09.52 ♑	♒
10	♌	♎	♎	♐	♑	♒ ab 12.58 ♓
11	♌ ab 09.21 ♍	♎ ab 20.24 ♏	♎ ab 05.41 ♏	♐ ab 00.25 ♑	♑ ab 17.45 ♒	♓
12	♍	♏	♏	♑	♒	♓
13	♍ ab 10.31 ♎	♏	♏ ab 08.34 ♐	♑ ab 09.37 ♒	♒	♓ ab 01.15 ♈
14	♎	♏ ab 01.09 ♐	♐	♒	♒ ab 04.51 ♓	♈
15	♎ ab 13.43 ♏	♐	♐ ab 15.29 ♑	♒ ab 21.33 ♓	♓	♈ ab 13.20 ♉
16	♏	♐ ab 09.21 ♑	♑	♓	♓ ab 17.25 ♈	♉
17	♏ ab 19.31 ♐	♑	♑	♓	♈	♉ ab 23.13 ♊
18	♐	♑ ab 20.06 ♒	♑ ab 01.53 ♒	♓ ab 10.16 ♈	♈ ab 05.17 ♉	♊
19		♒	♒	♈	♉	♊
20	♐ ab 03.47 ♑	♒	♒ ab 14.12 ♓	♈	♉	♊ ab 06.06 ♋
21	♑	♒ ab 08.13 ♓	♓	♈ ab 22.09 ♉	♉ ab 15.08 ♊	♋
22	♑ ab 14.01 ♒	♓	♓	♉	♊	♋ ab 10.27 ♌
23	♒	♓ ab 20.51 ♈	♓ ab 02.52 ♈	♉	♊ ab 22.39 ♋	♌
24	♒	♈	♈	♉ ab 08.28 ♊	♋	♌ ab 13.19 ♍
25	♒ ab 01.48 ♓	♈	♈ ab 15.00 ♉	♊	♋	♍
26	♓	♈ ab 09.12 ♉	♉	♊ ab 16.46 ♋	♋ ab 04.04 ♌	♍ ab 15.46 ♎
27	♓ ab 14.29 ♈	♉	♉	♋	♌	♎
28	♈	♉ ab 19.53 ♊	♉ ab 01.49 ♊	♋ ab 22.40 ♌	♌ ab 07.47 ♍	♎ ab 18.38 ♏
29	♈		♊	♌	♍	♏
30	♈ ab 02.38 ♉		♊ ab 11.15 ♋	♌	♍ ab 10.19 ♎	♏ ab 22.29 ♐
31	♉		♋		♎	

Tag	Juli Mond im	August Mond im	September Mond im	Oktober Mond im	November Mond im	Dezember Mond im
1	♐	♑ ab 18.37 ♒	♓	♈	♉ ab 11.14 ♊	♊ ab 03.18 ♋
2	♐	♒	♓ ab 23.22 ♈	♈ ab 17.14 ♉	♊	♋
3	♐ ab 03.49 ♑	♒	♈	♉	♊ ab 21.26 ♋	♋ ab 10.34 ♌
4	♑	♒ ab 04.45 ♓	♈	♉	♋	♌
5	♑ ab 11.15 ♒	♓	♈ ab 12.10 ♉	♉ ab 05.28 ♊	♋	♌ ab 15.44 ♍
6	♒	♓ ab 16.40 ♈	♉	♊	♋ ab 05.07 ♌	♍
7	♒ ab 21.11 ♓	♈	♉	♊ ab 15.43 ♋	♌	♍ ab 19.04 ♎
8	♓	♈	♉ ab 00.17 ♊	♋	♌ ab 09.48 ♍	♎
9	♓	♈ ab 05.23 ♉	♊	♋ ab 22.35 ♌	♍	♎ ab 21.05 ♏
10	♓ ab 09.12 ♈	♉	♊ ab 09.38 ♋	♌	♍ ab 11.43 ♎	♏
11	♈	♉ ab 16.48 ♊	♋	♌	♎	♏ ab 22.40 ♐
12	♈ ab 21.38 ♉	♊	♋ ab 14.52 ♌	♌ ab 01.37 ♍	♎ ab 12.01 ♏	♐
13	♉	♊	♌	♍	♏	♐
14	♉	♊ ab 00.47 ♋	♌ ab 16.21 ♍	♍ ab 01.48 ♎	♏ ab 12.21 ♐	♐ ab 01.07 ♑
15	♉ ab 08.08 ♊	♋	♍	♎	♐	♑
16	♊	♋ ab 04.44 ♌	♍ ab 15.45 ♎	♎ ab 01.02 ♏	♐ ab 14.35 ♑	♑ ab 05.52 ♒
17	♊ ab 15.09 ♋	♌	♎	♏	♑	♒
18	♋	♌ ab 05.42 ♍	♎ ab 15.16 ♏	♏ ab 01.24 ♐	♑ ab 20.09 ♒	♒ ab 14.00 ♓
19	♋ ab 18.48 ♌	♍	♏	♐	♒	♓
20	♌	♍ ab 05.36 ♎	♏ ab 16.54 ♐	♐ ab 04.43 ♑	♒	♓
21	♌ ab 20.25 ♍	♎	♐	♑	♒ ab 05.28 ♓	♓ ab 01.20 ♈
22	♍	♎ ab 06.28 ♏	♐ ab 21.55 ♑	♑ ab 11.50 ♒	♓	♈
23	♍ ab 21.40 ♎	♏	♑	♒	♓ ab 17.31 ♈	♈ ab 14.06 ♉
24	♎	♏ ab 09.46 ♐	♑	♒ ab 22.18 ♓	♈	♉
25	♎	♐	♑ ab 06.20 ♒	♓	♈	♉
26	♎ ab 00.01 ♏	♐ ab 15.59 ♑	♒	♓ ab 16.14 ♈	♈ ab 06.15 ♉	♉ ab 01.47 ♊
27	♏	♑	♒ ab 16.14 ♓	♈ ab 10.40 ♈	♉	♊
28	♏ ab 04.14 ♐	♑	♓	♈	♉ ab 17.49 ♊	♊ ab 10.47 ♋
29	♐	♑ ab 00.43 ♒	♓ ab 04.30 ♈	♈ ab 23.21 ♉	♊	♋
30	♐ ab 10.28 ♑	♒	♈	♉	♊	♋ ab 17.00 ♌
31	♑	♒ ab 11.19 ♓		♉		♌

1994

Tag	Januar Mond im	Februar Mond im	März Mond im	April Mond im	Mai Mond im	Juni Mond im
1	♌ ab 21.16 ♍	♎	♎ ab 15.44 ♏	♐	♑ ab 18.35 ♒	♓
2	♍	♎ ab 08.50 ♏	♏	♐ ab 05.39 ♑	♒	♓ ab 20.32 ♈
3	♍	♏	♏ ab 17.55 ♐	♑	♒	♈
4	♍ ab 00.32 ♎	♏ ab 12.15 ♐	♐	♑ ab 11.46 ♒	♒ ab 02.48 ♓	♈
5	♎	♐	♐ ab 22.25 ♑	♒	♓	♈ ab 09.15 ♉
6	♎ ab 03.30 ♏	♐ ab 17.03 ♑	♑	♒ ab 20.52 ♓	♓ ab 14.02 ♈	♉
7	♏	♑	♑	♓	♈	♉ ab 22.04 ♊
8	♏ ab 06.35 ♐	♑ ab 23.17 ♒	♑ ab 05.16 ♒	♓ ab 08.10 ♈	♈ ab 02.51 ♉	♊
9	♐	♒	♒	♈	♉	♊
10	♐ ab 10.17 ♑	♒	♒ ab 14.10 ♓	♈ ab 20.49 ♉	♉ ab 15.44 ♊	♊ ab 09.23 ♋
11	♑	♒ ab 07.24 ♓	♓	♉	♊	♋
12	♑ ab 15.26 ♒	♓	♓	♉ ab 09.49 ♊	♊ ab 03.28 ♋	♋ ab 18.30 ♌
13	♒	♓ ab 17.50 ♈	♓ ab 01.00 ♈	♊	♋	♌
14	♒ ab 23.05 ♓	♈	♈	♊ ab 21.42 ♋	♋ ab 12.59 ♌	♌ ab 01.17 ♍
15	♓	♈	♈ ab 13.28 ♉	♋	♌	♍
16	♓	♈ ab 06.21 ♉	♉	♋	♌	♍ ab 05.49 ♎
17	♓ ab 09.43 ♈	♉	♉	♋ ab 05.46 ♌	♌ ab 19.32 ♍	♎
18	♈	♉ ab 19.06 ♊	♉ ab 02.30 ♊	♌	♍	♎ ab 08.21 ♏
19	♈ ab 22.23 ♉	♊	♊	♌ ab 11.59 ♍	♍ ab 22.55 ♎	♏
20	♉	♊	♊ ab 13.55 ♋	♍	♎	♏ ab 09.33 ♐
21	♉	♊ ab 05.28 ♋	♋	♍ ab 13.41 ♎	♎	♐
22	♉ ab 10.35 ♊	♋	♋ ab 21.40 ♌	♎	♎ ab 23.52 ♏	♐ ab 10.38 ♑
23	♊	♋ ab 11.48 ♌	♌	♎ ab 13.19 ♏	♏	♑
24	♊ ab 19.56 ♋	♌	♌	♏	♏ ab 23.44 ♐	♑ ab 13.11 ♒
25	♋	♌ ab 14.28 ♍	♌ ab 01.15 ♍	♏ ab 13.19 ♐	♐	♒
26	♋	♍	♍	♐	♐	♒ ab 18.45 ♓
27	♋ ab 01.39 ♌	♍ ab 15.07 ♎	♍ ab 01.47 ♎	♐ ab 12.49 ♑	♐ ab 00.18 ♑	♓
28	♌		♎	♑	♑	♓
29	♌ ab 04.40 ♍		♎ ab 02.16 ♏	♑ ab 14.06 ♒	♑ ab 03.20 ♒	♓ ab 04.08 ♈
30	♍		♏	♒	♒	♈
31	♍ ab 06.35 ♎		♏ ab 02.42 ♐		♒ ab 10.04 ♓	

Tag	Juli Mond im	August Mond im	September Mond im	Oktober Mond im	November Mond im	Dezember Mond im
1	♈	♉ ab 13.06 ♊	♋	♌	♎	♏
2	♈ ab 16.24 ♉	♊	♋ ab 17.38 ♌	♌ ab 07.40 ♍	♎ ab 21.20 ♏	♏ ab 08.14 ♐
3	♉	♊	♌	♍	♏	♐
4	♉	♊ ab 00.23 ♋	♌ ab 22.34 ♍	♍ ab 09.57 ♎	♏ ab 20.47 ♐	♐ ab 07.43 ♑
5	♉ ab 05.13 ♊	♋	♍	♎	♐	♑
6	♊	♋ ab 08.32 ♌	♍	♎ ab 10.23 ♏	♐ ab 21.03 ♑	♑ ab 08.53 ♒
7	♊ ab 16.18 ♋	♌	♍ ab 00.58 ♎	♏	♑	♒
8	♋	♌ ab 13.43 ♍	♎	♏ ab 10.48 ♐	♑ ab 23.49 ♒	♒ ab 13.25 ♓
9	♋	♍	♎ ab 02.27 ♏	♐	♒	♓
10	♋ ab 00.44 ♌	♍ ab 17.08 ♎	♏	♐ ab 12.45 ♑	♒	♓ ab 22.04 ♈
11	♌	♎	♏ ab 04.26 ♐	♑	♒ ab 06.05 ♓	♈
12	♌ ab 06.49 ♍	♎ ab 19.57 ♏	♐	♑ ab 17.10 ♒	♓	♈
13	♍	♏	♐ ab 07.45 ♑	♒	♓ ab 15.45 ♈	♈ ab 09.57 ♉
14	♍ ab 11.16 ♎	♏ ab 22.54 ♐	♑	♒	♈	♉
15	♎	♐	♑ ab 12.43 ♒	♒ ab 00.19 ♓	♈	♉ ab 23.01 ♊
16	♎ ab 14.36 ♏	♐	♒	♓	♈ ab 03.45 ♉	♊
17	♏	♐ ab 02.19 ♑	♒ ab 19.32 ♓	♓ ab 09.57 ♈	♉	♊
18	♏ ab 17.10 ♐	♑	♓	♈	♉ ab 16.42 ♊	♊ ab 11.26 ♋
19	♐	♑ ab 06.35 ♒	♓	♈ ab 21.35 ♉	♊	♋
20	♐ ab 19.31 ♑	♒	♓ ab 04.31 ♈	♉	♊	♋ ab 22.14 ♌
21	♑	♒ ab 12.28 ♓	♈	♉	♊ ab 05.22 ♋	♌
22	♑ ab 22.39 ♒	♓	♈ ab 15.48 ♉	♉ ab 10.29 ♊	♋	♌
23	♒	♓ ab 20.56 ♈	♉	♊	♋ ab 16.34 ♌	♌ ab 07.02 ♍
24	♒	♈	♉	♊ ab 23.16 ♋	♌	♍
25	♒ ab 03.57 ♓	♈	♉ ab 03.42 ♊	♋	♌	♍ ab 13.28 ♎
26	♓	♈ ab 08.14 ♉	♊	♋	♌ ab 01.10 ♍	♎
27	♓ ab 12.32 ♈	♉	♊ ab 16.13 ♋	♋ ab 10.06 ♌	♍	♎ ab 17.18 ♏
28	♈	♉ ab 21.08 ♊	♋	♌	♍ ab 06.23 ♎	♏
29	♈	♊	♋	♌ ab 17.22 ♍	♎	♏ ab 18.46 ♐
30	♈ ab 00.14 ♉	♊	♋ ab 01.56 ♌	♍	♎ ab 08.22 ♏	♐
31	♉	♊ ab 09.01 ♋		♍ ab 20.47 ♎		♐ ab 18.58 ♑

1995

Tag	Januar Mond im	Februar Mond im	März Mond im	April Mond im	Mai Mond im	Juni Mond im
1	♑	♒ ab 09.06 ♓	♓	♈ ab 19.00 ♉	♉ ab 13.54 ♊	♋
2	♑ ab 19.40 ♒	♓	♓	♉	♊	♋ ab 21.18 ♌
3	♒	♓ ab 15.13 ♈	♓ ab 00.31 ♈	♉	♊	♌
4	♒ ab 22.50 ♓	♈	♈	♉ ab 06.50 ♊	♊ ab 02.46 ♋	♌ ab 07.47 ♍
5	♓	♈	♈ ab 09.51 ♉	♊	♋	♍
6	♓	♈ ab 01.10 ♉	♉	♊ ab 19.41 ♋	♋ ab 14.56 ♌	♍
7	♓ ab 05.57 ♈	♉	♉ ab 21.56 ♊	♋	♌	♍ ab 15.14 ♎
8	♈	♉ ab 13.45 ♊	♊	♋	♌	♎
9	♈ ab 16.59 ♉	♊	♊	♋ ab 07.16 ♌	♌ ab 00.34 ♍	♎ ab 19.04 ♏
10	♉	♊	♊ ab 10.41 ♋	♌	♍	♏
11	♉	♊ ab 02.18 ♋	♋	♌ ab 15.40 ♍	♍ ab 06.31 ♎	♏ ab 19.51 ♐
12	♉ ab 05.58 ♊	♋	♋ ab 21.29 ♌	♍	♎	♐
13	♊	♋ ab 12.32 ♌	♌	♍ ab 20.21 ♎	♎ ab 08.54 ♏	♐ ab 19.06 ♑
14	♊ ab 18.21 ♋	♌	♌	♎	♏	♑
15	♋	♌ ab 19.53 ♍	♌ ab 04.55 ♍	♎ ab 21.14 ♏	♏ ab 08.59 ♐	♑ ab 18.53 ♒
16	♋	♍	♍	♏	♐	♒
17	♋ ab 04.37 ♌	♍	♍ ab 09.19 ♎	♏ ab 23.52 ♐	♐ ab 08.37 ♑	♒ ab 21.14 ♓
18	♌	♍ ab 01.01 ♎	♎	♐	♑	♓
19	♌ ab 12.40 ♍	♎	♎ ab 11.53 ♏	♐ ab 23.55 ♑	♑ ab 09.40 ♒	♓
20	♍	♎ ab 04.56 ♏	♏	♑	♒	♓ ab 03.30 ♈
21	♍ ab 18.55 ♎	♏	♏ ab 13.58 ♐	♑ ab 02.39 ♒	♒ ab 13.41 ♓	♈
22	♎	♏ ab 08.14 ♐	♐	♒	♓	♈ ab 13.36 ♉
23	♎ ab 23.33 ♏	♐	♐ ab 16.32 ♑	♒ ab 07.52 ♓	♓ ab 21.14 ♈	♉
24	♏	♐ ab 11.12 ♑	♑	♓	♈	♉
25	♏	♑	♑ ab 20.11 ♒	♓ ab 15.42 ♈	♈	♉ ab 02.03 ♊
26	♏ ab 02.38 ♐	♑ ab 14.15 ♒	♒	♈	♈ ab 07.47 ♉	♊
27	♐	♒	♒	♈	♉	♊ ab 14.57 ♋
28	♐ ab 04.27 ♑	♒ ab 18.17 ♓	♒ ab 02.19 ♓	♈ ab 01.54 ♉	♉ ab 20.08 ♊	♋
29	♑		♓	♉	♊	♋
30	♑ ab 06.04 ♒		♓ ab 09.27 ♈		♊	♋ ab 03.03 ♌
31	♒		♈		♊ ab 09.00 ♋	

Tag	Juli Mond im	August Mond im	September Mond im	Oktober Mond im	November Mond im	Dezember Mond im
1	♌	♍ ab 03.24 ♎	♏ ab 18.58 ♐	♐ ab 02.11 ♑	♒ ab 14.18 ♓	♓ ab 01.52 ♈
2	♌ ab 13.36 ♍	♎	♐	♑	♓	♈
3	♍	♎ ab 09.30 ♏	♐ ab 21.46 ♑	♑ ab 05.00 ♒	♓ ab 20.22 ♈	♈ ab 10.41 ♉
4	♍ ab 21.56 ♎	♏	♑	♒	♈	♉
5	♎	♏ ab 13.15 ♐	♑ ab 23.48 ♒	♒ ab 08.36 ♓	♈	♉ ab 21.36 ♊
6	♎	♐	♒	♓	♈ ab 04.36 ♉	♊
7	♎ ab 03.20 ♏	♐ ab 14.53 ♑	♒	♓ ab 13.43 ♈	♉	♊
8	♏	♑	♒ ab 02.09 ♓	♈	♉ ab 14.56 ♊	♊ ab 09.45 ♋
9	♏ ab 05.38 ♐	♑ ab 15.29 ♒	♓	♈ ab 21.06 ♉	♊	♋
10	♐	♒	♓ ab 06.15 ♈	♉	♊	♋ ab 22.25 ♌
11	♐ ab 05.44 ♑	♒ ab 16.47 ♓	♈	♉	♊ ab 02.58 ♋	♌
12	♑	♓	♈ ab 13.22 ♉	♉ ab 07.11 ♊	♋	♌
13	♑ ab 05.22 ♒	♓ ab 20.42 ♈	♉	♊	♋ ab 15.38 ♌	♌ ab 10.27 ♍
14	♒	♈	♉ ab 23.49 ♊	♊ ab 19.21 ♋	♌	♍
15	♒ ab 06.38 ♓	♈	♊	♋	♌	♍ ab 20.10 ♎
16	♓	♈ ab 04.26 ♉	♊	♋	♌ ab 03.03 ♍	♎
17	♓ ab 11.24 ♈	♉	♊ ab 12.17 ♋	♋ ab 07.47 ♌	♍	♎
18	♈	♉ ab 15.41 ♊	♋	♌	♍ ab 11.19 ♎	♎ ab 02.08 ♏
19	♈ ab 20.21 ♉	♊	♋	♌ ab 18.12 ♍	♎	♏
20	♉	♊	♋ ab 00.20 ♌	♍	♎ ab 15.41 ♏	♏ ab 04.14 ♐
21	♉	♊ ab 04.25 ♋	♌	♍	♏	♐
22	♉ ab 08.24 ♊	♋	♌ ab 10.02 ♍	♍ ab 01.16 ♎	♏ ab 16.57 ♐	♐ ab 03.47 ♑
23	♊	♋ ab 16.14 ♌	♍	♎	♐	♑
24	♊ ab 21.17 ♋	♌	♍ ab 15.51 ♎	♎ ab 05.07 ♏	♐ ab 16.49 ♑	♑ ab 02.53 ♒
25	♋	♌	♎	♏	♑	♒
26	♋	♌ ab 01.51 ♍	♎ ab 20.21 ♏	♏ ab 06.57 ♐	♑ ab 17.16 ♒	♒ ab 03.46 ♓
27	♋ ab 09.08 ♌	♍	♏	♐	♒	♓
28	♌	♍ ab 09.16 ♎	♏ ab 23.31 ♐	♐ ab 08.16 ♑	♒ ab 20.00 ♓	♓ ab 08.07 ♈
29	♌ ab 19.13 ♍	♎	♐	♑	♓	♈
30	♍	♎ ab 14.52 ♏	♐	♑ ab 10.24 ♒	♓	♈ ab 16.22 ♉
31	♍	♏		♒		♉

1996

Tag	Januar Mond im	Februar Mond im	März Mond im	April Mond im	Mai Mond im	Juni Mond im
1	♉	♋	♋ ab 17.48 ♌	♍	♍	♏ ab 02.44 ♐
2	♉ ab 03.30 ♊	♋	♌	♍ ab 22.27 ♎	♎ ab 13.43 ♏	♐
3	♊	♋ ab 10.47 ♌	♌	♎	♏	♐ ab 03.30 ♑
4	♊ ab 15.57 ♋	♌	♌ ab 05.14 ♍	♎ ab 04.58 ♏	♏ ab 17.06 ♐	♑
5	♋	♌ ab 22.23 ♍	♍	♏	♐	♑ ab 03.46 ♒
6	♋	♍	♍ ab 14.41 ♎	♏	♐ ab 18.55 ♑	♒
7	♋ ab 04.31 ♌	♍	♎	♏ ab 09.22 ♐	♑	♒ ab 05.20 ♓
8	♌	♍ ab 08.31 ♎	♎ ab 22.06 ♏	♐	♑ ab 20.40 ♒	♓
9	♌ ab 16.30 ♍	♎	♏	♐ ab 12.31 ♑	♒	♓ ab 09.24 ♈
10	♍	♎ ab 16.36 ♏	♏	♑	♒ ab 23.30 ♓	♈
11	♍	♏	♏ ab 03.33 ♐	♑ ab 15.10 ♒	♓	♈ ab 16.12 ♉
12	♍ ab 02.56 ♎	♏ ab 21.59 ♐	♐	♒	♓	♉
13	♎	♐	♐ ab 07.09 ♑	♒ ab 18.01 ♓	♓ ab 04.01 ♈	♉
14	♎ ab 10.31 ♏	♐	♑	♓	♈	♉ ab 01.17 ♊
15	♏	♐ ab 00.30 ♑	♑ ab 09.16 ♒	♓ ab 21.44 ♈	♈ ab 10.26 ♉	♊
16	♏ ab 14.26 ♐	♑	♒	♈	♉	♊ ab 12.09 ♋
17	♐	♑ ab 01.01 ♒	♒ ab 10.51 ♓	♈	♉ ab 18.49 ♊	♋
18	♐ ab 15.08 ♑	♒	♓	♈ ab 03.06 ♉	♊	♋
19	♑	♒ ab 01.10 ♓	♓ ab 13.16 ♈	♉	♊	♋ ab 00.23 ♌
20	♑ ab 14.16 ♒	♓	♈	♉ ab 10.55 ♊	♊ ab 05.17 ♋	♌
21	♒	♓ ab 02.59 ♈	♈ ab 18.00 ♉	♊	♋	♌ ab 13.08 ♍
22	♒ ab 14.03 ♓	♈	♉	♊ ab 21.26 ♋	♋ ab 17.29 ♌	♍
23	♓	♈ ab 08.09 ♉	♉	♋	♌	♍
24	♓ ab 16.38 ♈	♉	♉ ab 02.00 ♊	♋	♌	♍ ab 00.38 ♎
25	♈	♉ ab 17.15 ♊	♊	♋ ab 09.45 ♌	♌ ab 05.59 ♍	♎
26	♈ ab 23.17 ♉	♊	♊ ab 13.07 ♋	♌	♍	♎ ab 08.54 ♏
27	♉	♊	♋	♌ ab 21.50 ♍	♍ ab 16.34 ♎	♏
28	♉	♊ ab 05.11 ♋	♋	♍	♎	♏ ab 13.02 ♐
29	♉ ab 09.43 ♊	♋	♋ ab 01.38 ♌	♍	♎ ab 23.31 ♏	♐
30	♊		♌	♍ ab 07.28 ♎	♏	♐ ab 13.48 ♑
31	♊ ab 22.12 ♋		♌ ab 13.16 ♍		♏	

Tag	Juli Mond im	August Mond im	September Mond im	Oktober Mond im	November Mond im	Dezember Mond im
1	♑	♓	♈ ab 13.21 ♉	♉ ab 05.02 ♊	♋	♌
2	♑ ab 13.06 ♒	♓	♉	♊	♋ ab 10.17 ♌	♌ ab 07.12 ♍
3	♒	♓ ab 00.06 ♈	♉ ab 20.09 ♊	♊ ab 14.15 ♋	♌	♍
4	♒ ab 13.08 ♓	♈	♊	♋	♌ ab 22.58 ♍	♍ ab 19.24 ♎
5	♓	♈ ab 04.34 ♉	♊	♋	♍	♎
6	♓ ab 15.43 ♈	♉	♊ ab 06.30 ♋	♋ ab 02.13 ♌	♍	♎ ab 04.40 ♏
7	♈	♉ ab 12.50 ♊	♋	♌	♍ ab 10.30 ♎	♏
8	♈ ab 21.44 ♉	♊	♋ ab 18.55 ♌	♌ ab 14.50 ♍	♎	♏ ab 09.59 ♐
9	♉	♊ ab 23.58 ♋	♌	♍	♎ ab 19.03 ♏	♐
10	♉	♋	♌	♍	♏	♐
11	♉ ab 06.53 ♊	♋	♌ ab 07.29 ♍	♍ ab 02.01 ♎	♏	♐ ab 12.15 ♑
12	♊	♋ ab 12.30 ♌	♍	♎	♏ ab 00.27 ♐	♑
13	♊ ab 18.09 ♋	♌	♍ ab 18.52 ♎	♎ ab 10.47 ♏	♐	♑ ab 13.15 ♒
14	♋	♌	♎	♏	♐ ab 03.45 ♑	♒
15	♋	♌ ab 01.08 ♍	♎	♏ ab 17.08 ♐	♑	♒ ab 14.45 ♓
16	♋ ab 06.32 ♌	♍	♎ ab 04.21 ♏	♐	♑ ab 06.15 ♒	♓
17	♌	♍ ab 12.56 ♎	♏	♐ ab 21.38 ♑	♒	♓ ab 17.56 ♈
18	♌ ab 19.17 ♍	♎	♏ ab 11.32 ♐	♑	♒ ab 09.01 ♓	♈
19	♍	♎ ab 22.51 ♏	♐	♑	♓	♈ ab 23.11 ♉
20	♍	♏	♐ ab 16.13 ♑	♑ ab 00.52 ♒	♓ ab 12.35 ♈	♉
21	♍ ab 07.15 ♎	♏	♑	♒	♈	♉
22	♎	♏ ab 05.49 ♐	♑ ab 18.40 ♒	♒ ab 03.23 ♓	♈ ab 17.13 ♉	♉ ab 06.18 ♊
23	♎ ab 16.44 ♏	♐	♒	♓	♉	♊
24	♏	♐ ab 09.23 ♑	♒ ab 19.44 ♓	♓ ab 05.51 ♈	♉ ab 23.21 ♊	♊ ab 15.15 ♋
25	♏ ab 22.25 ♐	♑	♓	♈	♊	♋
26	♐	♑ ab 10.11 ♒	♓ ab 20.47 ♈	♈ ab 09.12 ♉	♊	♋ ab 02.10 ♌
27	♐	♒	♈	♉	♊ ab 07.38 ♋	♌
28	♐ ab 00.18 ♑	♒ ab 09.50 ♓	♈ ab 23.25 ♉	♉ ab 14.36 ♊	♋	♌
29	♑ ab 23.48 ♒	♓	♉	♊	♋ ab 18.31 ♌	♌ ab 14.46 ♍
30	♒	♓ ab 10.16 ♈	♉	♊ ab 22.57 ♋	♌	♍
31	♒ ab 23.02 ♓	♈		♋		♍

1997

Tag	Januar Mond im	Februar Mond im	März Mond im	April Mond im	Mai Mond im	Juni Mond im
1	♍ ab 03.33 ♎	♏	♏ ab 13.02 ♐	♑	≈ ab 13.51 ♓	♈ ab 01.40 ♉
2	♎	♏ ab 05.52 ♐	♐	♑ ab 05.00 ≈	♓	♉
3	♎ ab 14.03 ♏	♐	♐ ab 18.39 ♑	≈	♓ ab 16.00 ♈	♉ ab 05.56 ♊
4	♏	♐ ab 09.45 ♑	♑	≈ ab 06.43 ♓	♈	♊
5	♏ ab 20.28 ♐	♑	♑ ab 20.55 ≈	♓	♈ ab 18.05 ♉	♊
6	♐	♑ ab 10.22 ≈	≈	♓ ab 07.20 ♈	♉	♊ ab 12.03 ♋
7	♐ ab 22.56 ♑	≈	≈ ab 20.58 ♓	♈	♉ ab 21.22 ♊	♋
8	♑	≈ ab 09.35 ♓	♓	♈ ab 08.21 ♉	♊	♋ ab 20.59 ♌
9	♑ ab 23.01 ≈	♓	♓ ab 20.34 ♈	♉	♊	♌
10	≈	♓ ab 09.30 ♈	♈	♉ ab 11.29 ♊	♊ ab 03.14 ♋	♌
11	≈ ab 22.52 ♓	♈	♈ ab 21.38 ♉	♊	♋	♌ ab 08.44 ♍
12	♓	♈ ab 11.57 ♉	♉	♊ ab 18.04 ♋	♋ ab 12.34 ♌	♍
13	♓	♉	♉	♋	♌	♍ ab 21.36 ♎
14	♓ ab 00.23 ♈	♉ ab 17.54 ♊	♉ ab 01.49 ♊	♋	♌	♎
15	♈	♊	♊	♋ ab 04.23 ♌	♌ ab 00.44 ♍	♎
16	♈ ab 04.41 ♉	♊	♊ ab 09.52 ♋	♌	♍	♎ ab 08.52 ♏
17	♉	♊ ab 03.14 ♋	♋	♌ ab 17.01 ♍	♍ ab 13.28 ♎	♏
18	♉ ab 11.54 ♊	♋	♋ ab 21.09 ♌	♍	♎	♏ ab 16.40 ♐
19	♊	♋ ab 14.53 ♌	♌	♍	♎	♐
20	♊ ab 21.30 ♋	♌	♌	♍ ab 05.37 ♎	♎ ab 00.13 ♏	♐ ab 21.03 ♑
21	♋	♌	♌ ab 10.00 ♍	♎	♏	♑
22	♋	♌ ab 03.29 ♍	♍	♎ ab 16.20 ♏	♏ ab 07.52 ♐	♑ ab 23.21 ≈
23	♋ ab 08.51 ♌	♍	♍ ab 22.36 ♎	♏	♐	≈
24	♌	♍ ab 16.24 ♎	♎	♏	♐ ab 12.52 ♑	≈
25	♌ ab 21.57 ♍	♎	♎	♏ ab 00.33 ♐	♑	≈ ab 01.10 ♓
26	♍	♎	♎ ab 09.43 ♏	♐	♑ ab 16.21 ≈	♓
27	♍	♎ ab 03.58 ♏	♏	♐ ab 06.33 ♑	≈	♓ ab 03.40 ♈
28	♍ ab 10.22 ♎	♏	♏ ab 18.41 ♐	♑	≈ ab 19.19 ♓	♈
29	♎		♐	♑ ab 10.51 ≈	♓	♈ ab 07.24 ♉
30	♎ ab 21.49 ♏		♐	≈	♓ ab 22.19 ♈	♉
31	♏		♐ ab 01.08 ♑		≈	

Tag	Juli Mond im	August Mond im	September Mond im	Oktober Mond im	November Mond im	Dezember Mond im
1	♉ ab 12.36 ♊	♋	♌ ab 05.28 ♍	♍ ab 00.33 ♎	♏	♐ ab 19.39 ♑
2	♊	♋ ab 11.28 ♌	♍	♎	♏ ab 05.28 ♐	♑
3	♊ ab 19.34 ♋	♌	♍ ab 18.31 ♎	♎ ab 12.58 ♏	♐	♑
4	♋	♌ ab 23.16 ♍	♎	♏	♐ ab 13.32 ♑	♑ ab 00.59 ≈
5	♋	♍	♎	♏ ab 23.44 ♐	♑	≈
6	♋ ab 04.46 ♌	♍	♎ ab 07.11 ♏	♐	♑ ab 19.34 ≈	≈ ab 05.08 ♓
7	♌	♍ ab 12.18 ♎	♏	♐	≈	♓
8	♌ ab 16.23 ♍	♎	♏ ab 17.55 ♐	♐ ab 08.05 ♑	≈ ab 23.36 ♓	♓ ab 08.25 ♈
9	♍	♎ ab 00.51 ♏	♐	♑	♓	♈
10	♍	♏	♐	♑ ab 13.30 ≈	♓	♈ ab 11.01 ♉
11	♍ ab 05.22 ♎	♏ ab 10.46 ♐	♐ ab 01.24 ♑	≈	♓ ab 01.45 ♈	♉
12	♎	♐	♑	≈ ab 16.00 ♓	♈	♉ ab 13.36 ♊
13	♎ ab 17.21 ♏	♐ ab 16.43 ♑	♑ ab 05.11 ≈	♓	♈ ab 02.46 ♉	♊
14	♏	♑	≈ ab 06.00 ♓	♓ ab 16.26 ♈	♉	♊ ab 17.26 ♋
15	♏	♑ ab 18.59 ≈	♓	♈	♉ ab 04.06 ♊	♋
16	♏ ab 02.03 ♐	≈	♓ ab 05.26 ♈	♈ ab 16.17 ♉	♊	♋ ab 23.59 ♌
17	♐	≈	♈	♉	♊ ab 07.33 ♋	♌
18	♐ ab 06.46 ♑	≈ ab 19.02 ♓	♈ ab 05.22 ♉	♉ ab 17.27 ♊	♋	♌
19	♑	♓	♉	♊	♋ ab 14.39 ♌	♌ ab 10.01 ♍
20	♑ ab 08.30 ≈	♓ ab 18.46 ♈	♉ ab 07.40 ♊	♊ ab 21.46 ♋	♌	♍
21	≈	♈	♊	♋	♌	♍ ab 22.36 ♎
22	≈ ab 09.01 ♓	♈ ab 19.58 ♉	♊	♋	♌ ab 01.34 ♍	♎
23	♓	♉	♊ ab 13.34 ♋	♋ ab 06.11 ♌	♍	♎
24	♓ ab 10.04 ♈	♉ ab 23.57 ♊	♋	♌	♍ ab 14.30 ♎	♎ ab 11.08 ♏
25	♈	♊	♋ ab 23.13 ♌	♌ ab 18.00 ♍	♎	♏
26	♈ ab 12.54 ♉	♊	♌	♍	♎	♏ ab 21.08 ♐
27	♉	♊ ab 07.12 ♋	♌	♍	♎ ab 02.44 ♏	♐
28	♉ ab 18.05 ♊	♋	♌ ab 11.28 ♍	♍ ab 07.06 ♎	♏	♐
29	♊	♋ ab 17.20 ♌	♍	♎	♏ ab 12.29 ♐	♐ ab 03.49 ♑
30	♊	♌	♍	♎ ab 19.16 ♏	♐	♑
31	♊ ab 01.39 ♋	♌		♏		♑ ab 07.59 ≈

1998

Tag	Januar Mond im	Februar Mond im	März Mond im	April Mond im	Mai Mond im	Juni Mond im
1	♒	♈	♈	♊	♋	♌ ab 04.22 ♍
2	♒ ab 10.57 ♓	♈ ab 22.26 ♉	♈ ab 06.01 ♉	♊ ab 20.11 ♋	♋ ab 10.50 ♌	♍
3	♓	♉	♉	♋	♌	♍ ab 16.18 ♎
4	♓ ab 13.44 ♈	♉	♉ ab 08.16 ♊	♋ ab 03.37 ♌	♌ ab 20.48 ♍	♎
5	♈	♉ ab 02.10 ♊	♊	♌	♍	♎ ab 05.07 ♏
6	♈ ab 16.53 ♉	♊	♊ ab 13.28 ♋	♌	♍	♏
7	♉	♊ ab 07.58 ♋	♋	♌ ab 14.26 ♍	♍ ab 09.20 ♎	♏ ab 16.35 ♐
8	♉ ab 20.43 ♊	♋ ab 15.48 ♌	♋ ab 21.47 ♌	♍	♎	♐
9	♊	♌	♌	♍	♎ ab 22.11 ♏	♐
10	♊	♌	♌	♍ ab 03.05 ♎	♏	♐
11	♊ ab 01.44 ♋	♌ ab 02.10 ♍	♌ ab 08.36 ♍	♎	♏	♐ ab 01.51 ♑
12	♋	♍	♍	♎ ab 15.57 ♏	♏ ab 09.49 ♐	♑
13	♋ ab 08.46 ♌	♍	♍ ab 20.59 ♎	♏	♐	♑ ab 09.04 ♒
14	♌	♍ ab 14.18 ♎	♎	♏	♐ ab 19.40 ♑	♒
15	♌ ab 18.32 ♍	♎	♎ ab 09.52 ♏	♏ ab 03.53 ♐	♑	♒ ab 14.32 ♓
16	♍	♎	♏	♐	♑	♓
17	♍	♎ ab 03.14 ♏	♏	♐ ab 14.06 ♑	♑ ab 03.31 ♒	♓ ab 18.24 ♈
18	♍ ab 06.45 ♎	♏	♏ ab 21.57 ♐	♑	♒	♈
19	♎	♏ ab 14.57 ♐	♐	♑ ab 21.42 ♒	♒ ab 09.04 ♓	♈ ab 20.48 ♉
20	♎ ab 19.35 ♏	♐	♐	♒	♓	♉
21	♏	♐ ab 23.31 ♑	♐ ab 07.44 ♑	♒	♓ ab 12.07 ♈	♉ ab 22.27 ♊
22	♏	♑	♑	♒ ab 02.07 ♓	♈	♊
23	♏ ab 06.26 ♐	♑	♑ ab 14.02 ♒	♓	♈ ab 13.07 ♉	♊
24	♐	♑ ab 04.11 ♒	♒	♓ ab 03.31 ♈	♉	♊ ab 00.40 ♋
25	♐ ab 13.40 ♑	♒	♒ ab 16.44 ♓	♈	♉ ab 13.26 ♊	♋
26	♑	♒ ab 05.43 ♓	♓	♈ ab 03.10 ♉	♊	♋ ab 05.05 ♌
27	♑ ab 17.28 ♒	♓	♓ ab 16.50 ♈	♉	♊ ab 14.59 ♋	♌
28	♒	♓ ab 05.43 ♈	♈	♉ ab 02.56 ♊	♋	♌ ab 12.55 ♍
29	♒ ab 19.09 ♓		♈ ab 16.07 ♉	♊	♋ ab 19.39 ♌	♍
30	♓		♉	♊ ab 04.58 ♋	♌	♍
31	♓ ab 20.22 ♈		♉ ab 16.39 ♊		♌	

Tag	Juli Mond im	August Mond im	September Mond im	Oktober Mond im	November Mond im	Dezember Mond im
1	♍ ab 00.06 ♎	♏	♐ ab 03.24 ♑	♒	♓ ab 12.28 ♈	♉
2	♎	♏ ab 08.49 ♐	♑	♒	♈	♉ ab 22.31 ♊
3	♎ ab 12.46 ♏	♐	♑ ab 10.22 ♒	♒ ab 00.24 ♓	♈ ab 12.13 ♉	♊
4	♏	♐ ab 18.19 ♑	♒	♓	♉	♊ ab 22.29 ♋
5	♏	♑	♒ ab 13.49 ♓	♓ ab 01.33 ♈	♉ ab 11.12 ♊	♋
6	♏ ab 00.25 ♐	♑	♓	♈	♊	♋
7	♐	♑ ab 00.32 ♒	♓ ab 14.53 ♈	♈ ab 00.58 ♉	♊ ab 11.40 ♋	♋ ab 00.56 ♌
8	♐ ab 09.28 ♑	♒	♈	♉	♋	♌
9	♑	♒ ab 04.05 ♓	♈ ab 15.17 ♉	♉ ab 00.45 ♊	♋ ab 15.34 ♌	♌ ab 07.22 ♍
10	♑ ab 15.53 ♒	♓	♉	♊	♌	♍
11	♒	♓ ab 06.11 ♈	♉ ab 16.41 ♊	♊ ab 02.49 ♋	♌ ab 23.28 ♍	♍ ab 17.44 ♎
12	♒ ab 20.23 ♓	♈	♊	♋	♍	♎
13	♓	♈ ab 08.05 ♉	♊ ab 20.21 ♋	♋ ab 08.26 ♌	♍ ab 10.59 ♎	♎ ab 06.17 ♏
14	♓ ab 23.46 ♈	♉	♋	♌	♎	♏
15	♈	♉ ab 10.47 ♊	♋	♌ ab 17.33 ♍	♎	♏
16	♈	♊	♋ ab 02.49 ♌	♍	♎ ab 23.42 ♏	♏ ab 18.48 ♐
17	♈ ab 02.34 ♉	♊ ab 14.46 ♋	♌	♍	♏	♐
18	♉	♋	♌ ab 11.53 ♍	♍ ab 05.03 ♎	♏	♐
19	♉ ab 05.19 ♊	♋ ab 21.02 ♌	♍	♎	♏ ab 12.14 ♐	♐ ab 05.56 ♑
20	♊	♌	♍ ab 22.58 ♎	♎ ab 17.37 ♏	♐	♑
21	♊ ab 08.44 ♋	♌	♎	♏	♐ ab 23.46 ♑	♑ ab 15.18 ♒
22	♋	♌ ab 05.22 ♍	♎	♏	♑	♒
23	♋ ab 13.50 ♌	♍	♎ ab 11.23 ♏	♏ ab 06.17 ♐	♑	♒ ab 22.46 ♓
24	♌	♍ ab 16.03 ♎	♏	♐	♑ ab 09.44 ♒	♓
25	♌ ab 21.35 ♍	♎	♏ ab 11.53 ♌	♐ ab 18.06 ♑	♒	♓
26	♍	♎	♏ ab 00.06 ♐	♑	♒ ab 17.15 ♓	♓ ab 04.05 ♈
27	♍	♎ ab 04.26 ♏	♐	♑	♓	♈
28	♍ ab 08.15 ♎	♏	♐ ab 11.31 ♑	♑ ab 03.45 ♒	♓ ab 21.35 ♈	♈ ab 07.06 ♉
29	♎	♏ ab 16.56 ♐	♑	♒	♈	♉
30	♎ ab 20.45 ♏	♐	♑ ab 19.54 ♒	♒ ab 09.59 ♓	♈ ab 22.54 ♉	♉ ab 08.23 ♊
31	♏	♐		♓		♊

1999

Tag	Januar Mond im	Februar Mond im	März Mond im	April Mond im	Mai Mond im	Juni Mond im
1	♊ ab 09.16 ♋	♌ ab 11.06 ♍	♌ ab 11.06 ♍	♎ ab 13.50 ♏	♏	♐ ab 03.07 ♑
2	♋	♌ ab 02.38 ♍	♍	♎ ab 13.50 ♏	♏ ab 08.37 ♐	♑
3	♋ ab 11.32 ♌	♍	♍ ab 19.35 ♎	♏	♐	♑ ab 14.38 ♒
4	♌	♍ ab 10.57 ♎	♎	♏	♐ ab 21.13 ♑	♒
5	♌ ab 16.50 ♍	♎	♎ ab 06.23 ♏	♏ ab 02.08 ♐	♑	♒ ab 00.02 ♓
6	♍	♎ ab 22.07 ♏	♏	♐	♑	♓
7	♍	♏	♏	♐ ab 14.40 ♑	♑ ab 08.41 ♒	♓ ab 06.09 ♈
8	♍ ab 01.54 ♎	♏	♏ ab 18.47 ♐	♑	♒	♈
9	♎	♏ ab 10.39 ♐	♐	♑	♒ ab 17.17 ♓	♈ ab 08.44 ♉
10	♎ ab 13.50 ♏	♐	♐	♑ ab 01.25 ♒	♓	♉
11	♏	♐ ab 22.11 ♑	♐ ab 06.55 ♑	♒	♓ ab 21.54 ♈	♉ ab 08.49 ♊
12	♏	♑	♑	♒ ab 08.36 ♓	♈	♊
13	♏ ab 02.24 ♐	♑	♑ ab 16.33 ♒	♓	♈ ab 22.57 ♉	♊ ab 08.15 ♋
14	♐	♑ ab 06.58 ♒	♒	♓ ab 11.47 ♈	♉	♋
15	♐ ab 13.30 ♑	♒	♒ ab 22.31 ♓	♈	♉ ab 22.08 ♊	♋
16	♑	♒ ab 12.41 ♓	♓	♈ ab 12.08 ♉	♊	♋ ab 09.08 ♌
17	♑ ab 22.12 ♒	♓	♓	♉	♊ ab 21.40 ♋	♌
18	♒	♓ ab 16.07 ♈	♓ ab 01.14 ♈	♉ ab 11.40 ♊	♋	♌ ab 13.13 ♍
19	♒	♈	♈	♊	♋ ab 23.38 ♌	♍
20	♒ ab 04.41 ♓	♈ ab 18.30 ♉	♈ ab 02.10 ♉	♊ ab 12.28 ♋	♌	♍ ab 21.11 ♎
21	♓	♉	♉	♋	♌	♎
22	♓ ab 09.26 ♈	♉ ab 20.55 ♊	♉ ab 03.06 ♊	♋ ab 16.07 ♌	♌ ab 05.16 ♍	♎
23	♈	♊	♊	♌	♍	♎ ab 08.19 ♏
24	♈ ab 12.53 ♉	♊	♊ ab 05.34 ♋	♌ ab 23.05 ♍	♍ ab 14.30 ♎	♏
25	♉	♊ ab 00.10 ♋	♋	♍	♎	♏ ab 20.52 ♐
26	♉ ab 15.30 ♊	♋	♋ ab 10.23 ♌	♍	♎	♐
27	♊	♋ ab 04.45 ♌	♌	♍ ab 08.47 ♎	♎ ab 02.06 ♏	♐
28	♊ ab 17.58 ♋	♌	♌ ab 17.35 ♍	♎	♏	♐ ab 09.13 ♑
29	♋		♍	♎ ab 20.14 ♏	♏ ab 14.38 ♐	♑
30	♋ ab 21.17 ♌		♍	♏	♐	♑ ab 20.20 ♒
31	♌		♍ ab 02.50 ♎		♐	

Tag	Juli Mond im	August Mond im	September Mond im	Oktober Mond im	November Mond im	Dezember Mond im
1	♒	♓ ab 17.48 ♈	♉	♊ ab 14.32 ♋	♌	♍ ab 18.30 ♎
2	♒	♈	♉ ab 06.26 ♊	♋	♌ ab 05.08 ♍	♎
3	♒ ab 05.35 ♓	♈ ab 22.10 ♉	♊	♋ ab 18.14 ♌	♍	♎ ab 04.36 ♏
4	♓	♉	♊ ab 09.11 ♋	♌	♍ ab 12.58 ♎	♏
5	♓ ab 12.22 ♈	♉	♋	♌ ab 23.41 ♍	♎	♏
6	♈	♉ ab 00.58 ♊	♋ ab 12.30 ♌	♍	♎ ab 22.47 ♏	♏ ab 16.28 ♐
7	♈ ab 16.23 ♉	♊	♌	♍	♏	♐
8	♉	♊ ab 02.54 ♋	♌ ab 16.58 ♍	♍ ab 06.53 ♎	♏	♐
9	♉ ab 18.01 ♊	♋	♍	♎	♏ ab 10.16 ♐	♐ ab 05.15 ♑
10	♊	♋ ab 04.57 ♌	♍ ab 23.17 ♎	♎ ab 16.02 ♏	♐	♑
11	♊ ab 18.28 ♋	♌	♎	♏	♐ ab 23.01 ♑	♑ ab 18.00 ♒
12	♋	♌ ab 08.23 ♍	♎	♏	♑	♒
13	♋ ab 19.27 ♌	♍	♎ ab 08.09 ♏	♏ ab 03.20 ♐	♑ ab 11.47 ♒	♒ ab 05.19 ♓
14	♌	♍ ab 14.25 ♎	♏	♐	♒	♓
15	♌ ab 22.40 ♍	♎	♏ ab 19.36 ♐	♐ ab 16.05 ♑	♒ ab 22.22 ♓	♓ ab 13.31 ♈
16	♍	♎ ab 23.41 ♏	♐	♑	♓	♈
17	♍	♏	♐	♑	♓	♈ ab 17.46 ♉
18	♍ ab 05.20 ♎	♏	♐ ab 08.14 ♑	♑ ab 04.18 ♒	♓ ab 04.58 ♈	♉
19	♎	♏ ab 11.33 ♐	♑	♒	♈	♉
20	♎ ab 15.31 ♏	♐	♑ ab 19.39 ♒	♒ ab 13.34 ♓	♈ ab 07.27 ♉	♉ ab 18.40 ♊
21	♏	♐	♒	♓	♉	♊
22	♏	♐ ab 00.00 ♑	♒	♓ ab 18.42 ♈	♉ ab 07.15 ♊	♊ ab 17.53 ♋
23	♏ ab 03.49 ♐	♑	♒ ab 03.52 ♓	♈	♊	♋
24	♐	♑ ab 09.50 ♒	♓	♈ ab 20.26 ♉	♊	♋ ab 17.33 ♌
25	♐ ab 16.09 ♑	♒	♓ ab 08.35 ♈	♉	♊ ab 06.30 ♋	♌
26	♑	♒ ab 18.51 ♓	♈	♉ ab 20.34 ♊	♋	♋ ab 19.35 ♍
27	♑	♓	♈ ab 10.52 ♉	♊	♋ ab 07.20 ♌	♍
28	♑ ab 02.55 ♒	♓	♉	♊ ab 21.10 ♋	♌	♍
29	♒	♓ ab 00.10 ♈	♉ ab 12.22 ♊	♋	♌ ab 11.12 ♍	♍ ab 01.15 ♎
30	♒ ab 11.28 ♓	♈	♊	♋ ab 23.48 ♌	♍	♎
31	♓	♈ ab 03.42 ♉		♌		♎ ab 10.37 ♏

2000

Tag	Januar Mond im	Februar Mond im	März Mond im	April Mond im	Mai Mond im	Juni Mond im
1	♏	♐ ab 18.11 ♑	♑	≈ ab 09.13 ♓	≈ ab 01.56 ♈	♉ ab 17.35 ♊
2	♏ ab 22.33 ♐	♑	♑ ab 14.15 ≈	♓	♈	♊
3	♐	♑	≈	♓ ab 16.23 ♈	♈ ab 05.55 ♉	♊ ab 17.31 ♋
4	♐ ab 11.25 ♑	♑ ab 06.32 ≈	≈	♈	♉	♋
5	♑	≈	≈ ab 00.31 ♓	♈ ab 20.30 ♉	♉ ab 07.24 ♊	♋ ab 17.47 ♌
6	♑	≈ ab 17.03 ♓	♓	♉	♊	♌
7	♑ ab 23.54 ≈	♓	♓ ab 07.55 ♈	♉ ab 22.59 ♊	♊ ab 08.15 ♋	♌ ab 19.58 ♍
8	≈	♓	♈	♊	♋	♍
9	≈	♓ ab 01.18 ♈	♈ ab 13.02 ♉	♊	♋ ab 10.02 ♌	♍
10	≈ ab 11.00 ♓	♈	♉	♊ ab 01.17 ♋	♌	♍ ab 01.00 ♎
11	♓	♈ ab 07.22 ♉	♉ ab 16.47 ♊	♋	♌ ab 13.42 ♍	♎
12	♓ ab 19.49 ♈	♉	♊	♋ ab 04.17 ♌	♍	♎ ab 08.56 ♏
13	♈	♉ ab 11.24 ♊	♊ ab 19.52 ♋	♌	♍ ab 19.28 ♎	♏
14	♈	♊	♋	♌ ab 08.20 ♍	♎	♏ ab 19.19 ♐
15	♈ ab 01.39 ♉	♊ ab 13.46 ♋	♋ ab 22.44 ♌	♍	♎ ab 03.17 ♏	♐
16	♉	♋	♌	♍ ab 13.37 ♎	♏	♐ ab 07.28 ♑
17	♉ ab 04.26 ♊	♋ ab 15.12 ♌	♌	♎	♏ ab 13.10 ♐	♑
18	♊	♌	♌ ab 01.49 ♍	♎ ab 20.36 ♏	♐	♑
19	♊ ab 05.02 ♋	♌ ab 16.54 ♍	♍	♏	♐	♑ ab 20.27 ≈
20	♋	♍	♍ ab 05.58 ♎	♏	♐ ab 01.02 ♑	≈
21	♋ ab 04.59 ♌	♍ ab 20.22 ♎	♎	♏ ab 05.59 ♐	♑	≈
22	♌	♎	♎ ab 12.19 ♏	♐	♑ ab 14.01 ≈	≈ ab 08.53 ♓
23	♌ ab 06.08 ♍	♎	♏	♐ ab 17.48 ♑	≈	♓
24	♍	♎ ab 02.59 ♏	♏ ab 21.44 ♐	♑	≈	♓ ab 18.56 ♈
25	♍ ab 10.10 ♎	♏	♐	♑	≈	♈
26	♎	♏ ab 13.11 ♐	♐	♑ ab 06.43 ≈	≈ ab 02.08 ♓	♈ ab 01.20 ♉
27	♎ ab 18.02 ♏	♐	♐ ab 09.52 ♑	≈	♓	♉
28	♏	♐	♑	≈ ab 18.07 ♓	♓ ab 11.09 ♈	♉
29	♏	♐ ab 01.46 ♑	♑ ab 22.35 ≈	♓	♈	♉ ab 04.00 ♊
30	♏ ab 05.19 ♐		≈	♈ ab 16.03 ♉	♈	♊
31	♐		≈		♉	

Tag	Juli Mond im	August Mond im	September Mond im	Oktober Mond im	November Mond im	Dezember Mond im
1	♊ ab 04.10 ♋	♌ ab 14.28 ♍	♎	♏ ab 23.51 ♐	♑	≈
2	♋	♍	♎ ab 06.56 ♏	♐	♑	≈
3	♋ ab 03.39 ♌	♍ ab 16.32 ♎	♏	♐	♑ ab 07.42 ≈	≈ ab 04.24 ♓
4	♌	♎	♏ ab 15.09 ♐	♐ ab 10.43 ♑	≈	♓
5	♌ ab 04.20 ♍	♎ ab 22.05 ♏	♐	♑	≈ ab 20.14 ♓	♓ ab 15.18 ♈
6	♍	♏	♐	♑ ab 23.34 ≈	♓	♈
7	♍ ab 07.48 ♎	♏	♐ ab 02.48 ♑	≈	♓	♈ ab 22.28 ♉
8	♎	♏ ab 07.31 ♐	♑	≈	♓ ab 06.03 ♈	♉
9	♎ ab 14.49 ♏	♐	♑ ab 15.45 ≈	≈ ab 11.37 ♓	♈	♉ ab 01.51 ♊
10	♏	♐ ab 19.45 ♑	≈	♓	♈ ab 12.13 ♉	♊
11	♏	♑	≈	♓ ab 20.52 ♈	♉	♊
12	♏ ab 01.07 ♐	♑	≈ ab 03.35 ♓	♈	♉ ab 15.28 ♊	♊ ab 02.50 ♋
13	♐	♑ ab 08.44 ≈	♓	♈	♊	♋
14	♐ ab 13.29 ♑	≈	♓ ab 13.01 ♈	♈ ab 03.07 ♉	♊ ab 17.22 ♋	♋ ab 03.10 ♌
15	♑	≈ ab 20.42 ♓	♈	♉	♋	♌
16	♑	♓	♈ ab 20.06 ♉	♉ ab 07.20 ♊	♋ ab 19.20 ♌	♌ ab 04.31 ♍
17	♑ ab 02.28 ≈	♓	♉	♊	♌	♍
18	≈	♓ ab 06.45 ♈	♉	♊ ab 10.38 ♋	♌ ab 22.16 ♍	♍ ab 08.02 ♎
19	≈ ab 14.45 ♓	♈	♉ ab 01.23 ♊	♋	♍	♎
20	♓	♈ ab 14.32 ♉	♊	♋ ab 13.43 ♌	♍	♎ ab 14.13 ♏
21	♓	♉	♊ ab 05.17 ♋	♌	♍ ab 02.36 ♎	♏
22	♓ ab 01.10 ♈	♉ ab 19.56 ♊	♋	♌ ab 16.53 ♍	♎	♏ ab 22.58 ♐
23	♈	♊	♋ ab 08.01 ♌	♍	♎ ab 08.34 ♏	♐
24	♈ ab 08.45 ♉	♊ ab 23.01 ♋	♌	♍ ab 20.31 ♎	♏	♐ ab 09.55 ♑
25	♉	♋	♌ ab 10.03 ♍	♎	♏ ab 16.34 ♐	♑
26	♉ ab 13.02 ♊	♋	♍	♎ ab 01.24 ♏	♐	♑ ab 22.26 ≈
27	♊	♋ ab 00.18 ♌	♍ ab 12.23 ♎	♏	♐	≈
28	♊ ab 14.31 ♋	♌	♎	♏	♐ ab 02.58 ♑	≈
29	♋	♌ ab 00.56 ♍	♎ ab 16.31 ♏	♏ ab 08.41 ♐	♑	≈
30	♋ ab 14.25 ♌	♍	♏	♐	♑ ab 15.28 ≈	≈ ab 11.28 ♓
31	♌	♍ ab 02.34 ♎		♐ ab 19.03 ♑		♓

2001

Tag	Januar Mond im	Februar Mond im	März Mond im	April Mond im	Mai Mond im	Juni Mond im
1	♓ ab 23.15 ♈	♉	♉	♋	♌	♍
2	♈	♉ ab 21.57 ♊	♉ ab 04.37 ♊	♋ ab 18.55 ♌	♌ ab 03.17 ♍	♍ ab 15.57 ♎
3	♈	♊	♊	♌	♍	♎
4	♈ ab 07.58 ♉	♊	♊ ab 09.25 ♋	♌ ab 20.47 ♍	♍ 05.51 ♎	♎ ab 21.59 ♐
5	♉	♊ ab 01.01 ♋	♋	♍	♎	♐
6	♉ ab 12.45 ♊	♋	♋ ab 11.31 ♌	♍ ab 21.58 ♎	♎ ab 09.02 ♏	♐
7	♊	♋ ab 01.22 ♌	♌	♎	♏	♐ ab 06.24 ♑
8	♊ ab 14.10 ♋	♌	♌ ab 11.45 ♍	♎ ab 00.02 ♏	♏ ab 14.06 ♐	♑
9	♋	♌ ab 01.36 ♍	♍	♏	♐	♑ ab 17.21 ♒
10	♋ 13.45 ♌	♍	♍ ab 11.48 ♎	♏	♐ ab 22.11 ♑	♒
11	♌	♍ ab 00.47 ♎	♎	♏ ab 04.48 ♐	♑	♒
12	♌ ab 13.27 ♍	♎	♎ ab 13.44 ♏	♐	♑	♒ ab 05.54 ♓
13	♍	♎ ab 03.52 ♏	♏	♐ ab 13.22 ♑	♑ ab 09.21 ♒	♓
14	♍ ab 15.06 ♎	♏	♏ ab 19.18 ♐	♑	♒	♓ ab 18.04 ♈
15	♎	♏ ab 11.03 ♐	♐	♑	♒ ab 22.02 ♓	♈
16	♎ ab 20.03 ♏	♐	♐ ab 05.03 ♑	♑ ab 01.12 ♒	♓	♈ ab 03.40 ♉
17	♏	♐ ab 22.00 ♑	♑	♒	♓ ab 09.42 ♈	♉
18	♏	♑	♒ ab 14.01 ♓	♈	♉ ab 09.43 ♊
19	♏ ab 04.37 ♐	♑ ab 17.37 ♒	♓	♈	♉
20	♐	♑ ab 10.55 ♒	♒	♓ ab 01.19 ♈	♈ ab 18.30 ♉	♊
21	♐ ab 15.38 ♑	♒	♒ ab 06.29 ♓	♈	♉	♊ ab 12.42 ♋
22	♑	♒ ab 23.46 ♓	♓	♈ ab 09.57 ♉	♉ ab 00.13 ♊	♋
23	♑	♓	♓ ab 17.45 ♈	♉	♊	♋ ab 13.56 ♌
24	♑ ab 04.44 ♒	♓	♈	♉ ab 16.12 ♊	♊ ab 03.43 ♋	♌
25	♒	♓ ab 11.21 ♈	♈	♊	♋	♌ ab 14.59 ♍
26	♒ ab 17.40 ♓	♈	♈	♊	♋ ab 06.13 ♌	♍
27	♓	♈ ab 21.07 ♉	♈ ab 02.52 ♉	♊ ab 20.50 ♋	♌	♍ ab 17.12 ♎
28	♓	♉	♉	♋	♌ ab 08.39 ♍	♎
29	♓ ab 05.36 ♈		♉ ab 10.02 ♊	♋	♍	♍ ab 21.30 ♎
30	♈		♊	♋ ab 00.26 ♌	♍	♏
31	♈ ab 15.22 ♉		♊ ab 15.24 ♋		♍ ab 11.42 ♎	

Tag	Juli Mond im	August Mond im	September Mond im	Oktober Mond im	November Mond im	Dezember Mond im
1	♏	♑	♒	♓ ab 20.09 ♈	♉	♊
2	♏ ab 04.14 ♐	♑ ab 06.54 ♒	♒ ab 01.33 ♓	♈	♉ ab 22.14 ♊	♊ ab 11.31 ♋
3	♐	♒	♓	♈	♊	♋
4	♐ ab 13.23 ♑	♒	♓ ab 13.59 ♈	♈ ab 07.02 ♉	♊	♋ ab 15.17 ♌
5	♑	♒ ab 19.31 ♓	♈	♉	♊ ab 04.45 ♋	♌
6	♑	♓	♈	♉ ab 16.13 ♊	♋	♌ ab 18.12 ♍
7	♑ ab 00.34 ♒	♓	♈ ab 01.19 ♉	♊	♋ ab 09.35 ♌	♍
8	♒	♓ ab 08.06 ♈	♉	♊ ab 23.20 ♋	♌	♍ ab 20.58 ♎
9	♒ ab 13.06 ♓	♈	♉ ab 10.42 ♊	♋	♌ ab 12.50 ♍	♎
10	♓	♈ ab 19.24 ♉	♊	♋	♍	♎
11	♓	♉	♊ ab 17.10 ♋	♋ ab 03.55 ♌	♍ ab 14.54 ♎	♎ ab 00.10 ♏
12	♓ ab 01.37 ♈	♉	♋	♌	♎	♏
13	♈	♉ ab 04.00 ♊	♋ ab 20.17 ♌	♌ ab 05.59 ♍	♎ ab 16.46 ♏	♏ ab 04.31 ♐
14	♈ ab 12.14 ♉	♊	♌	♍	♏	♐
15	♉	♊ ab 08.56 ♋	♌ ab 20.40 ♍	♍ ab 06.27 ♎	♏ ab 19.52 ♐	♐ ab 10.49 ♑
16	♉ ab 19.27 ♊	♋	♍	♎	♐	♑
17	♊	♋ ab 10.26 ♌	♍ ab 20.01 ♎	♎ ab 07.04 ♏	♐ ab 01.41 ♑	♑ ab 19.44 ♒
18	♊ ab 22.57 ♋	♌	♎	♏	♑	♒
19	♋	♌ ab 09.54 ♍	♎ ab 20.28 ♏	♏ ab 09.48 ♐	♑	♒
20	♋ ab 23.44 ♌	♍	♏	♐	♑ ab 10.56 ♒	♒ ab 07.10 ♓
21	♌	♍ ab 09.20 ♎	♏	♐ ab 16.12 ♑	♒	♓
22	♌ ab 23.30 ♍	♎	♏ ab 00.03 ♐	♑	♒ ab 22.53 ♓	♓ ab 19.46 ♈
23	♍	♎ ab 10.51 ♏	♐	♑	♓	♈
24	♍	♏	♐ ab 07.49 ♑	♑ ab 02.27 ♒	♓	♈
25	♍ ab 00.09 ♎	♏ ab 16.00 ♐	♑	♒	♓ ab 11.22 ♈	♈ ab 07.13 ♉
26	♎	♐	♑ ab 17.06 ♒	♒ ab 14.57 ♓	♈	♉
27	♎ ab 03.18 ♏	♐	♒	♓	♈ ab 22.07 ♉	♉ ab 15.40 ♊
28	♏	♐ ab 01.03 ♑	♒	♓	♉	♊
29	♏ ab 09.45 ♐	♑	♒ ab 07.51 ♓	♓ ab 03.16 ♈	♉ ab 20.41 ♊
30	♐	♑ ab 12.49 ♒	♓	♈	♉ ab 06.05 ♊	♊
31	♐ ab 19.17 ♑	♒		♈ ab 13.49 ♉		♋ ab 23.10 ♌

LITERATUR

Adler Gral, Jessie: Die verzauberte Seele. Wettswill 1993
Arroyo, Stephen: Astrologie und Partnerschaft. München 1991
Arroyo, Stephen: Astrologie, Psychologie und die vier Elemente. Berlin 1989
Asper, Kathrin: Verlassenheit und Selbstentfremdung. Olten 1993
Banzhaf, Hajo/Haebler, Anna: Schlüsselworte zur Astrologie. München 1994
Banzhaf, Hajo/Theler, Brigitte: Du bist alles, was mir fehlt. München 1996
Barz, Ellinor: Götter und Planeten. Zürich 1988
Birkhäuser-Oeri, Sibylle: Die Mutter im Märchen. Fellbach-Offingen 1993
Blome, Götz: Mit Blumen heilen. Freiburg 1996
Greene, Liz: Kosmos und Seele. Frankfurt 1996
Greene, Liz: Sag mir dein Sternzeichen, und ich sag dir, wie du liebst. München 1997
Greene, Liz/Sasportas, Howard: Sonne und Mond. München 1994
Greene, Liz/Sasportas, Howard: Die inneren Planeten. München 1995
Huber, Luise: Der Mond in den Tierkreiszeichen. In: Astrolog 80/81/82 (1994)
Idemon, Richard/Sasportas, Howard: Partnerschaft und Selbstfindung im Spiegel der Sterne. München 1996
Riemann, Fritz: Lebenshilfe Astrologie. München 1996
Roscher, Michael: Der Mond. München 1992

INFORMATIONEN ZU KURSEN

Astrologische Beratungen und Informationen über astrologische Seminare bei:
Anna Haebler
Jahrholzweg 5
82284 Grafrath
Tel: 08144-4 38

Informationen über Kurse zur Bach-Blüten-Therapie bei:
Anna Elisabeth Röcker
Ferdinand-Miller-Platz 11a
80335 München
Tel: 089-3 17 21 75

Über dieses Buch

Impressum
© 1997 W. Ludwig Verlag in der Südwest Verlag GmbH & Co. KG, München
Alle Rechte vorbehalten. Nachdruck – auch auszugsweise – nur mit Genehmigung des Verlags.

Redaktion
Sandra Klaucke

Redaktionsleitung
Dr. Reinhard Pietsch

Bildredaktion
Bettina Huber

Illustrationen
Roger Kausch, München

Layout
Manuela Hutschenreiter, München

Umschlag
Hempel/Langkau, München

DTP/Satz
Arthur Lenner, München

Produktion
Manfred Metzger

Druck
Westermann Druck GmbH, Zwickau

Printed in Germany
Gedruckt auf chlor- und säurearmem Papier

ISBN 3-7787-3605-1

Bildnachweis
Bavaria, Gauting: Titelbild/Einkl. (Ernst Harstrick); Botanik-Bildarchiv Laux, Biberach/Riß: 27 u. und 33 u., 50, 63 Mi., 75 (3), 80, 87 o. und u., 91, 99, 107, 113, 121, 131, 137, 145, 153, 155, 157, 161, 163; Das Fotoarchiv, Essen: 159 (Andreas Riedmiller); Heller Joachim, Wettstetten: 20, 21 o. und u., 26, 27 Mi., 32, 38, 39 (3), 44, 45 Mi. und u., 51 u., 56, 57 Mi., 62, 63 u., 68, 69 (3), 74, 81 u., 86, 87 Mi., 89, 95, 97, 103, 105, 125, 117, 119, 123, 127, 129, 139, 141, 143, 149, 151; Tony Stone, München: Titelbild/Fond (Vera Storman); Wildlife, Hamburg: 21 Mi., 33 Mi., 51 Mi., 57 u., 101, 109 (D. Usher), 27 o., 45 o., 125 (O. Diez), 33 o., 51 o., 63 o., 93 (D. Harms), 57 o., 135, 147 (G. Czepluch), 81 o., 111 (P. Hartmann), 81 Mi., 133 (G. Synatzschke)

Diesem Buch liegt die im Juli 1996 in Wien beschlossene und ab 1.8.1998 verbindliche Neuregelung der deutschen Rechtschreibung zu Grunde. In Zitaten wurde die alte Rechtschreibung beibehalten.

Hinweis
Das vorliegende Buch ist sorgfältig erarbeitet worden. Dennoch erfolgen alle Angaben ohne Gewähr. Weder Autorinnen noch Verlag können für eventuelle Nachteile oder Schäden, die aus den im Buch gemachten Hinweisen resultieren, eine Haftung übernehmen.

Über die Autorinnen
Anna Haebler, Sozialpädagogin, ist seit 20 Jahren als beratende Astrologin tätig. In ihrer praktischen Arbeit verbindet sie sinnvoll die Erkenntnisse aus Psychologie, Astrologie und Sozialpädagogik. Zusammen mit Hajo Banzhaf veröffentlichte sie die »Schlüsselworte zur Astrologie«.

Anna Elisabeth Röcker arbeitet als Heilpraktikerin und Yoga-Lehrerin in eigener Praxis in München. Als Dozentin vermittelt sie ihre Erfahrungen und Erkenntnisse an Ärzte und Heilpraktiker. Besonders erfolgreich sind ihre Kurse über den »Intuitiven Zugang zur Bach-Blütentherapie«. Sie veröffentlichte bereits zwei Bücher zu diesem Thema.

REGISTER

Affirmation (positive Selbstbestätigung) 15
Agrimony/Odermennig 88f.
Alpträume 90
Angst
- um andere 136
- vor Infektionen 106
- vor Krankheit und Verlust 126
- vor Misserfolg 124
Ängste 90
- große und kleine 126
- panikartige 138
Anspannung, innere 98
Anspruch, hoher, an sich selbst 134
Aspen/Espe 90f.
Astrologie 8
Autorität, missbrauchte 150

Bach, Edward 6f., 11ff.
Bach-Blüten
- Einnahme und Anwendung 165
- Herstellung einer Mischung 164f.
- und Kinder/Jugendliche 166f.
- Wirkung 13ff.
Beech/Rotbuche 92f.
Blockaden, gefühlsmäßige 6f., 13f.

Centaury/Tausendgüldenkraut 94f.

Cerato/Bleiwurz 96f.
Cherry Plum/Kirschpflaume 98f., 166
Chestnud Bud/Kastanienknospe 100f.
Chicory/Wegwarte 102f.
Clematis/Gemeine Waldrebe 104f., 166
Crab Apple/Holzapfel 106f., 166

Depressionen 111
Doppelbotschaften an die Umwelt 112
Durchhaltevermögen, mangelndes 152

Eifer, missionarischer 148
Eifersucht 117
Einsamkeitsgefühle 114, 154
Elm/Ulme 108f.
Entscheidungsschwäche 96, 142
Erschöpfung
- geistige 120
- seelische 132
Erwartungshaltung, negative 111

Fehlerwiederholungen 100
Fische-Mond 82ff.
Führungsanspruch, starker 150
Fürsorge, übertriebene 102

Geburtshoroskop 8ff.
Gefühle erspüren 11
Gentian/Enzian 110f.
Gorse/Stechginster 112f.
Groll, innerer 162

Handeln, vorschnelles 122
Harmoniebedürfnis 134
Hassgefühle 117
Heather/Schottisches Heidekraut 114f.
Holly/Stechpalme 116f.
Honeysuckle/Geißblatt 118f.
Hornbeam/Hainbuche 120f.

Impatiens/Drüsentragendes Springkraut 122f., 166
Isolation, Gefühl der 154

Jungfrau-Mond 46ff.

Kontrollbedürfnis 106
Konzentrationsstörungen 156
Krebs-Mond 34ff.
Kritik, übermäßige 92

Larch/Lärche 124f.
Lebendigkeitsverlust 120
Lebensfreude, mangelnde 140
Liebesfähigkeit, mangelnde 117
Löwe-Mond 40ff.

Machtwille, ausgeprägter 150
Melancholie 128
Mimulus/Gefleckte Gauklerblume 126f.
Minderwertigkeitsgefühle 124
Mitgefühl, mangelndes 92
Mond, Symbol für das Unbewusste 10
Mond-Tagebuch 165
Mondstellung 7
Mondtabellen 168ff.
Mondzeichen 7, 167
Motivation, fehlende 160
Mustard/Wilder Senf 128f.
Mutlosigkeit 146

Nachgiebigkeit 94
Neid 117
Neigung
- zur Dramatisierung 138
- zur Selbstüberschätzung 150
Normen, strenge 140
Notfallsalbe 166
Notfalltropfen (Rescue Remedy) 164ff.

Oak/Eiche 130f.
Olive/Olive 132f.

Panikgefühle 98
Pessimismus 111
Pflichtbewusstsein, ausgeprägtes 130
Pine/Schottische Kiefer 134f.
Prinzipen, starre 140

Reaktionen, hysterische 138
Red Chestnut/Rote Kastanie 136f.
Rock Rose/Sonnenröschen 138f., 166
Rock Water/Quellwasser 140f.

Schlaflosigkeit 132
Schocksituationen 144
Schuld auf sich nehmen 134
Schütze-Mond 64ff.
Schwermut 128
Scleranthus/Einjähriger Knäuel 142f.
Seelenerweckung 15
Seelenqual, tiefste 146
Sehnsucht nach Vergangenem 118
Selbstentfaltung 6f.
Selbstmitleid 162
Selbstüberschätzung der eigenen Kräfte 130
Selbstzweifel 108
Skorpion-Mond 58ff.
Sonne 10
Star of Bethlehem/Doldiger Milchstern 144f., 166
Steinbock-Mond 70ff.
Stier-Mond 22ff.
stock bottles 164
Sweet Chestnut/Edelkastanie 146f.

Tagträume 104
Teilnahmslosigkeit 160
Trägheit 160
Trauer 118, 144, 146
Tyrannei 150

Überaktivität 148
Überforderungsgefühl 108
Ungeduld 122
Unruhe, innere 88
Unzufriedenheit 158

Verhalten, zwanghaftes 106
Verlassenheitsgefühle 112
Verständnis, geringes, für Schwächen anderer 122
Verstimmungen, depressive 128
Verunsicherung durch andere 152
Vervain/Eisenkraut 148f.
Vine/Wein 150f.

Waage-Mond 52ff.
Walnut/Walnuss 152f.
Wassermann-Mond 76ff.
Water Violet/Sumpfwasserfeder 154f.
White Chestnut/Weiße Kastanie 156f.
Widder-Mond 16ff.
Wild Oat/Waldtrespe 158f.
Wild Rose/Heckenrose 160f.
Willow/Weide 162

Zerrissenheit, innere 142
Zukunftsvisionen, illusionäre 104
Zurückhaltung, innere 154
Zwillinge-Mond 28ff.